코라 기호학과 한국시

-탈구조주의로 한국시 읽기-

코라 기호학과 한국시

-탈구조주의로 한국시 읽기-

김승희 저

서강대학교 출판부

저자 서문

"나는 글자들 속의 한 낱말이었다"－ 라캉이나 기타 탈구조주의 이론서를 읽기 시작하면서 이런 글귀들을 만날 때 나는 좀 전율하였나. 예술 언어가 아니라 문학 이론의 언어에 전율을 느낀다는 것은 좀 이상한 일일지는 몰라도 탈구조주의에 관한 이론서들은 예술 텍스트 못지않은 전율과 해방감, 춤추는 언어의 탈영토화의 쾌감을 느끼게 하기도 하였다. 탈구조주의와 크리스테바의 코라 기호학, 탈식민주의, 포스트 구조주의적 페미니즘 등을 공부하는 동안 나는 문학 텍스트를 읽어내는 새로운 방법론과 아울러 '나'라는 주체에 대한 새로운 독해를 공부하였다.

'나'라는 난해한 텍스트, '너'라는 난해한 텍스트, '우리'라는 불가해한 텍스트와 역사와 당대라는 뫼비우스의 띠처럼 어디선가 꼬여 왜곡과 미망으로 얼룩져 있는 모든 문화 텍스트들……. "나는 글자들 속의 한 낱말이었다."－ 이것은 하나의 주관 내지는 의식이 고정된 실체가 아니라 일종의 구성이라는 것, 낡은 뜻에서의 자아(ego)가 아닌 '관계들의 위치'라는 것을 발견하게 하였다. 그것은 근원이 없다는 공포와 불안을 주면서도 탈중심화라는 묘한 자유와 해방감을 주기도 하였다.

오랫동안 남에게서 배우는 사람이기도 하고 남을 가르치는 사람이기도 하며 글을 쓰는 사람이기도 하고 글을 읽는 사람이기도 하였다. 언어란 무엇인가, 주체란 무엇인가, 나는 정말 그렇게 투명체인가, 투명체가 되지 않으면 나쁜 것인가, 나는 왜 그렇게 불투명하고 '통일되지 못한' 존재이며 내 마음 속에는 왜 그렇게도 많은 혼란과 무의식의 이물질이 있으며 이 낯선 타자들의 집합체가 나인데 기표들의 유희와 분열증적 출렁임에 현대인은 마침내 미치는 것은 아닌가? 어디까지 상징적 법과 가면에 '나'를 맞출 수가 있는 것인가? 우리는 어디까지 상징적 가면에 나를 맞추고 하나의 퍼포먼스로서의 '나'의 연속성을 구성할 수가 있다는 것인가?

이런 잡다한 질문에 대해 탈구조주의자들은 인간이란 고정된 실체가 아니며 이질혼성적 하이브리드 심리 체계이며 '나'를 형성하는 것은 실재계, 기호계, 상징계라는 세 개의 계(界)가 뫼비우스의 띠처럼 꼬여 있는 것이며 그 중의 어떤 과정 속에 위치한 '과정 중의 주체'라는 것, 초월적 기의나 로고스라는 신비한 신기루에 자신을 종속, 부합시킬 수 없는 존재라는 것이다. 라캉, 크리스테바, 들뢰즈와 가타리, 프란츠 파농과 토릴 모이 등의 이론에서 나는 나의 모호함, 변덕스러움, 말할 수 없는 것들의 욕망, 기표와 기의의 어긋남, 언어가 꽉 채워주지 못하는 영원한 결핍의 우울에 대한 변명을 어느 정도 마련하면서 약간의 위안과 치유를 얻을 수가 있었다.

반드시 견고한 뿌리를 가진 수목형의 질서 아래 살 때만 인간도 텍스트도 안정과 행복을 느끼는 것은 아니다. 그보다는 탈중심화의 기표들의 유희, 착근성의 수목형 질서 체계를 벗어나 땅의 표면을 포복하는 포복성 줄기인 리좀(rhizome) 형식의 진행에서 유목민적 자유와 힘을 느낄 수 있다는 것도 알았다. 현대시 텍스트는 그렇게 유목의 욕망이자 코라의 충동이며 미정형, 미분화의 잡종적 언어이자 리좀 형의 텍스트다.

따라서 탈구조주의적 이론에서 현대시의 언어는 '넘어 쓰는'(writing beyond), '잡종성의' 글쓰기가 된다. 무엇을 넘어 쓰는가? 구조를 넘어 쓰고, 지배 문화를 넘어 쓰고, 지배 문화의 억압적이거나 강제적 부름을 비켜나 관습적 언술 형식을 넘어 쓰고, 투명한 코기토를 넘어 쓰고, 재현을 넘어 쓰고, 상징의 음모(陰謀)를 넘어 쓰고, 이데올로기적 구성을 넘어 쓴다. 한국의 시 텍스트들에서 그 '넘어 쓰는' 무의식의 잡종적, 이질혼성적 흔적들을 읽어낸 것이 이 책에 수록된 논문들이다. 탈구조주의적 코라 기호학으로 아방가르드 시인들, 김수영, 이상, 김춘수, 김종삼 등과 모더니즘, 포스트모더니즘 경향의 시들, 80년대 '저항'으로서의 여성 고백적 경향의 시들이 논의되었고 기녀 시조들, 김시습이나 박남철, 김영승 등의 말놀이 시, 페미니즘 시, 탈식민주의 시들이 논의되었다. 다 그런 것은 아니지만 (몇 편의 논문은 탈구조주의와는 별 상관이 없지만 그대로 수록하기로 하였다) 탈구조주의를 원용한 현대시 텍스트 분석에 많은 결함과 부족함이 있을 줄 안다. 부끄러운 마음뿐이다.

먼저 가족들에게 감사한다. 몇 년째 병상에서 투병하고 있는 남편 박홍태 교수와 사랑하는 두 아이들, 벌써 훌쩍 커버려 대학 강사를 하고 있는 딸 해인이와 열심히 국방의 의무를 하고 있는 아들 우인이…… 그들의 사랑과 기도에 감사를 드린다. 가족의 힘과 사랑으로 우리는 많은 것을 의젓하게 함께 뚫고 나왔다. 팔순을 바라보시는 엄마 정경미 권사…… 크리스테바 이론을 공부하면서 나는 여성 예술가는 늘 어머니의 육체를 등에 지고 다닌다는 것을 배웠는데…… 엄마가 늘 건강하시기를 빌며 이 못난 딸을 위해 새벽마다 기도하시는 그 말없는 후원에 감사드린다.

그리고 무엇보다도 우리 가족이 갑자기 광야에 나왔을 때 일용할 양식과 생수를 주시고 큰 비전과 은혜를 쏟아 부어주신 주님께 감사한다. "나는 글자들 속의 한 낱말이었다"— 이제 이런 구절은 탈구조주의적 해석과는 다른 거대한 초월적 문맥 속의 황금빛 전언이라는 것을 믿는다.

또한 대학원 과정에서 그 어려운 문학 이론들을 공부하고 번역하고 논문을 쓰며 고생했던 현대시 전공 제자들에게도 감사를 드린다. 어려운 형편 속에서도 시와 이론에 뜨거운 열정을 가지고 공부에 정진하는 그들의 진지한 노력과 미래의 진로에 크고 빛나는 축복이 함께 하기를 기원한다. 특별히 교정과 색인 작업을 도와준 노지영에게 감사를 드린다. 모두들 학문 세계에서 대성하기를 바란다.

그리고 필자의 오랜 게으름을 참고 견디어준 서강대학교 출판부의 두 분 출판부장 교수님— 송효섭, 우찬제 교수님께 깊은 감사를 드리며 장시간 동안 기다려주시고 난삽한 원고를 한 권의 책으로 만들어 주신 최용석 한컴 사장님께 깊은 감사를 드린다.

또한 모두들 감사합니다 !

2008년 11월 10일

연희동 안산 우거에서 김승희

목 차

1. 탈구조주의와 코라 기호학

코라 기호학과 한국시 -탈구조주의로 한국시 읽기

1. 탈구조주의적 읽기란 무엇인가

한국 현대문학 연구 분야에서 문학 연구 방법론, 즉 이론이 끼친 영향은 상당히 다양하면서도 방대하다고 할 수 있다. 신비평이 수용되기 이전의 시 연구란 역사주의 비평(전기적 비평, 서지학적 비평 등)과 주제 비평이 주를 이루어 왔다. 시 읽기에서 가장 먼저 선행되어야 할 중요한 것은 원전 확정의 문제와 역사주의적 연구라고 할 수 있다. 특히 한국의 경우처럼 많은 역사적 전란(戰亂)으로 인해 원전 유실과 같은 문제가 빈번하고 시인들이 역사적 미망의 갈피 속으로 사라져서 텍스트를 망각 속에 유기해온 경우엔 더욱 서지학적 작업이 중요해진다고 할 수 있다. 원전 확정이 없고서야 어떤 현대적 연구 방법론의 원용도 무익하고 공허하다고 할 수밖에 없을 것이다. 그러나 원전 확정을 포함한 역사주의적 연구 방법론은 자료 조사와 텍스트 생산의 역사적 상황 연구, 전기적 맥락을 텍스트의 의미로 환원하는 것 등에 치중함으로써 해석의 동어 반복을 생산하기도 하였다. 케인즈의 말처럼 “새로운 이론이 필요 없다고 생각하는 사람은 낡은 이론과 관습에 기대는 사람”이라고 할 수 있다.

테리 이글턴이 20세기를 '비평의 시대'라고 명명하면서 "만일 금세기에 문학 이론에 일어났던 변화가 이루어진 시기를 굳이 정하고자 한다면 러시아 형식주의자 빅토르 쉬클로프스키의 「장치로서의 예술」이 발표되었던 1917년으로 잡아야 할 것이다."라고 지적한 것처럼 형식주의 비평은 유럽과 북미지역에 엄청난 영향을 미쳤고 신비평으로, 구조주의로 관심을 확장시켜 갔으며 과학적인 문학 연구의 장을 열었고 기호학, 탈구조주의, 해체주의로 진화, 변형, 발전을 해왔다. 또한 문학의 체계 내지 구조 연구와 더불어 프로이트에서 시작된 정신분석학은 자크 라캉과 크리스테바 등을 거치면서 포스트모더니즘, 기호학과 만나 독특한 읽기 방법론을 만들어 왔고 마르크스주의 문학 비평 역시 특수한 사회, 정치적 견해와 뒤엉켜 있으면서 사회학적 비평, 문화 비평, 탈식민주의 비평에까지도 지대한 영향을 미치고 있다.

「이론이란 무엇인가?」라는 질문을 스스로 던지면서 조너던 컬러(Jonathan Culler)는 "이론이란 상대성 이론처럼 이미 성립된 명제라는 뜻으로 쓰이기도 하고 다른 한편으로 그것은 가장 일상적인 의미로 사용되는 짐작이란 뜻으로 사용되기도 한다"고 말한다. 그러나 이론은 상식 이상의 것이어야 하고 분명한 것일 수 없으며 "문학 연구에서 이론은 문학의 성격이나 문학의 연구 방법을 설명하는 것이 아니며 그 한계를 규정하기 어려운 글쓰기의 총체이다. 모든 것이 뒤섞여 있는 이 잡다한 장르를 지칭하는 가장 편리한 명칭이 이론이라는 것이다…… 이론이란 장르는 철학, 인류학, 예술사, 영화 연구, 장르 연구, 정치 이론, 정신분석학, 그리고 사회학에 관한 연구 작업을 총망라한다. 이론의 가장 주요한 효과는 '상식'을 논쟁거리로 만드는 것이다. 상식이 역사적 구성물이며…… 예를 들어 문학 연구의 가장 기본적인 전제나 가정을 심문하는 것이며 의미란 무엇인가, 저자란 무엇인가, 독서란 무엇인가, 말하는 주체, 혹은

'나'는 무엇인가, 텍스트는 자신이 만들어져 나온 상황과 무슨 관계가 있는가 등등…… 상식적인 문제에 의문을 제기하는 것이 이론이다"라고 설명하였다.[1]

결론적으로 조너던 컬러가 말하는 이론의 특징을 요약하면 다음과 같다.

1. 다학제적(interdisciplinary)이다.

2. 이론은 분석적이고 사변적(우리가 언어, 욕망, 의미 혹은 주체라고 일컫는 것과 연관되어 있는 것을 산출해 내려는 시도)이다.

3. 이론은 상식에 대한 비판이자 당연한 것으로 받아들여져 온 개념에 대한 비판이다.

4. 이론은 반성적이며 사고에 대한 사고이고 문학과 다른 담론적 실천에 이용할 범주들을 탐구하는 것이다. 즉 이론은 끝이 없다는 점에서 위협적이지만 이론적인 독서가 새로운 방식으로 독서를 이끌어가게 하기를 바란다. 신비평 이후 구조주의…… 탈구조주의, 정신분석학적, 페미니즘적, 탈식민주의적 등등의 방법들이 그에 속한다고 할 수 있다.

이론의 번성과 더불어 또 하나의 현상으로 저자, 혹은 저술이라는 개념 대신 '독서와 해석'이라는 개념이 부상하였다. 비평가들도 비평이라는 말 대신 reading, interpretation이라는 말을, 비평가라는 말 대신 reader, interpreter이라는 말을 즐겨 쓰고 있다. 현대는 비평의 시기라기보다 '읽기의 시대'라고 불러도 좋다. 읽기 행위는 올바른 해석을 그 궁극적 목표로 하고 있기에 독서와 해석은 상호불가분의 관계를 가지고 있으며 텍스트를 완성시키는데 있어서 가장

1 조너던 컬러, 임옥희 역, 『문학 이론』, 동문선, 1997, 10~33쪽 참조.

핵심적인 요소가 된다.[2] 구조주의, 현상학, 수용미학, 해석학, 독자반응비평, 기호학, 정신분석학, 탈식민주의 등에서 독서와 해석을 기본으로 하고 있지 않은 이론은 거의 없을 정도다. 그러한 학제간 이론의 원용으로 말미암아 철학, 정신분석, 언어학, 정치이론 등이 문학 안으로 들어오게 되고 비평의, 아니 '읽기'의 닫힌 체계가 무한히 열리게 된다.

그리하여 하나의 텍스트를 읽기 위한 방법은 이론의 능동적인 개입으로 말미암아 아주 다양해졌고 힐리스 밀러의 말대로 "모든 독서는 오독이고 모든 해석도 틀린 해석"이라는 극단적인 해체주의적 입장도 등장하게 되었다.

힐리스 밀러는 구조주의와 탈구조주의의 성격을 소크라테스식 합리적 비평과 아폴론적이며／(동시에) 디오니소스적인 비합리적 비평으로 나눈다.[3] 전자가 문학에 대한 견고하고 논리적인 접근이 가능하다고 믿고 있다면 후자는 비평의 절차는 아폴론만큼 합리적이고 과학적이지만 결과는 디오니소스처럼 비논리적이고 미궁의 구멍 속으로 빠져드는 비평이라는 것이다. 소크라테스적 비평가가 빈틈없다면(Canny) 아폴론／디오니소스적 비평가는 기괴(Uncanny)하고 비합리적이다. 탈구조주의적 텍스트 읽기는 그만큼 진리, 인식 주체, 언어의 국면에서 언어의 유희, 억압된 것의 귀환, 반복, 중심의 부재, 차연(Differance), 아포리아, 텅빈 자아 등을 찾는다.

탈구조주의의 개념과 구조주의와의 이론적 차이, 그 특징들을 살펴보기로 한다.[4] 1960년대 후반, 구조주의는 그 틀에 박힌 사고와

---

2 컬러, 앞의 책, 30쪽.

3 Hillis Miller, Sevens' rock and criticism as cure, II, *Theory Now and Then*, Harvester Wheatsheaf, New York and London, 1991, pp. 120~125 참조.

4 탈구조주의에 대한 설명은 "post-structualism", J. A. Cuddon, ed., *A*

닫혀진 방법에 대해 엄밀하고도 끈질긴 비평에 직면하게 되었다. 탈구조주의는 구조주의의 가능성과 함축, 그 결점과 소쉬르의 언어학적 기반에서부터 생겨난 더욱 엄밀한 작업이라고 할 수 있다. 어떻게 보면 탈구조주의는 질문과 설명, 해석의 대안적 양식을 제공함으로써 오히려 구조주의를 보충하는 것이라고 할 수 있다.

탈구조주의는 구조주의적 비평이 과연 텍스트 비평에 적절한가, 라는 회의를 드러내며 문학에 관한 한 본질적으로 텍스트의 의미라는 것이 불안정한 것이라는 것을 드러내려고 한다. 시니피앙과 시니피에 사이의 근본적 구분이라는 것이 그 불안정성의 핵심이다. 구분을 만들어냄에 있어 그것을 인식함이 없이 소쉬르는 기호들 사이에는 통일성(coherence)이 없고 내재적 불통일성(inherent incoherence)이 있다고 설명한다. 탈구조주의는 더 나아가 "언어 안에는 긍정적 요구 값(positive terms)이 없이 오직 차이만이 있다"는 소쉬르의 개념을 추구하며 시니피에와 시니피앙이란 대립적일 뿐만 아니라 서로 적대적으로 잡아당기는 복수적(plural)인 것이며 그렇게 함으로써 무수한 의미의 연기(延期)를 창조하며 끝없는 엇갈림의 모형들과 의미의 연쇄들을 창조한다. 즉 '산포'(diseminations)라고 일컫는 것이다.

언어의 불충분한 자질(즉 부적절함의 형식)에 대한 믿음은 탈구조주의적 사유에 기본적인 것이다. 미결정성의 개념은 해체주의적 실천과 데리다의 '차연'(differance)의 이론에서 매우 중요한 것이다. 탈구조주의 이론의 가장 극단적 입장은, 구조주의자들이 설명/이해란 것이 가능하다고 생각하면서 어떤 문학 텍스트나 문화적 메시지들의 관습이나 코드들이 분석된다고 규정한 것에 반하여, 의미란 내재적으로 극히 불안정한 것이라고 주장한다.

Dictionary of Literary Terms and Literary Theory, Blackwell Publishers Inc., pp. 690~693 인용과 참조.

롤랑 바르트는 구조주의와 탈구조주의를 연결 짓는 매우 특이한 중요성을 가지고 있는데 『기호학의 요소들』에서 구조주의란 어떤 문화의 어떤 기호 체계에 대한 어떤 설명도 가능하다고 제안했다. 거기엔 의미／설명의 이론(모든 의미작용의 모든 체계)이 필요하다. 이런 사고는 메타 언어의 개념을 생성시켰으며 그것은 1차 언어 체계를 기술(記述)／설명／해석하는 초(超) 언어, 혹은 2차 언어 체계라고 할 수 있는 것이다. 하나의 설명에 한 메타 언어가 주어졌다고 하고 그것은 방향 전환을 하여 또 다른 것을 따르고 그리하여 메타 언어는 1차 언어 체계를 대체하게 될 것이다. 언어의 각 체계는 그것에 의하여 설명되는 메타 언어에 의존하게 되는데 아이러니컬하게도 해체주의는 메타 언어 그 자체를 (그 자체의 원리와 디자인을 거슬러) 생성하는 입장 안에 불안정하게 자리잡게 된다. 그리하여 역행 속에서 담론 위의 담론 즉 모든 담론들은 의문 속에 노출된다. 이것이 바르트의 탈구조주의적 사고의 한 측면이며 기본적으로 해체적인 것이 된다.

바르트의 후기(1968년 이후) 이론은 '작가의 죽음'이라는 또 다른 도전적인 용어로 이끌어 가는데 독서에서의 즐거움(plaisir)과 희열(jouissance), '읽을 만한'(readerly) 텍스트와 '쓸 수 있는'(writerly) 텍스트라는 개념들을 낳았다. 바르트는 언어 기능을 지시적 기능과 미적 기능으로 구별하고 있는 야콥슨의 이론에 공감을 느끼는데 전자에 작가(writer)를, 후자에 저자(author)를 해당시켜 구분한다.[5] 작가가 무엇인가를 쓴다는 데 반해 (타동사적) 저자는 그냥 쓴다는 것(자동사적) 그것뿐이라고 말한다. 그는 자신의 글쓰기를 넘어선 저쪽으로 독자를 이끌어가려는 것이 아니라 활동 그 자체에게로 독자의 주의를 돌리려는 것이다. 그의 중요한 관심은 씌어진 것을 넘어선 세

[5] 테렌스 호옥스, 『구조주의와 기호학』, 오원교 역, 신아사, 1982, 135쪽.

계로 사람을 이끌어 가는 것이 아니라 글쓰기 그 자체를 생산하는 일이다. 결국 언어 예술은 야콥슨이 지적하는 것처럼 기의 없는 기표로 구성되어 있음에 틀림없다. 그러므로 저자의 작품을 평가하기 위해서는 기표에 주목하는 일이 필요해진다. "그러므로 우리로서는 기표를 넘어서서 기표가 암시하는 기의에게로 옮겨가려는 자연스러운 충동에 굴복해서는 안될 것이다. 현대의 많은 글쓰기(프루스트, 조이스, 베케트)가 분명히 이러한 양식으로 되어 있는데 글쓰기 행위를 주체로 삼고 있으며, 실험적 방법으로 작가를 위한 작가적(writerly) 지위의 확립을 분명히 하고 있다."[6]

프랑스 탈구조주의 이론에 더 중요한 기여는 줄리아 크리스테바에 의해 이루어졌다. 그녀의 탈구조주의적 입장은 정신분석학적 접근에 의해 이루어졌으며 『시적 언어의 혁명』에서 질서잡힌 것／합리적인 것과 이질혼성적인 것／비합리적인 것, 의식적인 것／무의식적인 것, 규범적인 것／시적인 것 사이의 관계들을 논의했다. 그녀는 기호적(semiotic)인 질료는 비합리적이고 비논리적이며 충동과 리듬의 질료라고 보았으며 반대로 이성은 논리와 통사(統辭), 통일성을 창조하고 상징적 요소를 만드는 것이라 보았다. 거기엔 감정／생각, 가슴／두뇌와 같은 함축적 이율배빈이 있고 이폴로적인 것／디오니소스적인 것과 같은 이항 대립 안의 연쇄를 전복시키기 위한 것이다.

기본적으로 크리스테바는 기호적 요소들(말이 없는- 오이디푸스 이전 단계인-유아의 개념과 연결된)을 상징적인 것에 대립되는 것이자 상징적 질서를 와해시키는 수단으로 보았다. 그리하여 그 유동성과 복수(複數)성, 그 박동들을 통해 혼란을 초래한다. 물처럼 기

6 앞의 책, 136쪽.

호적 요소들은 고정되고 안정된 것에 반대하며 그것은 남성적/여성적이라는 이항대립과 같은 것에도 반대한다. 거기에는 액체적/고정적이라는 이항 대립적인 것 이상의 것이 있다. 어떤 의미에서 기호적 글쓰기란 양성적(오이디푸스 이전 단계는 젠더가 없는 것이다)인 것이다. 액체적이며 흩뜨리는, 산포(散布)적 '쓸 수 있는' 양식과 스타일을 사용하는 제임스 조이스나 버지니아 울프와 같은 작가들이 기호적 작가라고 할 수 있으며 이는 엄격하고 고정적이며 관습적이고 사실주의적인 글쓰기와는 아주 다르다.

크리스테바는 시에서의 소리를 초기 단계의 성적 충동과 연관시켰으며 자음적 소리들의 결합이 여성적이거나 남성적이라는 것을 제안했다. 기호적 물질성은 여성적 경향, 상징계는 남성적인 경향과 연결시켰다. 이것은 여성적 글쓰기라는 페미니스트이론의 가능성을 열기도 했다. 다음 장에서는 이러한 기호적인 것을 코라의 개념과 연결시켜 설명하도록 하겠다.

2. 코라 기호학이란 무엇인가

'코라'(Khora)[7]라는 개념은 원래 플라톤의 개념[8]이지만 그것을 철

[7] 코라 기호학은 줄리아 크리스테바가 언어 과학으로서의 기호학에 반대 입장을 표시하면서 프로이드와 라캉의 정신분석학과 칼 막스의 생산 이론을 받아들여 만든 '텍스트 읽기/텍스트 생산' 이론이라고 할 수 있다. 그녀의 중요 논저인 『시적 언어의 혁명』 1장에서 코라 세미오틱에 대해 설명하면서 크리스테바는 코라라는 용어를 플라톤의 「티마이오스」편에서 빌려왔음을 명시하며 신의 조화와 질서가 개입되기 전의 무정형으로 무한하며, 모든 감각적 속성이 담기기 전의 수용체적·물적·에네르기적 공허 그 자체라고 정의한다. 그녀는 코라의 특성을 기본적으로 운동적이고 운동과 그 정지에 의해 구성되는 잠정적인 분절로 본다. 플라톤은 코

라를 '존재의 그릇' '신이 부재하므로 아직 하나의 정돈된 우주로 통일되지 않은, 양분을 공급하는 모성적인 그 무엇'이라는 공간으로 대치하였지만 크리스테바에게 코라는 '단절과 분절－리듬－로서 분명한 것, 사실임직한 것, 공간성, 시간성에 앞서는 무엇'으로 본다. "우리의 담론은 항상 코라와는 반대로 진행된다. 다시 말하면 그것은 코라에 의거하는 동시에 코라를 배척한다. 왜냐하면 코라는 지칭되고 통제될 수는 있어도 결고 걸정적으로 조정되지는 않기 때문이다. 우리는 코라의 위치를 정하고 위상학을 그려낼 수 있지만 절대로 코라를 공리화할 수는 없을 것이다. 코라는 아직 무엇을 누구에게 나타내는 위치가 아니기 때문에 기호가 아니기 때문에 시니피앙이 아니기 때문에 그렇다. 모형도 아니고 복제도 아닌 이 코라는, 형상화에, 따라서 반사화(speculization)에 앞서고, 또 그 심층에 깔려 있으면서 오로지 신체 근육의 리듬과의 유추만을 허용한다. 앞으로 이 코라라는 운동성에게 사회화된 신체의 차원에서 제몸짓과 음성적인 노래를 (오직 언어와 관련되어 우리의 관심을 끄는 양상만을 언급하기 위하여) 되돌려 주어야 할 것이다." 크리스테바, 김인환 역, 「세미오틱과 쌩볼릭」, 『시적 언어의 혁명』, 동문선, 2000, 25~33쪽 참조.

8 플라톤은 『티마이오스』에서 코라(chora)를 수용체, 이름붙일 수 없는, 일어날 성싶지 않은, 잡종의, 이름붙이기에 선행한, 유일자(The One), 아버지에 선행하는 것으로 부른다. 플라톤적으로 보면 그것은 상상적이고 이론적인 필요성이다. 처음 사물들이 어디에 있는가, 라는 질문에 답한다. 그러나 모성적이고 생리학적 측면에서 보면 그것은 그 안에서 주체와 인이가 존재하게 되는 특별히 육체적이고 여성적 공간이다. 크리스테바는 언어와 주체가 그안에서 발전해 나가는 코라는 가정된 공간이라고 본다. 그리고 기호계라는 말을 '흔적'을 의미하는 희랍어에서 따왔다. 그 방식은 충동의 구조와 그 충동들의 전치와 압축의 시작단계들과 관련된 프로이트의 정신분석이론에 가깝다. 상징계를 "생물학적 (성적인 것을 포함하는) 차이들과 단단한 역사적 가족 구조들의 객관적 규제를 통해 수립된 타자에 대한 관계의 사회적 결과"로 정의하고 기호계와 상징계 사이의 역동적인 상호관계를 설명하기 위해 코라 개념을 도입한다. 상징계는 영원히 안정되지 않아서 기호계의 흘러듦과 테틱을 통과하는 여정이 표본적 감수성으로 기입되는 곳인 시적 언어로의 접근이 가능하다. 이데올로기적이고 신학적인 담론에서 상징계는 좀더 안정된 것으로 나타난다. 그러나 상징계는 거기에서 시적인 것의 도래를 기다릴 뿐이다.

학사의 창고에서 끄집어내어 현대 문학 이론에 도입한 것은 프로이트와 라캉과 기호학을 혼합하여 기호분석학(Semanalysis)이라는 문학 이론[9]으로 만들어낸 줄리아 크리스테바라고 할 수 있다.

크리스테바는 기호의 기능 연구와 더불어 기호 생산 연구를 했는데 프로이트와 라캉을 원용해서 기호를 형성하는 과정(말하는 주체가 어떻게 기호를 형성하는가)과 의미화 과정을 탐구하고 (그 기호 형성과정이 인간이 말을 배우는 주체 형성의 과정과 같다고 본다) 시인이 형성해 놓은 기호를 허물어 그 기호 생성의 무의식과 욕망의 문제를 정신분석학적으로 분석하기에 그녀의 이론을 '정신분석적 기호학', '코라 기호학'이라 부르기도 한다.

라캉은 인간 아이가 주체성을 형성하는 과정을 실재계－상상계－상징계의 세 계(界)로 나눈다. 실재계(physis)는 태어났을 때, 어머니와 나가 한 몸이었던 생물학적 단계이며 아직 자아가 생성되지 않고 '나'가 어머니의 일부였던 동일화 작용의 세계를 말한다. 분리되지 않은 동일화의 공간(fuse-자연 융합, physis)이자 데리다의 말처럼 흔적들이 담긴 공허나 빈 그릇이 코라[10] 공간이다.

마이클 페인, 장경렬 외 역, 『읽기 이론／이론 읽기－라캉, 데리다, 크리스테바』, 한신문화사, 227～230쪽 참조.

9 필립 루이스는 「혁명적 기호학」에서 '코라'의 중요성을 최초로 주목하였다. "『시적 언어의 혁명』은 예술적 활동에 나타나는 본능적인 것의 해방을 통해 언어적인 것을 우선적으로, 가장 직접적으로 강화함으로써, 혁명적 아방가르드를 위하여, 기호계적 코라의 회복과 상징계 내에서의 열락을 보장하는 코라의 잠재력을 중요시한다." 마이클 페인, 앞의 책, 228쪽 인용.

10 플라톤의 빈 공간은 스스로 말하는 것을 듣는 영혼의 목소리와 듣기의 그런 현존적 차원이 아니다. '장소' '공간' '모든 것들이 나타나는 그곳' '그 위에서 만물이 스스로를 나타내보이는 그런 곳' '소굴이며 자궁이고 어머니적이고 유모' 등과 같은 모든 표현들은 우리로 하여금 만물을 담고 있는 공간을 생각하게 한다. 데리다가 지적한 '제3의 장르'로서의 그

다음 상상계, 즉 거울 단계는 거울이라는 것을 통해 나를 대상화하고 거울 속에서 나를 보면서 '저 영상이 나다'라고 자기 육체의 게슈탈트를 깨닫게 되면서 에고를 정립하는 시기이고 어머니와 나와의 이자(二者) 관계의 숨막히는 합일의 세계이다. 그것은 무자아에서 자아로 가는 인식의 건널목이긴 하지만 그러한 자기 인식은 필경 '타자를 자기로 잘못 알게 되는' 오인(誤認)이기에 상상계의 특성은 나르시시즘적 자기애와 공격성으로 나타난다. 인간이 자기의 신체를 통해 에고를, 나르시시즘적 자기를 발견하는 것은 그러한 허구적 플롯에 의해서라고 라캉은 본다. 상상계는 시각적 세계이기에 인간은 에고를 얻기 위해 자신의 생체감각적인 리듬과 충동

빈 공간, 그 소굴은 '좋은 문자(말)／나쁜 문자(문자)' '소기／능기' 선／악, 축복／저주 등의 모든 한쌍의 대립을 가능케 하는 기저라고 볼 수 있다. 그럼에도 불구하고 그 빈 공간은 어떤 고유한 특성을 중심에 가지고 있지 않다. 중심이 있으면 변두리가 생겨서 그안에서 편파적인 선택이 생겨난다. 빈 공간은 모든 흔적을 받아들이는 자궁이요 허공이다. 그 자체가 빈 허공이지만 거기에 들어있는 것들의 나타난 모습에 따라 그곳이 달라보이기도 한다. 그것은 결코 어떤 모범이나 모델, 또는 준칙과 이상을 거기에 나타나는 모든 것에 강요하지 않는다. 왜냐하면 그곳은 허요 공이지 실과 유가 아니기 때문이다. 플라톤은 그곳을 어머니에 비유하였다. 아버지는 이데아로서 아들의 말을 진리이게 하는 모범이 되지만 이 빈 공간은 어떤 가르침도 지시도 모범도 없다. 데리다는 코라를 왜 그렇게 중시하는가? 데리다에 의하면 코라는 로고스를 아들로 둔 이데아나 눈부시도록 빛나는 정신의 태양처럼 장엄하게 자기 것을 가진 것이 없다. 자기 것이 없기 때문에 코라는 선험적 관념성을 닮은 그런 소기가 아니다. 그런 점에서 코라는 의미도 아니고 개념도 아니다. 플라톤의 말처럼 코라는 어머니요 빈 공간이다. 그 안에서 좋다, 나쁘다의 어떤 대립도 거기에서 무효화된다. 코라는 파르마콘의 양가성을 포괄하고 있지만 그 양가성을 초탈하고 있다. 여기서 어머니라고 해서 아버지와 대립하는 것으로 보아서는 안 된다. 어머니로서의 코라는 경험적인 성의 대결보다 앞서있는 하나의 은유일 뿐이다. 김형효, 「로고스와 파르마콘」, 『데리다의 해체 철학』, 민음사, 1993, 115쪽 인용.

들, 본능들을 상실해야만 한다. 그것은 상실이며 실낙원(거울단계는 실낙원이다)이고 그럼에도 자기의 외부적 형상을 발견하는 환희이자 희열이기도 하다. 상징계는 언어의 세계이자 아버지의 이름들로 이루어진 오이디푸스적 세계인데 언어 습득을 통해 체계화, 분절화, 차이화가 일어나고 거세를 인정하게 되며 하나의 시니피앙으로서의 자기 주체성을 수납하게 된다. 그때 주체 S는 쪼개져 $\cancel{S}$가 된다. 이 계(界)에서는 언어, 법질서, 윤리가 중요해진다. 말을 획득하면서 어머니와의 분리, physis와의 분리, 근친상간 금지, 거세 위협, 법의 출현, 상징의 출현이 발생한다.

상징계에서 인간은 자신이 하나의 기표일 뿐 아무 것도 아니며 자신이 자기보다 먼저 있었던 사회 문화적 질서, 이데올로기의 담론들, 도덕적 그물망 속의 지배를 받게 된다는 것과 그 모든 '아버지의 이름들', 즉 큰타자에 복종해야만 한다는 것을 인식하게 된다. 그러나 이미 상징계에 진입하여 쪼개진 주체 S는 항상 상징적으로만 사는 것은 아니다. 에고가 약화될 때, 어머니로부터 멀리 있어 버림받은 느낌이 들 때, 아버지의 이름이 지나치게 내면의 자유와 개인의 욕망을 억압할 때 기호계(실재계와 상상계를 합친 것)적 무의식은 가로지르기와 위반과 공격성을 나타내게 되는데 그것이 시적 언어에서는 언어유희, 모순어법, 이질혼성적 역설, 리듬, 산문성을 흐트리는 병렬 구문, 아이러니 등 상징계가 규정해 놓은 질서를 교란하는 여러 형식으로 나타난다.

시니피앙들의 조합을 욕망을 나타내는 형식으로 보고 이 시니피앙의 연쇄를 통해서 말하는 주체의 욕망을 읽을 수 있다. 이 욕망이 시니피에로 나타나지 않고 시니피앙으로 나타나는 것이 무의식의 욕망이고 그 시니피앙만 읽으면 문체 연구가 되고 무의식을 내용으로 분석하면 프로이트적 비평이 되며 그 무의식을 기호 형식으로 분석한 것이 크리스테바의 작업이 된다.

우리의 삶의 조건은 기호계에서 상징계로 가는 것이고 미분화된 것이 분화되고 언어의 세계와 법의 세계로 진입하여 주체성을 획득하는 것이다. 그러나 그것은 자기 분열의 과정이기에 우리는 가끔 심연의 소리를, 코라의 되돌아옴을 듣는다. 억압된 욕망은 상징적 기호체계를 뚫고 나오며 무의식의 시니피앙들을 만든다. 그 일탈을 연구하는 것이 문체론이라면 크리스테바는 무의식의 형식으로서의 언어를 읽으려 하는 것이다.

따라서 코라 기호학(Khora Semiotic)[11], 혹은 기호해체학(Semanalysis)[12]이라는 탈구조주의적 이론을 원용하여 시를 읽는다는 것은 텍스트 상호 간에 그물처럼 얽혀있는 관계들을 분석한다거나 텍스

10) Kristeva, *Revolution in Poetic Language*, Columbia University Press, 1984, pp. 25~30 참조.

12 크리스테바는 기호학(Semiotique)과 자신의 이론을 차별화시키기 위해 기호분석학(Semanalysis)이라는 신조어를 만들어 자신의 이론을 수립했다. 그녀는 내재적 비평과 외재적 비평이라는 용어를 사용하는데 텍스트 내적 연구는 언어학과 손잡은 형식주의나 구조주의적 연구방법처럼 텍스트를 하나의 닫힌 기호 체계로 보면서 그것이 지닌 텍스트성이나 랑그로서의 구조를 찾는 것이기 때문에 텍스트 밖과 또는 기호생성 이전과 연관성을 지니지 못하는 자기 자족성을 띤다고 본다. 그렇기 때문에 그러한 입장은 말하는 주체 혹은 글쓰는 주체가 위치한 역사성이나 시대성, 사회성과 그의 가족 구조, 개인사와 육체성을 배제해 버리게 되고 단지 박제된 생산품만을 검증하는 해부학적 작업이 되기 쉽다고 비판한다. 그리하여 그녀는 기호 분석학(semanalysis)을 수립하면서 "새로운 기호학은 언어학의 시체에서 출발할 것이다"라고 주장하며 엄밀한 의미에서의 구조분석은 오로지 '구체적인 어법' 연구에만 전념할 뿐 텍스트의 주체에 관해서는 아무런 질문도 하지 않았다는 입장에서 구조주의자들이 분석하는 '현상 텍스트'가 아니라 '발생 텍스트'에 관심을 갖는다. 내러티브의 구조나 미학적 체계, 시적 문법 등을 찾아 '문학의 과학'이 되고자 했던 구조주의 언어학적 연구의 폐쇄성을 탈피하고자 그녀는 라캉이나 푸코, 데리다 같은 후기 구조주의자들과 함께 자아나 주체, '개인의 사유', 말하는 주체와 텍스트 생산, 기호생성(signifiance)등에 관심을 기울인다.

트 밑바탕에 깔려있는 보편적 서사구조의 모델을 탐구하는 건조한 구조주의적 방법이나 시를 하나의 소통 구조로 놓고 기호의 체계를 탐구하는 기호학적 방법만으로 시를 다 읽어낼 수 없다는 새로운 욕망에서 생성된 것이다. 시 텍스트가 내장(內裝)하고 있는 시적 장치들을 밝히고 그 이항 대립 체계들을 끄집어내고 혹은 기호학적 사각형(Semiotic Square)[13]을 그려서 대립, 모순의 의미소들을 추출해내는 것으로 만족하고 말 것인가? 시의 의미[14]보다는 다의미를 산출해내는 기호적 코라의 의미생성의 과정과 무의식의 의미작용을 읽어내고자 하는 것이 코라 기호학에 의한 텍스트 읽기다.

13 양항 대립을 텍스트의 심층에서 의미작용의 본질적 구조로 파악한 그레마스는 텍스트의 의미생성은 심층에 존재하는 양항 대립의 본질적 구조가 표층에 존재하는 보다 복합적인 구조로 확대되는 과정으로 본다. 여기서 본질적 구조는 분절된 단위 사이의 관계를 통해 드러나는데 이때의 단위는 공통된 의미론적 자질을 갖는 의미소로 나타난다. 그레마스는 이러한 의미소들의 관계, 즉 어떠한 의미론적 범주의 논리적 분절을 기호학적 사각형으로 나타낸다. 송효섭, 『문화 기호학』, 민음사, 1997, 266쪽.

14 단일의미(meaning)를 텍스트 안에서 해석할 수 있다고 보는 입장은 해석학자 허쉬(허쉬는 meaning과 significance로 나누며 앞의 것을 작가 중심의 단일 의미로 뒤의 것을 독자 중심의 다의미로 설명한다.)나 후기 구조주의자들에게서 이미 수정되고 파괴되었다. 후기 구조주의에서 기호란 지시대상과의 관계를 상실했기 때문에 단일 의미를 가질 수가 없으며 기표(시니피앙)와 기의(시니피에)의 관계가 비고정적이기 때문에 항상 다중의미를 갖는 것이고 그래서 텍스트 전체에도 다중 의미가 적용될 수 있다고 본다. 크리스테바에 의하면 '시적 언어'란 말하는 주체의 정체성의 비고정적인 위기의 과정에서 발생하는 것이기 때문에 다중적이고 비고정적이며 불확정적이라고 한다.

3. 코라 세미오틱과 주체의 분열, 욕망, 시적 언어의 문제

기호 해체학, 혹은 코라 기호학 자체가 소쉬르나 퍼스, 그레마스와 같이 기호들의 구조와 체계를 탐색하는 언어 과학에 반대하면서 텍스트 읽기의 새로운 방법론을 창안하고자 했고 또한 동시에 구조주의자들이 삭제해 버렸던 ‘말하는 주체’[15]의 문제에 관심을 기울임으로써 텍스트 생성 이론까지를 겸하고 있다. 그렇기 때문에 코라 기호학은 ‘주체의 분열’ 문제에 관심을 기울이고 있는 탈식민주의 이론이나 포스트 페미니즘 이론과도 궤를 같이 한다.

“코라 세미오틱을 구성하는 여러 가지 기능이 적절한 발생론적

---

15 라캉은 말하는 주체를 무의식으로 보며 시니피앙과 시니피에 사이엔 장애의 선이 있고(Sa/Se), 시니피에는 그 선 위에 떠 있는 시니피앙 밑으로 미끄러져 달아난다고 본다. 그는 프로이트의 꿈 이론에서 무의식의 의미 작용인 자리 바꿈을 야콥슨의 은유와 환유 체계로 바꾸어 부르면서 언어가 사물을 지시하고 관념이나 감정을 표현한다는 언어의 힘에 대한 신념을 저버리도록 권유한다. 상징계는 통사론, 가부장적 기능, 사회적 속박들, 아버지의 이름의 부권 상징들의 세계이므로, 예술의 언어는 특히 자유로운 시니피앙의 유희가 된다는 것이다. 라캉이 주체의 형성 단계를 도표화한 L도식을 참조할 것. *Sullivan, Jacques Lacan and Philosophy of Psychoanalysis*, p. 2.

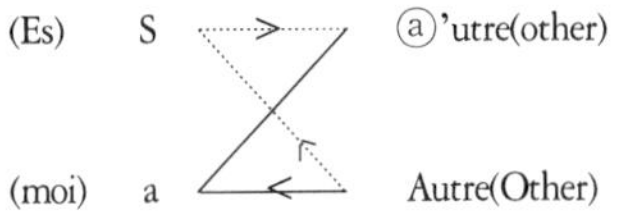

S는 발화의 주체고 a’는 자신의 욕구를 채워 준다고 추측된 타자(어머니의 젖가슴)이고 a는 그의 영상타자 a’에서 발견된 자아다. A는 큰 타자이고 아버지의 이름, 차이화의 세계며 언어와 오이디푸스 시나리오에 의해 상징계에 진입시키는 상징적 질서의 자리다. moi는 존재의 주체고 나르시시즘적 동일시의 주체며 moi와 동일시의 대상이 작은 타자들 a이며 이들은 각각 이상적 자아와 자아 이상으로 부른다. $\not{S}$는 언술 내용의 주체인데 그것이 무의식의 자리에서 부상한다는 점에서 Es로 표기된다.

해명을 찾아낼 수 있는 곳은 오로지 주체 이론 속이다. 이 이론은 주체를 판단력 주체로 환원하는 것이 아니라, 상징계 이전의 여러 기능들의 다른 무대를 주체 내에 펼쳐준다. 욕동에 관한 프로이트의 관점을 발전시킨 멜라니 클라인은 아주 유용하다. 오이디푸스 이전의 세미오틱의 기능들과 어머니에게 몸을 연결시키고 또 그쪽으로 방향을 정하는 에너지의 방출이 문제가 된다. 욕동은 항상 모순적이고 동화력이 있는 동시에 파괴적이라는 사실에 유념하자…… (중략)…… 주체의 산출장인 코라 세미오틱은 주체에게는 부정의 장소이고 거기에서 주체의 통일성은 그것을 생산하는 욕구의 충전과 정지의 과정 앞에 굴종하고 만다. 앞으로 우리는 이 세미오틱의 산출 방식을 부정성(negativity)이라 부르면서 판단 주체의 행위로서의 부정(negation)과 구별할 것이다."[16]

이렇게 텍스트 읽기에 '주체'(시적 자아나 서정적 자아, 시적 화자라고 불리우는 언표의 주체가 아닌, 언술 행위의 주체)의 문제를 상정함으로써 주체를 단지 하나의 초월적 자아로만 바라보아 왔던 독서에 의문을 제기하고 '언어의 형식성에게 형식 이론이 제외시키고 있는 여러 차원들(욕동들)과 작용들(이동, 압축, 음성, 억양)'을 복귀시키고 있다.[17] 프란츠 파농 계열의 탈식민주의 이론이나 '포스

16 줄리아 크리스테바, 『시적 언어의 혁명』, 김인환 역, 동문선, 2000, 28~29쪽.

17 크리스테바가 기호학의 두 경향이라 분류하는 것 중 세미오틱이라 부르는 첫 번째 것은 시니피앙과 시니피에 사이의 자의적 관계를 논의의 주제로 삼으면서 그 관계가 유연적으로(motive) 드러나는 의미체계를 검토한다. 그것은 프로이트의 무의식 이론에서 찾아진다. 이때 언어의 형식성은 심신 양쪽의 외부와 연결되어 있으면서 궁극적으로는 분할된 실질(성감대로 분할된 육체)로, 발달 도상에 있는 자아가 가족 삼각형의 세 가지 극과 맺고 있는 관계에 따라 실질로 환원된다. 크리스테바, 위의 책, 22쪽.

트 페미니즘' 이론도 탈구조주의 이론의 영향을 받았으며 주체의 분열과 '과정 중의 주체' 문제에 주목한다.

결국 기호해체학은 바흐친이 이야기하는 카니발적 언어, 이항대립이 무너지는 세계이자 그 대립들이 융화되고 코라로 가는, 추방된(abjection) 것들이 귀환하는 것에 관심을 갖는다. 제노에서 페노로 옮겨가는 것이 문학 형성의 과정이라면 (시의 질서를 갖는 운율이나 애매모호성—어머니의 몸) 제노의 광기는 끊임없이 페노의 제재를 받는다. 제노와 페노 사이에는 거리가 있는데 그 의미화(signification)를 찾는 독서 이론이 기호학이라면 페노에서 제노로 가는 기호 해체 과정을 연구하는 것이 기호해체학이다. 따라서 '의미'(significance)라는 것도 의미 생성 과정을 뜻하거나 과정으로서의 의미를 가리킨다. 의미란 시인의 의미일 수 없고 그러기에 고정된 단일한 의미일 수 없으며 항상 '과정 중에 있는 주체'가 규범성을 가진 상징계적 언어에 무의식의 욕망을 새겨 넣는다.

코라 기호학은 안정된 주체의 자리에 저항하는 자리가 된다. 코라 기호학에서 말하는 언어란 고정된 의미를 가진 것이 아니고 불안정한, 이중적, 혹은 다의미적인 언어가 된다. 시적 언어는 0—1 연속[18]에 기반하는 논리적 체계의 무능함을 전경화한다고 크리스테

18 논리가 A이거나 not A 둘 중 하나라는 아리스토텔레스의 주장에 기반을 둔 것이라면 논리는 한꺼번에 한 가지 것이 될 수 없다는 것을 가정한다. 이에 대해 크리스테바는 숫자를 사용하여 0—1이라고 부른다. 0은 nothing이나 같고 1은 단일성이다. 이러한 기반에서 그녀는 언어에 대한 바흐친의 견해와 철자맞추기에 대한 소쉬르의 작업의 유사성을 발견한다. 그녀가 연결한 유사성은 비논리적인 꿈의 언어에 대한 프로이드의 작업, 또는 프로이드가 꿈—작업이라고 불렀던 것으로 향한다. 시적 언어는 0—1의 논리를 뛰어넘고 0—2의 원리에서 작동하는데 그것은 이중적이며 A와 not—A 둘 다이다. 여기서 0은 무이고 반면 2는 이중적인, 혹은 그 이상이다. 단일한 요소인 1은 제거되었다. G. Allen, *Intertextuality*, Routledge, London and New York, 2000, p. 44.

바는 주장한다. 시적 언어는 이질혼성적(heterogeneous)인 것이며 유아의 최초 음성 모방에서 최초의 음소, 형태소, 어휘소, 그리고 문장에 선행되는 리듬과 억양에서 발견된다. 이러한 이질혼성성의 개념은 단언적인 의식(thetic: 의미화된 대상과 자아)을 보장하는 통사구문 자체를 흔들리게 한다. 카니발적 담화에서, 아르토에서 말라르메, 초현실주의적 실험 시들에서 이러한 이질성의 개념은 절대적이다. 여기에서는 어떤 의미화된 대상도 초월적 자아의 의식을 작동시키는 것은 아무 것도 없다. 이러한 경향이 세미오틱 코라다. 코라는 위에서 말했듯 이름 붙일 수 없고 불가능하며 잡종적이고 유일신 아버지, 그리고 명명화에 선행하는 것이며 그 자체로 이질혼성적이다.[19]

시적 언어는 사회적으로 소통 가능한 담화와 관련된 한 세미오틱한 이질혼성성일지라도 상징적 기능과 분리될 수는 없다. 기호계에 대립되는 상징계는 의미, 기호, 그리고 후설의 초월적 자아의 의식을 대신하는 의미화된 대상이 갖고 있는 필연적인 속성이다. 사회적 실천으로서의 언어는 반드시 이러한 두 가지 배치(기호계와 상징계), 즉 의미화 실천의 유형들을 전제한다. 그러므로 어떤 시적 언어에서도 리듬적인 제약은 조직화하는 기능을 수행하지 않는데 여기에서 조직화하는 기능이란 민족 언어의 어떤 문법적인 규칙들을 위반하는 데에서 진행되는 것이다. 근대 텍스트에서 이러한 기호적 제약(상징적인 작업에서의 리듬, 음운적인, 발성적 음질, 페이지 위의 시각적 배치)은 복구될 수 없는 통사적 삭제에 의해 수행된다. 비록 시적 언어가 상징적 기능을 삭제하고 공격하여 혼란스럽게 만들고 있다고 하더라도 상징적인 것이 완전히 사라지는 것은

19 J. Kristeva, "Desire in Language", Kelly Oliver, ed., *THE PORTABLE KRISTEVA*, New York : Columbia Univ. Press. 1997, pp. 124~147.

아니다. 상징적 기능이 바로 언어, 랑가쥬 그 자체이기 때문이다.

그러므로 시적 언어란 어떤 특별한 존재나 의미가 아니라 의미화하는 장치(signifying apparatus)라고 할 수 있다. 시적 언어는 그 자신의 과정을 의미와 무(無)의, 언어(language)와 리듬 사이에, 즉 상징계와 기호계 사이의 결정불가능한 과정에 위치시키기 때문이다.[20] 시적 언어는 말하는 주체가 '과정 중의 주체'라는 면에서 근친상간과 등가물(equivalent of incest)이 된다고 할 수 있다. 시적 언어는 상징적인 아버지의 법을 범하고 본능적이고 모성적인 기호계의 영역에서 그 자신의 힘을 가져오기 때문이다. 크리스테바는 자신의 코라 기호학에서 보는 시적 언어의 욕망을 다음과 같이 몇 가지로 요약한다.[21]

(1) 배회, 혹은 흐트러짐을 언어에 도입하고, 시적 언어에 도입하는 기호학적 행위는 공시적 관점에서 욕망(전유/거부, 구강/항문, 사랑/증오, 삶/죽음) 작용들의 표지이다. 또한 통시적 관점에서 기호적 신체의 고대(archaism)로부터 파생된 것이다. 거울 속에서 자신을 동일한 것으로 인식하기 전에, 신체는 어머니에게 의존적인 것이다. 본능적인 동시에, 모성적이기에, 기호계적 과정들은 화자가 의미, 의미작용(상징계)에 들어가는 미래를 예비한다. 이에 반해 상징적 기능으로서의 언어는 본능적인 욕망과 어머니와의 지속적인 관계를 억압함으로써 그 자신을 구성한다. 반대로 시적 언어의 해

20 앞의 책, pp. 124~147에서 요약.

21 뒤에 인용하는 글은 크리스테바의 논문 *Desire in Language*(1975)를 번역, 요약 소개한 것이다. 「언어 속의 욕망」은 크리스테바의 박사 학위 논문 한 해 뒤에 나온 논문으로서 코라 기호학에서의 욕망과 시적 언어, 주체의 문제를 요약해 놓은 코라 시학의 결정판이라고 할 수 있다. 장황하지만 소개하는 소이가 거기에 있다.

결되지 않는, 그리고 문제적인 이 주체는 이렇게 억압된 본능적이고 모성적인 요소를 재활성화시키면서 유지된다. 만약 근친상간 금지가 소통적 맥락으로서의 언어와 사회가 유지될 수 있게 하기 위한 교환 대상으로서의 여성을 구성하는 것이 사실이라면, 시적 언어는 바로 그 문제적인 과정 속의 주체라는 측면에서 근친상간의 등가가 될 것이다. 시적 언어는 의미 작용의 방식 그 자체 안에 있고 과정 중의 주체는 이런 본능적이며 모성적인 영역에서 그 자신을 전유한다. 그러므로 이것은 동시에 그 단어가 단순한 기호가 되는 것과 엄마가 다른 대상과 같이 하나의 대상이 되는 것을 방해한다. 몇 가지 강조점은 다음과 같다.

(a) 시적 언어에서 기호적인 것의 우세성은 형식주의적 시학이 그랬던 것처럼 단순히 기호에 몰두하거나 '메시지'의 측면에서 기표에 집중함으로써 해석할 수 없는 것임을 강조한다. 시적 언어는 제1 구조화 (자아로서의 신체 구성) 및 (어머니와의) 동일화에 관련된 본능적 욕망의 행위들을 깊게 암시한다.

(b) 시적 언어는 '악'과 연관된다는 측면에서 문학과 사회와의 합의를 깬다.

(c) 레비 스트로스의 지적처럼, 사회 인류학적 시각에 의하면 어머니와 아이의 관계를 무시해 버리는 것은 가능하다. 시적 언어에 관한 논의에서 어머니에 대한 전(前) 상징적이고 상징적인 것을 가로지르는 관계가 발화자와 바로 그 담화의 동일성 내에서 목적 없이 헤매고 있음을 알려야 한다. 게다가 발화자가 어머니와 맺은 이런 관계는 아마도 의미의 구조뿐만이 아니라 주체와 역사의 의문시되는 과정 내에서의 상호작용을 만들어내는 가장 중요한 자질들 중의 하나다.

(2) 시적 언어의 주체는 지속적으로 그러나 한정적으로 명명화의 단언적 기능을 가정하지 않으며 의미는 의미작용의 확립을 가정하지 않는다. 여기에서 의미 작용이란 부성적 기능이 재생산적 관계 내에서 표상하는 무엇이다. 통상 상징적인 법은 아버지를 통해 표상된다. 시적 언어는 상징을 가로지르고, 부성적인 것을 가로지른다. 하나는 다른 하나가 없이 결코 존재할 수 없다. 즉 상징적인 것과 기호석인 것은 태극의 음양처럼 서로 맞물려 있고 역동적으로 운동하면서 변화를 일으킨다는 것이다.

(3) 정신병과 물신주의는 시적 언어의 비(非)공적인 주체를 위협하는 두 심연을 표상한다. 정신병에 대하여 상징적 합법성은 의미와 소통 없는 본능적 욕망의 자의성이라는 측면에서 삭제된다. 왜냐하면 모든 지지물의 소실점에서 전전긍긍하고, 주체는 전체화된 지도자와의 동일시 혹은 전지전능의 환상을 통해 진행되기 때문이다. 또 한편으로 물신주의는 지속적으로 부성적인 것을 피하는 순수한 기표의 객관화를 산출하며 더욱 더 텅빈 의미를 산출한다. 패티시즘으로서의 시는 언어 유희, 작품의 실체화, 회피할 수 없는 수사학의 인수 등을 그 특징으로 한다.

요약하자면 시석 언어는 소쉬르의 분열(기표/기의)이 결코 연결될 수 없으며 분열이 다른 것에 의해 강화되며 육체를 기호화하고 의미작용에 이질적이며 본능적인 것 사이에서 보다 급진적이 되며 근친상간의 금지에 토대를 둔 그 의미작용과 초월적 자아와 기의화된 대상을 확립하는 단언적 의미작용 사이에서 보다 급진적이 된다. 상징계와 기호계라는 두 배치 사이에서 영원한 충돌을 통하여, 기표/기의의 기호의 내적 무대가 증명될 뿐인 시적 언어는 초월적 합리성에 의해 지배된 시민 사회의 억압들을 보여준다. 즉 시적 언어는 이러한 억압들을 무효로 만드는 수단이라는 것이다.

4. 코라 기호학으로 읽는 한국시

코라 기호학으로 시를 읽을 때 가장 먼저 주체의 문제, 언어의 문제, 텍스트의 문제가 부각된다. 크리스테바에게 텍스트는 언제나 상호텍스트다.[22] 그녀가 주장하는 '묶여 있는 텍스트'(The Bounded Text)란 이미 존재하는 담론들 안에서 구축된 텍스트를 말한다. 저자는 자신의 고유한 창조성으로 텍스트를 생산하는 것이 아니라 이미 존재하는 텍스트들로부터 편집하는 것이라고 주장한다. 즉 텍스트는 텍스트들의 순열(permutation)이고 주어진 텍스트의 공간 내에서 상호텍스트이다. 따라서 텍스트들은 '문화적 혹은 사회적 텍스트'이자 모든 다른 담론들, 이야기하고 말하는 방식, 우리가 문화라고 부르는 것을 구성하는 제도적으로 승인된 구조들과 체계들로 양식화된 것으로 구성된다. 이런 의미에서 텍스트는 개인적이거나 고립된 것이 아니라 문화적 텍스트성의 구성물이다. 개인적 텍스트나 문화적 텍스트는 같은 텍스트의 재료로부터 만들어지며 서로 분리될 수 없다.

텍스트는 실천이며 생산성이다. 텍스트의 상호텍스트적 위치는 이전에 존재했던 단어들과 발화들의 구조화를 재현하고 발화의 순간 이후에 계속될 것이며 바흐친의 용어에 의하면 '이중-목소리'이다. 예를 들어 시인 이상이 "나의아버지가나의곁에서조을적에나는나의아버지가되고나의아버지는나의아버지인채로있는데나는나의아버지의아버지가되고……나는왜나의아버지의아버지노릇을함께하면서살아야하는것이냐"라고 했을 때 '아버지'는 유교문화권 안에서 신분의 절대적 우위성을 지닌 '가부장으로서의 아버지'로 읽히며 시

[22] 아래 크리스테바에 대한 글은 G. Allen, op. cit, pp. 30~58에서 번역, 요약 소개.

인이 어린 시절 백부 집으로 입양 갔던 장손이라는 전기적 사실을 떠올리게 됨과 동시에 상징적 권능을 가진 아버지이면서 또한 동시에 식민지의 무기력한 아버지, 현실적 남근 권력을 빼앗긴 '박탈된 아버지'로 읽히게 된다. 그것은 서정주의 "애비는 종이었다. 밤이 기퍼도 오지 않았다."라는 구절과 공명하는 것으로서 서정주의 '아버지' 역시 시인 이상 텍스트가 갖는 이중적 목소리를 들려준다. 텍스트들이 이렇게 사회적 텍스트들의 조각들로 이루어진다면 사회 내에서 언어와 담론을 특성화하는 계속되는 이데올로기적 투쟁과 긴장은 텍스트 자체 내에서 반사, 공명하기를 계속할 것이다. 이러한 것이 크리스테바가 이야기하는 실천과 생산성이다. 텍스트는 분명하고 안정된 의미를 제시하지 않는다. 텍스트는 단어들의 의미 위에 사회의 대화적 갈등을 구현한다.

예를 들어 황지우의 「만수산 드렁칡 2」, 「만수산 드렁칡 4」를 읽어본다. 10월 유신, 대통령 서거, 군부 독재 권력 장악, 광주 항쟁, 피와 침묵과 광기가 지배하던 1980년대 초의 정치, 사회적 맥락을 가장 보여주는 시집인 『새들도 세상을 뜨는구나』(1983)에 수록된 시편이다.

> 어서 가라
> 이 쑥밭의 땅에서
> 괴로와하는 쑥굴헝 가시 덩굴 헤치고
> 그대의 어린 가족들 데리고
> 어서 가라
> 저 만수산 上上峯으로
> 世世孫孫 짙푸른 넝쿨을 잡아당겨
> 그대의 幻聽 속에
> 수천의 弔鐘을 울리는
> 저 만수산 어서 가라

이 쑥밭의 땅에서
가시덩굴 쑥굴헝 헤치고
어린 것들 아내와 노모를 데리고
어서 가라
이곳에 더 이상 씨 뿌리지 말고
이곳에 더 이상 아이 낳지 말고
이곳에 더 이상 사람 묻지 말고
더 이상 노래하지 말라 오 殺菌된 땅에
더 이상 벌레 울음 소리 들리지 않으므로
더 이상 울지 말라 울지 말고
어서 가라 焦土를 버리고
이곳의 온갖 이름과 언약을 버리고
납세고지서를 주민등록증을 버리고
오 화해할 수 없는 이 지상을
벗어 나가라
밤마다 그대 도려낸 흉곽의 응달에
世世孫孫 푸른 넝쿨 내리고
世世孫孫 맑은 물줄기 타고
그대의 幻聽 속에 수천의 弔鐘으로
떠내려오는 저 만수산으로
어서 가라
어서 가라

-「만수산 드렁칡 2」

오 넝쿨이어
핏줄이어
쇠사슬이어

山 전체가 뫼똥이다
거기까지 거적때기에 질질
끌려간 자국이 나 있다

-「만수산 드렁칡 4」

'만수산 드렁칡'이란 단어는 황지우 자신의 고유한 시어로 읽히기보다는 한국시가사에서 이미 타자의 언어로 각인된 단어이다. '만수산 드렁칡'이란 단어를 1980년대의 독자들이 읽을 때 독자들은 이미 이방원의 「하여가」[23]에서의 '만수산 드렁칡'을 연상한다. 그 두 개의 텍스트는 역사적, 정치적, 생존적 맥락을 거느리고 포개진다. "이런들 어떠하며 저런들 어떠하리／만수산(萬壽山) 드렁칡이 얽어진들 어떠하리／우리도 이 같이 얽어져 백년(百年)같이 누리리라."와 같은 이방원적 '얽혀져 누림'이 전달하는 「하여가」의 상상력을 시인은 거부한다. 지상은 '화해할 수 없는 땅'이며 역사는 이미 피와 학살로 얼룩져 있으며 '만수산'은 이러한 상처, 학살, 충성, 배신, 더러운 화해, 생존 등을 뛰어 넘은 곳에 있는 부정적 유토피아의 공간이다. 역으로 그것은 1980년대적 문맥에서 '정치적 얽힘과 누림'이라는 추악한 배신의 정치성이 횡행했음을 암시해준다.

「만수산 드렁칡 2」에는 「하여가」에 내재하고 있는 역사적 격변, 사회적 혼란, '충성／배신: 죽음／삶'이라는 왕조 교체기의 이항대립적 처세론을 함축하고 있기는 하지만 그러한 이항대립적 사고는 해체된다. '얽혀져 누림'이라는 '만수산'의 원본적 의미를 부정하고 패러디함으로써 황지우의 '만수산'의 의미작용은 새롭게 생성된다. 그의 '만수산'은 '쑥밭의 땅', '살균된 땅', '초도'의 대립항에 위치하며 '납세 고지서', '주민등록증'의 반대편 자리에 있는 공간이며 '쑥굴헝'을 헤치고서야 갈 수 있는 곳이다. 죽음의 공간이고 '조종소리'가 가득한 공간이지만 '어린 아내와 노모'와 함께 살아갈 수

23 이성계가 역성 혁명을 추진하고 있을 때 고려 충신인 포은의 마음을 떠보려 이방원이 '하여가(何如歌)'를 그에게 보내 조선 개국의 정당성을 설득하려고 하였으나 정몽주는 화답가로서 '단심가(丹心歌)'을 지어 보내 이미 기울어 가고 있던 고려이지만 끝까지 충성을 지키겠다는 유학자의 자세를 보여주었다.

있는 유일한 땅이기도 하다. 게다가 그 땅은 흘러가고 있다.

「만수산 드렁칡 4」에서는 '만수산'과 '드렁칡'이 분리된다. '드렁칡'은 도저히 갈라낼 수 없는 핏줄, 세속적 욕망, 억압과 감금의 역사적 결박을 은유적으로 암시하고 '만수산'은 처절한 죽음의 공간일 뿐이다. 여기에서 「만수산 드렁칡 4」는 '드렁칡'을 갈라내지 못하여 '만수산'이 죽음의 공간으로 화하고 있음을 보여준다.

이렇듯 '만수산 드렁칡'이라는 황지우의 80년대 시어는 1392년대적 역사적 갈등과 학살로 얼룩진 공포 정국을 반영하면서 1980년대적 학살과 공포 정국을 함축하고 그 언어 안에 두 개의 역사적 상황과 사회적 혼란을 포개지게 한다. 그런 단어들과 발화들은 텍스트 자체 안에 타자성을 보유한다.

상호텍스트성은 여기서 '역사적 텍스트'로부터의 텍스트의 출현과 연관될 뿐만 아니라 사회, 역사 안에서의 '텍스트의 지속적인 존재'와도 관련된다. 텍스트의 구조와 의미는 그 자체로 특이한 것이 아니며 이데올로기소(Ideologeme)로서 각각의 텍스트 구성을 보여준다. 즉 '만수산 드렁칡'이라는 언어가 '단심가'의 정몽주의 충렬의 언어와 대립되는 역사적 긴장의 주체라는 것을 생각할 때 텍스트 내에서 그들의 존재는 이데올로기소를 표현할 것이다. 따라서 이러한 관점에서 볼 때 첫째 텍스트가 통합된 의미를 표현한다는 관념을 포기해야 하고 텍스트를 사회적, 역사적 텍스트의 부분들의 결합과 편집으로 보기 시작해야 한다는 것이다. 이처럼 텍스트는 단일성이나 단일한 의미를 가지는 것이 아니며 계속되는 역사적이고 문화적이고 사회적인 진행과정에 연관된다. 따라서 텍스트의 의미란 과정 중의 주체가 생산한 과정 중의 의미라는 것이다.

> 상호텍스트로서 텍스트를 연구하는 것에 의해, 기호학의 바로 그 과정을 결정짓는 이데올로기소로서의 텍스트

> 의 개념은 사회와 역사 안에 텍스트를 위치시킨다. 텍스트의 이데올로기소는 사회적이고 역사적인 텍스트 속으로 이 총체성의 삽입뿐만 아니라 총체성(텍스트) 속으로 발화적 변형을 움켜잡는 합리성을 알고 있는 곳에 초점을 맞춘다. (Kristeva, 1980, p. 37)

즉 황지우의 「만수산 드렁칡」 텍스트는 텍스트 자체 내에 있는 의미와 '역사적이고 사회적인 텍스트'라고 부르는 것 안에 있는 의미, 즉 사회적으로 이미 존재하고 있는 의미들을 가지고 동시대적 요소들의 재배열로 이해된다는 것이다. 따라서 시적 언어란 고정된 의미의 한 지점이 아니고 텍스트의 표면의 상호교차로서의 문학의 단어에 대한 역동적 개념이라고 할 수 있다. 글쓰기는 대화이다. 작가의 글쓰기, 수신인, 동시대 혹은 그이전의 문화, 역사, 사회적 맥락 등의 대화이다. 시적 언어는 수평적 차원(쓰기 주체와 수신자 둘 다에 속하는)과 수직적 차원(동시대나 그 이전의 문학의 모듬들)을 가진 이중적 언어로, 따라서 의미란 중층 결정되는 것으로 이해된다.

크리스테바는 탈구조주의적 사고에 의해 구성된 포스트모더니즘을 '한계의 경험으로서의 글쓰기'라고 부르기도 한다. 이때 한계란 언어의 한계, 주체성의 한계, 성적 정체성의 한계이며 좀 더 부언하면 체계화, 또는 획일화의 한계라고 말할 수 있다.[24] 이러한 한계에 대한 질문은 이미 수용된 여러 한계들에 대한 질문, 즉 장르에 대한 한계, 예술 그 자체의 한계를 위반하는 데로 이어진다. 따라서 코라 기호학으로 텍스트를 읽는다는 것은 시적 언어의 단일 의미 배제, 의미의 불안정성과 의미 작용, 상징적 규범에 대한 위반, 통

24 린더 허천, 「포스트모더니즘 시학」, 김욱동 편저, 『포스트모더니즘의 이해』, 문학과지성사, 1990, 159쪽.

일화된 일관성이 아닌 탈중심화의 전략들, 타자성과의 대화, 로고스 중심주의적 이항대립을 뒤집는 억압의 사고로부터의 해방을 꿈꾸는 시적 전략 등을 탐구한다.

또한 코라 기호학은 무의식의 세계, 비천한 것으로 추방되었던 어머니의 몸을 시적텍스트 안으로 다시 불러오는 흔적을 찾는 탐색이라고 할 수 있다. 코라 세미오틱은 압젝션의 귀환의 흔적을 텍스트로부터 찾아낸다. 코라 세미오틱은 인간이 인간 주체가 되기 위하여 상실해야 했던 것들을 찾아 진실에 도달하기 위하여 상징적인 것을 뚫고 여자의 몸에 도달하는 기호들을 찾는다. 인간의 몸이 비천하고 모순을 가진 채 즉 코라를 가진 채 우리의 기호체계에 어떻게 드러나는가. 그것을 텍스트의 언어 형식에서 탐구하는 것이 코라 기호학의 시도가 된다.

한국 문학 연구에서 내재적 연구와 외재적 연구의 입장은 서로를 과격하게 배제하면서 어떤 때는 텍스트의 형식과 구조, 수사학적 장치, 언어의 세부들을 탐색하는 형식주의와 구조주의적 분석의 입장이, 어떤 때는 텍스트에 내재한 이데올로기만을 내세우는 사회학적 입장이 지배적이 되어 단원론적 주장을 펼쳐왔다. 코라 기호학으로 텍스트를 읽을 때 얻을 수 있는 장점은 텍스트 형식의 분석과 더불어 동시에 말하는 주체가 살았던, 혹은 텍스트를 읽는 독자가 살고 있는 동시대적 문제와 더불어 개인사, 가족 구조, 사회 문화적 상징 질서, 정치적 무의식, 개인적 무의식 등을 동시에 탐구할 수 있다는 점이다.

즉 형식주의, 구조주의가 문학 텍스트를 '테크닉들의 총계'(쉬클로프스키)나 언어학적 랑그로 환원하려고 했다면 코라 세미오틱은 텍스트에 살아있는 생체로서의 말하는 주체를 복원하고 시인의 에너지를 속박하고 규제하는 상징계로서의 당대적 문화, 사회를 검토할 수 있게 하며 그럼으로써 텍스트 읽기의 다원적 관점을 부여할 수 있다는 점에서 읽기의 열린 방법이 된다.

필자가 이러한 이론적 입장에 관심을 가지게 된 것은 우리 시대의 연구 상황과도 연관이 있다. 필자는 서정시가 물론 시의 본령이라는 데에는 큰 이의가 없지만 그러나 현대에 들어와 한국시가 실험적인 면에서나 현실 비판적 측면에서 고전적 서정시의 형태와 주제를 과감히 해체하고 서정시적 범주를 탈영토화한 지가 오래되었는데도 낡은 미학과 관습적 사고에 매어달린 보수적 시학자들이 이미 한국 시사에 들어온 현대성, 서정적 시의 형태적 해체, 말하는 주체의 잡종성, 그 탈구축의 반미학을 외면한 채 연가풍의 서정시만을 주류적 장르로 고정시키고 있는 지배 문화에 대한 반발로서의 기획이기도 하다. 코라 기호학은 텍스트 읽기의 층위와 텍스트 생산의 층위, 그 둘 다를 고려할 수 있는 방법론이기 때문에 텍스트의 구조를 분석하는 독서 이론으로서도 혹은 텍스트 생산자인 시인의 개인사, 심리, 상처, 당대적 정치, 문화, 경제, 이데올로기, 의식, 무의식 등이 어떻게 텍스트로 기호화되는지를 살필 수 있는 생산 이론으로서도 매우 유용하다.

코라는 그 자체가 역동적인 힘인 동시에 상징 질서의 구축을 무너뜨리려는 부정적인 운동성이자 에네르기이기 때문에 그것은 항시 당대적으로 존재하는 대분자적 지배 이데올로기인 독사(DOXA)에 공격적이며 그것을 위반하고자 하는 '욕망'을 가지며 그러한 '욕망'의 교란 작업을 통해서 독사를 탈구축한 뒤 새로운 기호 창조의 문을 열기 때문이다. 따라서 코라 시학에서 중요하게 여기는 텍스트들은 아방가르드 시인들의 텍스트, 지배 문화적 양식을 거부하는 부정성의 글쓰기로서의 위반의 텍스트들이라고 할 수 있다. 따라서 모더니즘, 포스트모더니즘적 경향이 강한 텍스트, 아방가르드적 텍스트, 이상, 김수영, 김춘수, 김종삼, 구상 등의 텍스트, 포스트 페미니즘적 여성 텍스트, 탈식민주의적 텍스트들이 논의의 대상이 된다.

2. 코라의 욕망, 주체, 시적 언어

시의 혁명과 시적 혁명:
심미적 아방가르드와 '온몸의 시' 로서의 아방가르드

Ⅰ. 서론: 아방가르드란 무엇인가

이 글은 한국 현대시에 나타난 '아방가르드 문학'의 특성과 범주를 기존연구자들의 업적을 통해 살펴보고 새로운 시각을 모색해 보고자 하는 데 있다. 아방가르드란 원래 '최전선에 위치한 군대'를 가리키는 군사용어로서 19세기 프랑스에서 혁신과 실험을 중시하는 새로운 기류를 반영하여 예술 운동에 적용되기 시작했다. 그리하여 역사적 아방가르드 운동이란 개념은 19세기 말부터 20세기 초에 등장한 다다이즘과 입체파, 초기의 초현실주의 등의 기존 제도 예술에 반하는 미적 운동을 지칭하게 되었다. 한국의 전위시 연구에 많이 원용되었던 이론가로는 포지올리, 뷔르거, 칼리니스쿠 등을 들 수 있다. 레나토 포지올리는 아방가르드를 하나의 운동으로 보며 운동의 개념과 행동주의, 적대주의(공중에 대한, 전통에 대한 적대주의)를 연결시켰고 오르테가 이 가세트에게서 그것은 '지적 급진주의'와 연결되며 '비인간화된 예술', 추상예술, 새로운 예술, 젊은 예술이란 용어로 나타난다. 게오르그 루카치의 경우 아방가르드와 데카당스를 혼합하려 하는 경향을 보이면서 데카당스에 대한 부정적 가치 판단을 아방가르드에까지 확산시키면서 그 두 가지를 부르주

아 문화의 쇠퇴과정에서 생기는 양상들로 보고 있다고 지적한다.[1]

포지올리는 아방가르드 이념은 자체가 지지하고 표현하는 문화적, 예술적 선언들의 비사회적인, 또는 반사회적인 특징에 의존하는 사회적 현상이라고 보며 아방가르드 예술의 심리학은 '집단의 심리학'이며 다양한 아방가르드의 시학들은 어떤 통일적인 미학적 개념 아래서 연구되지 않는다고 지적한다. 따라서 아방가르드 예술은 예술의 한 종류가 아니라 예술 자체의 안팎에서 심리적인 일반적 상황과 특이한 이념적 사실에 관계되어 검토될 수 있는 '계시'의 한 종류이며 러시아의 경우처럼 역사적, 사회적 관점에서 연구하는데 그치지 않고 개혁주의자들의 열정으로 실용적이며 게릴라적이며 정치적인 사회학의 관점에서 현상을 부딪쳐 나가기를 원하기도 한다고 했다. 그는 두 개의 아방가르드를 구분했는데 하나는 정치적 아방가르드, 또 하나는 예술적 아방가르드다.

또한 뷔르거는 제도 예술로서의 예술과 이 제도의 틀 안에서 작용하는 작품의도를 구분하면서 아방가르드 예술을 설명하는데 그것은 예술을 실제 생활로 돌려보내려는 의도를 가지고 있으면서 전통과의 단절, 제도예술에 대한 공격을 보여주며 역사적 아방가르드는 '소외효과', 충격의 원칙을 예술적 의도의 최고의 원칙으로 삼고 있고 결국 아방가르드 예술은 비유기적 형식, 우연성, 새로움, 알레고리 등의 특성을 보여주는 예술의 자기비판이자 미적 규범들의 단절[2]이라고 주장한다.

앞서 고찰한 대로 전위예술은 역사적, 사회적 관점을 통해 고찰되었으며 그러나 제도적, 기존 질서에 대한 위반, 공격이 심미주의

---

[1] 레나토 포지올리, 『아방가르드 예술론』, 문예출판사, 1996, 18~19쪽 참조.

[2] 페터 뷔르거, 『전위예술의 새로운 이해』, 최성만 역, 심설당, 1986, 175쪽.

적으로 기존 예술에 대한 도전으로 나타나며 기본적으로 '열린 시학'[3]을 지향하고 있다고 요약할 수 있다. 또한 본래적으로 시민 사회의 제도 예술에 대한 전면적 거부로 특징지어짐에도 불구하고 모더니즘과의 연관관계 안에서 하나의 양식 개념으로 논의되어 왔다는 것도 사실이다.

다른 한편으로 아방가르드 예술을 정신분석학적 관점에서 논의한 줄리아 크리스테바[4] 등의 입장이 있다. 현대 예술의 많은 이론은 부정성의 이론인데 이때의 부정성이란 프로이트의 1차 과정들, 압축(condensation)과 치환(displacement)에 상응되는 기호계(semiotic)의 전-언어적, 초-언어적 용기 안에 있는 충동적 힘이라 할 수 있다. 말하는 주체의 영역으로 보는 상징적 차원은, 진술이 만들어지고 위치가 정해지는 곳인데, 그것은 세미오틱의 중단, 하나의 휴지(休止)나 그리하여 주제적 감각과 의도와 긍정성이 자리 잡도록 기능하는 것이다. 그러한 상징계(기존 미학)에 대한 부정성과 주체성의 정립(큰 상징계 안에서)을 흔드는 공격의 문제에 아방가르드의 기원을 돌리는 것이다. 미학자들에게 아방가르드는 부르주아의 문화적 헤게모니에 대한 피할 수 없는 파열의 기호가 되며 다른 이들에게 그것은 문화적 소외의 증후가 된다. 그들 중 몇은 아방가르드는 근본적으로 자기 탐닉적 기업으로, 실재 세계로부터 길을 잃고 쁘띠 부르주아의 문학적 익살광대극에 참여하는 방향으로 관심을 돌리는

3 아방가르드 예술을 에코는 불확정성, 형식의 개방성, 애매모호함과 동음이의어와 같은 pun 등에 의해 생성되는 의미의 진행성 등을 보여주는 '열린 작품'이라 보고 있다. 움베르토 에코, 「열린 작품의 시학」, 『열린 예술작품-카오스모스의 시학』, 새물결, 1995, 41~69쪽 참조.

4 Leslie Hill, "Julia Kristeva: Theorizing the Avangarde?", John Fletcher and Andrew Benjamin, ed., *Abjection, Melancholia, and Love*, New York : Routledge, 1990, pp. 137~155 참조. 앞으로 인용되는 크리스테바 이론에 관한 설명은 이 논문을 참조함.

것을 허락하는 자기탐닉적인 것으로 본 반면, 또 어떤 이들은 아방가르드를 '항의의 안전밸브'라는 의심스러운 기능을 가진 것으로 보았다. 이런 방법의 아방가르드에 대한 설명은 도덕적으로 분쇄하는 도끼들의 구실이 되거나 그 결과로 좋건 싫건 공격당하는 것처럼 보이는 예술적 규범들의 수락이나 묘사에 절대적으로 의존해 있는 것으로 남게 되었다.

그러나 크리스테바의 입장은 제도적 예술(상징계)의 파열, 위반으로서의 아방가르드 예술 개념에서부터 관점을 전환시켜 큰 상징계(사회나 국가 체제)에 대한 공격으로서 기존 예술의 규범을 공격하는 것으로 보며 그리하여 시적 혁명이 곧 사회, 정치적 혁명과 입장을 같이 하는 것으로 주장한다. 그러한 이론적 입장은 기술적 모더니티를 거부하고 기교만의 현대성을 '사기'라고 공격하는 김수영의 '온몸의 시론'에 상응하는 유사성을 보여주는 것으로 우리 시의 아방가르드 연구에 새로운 시사점을 던져준다고 하겠다. 필자는 장르 관습 안에서의 기존 미학에 대한 위반으로서의 시를 '시의 혁명'으로, 온몸으로서의 아방가르드 시를 '시적 혁명'으로 부르고자 한다.

본고는 주로 위에 기술한 이론가들의 입장을 원용하여 그동안 진행되어온 '한국 시에 있어서의 아방가르드'라는 기존 연구를 범주화하여 검토하고 그에 더하여 크리스테바의 정신분석학적 기호학의 이론으로 김수영 시론과 시 텍스트를 읽어봄으로써 한국 시의 아방가르드 연구에 새로운 시각을 더해 보고자 한다.

II. 한국시와 아방가르드: 모더니즘에 다름 아닌 모더니즘, 혹은 모더니즘에 거역하는 모더니즘?

한국 시와 아방가르드를 연관시켜 논할 때 주로 모더니즘과의 관계 안에 그 범주를 설정하고 연구되어 왔으며 그리하여 아방가르드 그 자체를 독립적으로 논해오지는 않았다고 김준오 교수는 지적한다.[5] 한국 시와 아방가르드적인 것을 논의해온 방향을 대별하자면 다음과 같이 세 가지로 분류된다.

첫째로 현대 예술을 생성하는 주요한 요소로서 아방가르드 정신을 보는 '일반적 개념으로서의 아방가르드'다. 모더니즘을 상위 개념으로 보고 구체적으로 다다이즘 계열, 초현실주의 계열, 이미지즘 계열, 네오 클래식의 계열로 나누어본 오세영의 경우 '아방가르드'를 별도의 계열로 논하지 않고 "모더니즘이 보헤미안 아방가르드(bohemian avantgarde, 전위적 자유분방성) 정신을 가리킨다면 파리에서 낭만적 사고가 절정에 달했던 1830년대, 실험주의 미학을 가리킨다면 졸라의 실험 소설이 발표된 1880년대, 도시화에 대한 상상력의 반응을 가리킨다면 보들레르가 허위의 도시와 감수성의 새로움을 언급한 1890년이 될 수 있다."고 말하며 '모더니즘과 보헤미안적 아방가르드 정신'을 동일한 것으로 보았다. 이러한 관점은 아방가르드를 전위적 자유분방성으로 보아 모더니즘 문학을 생성한

[5] 김준오 교수는 "서구에서는 전위가 현대의 예술이나 비평의 중요한 용어로 정립되어 있지만 우리 현대시사에서 전위는 모더니즘의 일부로 처리되거나 모더니즘 시운동에서 아예 제외되어 왔다"고 지적하면서 "사실 우리의 모더니즘 시론과 실천은 주지주의나 이미지즘의 온건한 모더니즘이 주종을 이루는 것이 그 수용양상이다. 따라서 현대시의 한 독립된 지류로서 전위시의 전개를 점검해볼 필요가 있겠다."고 주장한다. 「우리시의 아방가르드」, 『문학사와 장르』, 문학과지성사, 2000, 354쪽.

'정신'으로 보는 입장이다. 현대 예술을 만드는 보편적 요소로 아방가르드 정신을 규정하는 오세영은 일반적 개념으로서의 아방가르드를 논하는 입장이다.[6]

두 번째로 '아방가르드'를 모더니즘 문학의 한 하위 유형으로 분류하는 입장이 있다. 이승훈 교수는 「한국 현대시의 다섯 가지 유형」[7]에서 문학적 현대성의 한 유형이자 미적 극단주의로서 '아방가르드'를 자리매김하고 있다. 그는 칼리니스쿠의 『모더니티의 다섯 얼굴』에 영향을 받아 「한국 현대시의 다섯 가지 유형」을 쓰면서 문화적 현대성의 다섯 가지 유형(미적 모더니즘, 아방가르드, 데카당스, 포스트모더니즘, 키치) 중의 하나로 칼리니스쿠의 '아방가르드'의 정의를 소개한다.

> 20세기 전반부터 사용되는 아방가르드라는 용어는 다양하게 사용되지만, 과거의 전통을 부정하고 새로운 것을 추구하는 모든 새로운 학파를 일컫는다는 데에 공통점이 있다. 바쿠닌의 무정부적인 공리인 '파괴는 창조다'라는 말은 20세기의 모든 아방가르드의 활동을 집약적으로 표현한다. 미적 극단주의로 불리는 아방가르드는 차츰 역사화의 과정을 밟게 되는 바, 역사적 개념으로서의 아방가르드 역시 나라에 따라 다양한 의미로 사용된다. 미국의 경우 일반적으로 모더니즘과 동의어로 쓰이며 앞 시대의 낭만주의와 자연주의와 대립된다. 그런가하면 이태리의 경우 아방가르드와 네오 아방가르드가 분별됨으로써 그 역사적 개념이 한결 분명해진다. 스페인의 경우 처음부터 모더니즘과 아방가르드는 구별된다.

6 오세영, 「한국 모더니즘 시의 전개와 그 특질」, 『20세기 한국 시 연구』, 새문사, 1989. 122~123쪽 참조.

7 이승훈, 「한국 현대시의 다섯 가지 유형」, 『한국학 논집』 23권, 1999.

> 논리적으로 말한다면 모든 예술가가 당대의 예술을 발전시키고 새로운 표현형식을 추구한다는 점에서는 모든 문학적 예술적 문체는 아방가르드를 지향한다고 할 수 있다. 그러나 역사적 개념으로서의 아방가르드는 이와는 달리 이른바 반문체를 지향한다. 이오네스코에 의하면 아방가르드 예술가는 '도시 내부의 적'과 같은 존재로 그 도시를 파괴하기 위해 엎드려 있다고 말한다. 그에 의하면 모든 정치 세계가 그렇듯이 이미 표현된 형식 역시 억압의 형식이 된다. 아방가르드는 이런 억압에 대한 저항과 파괴를 노린다. 요컨대 미적 극단주의로 정의되는 아방가르드는 역사적으로는 총체적으로 부르주아적 가치 체계를 전복시키려는, 사회적으로 소외된 욕망을 동기로 한다.[8]

그는 아방가르드적 미적 특성이 30년대의 이상과 50년대의 김수영, 김춘수의 후기시 그리고 60년대의 일부 시인에게서 드러난다고 보았으며 구체적으로 이상 시 텍스트에서 뷔르거의 아방가르드적 요소, 즉 유기성이라는 전통적 개념 파괴, 아방가르드적 새로움, 우연성, 벤야민적 알레고리를 보았으며 김수영의 시 「전화 이야기」에서는 당대의 매너리즘에서 자유롭게 되려는 의지를 보았고 역사적 개념으로서의 아방가르드가 아니라 일반적 개념으로서의 아방가르드에 속한다고 보았다. 이승훈 교수는 이상의 시적 특성을 뷔르거적 의미의 아방가르드로 제시하면서 유기적 전통 개념 파괴, 새로움, 우연성, 벤야민적 알레고리라는 미적 특성으로만 아방가르드적 특성을 국한시키고 있다. 그러나 뷔르거는 아방가르드의 기법적 측면보다는 그것의 의도를 먼저 설명한다. 아방가르드의 의도는 '문학의 자율성에 대한 저항'이라는 것이 모더니즘 문학을 '예술을 위한 예술'의 입장에 근접하게 보고 있던 우리 모더니즘 연구사에서는

8 이승훈, 앞의 논문 참조.

전경화되지 못했던 것 같다.

세 번째로 "새로움은 다양한 내포를 가지지만 미학의 한 범주다. 어떤 예술이 혁신적일 때 전위예술로 불리는 것은 합법적이다. 이론상 전위는 모든 예술의 요청사항이다"라고 전위성을 규정짓고 주지주의나 이미지즘의 온건한 한국 모더니즘과는 다른 입장에서("현대시의 한 지류로서 전위시의 전개를") 한국 시의 아방가르드와 '전위시의 전통'을 논한 김준오 교수의 입장이다. 그는 전위예술이라면 다다이즘이나 초현실주의 같은 '역사적' 아방가르드를 떠올리는 것은 자연스럽고 '역사적'이란 수식어 자체는 다다이즘과 초현실주의가 현재에는 실재하지 않고 과거, 그러니까 이제 역사 속에서만 존재한다는 사실을 벌써 함축한다고 말한다.

> 달리 말하자면 이것은 전위란 역사화의 과정을 겪는다는 것, 그리하여 전위예술은 어느 때고 의식적으로 그리고 자발적으로 죽어가는 대신 새로운 전위예술이 탄생됨을 의미한다. 혁신의 예술로서 전통에 맞서는 '전위예술의 전통'이란 역설이 성립되는 것은 이런 문맥에서다.[9]

'역사적 아방가르드' 의 혁신은 위기의 양식이고 모든 공식적 지배담론을 부정하는 전위 예술의 출현은 시사적으로 현대시의 자기비판에 놓인다는데 그 의의가 있다고 주장하며 그는 현대시사의 전위를 다음과 같이 본다. 20년대 다다이즘을 카프 시에 접목시킨 20년대의 고한용, 임화의 다다이즘적 경향, 김니콜라이의 「윤전기와 사층집」, 26년 정지용의 「슬픈 인상화」, 「파충류 동물」에 나타난 다다이즘의 수용, 30년대의 이상의 숫자시, 기하학적 도표시 등 시각에 의한 충격적 효과와 우연의 시학, 「오감도－제1호」가 보여주는

9 김준오, 앞의 책, 355쪽.

우연의 시학, 반구조, 판단 유보의 해체주의, 우연의 시학에 의존한 반구조와 상통하는 몽타쥬 기법의 비유기적 형식, 「흥행물 천사」가 보여주는[10] 초현실주의적 자유 연상 등을 전위시의 요소로 보여준다. 이상 시의 전위성은 반재현주의적 추상성으로 집약된다고 지적하며 그는 이상 시의 비인간화는 부르주아 이데올로기를 부정하는 마르크스주의적 반인간주의와는 무관하다고 주장한다.

> 다시 말하면 이상의 전위시들은 당대의 속물과 구시대적 유물에 대한 미적 폭력이지 정치적 폭력은 아니다. 그의 전위시들은 정치적 가치는 없고 미학적으로 위장된 저항과 무질서한 문화 파괴욕구, 그리고 냉소적 허무주의에서 촉발된 부르주아 퇴폐주의로 비난받을 소지를 얼마든지 지니고 있다. 이상 시와 같은 전위시에 관한 한 중요한 유보사항이 있다. 문체와 철학의 구분이다. 이상 시의 문체는 문학 텍스트로 볼 수 없을 만큼 무법적이고 난폭하고 주석을 붙일 수 없는 난해한 텍스트이다. 그러나 그의 문학적 난동, 과시적 무질서는, 그의 비타협주의적 태도는 예술의 변혁이라는 의식과 삶의 변혁임을 분명히 강변하고 있다. 그의 시적 난동(문체)은 독자를 일깨우기 위한 수단이었고 시대에 앞서가는 존재 인식과 그 모든 낡은 것에 대한 격렬한 투쟁이라는 전위 예술의 실존적 조건을 현대시에서 비극적으로 자임한 최초의 시인이었다.[11]

10 「흥행물 천사」는 논리와 이성을 벗어나 자유연상이 넘쳐흐른다. 여러 이미지와 장면들이 그리고 사상들 사이에는 의미의 아무런 그물이 없이 병치된다. 예측할 수 없는 우연이 작품을 지배하고 있는 것이다. 일종의 광기에 가까운 무질서한 동시성에서 놓칠 수 없는 것은 몽타주 기법의 비유기적 형식자체가 이상 시에서는 아이러니와 풍자의 가능성이 되고 있다는 점이다. '어떤 후일담'이라는 부제가 암시하듯이 사실 이 작품은 부르주아 사회를 낙원 상실로 풍자한다. 김준오, 앞의 책, 362쪽.

짧은 장르인 전통 서정시의 한계를 벗어나는 가능성을 보여주고 몽타주가 구성원리가 되어있는 김기림의 「기상도」, 『삼사문학』의 이시우의 초현실주의적 자동기술법, '절연하는 논리'의 우연의 시학, 동란 이후 『후반기』 동인 중 조향의 초현실주의, 이질적 이미지들의 돌연한 병치 등을 언급한다. 그는 김수영의 반시에서 전위성과 참여성이 하나로 합치되는 경지를 보면서 그의 '참여시에서 전위성의 정치적 가치가 부각된다'고 말한다.

> 김수영이 모든 전위 문학은 불온하고 모든 살아있는 문화는 본질적으로 불온한 것이라고 했을 때 전위성은 바로 불온성이다. 그에 의하면 전위 문학은 기존의 문학 형식뿐만 아니라 기성 사회의 질서에 대한 위협이 되기 때문이다. 그러나 그는 이 불온성을 문화의 원동력으로써 옹호한다. 그래서 전위시는 불가피하게 불온시가 된다.

그는 김수영이 우리 사회의 미성숙을 정치적 자유의 결여에서 본다고 지적하며 우리의 사고가 이데올로기로 고착되는 것, 그러니까 문화를 '단 하나의' 이데올로기와 동일시하는 획일주의라고 지적한다. 산문성, 시어의 오용, 남용이라고 할 만큼 악담, 야유, 비속어, 욕설, 비지시적 일상 언어, 시사어, 관념어 등의 무차별적 언어구사, 반복법, 해사체, 산문의 축적의 원리로서의 시 원리 등, "현실 언어를 여과 없이 그대로 차용한 문체의 혁명으로 그의 참여시들은 예술과 삶의 경계선을 붕괴시킨 리얼리즘을 지향하면서 독자의 시적 감수성에도 변화를 일으켰음은 새삼 강조할 필요가 없다. 문학의 전위성과 정치적 자유가 유착된 그의 참여시는…… 미성숙한 우리 사회를 반영하는 형식으로서 그 자체 역사화 과정을 겪는, 전위성

11 김준오, 앞의 책, 363~364쪽.

의 주목할 만한 형식"[12]이라고 판단한다.

김준오 교수는 김춘수, 60년대 오규원의 아이러니, 해사체시, 이승훈의 비대상시, 80년대의 황지우의 기성품을 발췌하여 조립하는 반예술의 시, 현실 표절(벽 1, 심인 등)의 시, 박남철의 비평시(담론의 사유화 부정) 등을 해체시로 부르며 경험이 직접적으로 작품 속에 투사되는 '무매개시'로 규정하고 "이성적 자아나 예술적 자아의 통제나 간섭을 받지 않는, 충격적이고 반사적인 글쓰기이고 수단들이다. 그들의 공격적이고 무례한 수사와 언어 폭력은 역시 시적 자아의 간섭을 벗어난 60년대 김수영의 반시적 해사체를 돌아보게 한다."고 말한다. "삶과 예술의 경계선이 붕괴되는 것이 진정한 역사적 아방가르드라면 이것을 80년대 해체시에서 발견하게 된다. 여기서 후기 마르크스 비평의 전위 예술 해석은 매우 유익한 관점이 된다. 이에 의하면 실용적 가치만 유용되는 부르조아 사회의 예술은 예술과 삶이 엄격히 분리된 제도 예술(그러니까 예술의 자율성)이다. 전위 예술은 이런 제도 예술을 파괴하여 예술을 다시 삶으로 돌려보내려는 혁명적 예술운동이다. 예술을 실제 삶으로 돌려보냄으로써 삶을 혁신하려는 역사적 아방가르드의 의도는 그러나 매우 역설적으로 예술 작품 속에서 실현되어 그 결과 예술의 혁신이 초래된다. 반예술이 그것이다."[13]

그 외에도 박남철의 『러시아집 패설』, 유하의 『무림일기』, 장경린의 환유시, 장정일의 「햄버거 먹는 남자」 등의 시들과 장르 혼합을 보여주는 시편들을 전위시로 지적하고 있다.

위에 정리한 대로 '한국시의 아방가르드'를 논하는 입장은 대략 세 가지로 나눌 수 있다. 아방가르드 양식이 무엇보다도 '사회학적

12 김준오, 앞의 책, 367~369쪽 참조.

13 김준오, 앞의 책, 350쪽.

사실'이고 아방가르드 정신이 무엇보다도 정치적 혁명과 무관하지 않은 것[14]이라면 우리 시의 아방가르드 논의는 문학의 자율성이라는 범주 안에서 진행되어 온 듯 보이며 모더니즘의 하위 범주로 인식해 왔고 역사주의적 양식과 형식을 탐구했으며 실천성보다는 제도로서의 예술 양식에 대한 위반을 중점적으로 다루었다. '자율적 예술을 실제 생활로 전환시킬 것을 목표로 삼은 역사적 아방가르드'와 더불어 예술의 자기비판을 보여준 시인으로 김수영의 아방가르드는 좀 더 새로운 시각으로 읽혀져야 할 것이다.

III. 기호적 충동으로 가득 찬 '육체'를 글쓰기 안에 들여오기

줄리아 크리스테바는 아방가르드를 모더니즘의 한 유형이나 포스트모더니즘의 한 유형으로 보는 입장을 떠나 아방가르드 이론에 프로이드를 접목시키고 '큰 상징계', '기호계', '상징계', '과정 중의 주체'라는 용어들과 연관시켜 『시적 언어의 혁명』을 썼다. 『시적 언어의 혁명』은 시적 언어의 이질적(heterogeneous) 특성과 아방가르드의 문학적 실천의 도전과 위험을 경청하는 것을 목표로 하고 있었다.[15] 크리스테바에게 아방가르드란 '부정성'의 원리와 연관된다. 크

14 포지올리, 앞의 책, 30쪽.

15 Leslie Hill, "Julia Kristeva: Theorizing the Avangarde?", John Fletcher and Andrew Benjamin, ed., *Abjection, Melancholia, and Love,* Routledge: 1990, pp. 140~142. 1960년대 후기의 프랑스에서의 아방가르드 문학 텍스트에 대한 이론은 사르트르의 '참여'에 의해 부르주아의 불성실이라는 혐의를 받았던 부담을 최근에야 내던져버렸지만 여전히 전통주의자들의 견해에 지배되고 있다. 구조주의 문학 이론은 문학 텍스트와 구체적 세계 사이의 직접적인, 지시적 연결을 단절시킨 것으로 주장되었다. 문학적 텍스트는 그것이 생산되고 해석되는 역사적, 사회적, 정치적

인 세계와 관련을 맺기 전에 먼저 자율적 실체로 맥락으로부터 독립적인 것으로 이해되었다. 구조주의적 읽기 안에서 문학 텍스트라는 것은 그 자체의 형식적 규칙성과 규범들, 인간 언어와 문화적 형식들의 상징적인 하부구조 안에 놓인 그 원천에 의해 국한된 객체였다. 아방가르드에 관하여 구조주의자의 극단적인 이본은 롤랑 바르트의 작업에 의해 소개된다. 문학적 텍스트와 구체적 세계 사이의 연결이 전통적이고도 사변석인 이상 텍스트는 어떤 지시적이거나 경험적으로 의미 있는 방법에 직접적으로 연결되어 있는 것이 아니라 문학 텍스트와 마찬가지로 리얼리티 그자체도 역시 그것을 형성하는 언어와 담론으로부터 분리불가능하기 때문이라는 것이다. 그러므로 텍스트와 세계 사이의 연결은 직접적인 것이 아니라 중재된(mediated) 것이고 텍스트와 실재계 사이의 중재는 그가 독사(doxa)라고 부르는 것을 조립하는 담론들에 의해 공급된다는 것이다. 독사란 리얼리티를 형성하고 그것을 친숙하고도 인식가능하게 만드는, 억압적으로 자명한, 기성품적인 담론들의 총계다. 60년대에 그것은 당대의 아방가르드와 대중문화 사이에 지속성을 유지하는 방법이었고 한편으로는 그 문화에 대한 아방가르드의 거절을 동시에 합법화하는 것이었다. 독사에 조응하는 것의 범주가 바르트의 연구 핵심이 되었는데 리얼리스트 작품이 그렇게 불릴 수 있었고 그것이 리얼리티의 기성품적 구성 뒤에 있는 가설들에 대해 질문하기에 실패했기 때문이었다. 마찬가지로 '이미 만들어진' 것들에 동의하기를 거절하는 텍스트는 읽기나 이해의 고전적 모드의 헤게모니의 토대를 침식함에 의해 비평적 기능을 가질 수 있는 것으로 보았다. 서사 형식에 도전한다는 것은 그러므로 사회적 독사에 도전하는 것이며 사회적 규범을 전복시키는 것이었다. 역설적으로 텍스트가 리얼리티에 어느 정도까지 개입되어 있는가 하는 정도는 앞서 있는, 존재하는 담론과 조응하는데 실패하는 정도에 의해 평가된다. 여기에서 중요한 이슈는 문학적 담론과 문학외적인 담론 사이에 존재하는 동질성이다. 첫째, 전통적 소설을 규정하고 있는 관습들이란 정치적이고도 사회적인 현상 유지를 지속하는 것이며 둘째, 그러므로 중심적이고도 합법적인 규범을 문학적 텍스트와 텍스트적 불복종에 의해 깨뜨려질 수 있는 사회적 전체, 둘 다에 공통적으로 동일시할 수 있다. 그 결과 70년대 초기의 텔 켈 그룹과 누보로망의 작가들에게 아방가르드는 한 도메인 안의 관습적이고 합법적인 규범들에 도전한다는 것은 다른 도메인들안에 있는 그것들에 도전하는 것이라는 믿음을 갖게 되었다.

리스테바는 알뛰세의 '주체가 없는 과정으로서의 역사'라는 개념에 도전하면서 문학 이론에 역동적 에너지와 프로이트적 주체의 복합성을 통합시킨다. 형식주의적인 관습주의자들은 문학을 기본적으로 명상적 읽기—주체의 관점, 거리를 취한다 할지라도, 자의식적 가공품의 유희적 아이러니나 관습과의 놀이를 인식할 수 있는, 그런 관점에 의거하여 접근한다. 아방가르드 이론에 프로이트를 재소개함으로써 크리스테바는 관습주의로부터 의미와 주체성의 문제로 논쟁의 강조점을 이동시킨다.

『시적 언어의 혁명』에서 그녀가 로트레아몽과 말라르메의 텍스트를 아방가르드 텍스트로 분석한 독창성은 기존에 정립되어 있는 관습적 규범들의 위반이라는 개념에 의거해서가 아니라 '부정성'에 대한 개념에서 온 것이다. 부정성이란 프로이트의 1차 과정들, 압축(condensation)과 치환(displacement)에 거칠게 상응되는 기호계(semiotic)의 전—언어적, 초—언어적 용기(容器) 안에 있는 충동적 힘이다. 말하는 주체의 영역으로 보는 상징적 차원은, 진술이 만들어지고 위치가 정해지는 곳인데, 세미오틱은 이러한 상징적 차원을 중단시켜 이러한 하나의 휴지(休止)를 통해서 주제적 감각과 의도와 긍정성이 자리 잡도록 기능하게 한다. 변증법적 형태 안에서 이 두 개념을 연결시키는 것을 통해 그녀는 글쓰기의 실천을 특별한 주제와 생각들의 분절로 분석한다. 그녀가 말하는 그러한 글쓰기의 실천이란 비—의미론적 에너지의 다양성의 해방을, 즉 문학적 텍스트 안에 음악성이나 (특히 상징주의 시나 포스트 상징주의 시들) 언어학적 자의식, 말장난들, 시니피앙의 유희와 같은 것들을 표면화시키는 것을 말한다.

크리스테바는 아방가르드의 개념을 하나의 낡은 규범을 새로운 것으로 대체하는 데 몰두하는 행동으로서의 글쓰기라는 관습적 개념으로부터 이동시켰다. 그녀는 부정성을 좀 더 넓은 사회—문화적인 주관적 맥락 안에 있는 부정성을 표현하는 것으로, 하나의 과정으로 보면서 부정성의 논리에 의지한다. 먼저 그녀는 문학적 아방가르드를 명상의 대상으로 보지 않고 역동적 과정으로 본다. 아방가르드는 위기, 모든 문학 속에 깃들어 있는 구성요소이자 포스트-기독교 유럽에 있는 말하는 주체의 이코노미에 근본적인 것으로 본다. 아방가르드는 더 이상 예외적인 것이 아니게 되었다. 그것은 모든 문학적인 것의 중심에, 크리스테바가 『시적 언어의 혁명』에 있는 변증법적 초점 안에 생성시킨 그 관계들의 십자로에 서게 되었다. 이것들은 주체성, 언어, 섹슈얼리티, 종교, 역사, 국가 이론들을 관계들의 복합적이고도 철저한 그물 안에 포괄시킨다.

크리스테바의 이론은 형식주의에 대한 비판에서 시작하였지만 언어의 절대적 중심성이라는 면에서는 형식주의나 구조주의에 의존하고 있다. 문학 텍스트 안에 있는 의도, 의미를 벗어나는 모든 것을 지시하는 세미오틱의 개념 뒤에 있는 초점은 생산의 과정을 취한다고 간주되는 글쓰기에 대한 환원적이고도 합리적인 관점의 덫을 피하자는 것이다. 그럼에도 불구하고 세미오틱과 상징적인 것 사이에 그녀는 변증법적 관계를 설정하는데, 휴지의 순간으로써 기호적 과정 안으로 간섭에 의해 기호적 신체(코라)에 사회적이고도 주체적인 관계의 쌍 안으로 진입하게 하는 수단을 부여하는 것은 상징계이다. 언어는 의미화하는 과정을 중재하고 구성하는 합법적인 질서로 기능한다. 같은 방식에서 말하는 주체와 그 안에서 주체가 표현되는 보다 큰 구조 사이, 크리스테바가 고안한 관계들의 그물 안에서 중재적 연결을 하는 것은 상징적 활동으로서의 언어다. 어떤 사회나 공동체의 구성적 매개로써 정치적 차원을 성립시키기 위해 그녀는 언어의 위치를 근본적 공통적 명명자로 주장한다.

만약 아방가르드가 파열적인 것이라면 그것은 사회적 실천으로서의 글쓰기에 수반되는 관습들의 하나나 다른 것들을 위반해서가 아니라 테틱(thetic, 정립계라고 번역됨, 큰 상징계로의 침입과 경계, 의미화 과정 내의 이 정립적 단계는 꺾임, 혹은 문턱으로 작용하고 그것은 주체가 어떤 입장, 즉 정체를 확인받는 순간이다. 정립계는 어떤 상징적 사회적 기능에 필수적이다)의 폐쇄된 합리성과 위치성이나 판단이나 의도에 조응하는 상징적 순간이나 단계의 폐쇄된 합리성을 위반하기 때문일 것이다. 동시에 그 관계는 변증법적인 것으로 파악되며 테틱은 아방가르드 글쓰기가 그것에 의해 그들 자신의 파열적 부정성에 종사할 수 있게 되는 운동성 안의 결정적 순간으로 보인다. 파열 없이 아방가르드는 없고 (반향언어증이나 다른 기호적 제스추어를 제외하고) 그리하여 테틱의 가로지르기도 없다.

아방가르드 이론에서 테틱 기능을 강조한다는 것은 매우 중요하다. 이것은 아방가르드라는 것을 하나의 무정부적 힘으로 간주하는 이론들에 대한 결정적인 비판이다. 크리스테바는 아방가르드 이론이 합리성과 의미, 사회적 가치, 청중에 대한 모욕이라는 개념에 의거한 예술이라는 것에 반대하면서 아방가르드 작업의 중심부에 테틱을 놓았다. 아방가르드 텍스트는 그 자신의 진실 값을 가진 진술을 생산할 수 있으며 그리하여 텍스트들이 생산되는 문화나 사회의 상징적 구조를 분석할 수 있다는 주장을 가능하게 만들었다. 실험적 텍스트는 그리하여 다른 아방가르드 이론가들의 견해와는 달리 무언가 말할 것을 가졌으며 지배적인 가치들에 대한 대립적 도전 그 이상의 무엇이 된 것이다.

위반(가로지르기)의 개념은 양날의 칼과 같은 것이다. 그것은 이미-성립된 구조를 넘어가기의 가능성이나 법의 일반화된 침해 안의 실천들의 가능성을 공급하긴 하지만 그것은 법의 존재를 인식하는데 봉사하는 것이며 그것에 중심적인 중재적 기능을 귀속시킨다. 크리스테바는 아방가르드 글쓰기에서 테틱을 이론적으로 필수불가결한 것으로 설정했으며 데리다는 주네(프랑스의 원-위반자)와 같은 텍스트가 테제와 같은 단일한-마음을 가진 무엇으로 환원될 수 있는지 어떤지를 질문했다.

부정성에 관한 크리스테바의 설명은 헤겔의 것에서 가져온 것으로서 아방가르드 텍스트의 맥락 안에서 헤겔의 거부의 개념으로서의 부정성을 재정립했고 그것을 세미오틱 코라[16]를 몰고 가면서 테틱을 가로지르는 순간적 배출의 리듬적 운동성 안에 위치시켰다. 그리하여 크리스테바의 아방가르드 이론은 사회적 실천이라기보다는 사회적 실천을 할 수 있는 저항의 에너지들을 텍스트화함으로써 '저항의 안전밸브'의 역할을 하게 한다는 비판을 받기도 했지만 아방가르드를 모더니즘의 한 유형으로 보면서 이를 단순히 관습의 위반이나 기호들의 파열로 보는 미학적 입장을 떠나 프로이트의 육체성과 주체 이론에 연관시킴으로써 아방가르드적 충동을 어느 시대,

16 크리스테바에 따르면 기호적 코라(khora)는 플라톤의 『티마이오스』에 나오는 용어로 신의 조화와 질서가 개입되기 전의 무정형으로 무한하며 모든 감각적 속성이 담기기 전의 수용체적 물적 에너지적 공허 그 자체다. 그녀는 코라를 후설의 물질이나 헤겔의 힘(forces)과 유추적인 것으로 보며 프로이트가 일차 과정이라 부른 생체 에너지의 충동 그 자체인, 인간의 생물적 심적 실존과 동일시한다. 자아 분화, 대상 분화, 대상화, 언어 습득 이전 단계가 기호계이며 이것이 코라와 동일시된다. 기호적 코라는 표상화될 수 있는 것이 아니며 음악성이나 운동성, 시니피앙들의 재분배 등으로 말하는 주체의 무의식 속에서 '억압된 것들의 회귀'의 표출이 된다. 바로 과다한 음악성은 상징계의 기호계화다. 상징적인 것에 의해 정립된 투명한 에고를 기호적 코라, 즉 본능적 리듬의 운동성이 밀어내기를 욕망하고 있는 것이다. 반복, 병렬 구문 등은 라캉의 반복 자동성의 구조를 보여주며 그로 인해 생산되는 속도감은 기호적 코라의 운동감을 강하게 부여한다. 모더니즘 문학이나 아방가르드 문학으로 시각적 위반이나 파괴의 장치를 사용한 입체파적 형태시가 논의되고 있지만 기호적 충동에 의거한 리듬, 음악성, 충동적 운동성 등도 아방가르드 문학의 지배적 특징임을 크리스테바는 『시적 언어의 혁명』에서 주장한다.

어느 공간에서나 열려 있는 실천적 개념으로 위치시켰다. 그것은 상징화, 표상화되지 않는 충동이기에 과정 중에 있는 힘이며 어느 시대, 어느 공간에서나 말하는 한 주체에게 '해체주의적으로' 작용하는 기호학적 충동이라고 할 수 있다.

Ⅳ. 시의 혁명과 시적 혁명: 기술적 모더니티／육체의 모더니티

김수영의 '온몸의 시론'은 크리스테바적 아방가르드 개념에 가장 부합하는 시론이다. 관습적 심미적 규범의 일탈이나 위반의 언어, 알 수 없는 시니피앙들의 자유연상이나 몽타주로 이루어진 현란한 기교만의 수사학 등에 전위적 의미를 부여하지 않는 김수영의 '온몸의 시론'은 크리스테바의 부정성으로서의 과정으로서의 전위 시 이론과 몇 가지 면에서 유사성을 가진다.

> 시의 모더니티란 외부로부터 부과하는 감각이 아니라 내면에서 우러나오는 지성의 화염이며 따라서 그것은 시인이－육체로서－추구할 것이지 시가－기술면－으로 추구할 것이 아니다.
>
> －「모더니티의 문제」 중에서

> 시를 쓴다는 것이 무엇인지를 알면 다음 시를 못쓰게 된다. 다음 시를 쓰기 위해서는 여직까지의 시에 대한 사변을 모조리 파산시켜야 한다. 혹은 파산시켰다고 생각해야 한다. 말을 바꾸어 하자면, 시작은 <머리>로 하는 것이 아니고, <심장>으로 하는 것도 아니고, <몸>으로 하는 것이다. <온몸>으로 밀고 나가는 것이다. 정확하게 말하자면, 온몸으로 동시에 밀고 나가는 것이다. 그러면

온몸으로 동시에 무엇을 밀고 나가는가. 그러나—나의 모호성을 용서해준다면—<무엇을>의 대답은 <동시에>의 안에 이미 포함되어 있다고 생각한다. 즉 온몸으로 동시에 온몸을 밀고 나가는 것이 되고, 이 말은 곧 온몸으로 바로 온몸을 밀고나가는 것이 된다. 그런데 시의 사변에서 볼 때, 이러한 온몸에 의한 온몸의 이행이 사랑이라는 것을 알게 되고, 그것이 바로 시의 형식이라는 것을 알게 된다.

「시여, 침을 뱉어라」 중에서

"시는 <머리>로 쓰는 것도 아니고 <심장>으로 하는 것도 아니고 <몸>으로 하는 것이다"라고 했을 때 논자는 '몸'을 '머리+심장'으로 읽었다. 김수영이 부정하는 것을 데카르트적 사유라고 생각하면서 그 시론을 읽었는데 그러나 '머리'도 아니고 '심장'도 아닌 '온몸'이라고 했을 때의 '몸'은 물질적인 육체를 말하는 것이 아니라 육체가 상징 질서에 의해 분리되기 이전의, 상징화되기 이전의, 기호적인 충동으로 가득찬 몸이다.[17] "온몸으로 동시에 밀고나

---

17 자크 라캉의 주체 형성 과정에서 주체의 획득과 네 가지 상실, 분열에 대해 생각해 본다. 거울 단계 이전의 인간 주체는 생체적 총체성을 가진, 오믈렛과 같은 존재로서 뒤엉켜 있다. 거울 단계에서 인간은 자기 자신의 자아를 시각적 통일체로 인식하게 되지만 그것은 자기의 육체성을 시각적 이미지로 오인하는 상실의 길이다. 거울 단계를 지나 언어 체계를 배우면서 인간 주체는 어쩔 수 없이 상징 질서에 진입하게 되는데 상징 질서는 문화적, 사회적, 성별화의 담론 등으로 이루어져있다, 이 과정에서 인간은 상징 질서 안에서 주체성을 획득하면서 그 대가로 자기 분열과 자기 상실을 수납하게 된다. 탄생 이후 이 상징화의 길은 보체의 상실, 양성성의 상실, 전신에 퍼져있는 에로틱 영역의 상실, 생식기로의 쾌락 이동 등 육체의 전체성을 상실해가며 주체성을 획득한다. 크리스테바는 라캉이 욕망 이론으로 충동을 괄호로 묶고 프로이트의 이론을 거세한다고 말하면서 충동을 언어에 재각인하고자 한다. 즉 라캉의 욕망으로부터 프로이트의 육체를 보호하려는 것이다. Kelly Oliver, *Reading Kristeva*, Indiana University Press, 1993. pp. 10~17.

간다"라고 했을 때 "<무엇을>의 대답은 <동시에> 안에 포함되어 있다"는 그의 지적은 상징화, 담론화되기 이전의, 충동이 가득 찬 전(前)외디푸스적 육체성을 글쓰기 안에 끌어들이려는 것이다.

크리스테바는 모호하긴 하지만 큰 '상징계'와 상징계[18]를 나눈다. 인간은 큰상징계(Symbolic order)인 의미화, 즉 사회적 질서 안에 진입하여 말하는 주체가 되는데 큰 상징계는 국가 사회적 체제, 질서, 문화의 총체로 이해되는 가부장제 같은 것으로 본다. 그에 비하여 '상징계'는 문법적이고 통사, 기호 체계적인 속박들로 보인다. 말하는 주체가 되고 의미를 만들기 위해서는 상징계의 성립이 먼저 필수적이다. 결국 상징성이란 부성, 권력, 법, 단일성 등이 개입되는 억압적 과정인 동시에 개인이 사회 속에서 자기 정립을 하는데 필수적이다. 이 상징계는 기호계의 실현 조건이며 의미 생산의 근거가 된다. 이 두 구성요소가 교차하면서 의미화하는 과정(signifying process)으로서 텍스트는 생산된다. 이러한 크리스테바의 시각에서 볼 때 김수영의 <무엇을>과 <동시에>의 의미는 인간이 상징계에 진입하여 분열된, 말하는 주체가 되면서 상실해야 했던 전 외디

"라캉은 담론으로의 진입은, 이 진입이 다른 영역에서 대체하는 상실 및 거세에 직접 관련된다. 문자가 죽인다(La letre tue). 즉 단어는 사물에 상징적 활용의 무한한 차원을 부여하면서 사물을 살해한다. 그러나 주체는 단순한 유기체적 생명체가 갖는 기계적 단순성을 가능케 하는 사물들에 관한 직접적 관계를 이 상징적 활용 때문에 어쩔 수 없이 상실한다. 그리고 주체는 편협한 모든 생체론적 이해로는 환원불가능한 차원으로 스스로가 풍성해진다." 베르트랑 오질비, 『라캉, 주체 개념의 형성』, 김석 역, 동문선, 2002, 15쪽.

18 몇몇 페미니스트 비평가들은 큰상징계와 상징계 사이의 크리스테바의 구분이 일관성이 없다고 비난한다. le symbolique, 또는 symbolique와 ordre symbolic와 la symbolique을 번갈아 사용하지만 혼동을 불러일으킨다. 영어로는 큰 상징적 질서는 대문자, 상징적 요소는 소문자로 그 활용을 구별한다. Kelly Oliver, 앞의 책, p. 19.

푸스적 육체성을, 무의식을, 아방가르드적 글쓰기의 두 조건인 상징계와 기호적 충동으로 <동시에> 밀고 나가 의미화 속으로 진입한다는 것으로 읽을 수 있다. '시여, 침을 뱉어라'고 말할 때 '침'이란 것도 상징 질서 안에서는 배제된, 압젝션된, 생리적인 것, 비천한 육체, 오물, 즉 압젝트다. 시에 침을, 몸의 오물을 즉 육체를 들여오기를 김수영은 주장하는 것이다.

크리스테바와 유사하게도 김수영은 충동이 가득 찬 육체를 글쓰기 안에 끌어들이는데 관심을 가졌으며 "시인은 영원한 배반자다. 존초의 배반자다. 그 자신을 배반하고 그 자신을 배반한 그 자신을 배반하고 그 자신을 배반한 그 자신을 배반한 그 자신을 배반하고…… 이렇게 무한히 배반하는 배반자. 배반을 배반하는 배반자…… 이렇게 무한히 배반하는 배반자다."(「시인의 정신은 미지」 중)라고 했을 때 '그 자신'은 큰 상징계 안에 정립된 단일주체성(코기토)으로서의 '자신'으로 읽힌다. 김수영의 '혁명'은 김준오 교수의 지적처럼 '획일주의' 문화 속에서 자기자신이 단일주체로 굳어지는 것을 훼방하고자 하는 것이며 그리하여 테틱을 가로지르는 순간적인 리듬의 운동성을 보여주며 주체의 분열을 인식하고 '과정 중에 있는 주체'로서의 위험을 전복의 어조로 노래하는 것이다.

충동이 가득찬 육체를 구조주의 속에 끌어들이기 위해 크리스테바는 육체적 충동을 언어 속으로 진입시킴으로써 말하는 육체를 의미화에 끌어넣는다. 언어의 구조 속에 육체를 끌어넣기 위해 의미화 내지 기호적 요소의 개념을 발전시키는데 육체적 충동은 이 파괴적이지만 필수적인 기호적 요소의 힘을 통하여 의미화 속으로 진입한다. 그리하여 기호적 코라(모성적 전 문화적 힘)의 전복적 힘으로 인해 해방의 담론이 실현될 수 있다고 그녀는 주장한다.[19]

19 이런 입장에 대한 부정은 주디스 버틀러의 이론이다. 그녀는 크리스테

김수영의 '반시론'의 반(反)은 부정성의 '반(反)'이며 기호성의 무의식적 에너지와 육체적 충동이 시적 언어 속에 기입되는 것으로 읽을 수 있다. 모든 의미화는(특히 아방가르드 텍스트에서) 기호적 충동의 힘과 상징적 정지(stasis) 사이의 변증법으로 추진되며 이런 변증법의 추운동은 새로운 형태의 담론의 가능성을 열어주기에 생산적일 수밖에 없다. 기호적 요소가 의미화 내부로 침입하게 되면 실제로 담론의 구조를 변경시킬 수 있고 의미화 실천은 충동의 힘을 유용하게 방출시킬 수 있다는 것이다. 격렬하고 공격적이며 반사회적 충동력이 비교적 무해하며 나아가서 생산적이기까지 한 방식으로 방출될 수 있다는 점이 그 한 가지 효과다. 또 다른, 더 중요한 효과는 우리의 전통적인 또는 지배적인 담론 및 표상을 바꿀 수 있다는 점이다. 그런 의미에서 이 표상의 혁명을 정치적 혁명에 비유하며 시적 언어의 혁명이 '혁명'의 실천과 같은 것으로 본다. 그리하여 모든 전위시는 불온시가 된다.

「실험적인 문학과 정치적 자유」에서 그는 '전위'와 '불온'을 동일시하고 있다.

> 모든 진정한 새로운 문학은 그것이 내향적인 것이 될 때는 ― 즉 내적 자유를 추구하는 경우에는 ― 기존의 문학 형식에 대한 위협이 되고 외향적인 것이 될 때에는 기존 사회의 질서에 대한 불가피한 위협이 된다. 얼마 전에 내한한 프랑스의 앙띠로망의 작가인 뷔또르도 말했듯이 모든 실험적인 문학은 필연적으로는 완전한 세계의 구현

바에게 있어 해방의 담론은 불가능하다고 주장하면서 큰 상징계의 전면적 거부는 불가능하며 오히려 크리스테바가 부성적 개념으로서의 큰상징계 바깥에 모성을 전(前) 문화적 실재로 한정함으로써 이 붕괴력의 원천이 문화 바깥에 있는 까닭에 붕괴력의 가능성이 미리 배제되어 있다고 말한다. Judice Butler, 1990, p. 90.

을 목표로 하는 진보의 편에 서지 않을 수 없게 되는 것이다. 모든 전위 문학은 불온하다. 그리고 모든 살아있는 문화는 본질적으로 불온한 것이다. 그것은 두말할 것도 없이 문화의 본질이 꿈을 추구하는 것이고 불가능을 추구하는 것이기 때문이다.

'진정한 문학이 내향적인 것이 될 때는 기존의 문학 형식에 대한 위협이 되고, 외향적인 것이 될 때는 기존 사회질서에 대한 불가피한 위협이 된다'는 그의 말은 크리스테바의 '상징계적 위반-문학 형식 위반, 일탈', '외향적-큰 상징계 위협'이라는 이론과 흡사하다. 김수영이 욕망하는 '살아있는' 문화, 즉 전위 문화는 '완전한 세계의 구현을 추구하는 진보의 편'에 서는 것이고 불가능을 추구하는 것이다. 그러한 '불가능 추구', '완전한 세계의 구현'은 기존 미학적 관습을 위반하는 위반의 언어만으로는 충족될 수 없다. 이 때의 '불온성'은 기호적 충동으로 가득 찬 육체성이 큰 상징계에 대한 위협을, 침입을 통해 시적 혁명이 혁명의 시가 되는 주이상스를 원하는 것이다. 그 때 4·19는 최고의 시가 되고 온몸이 주장이 되고 자유가 되는 주이상스로 '작열하게 되는' 것이다.

4·19에서 나는 하늘과 땅 사이의 통일을 느꼈소. 그대는 정말 남과 북도 없고 미국도 소련도 아무 두려울 것이 없읍디다. 하늘과 땅 사이가 '자유 독립' 그것뿐입디다. 헐벗고 굶주린 사람들이 그처럼 아름다워 보일 수가 있읍디까! 나의 온몸에는 티끌만한 허위도 없습디다. 그러니까 나의 몸은 전부가 '주장'입디다. '자유'입디다. 이남은 4월을 계기로 다시 태어났고 그는 아직까지도 작열하고 있소. 맹렬히 치열하게 작열하고 있소. 이북은 이 '작열'을 느껴야 하오……(중략)……지금 이쪽의 학생들은 바로 시를 실천하고 있기 때문이오. 그리고 그들이 실천하는 시

> 가 우리가 논의하는 시보다도 암만해도 먼저 앞서 갈 것 같소. 그렇지만 나는 요즈음처럼 뒤따라가는 영광을 느껴 본 일도 또 없을 거요. [20]

시와 혁명의 관계는 '시'는 절대적 완전을 수행하는 것이고 '혁명'은 상대적 완전을 추구하는 것. 따라서 시와 혁명의 관계는 '상대적 완전을 수행하는 혁명을 절대적 완전에까지 승화시키는 역할을 하는 것.' 그에게 전위시는 시적 혁명이고 혁명의 시였지만 시는 절대적 완전을 수행하는 것이기에 시의 불온한 전위성은 끝날 수 없는 것이다.

그런 시각으로 김수영 시의 전위성을 요약하면 다음과 같다.

1) 시적 혁명은 육체(온몸)로써 추구되는 것이다.

2) 시의 전위성은 기존 미학이나 문법, 통사, 기호체계에서 일탈하는 텍스트적 위반만이 아니라 큰 상징적 질서를 위반하는 기호적 충동의 배출이다. 따라서 김수영의 시적 언어의 혁명은 심미화에 국한된 것만이 아니다. 그것을 시의 혁명으로 부르고자 하며 큰 상징적 질서를 파열하는 충동의 방출을 통하여 주체의 혁명을 일으키는 혁명적 텍스트를 시적 혁명으로 부른다.

3) 그의 시의 전위성은 이상이나 조향과는 달리 '시각적인' 차원이 아니라 리듬이나 음악성, 의미의 중층 결정, 상호텍스트성 등으로 나타난다. 의미화의 단일성을 거부하는 리듬과 음악성 등 청각적인 요소들이 언어를 통한 충동의 방출로 나타나며 육체의 전외디푸스적인 충동의 주이상스를 의미화 과정에 제공한다. 그리하여 새로운 글쓰기가 성립되고 해방의 담론을 만들어진다.

20 최하림, 『김수영 평전』, 문학세계사, 1982, 184쪽.

위와 같은 입장에서 「거대한 뿌리」를 읽어본다. 「거대한 뿌리」 1연에서 '앉는 법'을 통하여 시인은 큰 상징계 안에서의 테틱의 불안을 노래한다. "나는 아직도 앉는 법을 모른다／어쩌다 셋이서 술을 마신다 둘은 한발을 무릎 위에 얹고／도사리지 않는다 나는 어느 새 남쪽식으로／도사리고 앉았다 그럴 때는 이 둘은 반드시／이북친구들이기 때문에 나는 나의 앉음새를 고친다／8 · 15후에 김병욱이란 시인은 두 발을 뒤로 꼬고/ 언제나 일본여자처럼 앉아서 변론을 일삼았지만……"에서 볼 수 있는 것은 '큰 상징계 안에 자기 자리를 정하지 못하는' 육체의 불안이다. 그럼으로써 화자는 다가오는 테틱의 파열을 통해 자신을 에워싼 제국주의, 즉 기존의 큰 상징적 질서를 바라보게 된다. 2연에서는 "나는 이자벨 버드 비숍 여사와 연애하고 있다"라고 '영국 왕립지학협회 회원'인 이자벨 버드 비숍의 눈을 통해 '극적인 서울'을 바라본다. 그러나 '눈'보다는 '연애'라는 육감적인 시어를 통해 이자벨 버드 비숍 여사의 '육체'를 끌어오며 그 육체와 더불어 '나'의 '육체성'도 시 안에 들어온다. 2연에서의 서구 여성의 응시와 육체(연애)를 통해 삭막하고 왜소한 도시 풍경은 '아름답고 드라마틱한' 공간으로 변모한다. 인경전의 종소리가 울린 뒤 그 꿈같은 심야 시간에는 '남자가 다시 오입을 하러 할보하고 나선다'는 남성성이 가득 찬다. 3연에서 시는 갑자기 상징 질서의 중지와 육체성의 기호적 충동으로 가득 찬다. "전통은 아무리 더러운 전통이라도 좋다"라고 역설적으로 단언하며 "버드 비숍 여사를 안 뒤부터는 썩어빠진 대한민국이／괴롭지 않다 오히려 황송하다……／진창은 아무리 더러운 진창이라도 좋다／……(중략)…… 비숍 여사와 연애를 하고 있는 동안에는 진보주의자와/ 사회주의자는 네에미 씹이다 통일도 중립도 개좆이다／동양척식주식회사, 일본영사관, 대한민국 관리,／아이스크림은 미국놈 좆대강이나 빨아라 그러나／요강, 망건, 장죽, 종묘상……／피혁점,

곰보, 애꾸, 애 못낳는 여자. 무식쟁이,/이 모든 무수한 반동이 좋다/이 땅에 발을 붙이기 위해서는/—제3인도교의 물 속에 박은 철근 기둥도 내가 내 땅에/박는 거대한 뿌리에 비하면 좀벌레의 솜털/내가 내 땅에 박는 거대한 뿌리에 비하면"이라고 기존의 큰 상징계(미국놈, 일본영사관, 진보주의 사회주의 등)에 대한 거대한 비판과 그것들을 밀어 넘어뜨리려는 공격적이고도 충동적인 반복과 리듬이 이어진다. 호흡이 탁탁 끊어지는 쉼표들의 행군들과 비어, 속어들을 통해 최하위 밑바닥 민중, 소외된 자들을 호명하여 끌어 모으며 '내 땅에 박는 거대한 뿌리'의 정체성을 극대화시키고 극화시킨다. 이때의 '뿌리'는 근대의 남근인 '제3인도교'와는 비교도 할 수 없으리만치 거대한 '전설적인' '괴기영화의 맘모스를 연상'시키는, 그러나 '나도 감히 상상을 못하는 거대한 거대한 뿌리……'인 것이다.

이 시가 보여주는 것은 큰 상징계 안에서의 테틱의 불안과 '이자벨 버드 비숍 여사와의 연애'라는 육체적 변화를 통해 테틱의 불안을 뛰어넘어 순식간에 기호적 모순의 언어들과 충동적인 속도의 리듬으로 제국들의 '큰 상징 질서'들을 밀어붙이는 전복성으로 자기의 '상상적인' 정체성을 회복하는 해방의 담론의 실현이다. 충동적 리듬이 곧 메시지다. 텍스트는 전 외디푸스적인 주이상스로 가득찬다. '연애'로 촉발된 육체적 충동은 파괴적(비어, 욕설, 역설, 언어도단 등)이지만 창조적인 기호적 요소의 힘을 통하여 의미화에 끌어넣어지고 충동적 음악성, 반복, 쉼표 남용 등으로 리듬의 운동성을 보여주면서 상징계와 큰 상징계의 한계를 말소한다. 이러한 의미화 실천을 통해 독자는 자신을 포위하고 있는 제국주의적, 박정희 장군 류의 근대화 담론의 속박과 한계를 뛰어넘게 되며 시적 혁명을 얻게 되며 드디어 자기 해방의 담론 속에서 새로워진 자신을 생성하게 되는 것이다. 이런 종류의 텍스트가 바로 4·19 혁명이자

'하늘과 땅이 맞닿는 통일'이자 '작열'이며, 온몸으로 온몸을 밀고 나가는 불온한, 시적 혁명의 텍스트라고 하겠다.

이런 시각으로 본다면 "이상의 전위시들은 당대의 속물과 구시대적 유물에 대한 미적 폭력이지 정치적 폭력은 아니다. 그의 전위시들은 정치적 가치는 없고 미학적으로 위장된 저항과 무질서한 문화 파괴욕구, 그리고 냉소적 허무주의에서 촉발된 부르주아 퇴폐주의로 비난받을 소시를 얼마든지 지니고 있다."라는 김준오 교수의 지적은 재고되어야만 한다. 이상의 「오감도-시제4호」, "나의아버지가나의곁에서조을적에나는나의아버지가되고또나는나의아버지의아버지가되고그런데도나의아버지는나의아버지대로나의아버지인데어쩌자고나는자꾸나의아버지의아버지의아버지의아버지의……아버지가되느냐나는왜나의아버지를껑충뛰어넘어야하는지나는왜드디어나의아버지와나의아버지의아버지와나의아버지의아버지의아버지노릇을함께하면서살아야하는것이냐"에서도 문법적 위반과 더불어 상징계 안에서 주체의 토대(코기토)를 허물고 있는 테틱의 불안과 끊어지지 않는 반복, 육체적 충동의 리듬, 그리하여 주체를 속박하는 큰상징 질서인 가부장 체제를 공격하며 자신을 그로부터 해방시키고자 하는 기호적 충동을 읽을 수 있다. 띄어쓰기 없이 밀고나가는, 충동적 힘으로 가득 찬 이 속력의 텍스트는 가부장적 혈연의 사슬을 뛰어넘는 충동적 주이상스로 가득 찬다. 충동적 리듬이 곧 메시지라는 것이다. 그리하여 기존 질서 안에 속박되었던 우리의 테틱은 새로운 자리 안에 쇄신된다. 시의 혁명이자 불온한 시적 혁명을 이 텍스트도 보여준다.

김지하의 『오적』, 황지우의 「벽」, 박남철의 패러디 시의 전위성도 김수영의 그것과 같다. 황지우, 박남철의 텍스트도 기호계적 충동의 방출이 새로운 시를 낳고 시적 혁명의 텍스트가 혁명적 주체를 낳으며 큰 상징계에 파열을 일으켜 새로운 주체와 의미를 생성하는 불온한 전위시라고 할 수 있다.

살어리 살어리랏다 資本에 살어리랏다
머리랑 다리랑 먹고 資本에 살어리랏다
얄리얄리 얄랑셩 얄라리 얄라

우러라 우러라 개여 자고니러 우러라 개여
널라와 시름한 나도 자고니러 우니노라
얄리얄리 얄랑셩 얄라리 얄라
(……중략……)
살어리 살어리랏다 利子에 살어리랏다
남의 자기굴조개랑 먹고 利子에 살어리랏다
얄리얄리 얄랑셩 얄라리 얄라

–「자본에 살어리랏다」 중

박남철의 「자본에 살어리랏다」도 전통적 사유의 가장 핵심부에 자리하는 '청산(青山)의 담론'을 변형, 왜곡시켜 패러디라는 장르 혼합을 통하여 시의 혁명을 보여주며 동시에 '신자유주의적 글로벌 시장 속에서' '개'가 되어 '불륜의 성'과 이자를 먹고 사는 자본주의적 타자의 병적 왜곡을 전복적으로 풍자한다. '청산'은 '자본'과 '이자'로, '새'는 '개'로 변형되지만 「청산별곡」이 본래적으로 가진 충동적 리듬의 아름다운 초월적 해방성은 의미론적 왜곡과 기묘한 부조화를 이루며 신자유주의, 글로벌 시장에서 하위주체의 비통함을 확장시킨다.

또한 크리스테바적 부정성의 입장에서 전위시를 본다면 오장환의 시들을 '모더니즘／리얼리즘의 이분법적 대립 구도'로만 읽을 것이 아니라 '근대 의식에 저항하면서 새로운 근대를 꿈꾸는 아방가르디즘'을 가진 시인으로 본다는 김재용, 유성호 교수의 입장에 동의할 수 있게 된다. 또한 김종삼 텍스트에 드러나는 부르주아 주체의 소멸과 심미적 주체의 부상, 천상병 시 텍스트에서 드러나는 세속주의의 파산과 반자본주의적 유아성은 지배적 가치들에 대한 대립적 도전 그 이상의 전위적 부정성의 실천 개념으로 읽을 수 있게 된다. 1980년대 여성 시인들의 고백시적 경향도 여성적인 것에서부터 여성주의적인 것으로 나아가려는 아방가르드적 충동에 의한 해체시적 경향으로 읽을 수 있다. 김영승 시인의 비속어와 육체성에 관한 비어들이 가득한 텍스트에서도 가족과 가난에 대한 고백, 어머니에 대한 애증 고백도 인간을 단일한 자아로 고정시키려는 자본주의 체제를 공격하며 인간의 육체를 물신화시키려는 자본주의 체제의 힘에 맞서서 전외디푸스적 육체성을 텍스트에 끌어들여와 시적 혁명의 충동을 드러내고자 하는 아방가르드적 성격을 읽을 수 있게 된다.

그런가하면 김춘수의 후기 시에 나타나는 초기 시를 고쳐 쓰는 '자기 표절의 미학'이라 불리우는 '접붙이기 시론'이나 『들림, 도스토예프스키』의 상호텍스트적, 중층 결정의 텍스트 들은 기법적인 측면에서는 아방가르드를 보여주지만 시적 혁명과는 약간 다른, 시의 혁명으로서의 아방가르드라고 할 수 있겠다. 그것은 김준오 교수의 지적한, "김춘수 시론에서도 자유가 문제가 된다. 그러나 김수영에게 정치적 자유(현실성)가 문제인데 반해 김춘수에게는 시의 자유(예술성)가 문제가 되고 있다"는 말처럼 두 시인은 시의 혁명과 시적 혁명의 차이를 보여준다.

V. 문화적 아방가르드의 변용과 변질, 소멸에 관하여

> 전위적 창조가 성공할 때 그 때 전위예술은 실패한다는 (칼리니스쿠) 역설이 바로 전위 예술의 가장 본질적 양상으로서의 운명이다. 다시 말하면 전위예술이 유행이 되면 그 때 그것은 퇴폐하기(침체하기) 시작하여 이것을 초월하는 새로운 전위가 발생되는 것이 그 운명이다. 30년대 모더니즘 시인 김기림이 당대 이상 시를 두고 "영구한 모더니즘이란 듣기만 해도 몸서리치는 말이다"고 했을 때 모더니즘이 전위예술임은 물론이다. 90년대 전후해서 포스트모더니즘의 본격적 수용은 새로운 전위예술의 가능성을 예감하게 했다.[21]

아방가르드는 자신이 서있는 그 자리의 미적 전통과 관습적인 것에 자신을 대립시키고 그 전통과 관습을 항상 전복시키고자 한다. 그러한 충동이 고급문화에 대한 대중문화의 전복의 충동성을 만났을 때 키치적인 것으로 드러난다. 이러한 키치적 문화를 시에 빌려온 아방가르드적 양식으로 대중 문화적 장르를 혼합하여 대중문화시를 썼던 시인들의 텍스트를 들 수 있다. 유하의 「무협시」, 오규원의 『가끔은 주목받는 생이고 싶다』의 「그것은 나의 삶」이나 「빙그레 우유 200ml 패키지」, 유하의 「파리 애마—영화 사회학」 등의 영화시, 이승하의 「사진시」 등이 그러하다.

아방가르드와 포스트모더니즘의 만남이 위와 같은 새로운 전위시의 실험적 형태들을 보여주었고 21세기의 젊은 시인들도 전위적 열정을 가지고 텍스트를 생산한다. 황병승, 김민정, 김경주 시인 등의 텍스트가 그러하다. 그러나 시의 혁명과 더불어 시적 혁명까지를

21 김준오, 앞의 책, 355쪽.

보여주는 진정한 의미에서의 아방가르드 텍스트는 점점 더 존립 근거가 약화되어 가고 있다. 포스트모더니즘의 중심과 기원의 해체, 신자유주의 글로벌 시장 안에서의 탈중심화, 탈주체화 경향으로 말미암아 주체의 불안정성과 테틱의 불안과 파열이 일상화되어 가기 때문이다. 그리하여 전위시적 기교들은 시적 혁명에 이르지 못하고 공허한 시니피앙들의 유희, 새로운 주체와 의미를 생산하지 못하는 페티시즘의 언어에 머무르게 되기가 쉽다.

그런가 하면 이제 아방가르드적 충동성은 뉴 미디어와 결합하여 그 전복성, '파괴하면서 건설한다'는 그 전복적 창조성이 자본주의 체제 안에 흡수되어 버렸다고 할 수 있다. 뉴 미디어는 아방가르드의 새로운 단계를 표상한다. 1920년대의 좌파 예술가들에 의해 창안된 그 테크닉은 컴퓨터 소프트웨어의 명령들과 경계면의 은유들 안에서 구현된다. 축약하자면 아방가르드 비전은 컴퓨터에서 물질화되고 있다. 부르주아 사회의 꿈－존재(dreamexistence)로부터 독자(청중)들을 각성시키려는 그 전략들, 구성주의적 디자인, 뉴티포그라피, 아방가르드 시네마토그라피와 필름 편집, 사진 몽타주 등의 전략 등은 후기 산업사회의 기본적인 정례 수법을 만들고 있다.

예를 들어 콜라주의 아방가르드 전략은 누구나 수행할 수 있는 컴퓨터 데이터로 수행할 수 있는 기본 작업인 '오려내기와 붙여넣기'(cut and paste) 명령으로 재부상하고, 다른 예로 역동적 윈도우들, 풀다운 메뉴들, HTML theNEWMEDIAREADER 목차들은 컴퓨터 사용자들에게 컴퓨터 화면의 제한된 표면에도 불구하고 무한정의 정보를 동시적으로 작업하는 것을 허락한다. 이런 전략은 소프트웨어에서의 1920년대의 아방가르드 테크닉들의 약호화는 뉴 미디어에 질적인 영향을 미쳤다고 할 수 있다.[22]

22 Wardrip-Fruin, Noah Montfort, Nick, *The NewMediaReader,* 2003 참조.

뉴 미디어에서의 아방가르드적 변용이라는 위의 지적은 역사적 아방가르드의 소멸과 포스트모던 사회 내에서 키치적 변질로서의 아방가르드를 통해 그것의 죽음을 예견했던 뷔르거의 견해를 환기시킨다.

> 역사적 아방가르드 운동은 자율적 예술의 본질적 규정들, 그러니까 실제생활로부터 예술이 유리된 점, 개인적 생산 및 이로부터 분리된 개인적 수용을 부정한다. 아방가르드는 예술을 실제 생활로 옮겨놓는다는 의미에서 자율적 예술을 지양하려 한다. 이러한 지양은 이루어지지 않았으며 자율적 예술을 그릇되게 지양하는 형태라면 모르되 어쩌면 시민사회 내에서도 이루어질 수 없을 것이다. 그와 같은 그릇된 지양 형태가 존재한다는 것을 오락예술과 상품미학이 입증해주고 있다. 오락문학에 있어 문학은 해방의 형태가 아니라 종속의 도구이며 상품미학은 구매자로 하여금 불필요한 상품을 사도록 촉발하기 위해 자극으로서의 형식을 다루기 때문이다. 여기서도 예술은 실천적이지만 그것은 종속적 예술로서의 실천이다. 후기 자본주의 사회에서 역사적 아방가르드 운동들이 지녔던 의도는 전도된 징후를 보이면서 실현되고 있다. 자율성이 잘못 지양되고 있는 현상에 대한 경험으로부터 자율성 상태를 지양하는 것이 바람직한 일인지, 오히려 예술이 실제 생활로부터 거리를 둠으로써 비로소 자유 공간—자유 공간 내에서 기존 질서에 대한 대안—이 확보되는 것이 아닌지를 묻고 싶다.[23]

23 뷔르거, 앞의 책, 92쪽.

참고문헌

〈1차 자료〉

김수영, 『김수영 전집 1 , 2』, 민음사, 1981.

〈논문 및 단행본〉

『현대시사상 8 – 전위시론』, 고려원, 1991, 가을.

고현철, 『현대시의 패러디와 장르 이론』, 태학사, 1997.

김승희, 『현대시 텍스트 읽기』, 태학사, 2001.

김준오, 『문학사와 장르』, 문학과지성사, 2000.

오세영, 「한국 모더니즘 시의 전개와 그 특질」, 『20세기 한국 시 연구』, 새문사, 1989

이성혁, 「시의 모더니티 추구와 그 정치화–김수영 시론의 아방가르드적 성격에 관한 고찰」, 『한국시학연구』 제11호 2004.

이승훈, 「한국 현대시의 다섯 가지 유형」, 『한국학 논집』 vol. 23, 1998.

조동구, 「한국 현대시와 아방가르드」, 『배달말』 제23호, 1998, 12.

페터 뷔르거, 『전위예술의 새로운 이해』, 최성만 역, 심설당, 1986.

움베르토 에코, 『열린 예술작품–카오스모스의 시학』, 새물결, 1995.

칼리니스쿠, 『모더니티의 다섯 얼굴』, 이영욱 외 역, 시각과 언어, 1993.

크리스테바, 『시적 언어의 혁명』, 김인환 역, 동문선, 2000.

레나토 포지올리, 『아방가르드 예술론』, 박상진 역, 문예출판사, 1996.

Kelly Oliver, *Reading Kristeva*, Indiana University Press, 1993.

Leslie Hill, "Julia Kristeva: Theorizing the Avangarde?", John Fletcher and Andrew Benjamin, ed., *Abjection, Melancholia, and Love*, Routledge, 1990.

Wardrip-Fruin, Noah Montfort, Nick, *The NewMediaReader*, 2003.

김춘수 시 새로 읽기:
Abjection, 이미지, 상호텍스트성, 파쇄된 주체

1. 발화로서의 시와 '소송 중에 있는 주체'

김춘수 텍스트는 한국 시문학사에서 매우 독특하고도 희귀한 위치를 가지고 있다. 그것은 텍스트 자체의 아름다움과 더불어 텍스트 생산의 기저가 되는 언어관의 독특함에 기인하는 것이다. 김춘수는 언어에 대해 심각한 질문을 던지지 않는 대부분의 한국 시인들과는 달리 언어 그 자체에 대해 깊은 질문과 성찰을 보여주고 있는데 언어라는 것이 실체(referent, 지시대상)와 연관된 도구적인 것이나 상징이 아니라 '기호'(시니피앙+시니피에)일 수 있음을 시에서 보여주고 기표와 기의와의 간격을 최대한으로 넓혀 텍스트에서 관념과 의미를 배제하고자 한 시도를 본격적으로 한 시인이었다. 또한 관념이 언어를 침범하는 것을 불순하다고 보았고 관념이 침범하지 않는 '순수'한 시어에 대해 관심을 기울이기도 했다. 그리하여 관념성이 강한 한국 문학 풍토에서 시인이란 최남선이나 김수영처럼 선각자적 선비이거나 비판적 지식인이어야 한다는 윤리적 고정관념을 버리고 '시인=언어 예술가, 심미적 주체'일 뿐이라는 생각을 보여준 드문 시인이었다. 그의 텍스트는 러시아 형식주의자들이 보여준 것과 같은 '예술에 있어서의 의미에 대한 두려움'을 보여주고 있고 또한 그러한 입장을 통해 독자들에게 현대문학 연구에서 가장 중요하다고 할 수 있는 여러 문제적 질문들을 던진다.

필자는 그의 시 세계를 세 단계로 나누면서 텍스트 생산의 양상과 시적 언어의 성격, '말하는 주체'의 양상을 고찰하면서 그의 텍스트를 새로 읽어보고자 한다. 먼저 첫 번째 시기는 초기 시집 『구름과 장미』(1948), 『늪』(1950), 『꽃의 소묘』(1959), 『타령조·기타』(1963)까지의, 음악성이 지배적인 텍스트들이 등장한 시기로 볼 수 있다. 두 번째 시기는 '무의미 시론'을 공식적으로 주장하면서 『처용 단장』(1960년대 후반부터 쓰기 시작하여 시선집 『처용』(1972)을 상재하고 20여 년 동안 전 4부를 집필하여 1991년 출간) 등을 쓰기 시작한 시기로 볼 수 있으며 세 번째 시기는 『들림, 도스토예프스키』 등을 포함한 후기 시로 나눌 수 있다. 시적 언어에 대하여 그는 대표작으로 알려진 「꽃」 등에서 '언어=존재이자 사물'이라는 등식을 통해 형이상학적 로고스중심주의적 입장을 보이기도 했지만 그 이후 시론 「의미와 무의미」 등을 통하여 그는 언어가 실체와 연관된 것이거나 존재 그 자체가 될 수 없고 기호(시니피앙+시니피에)라는 주장을 끊임없이 되풀이한다. 그리하여 많은 연구자들이 무의미 시론에 주목하고 김춘수 시인이 말하는 '무의미'에 코드를 맞추어 연구를 진행했지만 그러나 '무의미'를 무의미로 파악하고자 하는 한 시인의 의도를 중심으로 살피는 진부한 동어반복적 연구가 대부분이었다.

언어가 기호라 해도 그것이 과연 관념(시니피에)을 떠날 수 있는가, 그렇다면 언어는 언제, 어떻게 시니피에를 버릴 수 있고 언제 무의미에 도달할 수 있는가, 언어가 절대적 무의미의 경지, 즉 음악과 같은 기표만의 상태에 도달하는 것이 정말로 불가능하다면 시인이 말하는 무의미란 무엇인가, 의미(meaning)가 시인, 작가의 '의도의 일자(一者)적 의미'라면 그가 말하는 무의미란 '단일 의미가 파쇄되면서 생성되는 다의미(多意味)'를 말하는 것은 아닐까.[1] 그러나 대체 언어 기호라는 것이 과연 시대나 이데올로기 같은 상황과 사회적 맥락을 떠나 그렇게 중립적일 수 있는가. 또한 언어는 아무리 추상적인 진술이라고 하더라도, 한 편의 텍스트와 마찬가지로, 하나의 발화(utterance)로 본다면, 특정한 사회적 맥락 속에서 어떤 한 개인에 의해 사용된 '상황적'인 것인데 그러한 '발화로서의 시 텍스트'로 김춘수 시를 읽는다면 그가 시론에서 말하고 있는 '무의미 시와 순수에의 욕망'이 아주 새롭게 이해될 수 있지 않을까? 바로 그런 질문과 관점을 가지고 「김춘수 시 새로 읽기」는 시작된다.

형식주의나 소쉬르 언어학과는 반대로 바흐친/볼로쉬노프는 "언어란 멈추지 않는 생성의 흐름"이라고 보고 있다. 그들에 의하면 "언어는 그것의 사회적 차원 안에서 보여지고 끊임없이 계급과 공동단체와 국가와 집단의 관심사를 반영하고 변형시킨다. 이런 관점에서 어떤 발화도 중립적이지 않다. 발화의 의미가 독특한 것이라 해도, 그것은 여전히 송신자에 의해 채택되고 수신자에 의해 인식될 수 있는 의미의 이미 확립된 패턴에서부터 나온다. 그러나 이러한 확립된 패턴들은 소쉬르의 랑그의 추상적인 패턴들이 아니다. 그보

---

[1] 크리스테바는 시적 언어가 ㄱ 자신의 과정을 의미와 무의미, 즉 의미와 리듬 사이에, 상징계와 기호계 사이의 결정불가능한 지점에 위치시키는 것이기에 어떤 특별한 의미가 아니라 기호화하는 기제라고 말한다. 또한 시적 언어는 아리스토텔레스적인 논리와 언어의 단일성(논리는 A이거나 Not-A 둘 중 하나일 수밖에 없다는 아리스토텔레스의 주장을 0-1로 기호화하면서 크리스테바는 0은 무이고 1은 단일한 요소라고 판단)의 개념들에 반대되는 것으로 0-2의 원리에서 작동하는데 0은 무(無)이고 2는 적어도 이중적인 것 이상이며 그것은 A와 Not-A 둘 다인 것이다. 시적 언어는 그렇게 이중적, 양가적이며 대화적이고 상호텍스트적이다. "시적 언어는 0-1 시퀀스에 기반을 둔 논리적 시스템의 무능함을 전경화시킨다.", Graham Allen, *INTERTEXTUALITY*, Routledge: London and New York, 2000, pp. 43~45 참조.

다는 끊임없이 변화하는 사회적인 가치들과 지위들에 언어가 구체화되고 반영되는 방식에서이다…… 어떠한 발화나 작품도 독립적이지 않고 그들이 '불멸'이라고 부르는 것이 될 수 없다. 가장 간단한 발화에서부터 과학적이거나 문학적인 담론의 가장 복잡한 작품에 이르기까지 어떤 발화도 홀로 존재하지 않는다. 그것은 이전의 작품들의 복잡한 역사로부터 수신자에게 적극적인 반응을 추구하며 복잡한, 집단적이고 사회적인 맥락으로부터 출현한다…… 소쉬르의 추상적인 언어학은 언어에서 대화적 본성을 제거했는데 언어란 사회적이고 이데올로기적이고, 주체중심적이며 주체수신적인 본성을 내포한 것이다."라는 것으로 정리된다.[2]

텍스트를 발화로 이해할 때 우리는 발화자와 수신자, 즉 시인과 독자라는 문제로 나아가게 된다. "발화의 의미뿐만 아니라 발화의 수행이라는 바로 그 사실 또한, 일반적으로 지금 여기서 주어진 환경 안에서, 특정한 역사적 순간에, 주어진 사회적 상황의 조건 하에서 역사적이고 사회적인 의미의 실현이라는 사실이다. 바로 그 발화의 존재가 역사적이고 사회적으로 의미있는 것이다."[3]

또한 시 텍스트를 하나의 '발화'라고 상정하는 순간 크리스테바의 말대로 우리는 언어학의 시체 공시장에서는 만날 수 없는 '말하는 주체'의 문제와 필연적으로 만나게 된다. 크리스테바는 '심리적으로 단일한 인간 주체란 없다'라고 단언하면서 언술 행위의 주체(subject of enunciation)와 언술 내용의 주체(subject of utterance)를 구분한다.[4] 필자는 제레미 호돈의 관점보다 이스트호프의 관점에서

2 Graham Allen, 앞의 책, pp. 15～16. 참조.

3 Graham, Allen, 위의 책, p. 17.

4 제레미 호돈은 발화(utterance)의 주체와 진술(enuciation)의 주체에 대한 크리스테바의 입장을 정리하면서 발화의 주체는 인간적 창작자(말하고 생각하는 주체)에 연관되고 진술의 주체는 언어적 실체(서술된 행위의

말하는 주체는 언술 내용의 주체(시적 화자)와 언술 행위의 주체(시인)로 분열되어 있다는 입장에서 그 용어를 사용하고자 한다. 시 텍스트는 사회적, 역사적 맥락 안에 놓인 하나의 발화이며 언술 행위의 주체는 자신이 속한 당대의 이데올로기와 신화, 전통, 사회적 담론 등에 오염되어 있는 존재이며 분열된 주체이기에 시적 담론의 양태는 상징계와 기호계, 즉 의식과 무의식의 역동적 상호작용으로 생산되는 것으로 본다. 따라서 시 텍스트는 시인이 아무리 '무의미'를 주장하고 있을 때라도 당대 현실과 이데올로기에 오염된 정치적, 사회적, 역사적인 텍스트일 수밖에 없다. 언술 행위의 주체가 당대의 관념과 이데올로기, 사회적 속박들로부터 자유롭지가 않고 에고와 말하는 주체로 분열되어 있기 때문이다. 따라서 시 텍스트는 언술 내용이 정치, 사회에 오염되지 않은 순수한 것이고 언술 내용의 주체가 초월적 자아의 모습을 보인다 할지라도 근본적으로 불순한 것이며 흔들리는 것이며 정치적일 수밖에 없다.

크리스테바는 '말하는 주체'의 분열 문제와 상징계에 저항하는

주체)와 연관된 것으로 정리한다. 즉 내가 지금 무언가를 말할 때 나는 발화의 주체가 되지만 내가 무언가를 쓰고 그것이 시간이 흘러 누군가가 그 글을 읽을 때 나는 진술의 주체로만 남게 된다는 것이다. 즉 글쓰기에서 주체는 소멸되고 만다. 그러나 안토니 이스트호프는 방브니스트, 라캉, 크리스테바 등의 이론을 기반으로 말하는 주체의 위치를 언술행위의 주체(subject of enunciation)과 언술 내용의 주체(subject of énoncé)로 구분하면서 언술 내용의 주체는 서술된 사건 속의 주체, 즉 시적 화자와 같으며 언술 행위의 주체는 말하는 사람, 즉 쓰는 사람으로 설명했다. 언술 내용의 주체는 언술 행위의 주체인 나에게서 미끄러져 나가는데 이 두 국면은 상상계와 상징계로 일컬어진다. 언술 행위란 물질적 전개과정이어서 그 시제는 방브니스트가 말하듯 언제나 '끊임없는 현전'인데 독자는 언제나 언술 행위의 주체로서 위치하고 있어서 시를 언제나 현재적인 것으로 읽기에 사실상 시를 읽는다는 것은 생산이 된다. 안토니 이스트호프, 『시와 담론』, 박인기 역, 지식산업사, 1994, 75~80쪽 참조.

기호계적 코라 이론, 부정성, 거부 등의 기호분석학 이론을 통해 "텍스트란 어떤 의미나 진술로 환원될 수 있는 고정된 작품이 아니며 하나의 기호적 실천이며 생산성(productivity)"이라고 본다.[5] 그리하여 그녀의 새로운 기호분석학 (Semanalysis)은 연구 대상인 텍스트라는 것이 쉽게 소비되는 생산품이 아니며 생산이나 생산성이라고 그 지위를 강조한다. '생산'에 대한 막시스트의 관심과 '(꿈)작업'에 대한 프로이트의 관심을 결합시키면서 텍스트도 '과정 중에 있는' 생산일 뿐 아니라 주체, 작가(시인), 독자, 분석가도 역시 생산되는 과정 중에 있는 것이라 파악한다. 작가, 독자, 분석가 역시도 텍스트를 넘어 '과정 중에, 소송 중에 있는' 끊임없는 생산의 과정에 합류한다. 그러므로 말하는 주체는 단일하고 안정된 초월적 투명한 에고가 아니라 분열된 것이고 그 분열의 금을 통하여 언어 안으로 욕망이 흘러넘치는, 의미 생성의 두 가지 양태인 상징계와 기호계가 계속 투쟁하는 그런 장소가 된다. 따라서 텍스트는 고정성이나 단일화된 의미를 가지는 것이 아니며 계속적인 사회적, 문화적 과정에 연결된 것이며 상호텍스트적인 것으로 읽혀져야 한다.

2. '압젝트로서의 역사' 배제, 의미 배제의 '순수'와 무의식의 의미 작용

흔히 '해방 공간'이라 불리는, 해방 이후에서부터 6·25 전쟁 사이에 간행된 그의 첫 시집 『구름과 장미』는 상당히 징후적인 시집이다.

[5] 크리스테바는 역동적인 문학 언어를 수평적 차원과 수직적 차원의 입장에서 규정한다. 수평적 차원에서 텍스트 내의 단어는 쓰기 주체와 수신자 둘 다에게 속한다. 수직적인 차원에서 텍스트 내의 단어는 이전의 또는 공시적인 문학의 몸체들을 향해 있다. G. Allen, pp. 34~35. 참조.

희맑은
희맑은 하늘이었다.
(소년은 졸고 있었다.)

열린 책장 위를
구름이 지나고 자꾸 지나가곤 하였다.

바람이 일다 사라지고
다시 일곤 하였다.

희맑은
희맑은 하늘이었다.

소년의 숨소리가
들리는 듯 하였다.

-「소년」 전문

한 편의 목가적인, 순결한 풍경화와 같은 이 시에서 역사, 정치, 이데올로기와 같은 불순한 '시대의 피 냄새'는 지워져 있다. 텍스트에 부재하는 것, 생산적 무의식의 의미 작용을 읽어내는 것이 징후적 독서이고 페노 텍스트 안에서 제노 텍스트를 읽는 것이다 하늘의 영원성의 맑음 안에 시간은 불멸하고 '소년'은 그 자연의 초시대적, 초공간적 불멸 속에 동화되어 있다. 대자연과 인간 사이 틈새가 없는 것이다. 2연 '(소년은 졸고 있었다)'에서 소년을 감싸고 있는 그 '괄호'는 소년과 하늘 사이의 '모성적 관계'를 암시한다. 대자연의 포대기 같은 괄호 안에 소년은 졸면서 감싸여 있는 것이다. 그럼으로써 소년과 자연 사이 분열이나 틈이 없이 평화로운 이 풍경화는 그러나 기표 차원에서 어떤 불길함을 느끼게 한다. "희맑은/희맑은 하늘이었다"라는 연이 두 번 반복되면서 '희맑음'이라는 기표가 4번이나 반복되는 현상이 징후적이기 때문이다. '희맑음'은 지시적 의미에서 '희고 맑음'을 뜻하지만 그러나 기표 차원에서 '희맑음'은 '희룽대다', '희번득이다', '희롱해롱' 등의 기표들을 연상시키면서 기의 차원만으로는 느낄 수 없는 어떤 불길함을 환기시킨다. 의미나 진술, 메시지만으로 환원될 수 없는 기표들의 시적 효과라고 할 수 있다. '희고 맑은 하늘'이라고 표현했을 때는 느낄 수 없는 반복되는 '희' 음소의 불길함은 '소년'과 풍경 사이의 평화가 금방이라도 깨어질 것 같은 고요한 틈을 암시한다. 우리는 여기에서 말하는 주체의 분열과 언술 행위의 주체의 욕망의 텍스트적 침투를 읽을 수 있다. 무의식은 말하지 않음으로써 말하고 의미하지 않음으로써 의미에 영향을 미친다. 역사와 이데올로기 과잉의 시대인 해방 공간에 씌어진 이 보기 드문 평화의 텍스트 안에 새겨진 '대자연／인간'의 평화로운 공존(symbiosis)을 파괴하는 무의식의 욕망의 흔적, '희맑음'에서 우리는 언술 내용과는 다른, 억압될 수 없는 욕망의 불길한 말을 들을 수 있다.

여기에서 필자는 크리스테바의 Abjection,[6] Abject[7] 개념을 생각해

[6] 압젝션은 크리스테바가 셀린느를 연구한 저서 『공포의 권력』에서 키워드로 사용하고 있는 개념으로 폐기, 방기, 추방 등을 뜻한다. 그것을 라캉식의 주체 형성 과정에 대입시켜 이야기한다면 인간 주체는 언어 질서와 상징계에 진입하여 적절하고 올바른, 깨끗한 육체를 가지고 사회적 주체성을 정립하려고 할 때 그러한 어두운, 혐오스럽고 역겨운 것들을 쫓아내고자 한다. 압젝트란 인간 생활과 문화가 스스로를 유지하기 위해 배제하는 것들이다. 즉 '정체성, 체계, 질서를 어지럽히는 것, 경계, 위치, 규칙을 무시하는 것'이다. 줄리아 크리스테바, 「압젝시옹에 대한 방법론」, 『공포의 권력』, 동문선, 2001, 21~62쪽 참조, 보다 자세한 것은 Gross, "Body of Abjection", Fletcher and Benjamin, ed., *Abjection, Melancholia and Love: The Works of Julia Kristeva*, London and New York, Routledge, 1990 참조.

[7] 오물, 쓰레기, 고름, 체액, 시체 그 자체가 모두 압젝트이다. 그러나 압젝

볼 필요성을 느낀다.

한 개인의 주체 형성 과정에서 인간이란 대타자인 상징 질서(A) 안에 진입, 복종하면서 어쩔 수 없이 분열을 겪으며 자신의 주체성을 획득한다고 할 때 압젝션이란 A의 금지로 인해 상상계적인 것을 투척, 기각하는 것을 말한다. 이때 투척, 기각되는 대상으로서의 압젝트는 상상계적인 것, 전(前) 오이디푸스적인 것, 어머니(a, 젖가슴, 눈짓, 애무하는 듯한 목소리 등, 금지된, 그러나 희열에 넘치는 상상적인 것들)의 육체와 연관되는 것들이 된다. 어쩔 수 없이 그것들을 혐오의 기호로 분류, 투척, 기각하고 '누군가가 되기 전의 나'를 집어 던지며 분열되면서 인간은 상징 질서 안의 하나의 기표로서 자기 존재를 수납하게 된다. 인간은 그렇게 상징 질서 안에서 하나의 기표로 정립되는 분열된 존재이자 타자이다.

김춘수 시인은 일제 식민지 시대에 일본 유학을 하던 시절 겪은 폭력의 체험을 몇 번이고 되풀이해서 진술한다. 당대의 상징 질서인 일제 군국주의는 그를 '불령선인'(不逞鮮人)이라는 어처구니없는 기표로 호명하고 부조리한 의미부여를 하고자 무시무시한 폭력을 가한다. 정치 질서, 식민 체제 등 모든 질서들은 무시무시한 공포의 권력으로 한 개인의 실체나 자유 의지와는 무관하게 '부조리한 기표'로 만들어 버릴 수 있는 혐오스러운 것이다. 역사로서의 상징계는 그를 역사의 흐름에 따라 '불령선인', '부르조아 반동', '비참여 지식인'이라는 기표로 호명해 왔고 그는 어떤 호명 체계에도 응답

트는 그 자체가 혐오이면서 매혹이라는 이중성과 역겨우면서도 홀리는 기묘함(uncanniness)을 가진 것이고 압젝트는 투명한 에고와 정체성을 위협하기 위해 때때로 귀환하는 성질을 가지고 있다. 억압된 것들은 반드시 돌아온다. 그것은 투명한 에고를 위협하고 상징 질서 안에 자리잡은 주체를 소송 중에 빠뜨리게 하는 불길한 무의식이 된다. 줄리아 크리스테바, 앞의 책, 23~34쪽 참조.

하지 않았다. 모든 호명은 허구적인 것이고 이는 자신을 그 실체와 상관이 없는 부조리한 기의를 가진 기표로 정립시킬 것이기 때문이다. (그런 그가 1981년, '피의 5월 항쟁'을 치르고 정권을 획득한 전두환 정권 시절 '민주정의당'이라는 허무맹랑한 기호를 이름으로 가진 정당의 국회의원이 되었다는 사실은 참으로 부조리하지만 한편으로는 이해가 되기도 한다. 그것은 압젝트라는 개념으로 설명할 수 있는 사건이다. 모든 압젝트는 혐오와 공포이면서 동시에 매혹이라는 그 이중성을 가지고 있으며 압젝션된 것은 언젠가 귀환하여 복수하려고 자아와 비자아 경계선 사이에 걸쳐져서 기다리고 있는 것이기 때문에. 가장 민주와 정의가 부재했던 정당의 이름이 '민주정의당'이었으니 그것은 기표와 기의가 아무 상관이 없고 우연적이며 서로 미끄러지는 관계라는 기호의 자의성과 허무를 가장 잘 보여준 역사적 예라고나 할까?) '상징계는 어차피 사물의 살해, 죽음이다'라는 라캉의 말이 상기된다.

역사와 그 허울인 이데올로기를 모조리 공포의 권력으로 혐오하는 김춘수 시 텍스트에서는 압젝션의 주체인 상징 질서와 부권적인 권력 중 '역사의 폭력성'이 오히려 압젝션의 대상이 된다.(상징계로서의 문법 체계는 인간으로서 불가피하게 수납하지만 통사론적 교란을 자주 보이고 언어의 상징성을 지우고자 '무의미'를 주장하며 언어 체계의 기본 요소인 음운들을 해체하고자 하는 욕망이 상징계에 대한 시인의 운명적인 이중성이다.) 역사와 이데올로기, 사회, 제도라는 상징 질서에 의해 a를, 즉 모성적 대상을 압젝션시켜서 거세를 수납하면서 동시에 상징적인 것들을 혐오와 공포로 압젝트화시키는 것이다. a에 대한 욕망은 기각되고 무의식 안으로 하강하면서 동시에 상징적인 것들도 압젝트가 된다. '누군가가 되기 전의 나'는 억압되고 우리는 '타자'가 된다. 시의 대상으로 '소년'처럼 미성숙한 남자나 『처용 단장』 등에서 시인의 유년기가 자주 형상화되는 것도 그런 압젝션의 맥락에서이다. 정치, 사회, 역사적인 상징적인 것들을 압젝트로서 추방, 기각하고 남는 것은 투명한 에고로서의 인간인 '소년'과 '유년 시절의 나'에 가장 가까울 것이다.

이는 자연스럽게 또 하나의 상징 질서인 기호와 통사론, 문법적인 것들, 단일 주체성, 법과 같은 언어의 투명성, 관념들에 대한 혐오로 나타난다. 그것은 시어에서 '의미'를 배제하고 '무의미'를 전경화시키고자 하는 시적 노력, 기호계적인 것들의 실천과도 같은 맥락이다.

> 가자. 꽃처럼 곱게 눈을 뜨고. 아버지의 할아버지의 원한의 그 눈을 뜨고 나는 가자. 구름 한점 까딱 않는 여름 한나절. 사방을 둘러봐도 일면의 열사(熱砂). 이 알알의 모래알의 짜디짠 갯내를 뼈에 새기며 뼈에 새기며 나는 가자.
>
> 꽃처럼 곱게 눈을 뜨고, 불모의 이 땅바닥을 걸어가 보자.
>
> –「서시」 전문, 『구름과 장미』 중

이 시는 김춘수의 시라기보다는 서정주의 시로 보일 정도로 부정성의 음악이 지배적이다. 가쁜 호흡, 리듬과 억양, 음소들의 반복, 동일한 통사 반복으로 인한 시니피앙의 연쇄 지연하기, '꽃의 고운 눈／아버지의 할아버지의 원한의 눈'의 역설적 은유 등 기호적 코라의 강한 의미작용이 지배적으로 드러난다. 이 텍스트에서 역사라는 시어는 부재하지만 우리는 부재하는 단어, '역사'를 읽어낼 수 있다. '아버지의 할아버지의 원한의 그 눈을 뜨고 나는 가자'라고 했을 때 '아버지, 할아버지'에서 '나'에게로 이어지는 것이 바로 '역사'이기 때문이다. 따라서 이 시에서 비록 '역사'라는 말은 부재하지만 '역사'는 곧 시적 화자에게 원한이 되는 것으로 읽혀진다. 압젝트로서의 추악한 역사에 대한 공포는 기호적 코라의 실천인 거친 호흡, 리듬과 억양, 역설 등 부정성의 힘으로 초기 시편들안에 흔적으로 작용한다. 시적 언어는 그 자신의 과정을 의미와 무의미 사이, 즉 언어와 리듬 사이에, 다시 말하면 상징계와 기호계 사이의 어느 지점에 위치시키기 때문에 문장에 선행하는 리듬, 억양 등의 코라적 힘은 의미 생성의 과정을 보여주는 것이다.

「부다페스트에서의 소녀의 죽음」에서 역사적 사건은 드물게도 시적 소재로 등장한다.

> 다뉴강에 살얼음이 지는 동구의 첫겨울/가로수 잎이 하나 둘 떨어져 뒹구는 황혼 무렵/느닷없이 날아온 수발의 쏘련제 탄환은/땅바닥에/쥐새끼보다도 초라한 모양으로 너를 쓰러뜨렸다./순간,/바숴진 네 두부는 소스라쳐 삼십보 상공으로 튀었다./두부를 잃은 목통에서는 피가/네 낯익은 거리의 포도를 적시며 흘렀다……(중략)……다뉴강은 맑고 잔잔한 흐름일까,/요한 슈트라우스의 그대로의 선율일까,/음악에도 없고 세계지도 어디에도 이름이 없는/한강의 모래사장의 말없는 모래알을 움켜쥐고/왜 열 세 살 난 한국의 소녀는 영문도 모르고 죽어갔을까, 부다페스트의 소녀여, 네가 한 행동은/네 혼자 한 것 같지가 않다./한강에서의 소녀의 죽음도/동포의 가슴에는 짙은 빛깔의 아픔으로 젖어든다./기억의 분한 강물은 오늘도 내일도/동포들의 눈시울에 흐를 것인가,/흐를 것인가, 영웅들은 쓰러지고 두 달의 항쟁 끝에/너를 겨눈 총부리 앞에 네 아저씨와 네 오빠가 무릎을 꾼 지금,/인류의 양심에서 흐를 것인가,/마음 약한 베드로가 닭 울기 전 세 번이나 부인한 지금 (하략)……

이 긴 시에는 '나'라는 시적 화자를 가리키는 단어는 한번도 등장하지 않는다. 시적 화자, 언술 내용의 주체가 부재한다. 대신 '너'

라는 단어는 무수히 등장한다. '너' 혹은 '네'라는 말 속에는 '쏘련제 탄환'을 맞고 죽어간 헝가리의 소녀와 '소련, 중국, 북한/미국, 연합국, 남한'의 전쟁에서 영문 모르고 죽어간 소녀가 오버랩되며 언술 행위의 주체가 '압젝션'했던, 치욕의 역사를 겪었던 '나'조차도 오버랩되게 된다. 51행의 긴 시가 연 구분도 없이 거대한 호흡으로 밀려오고 밀려가는 이 시는 '쓰러뜨렸다', '튀었다', '적시며 흘렀디', '소리 높이 울었다'라는 '다' 각운의 동사들의 행렬과 '선율일까', '죽어갔을까', '흐를 것인가', '싹튼 것일까' 등 의문형 문장들의 행렬이 엇갈리면서 전쟁의 참혹함과 그것에 피해 입은 인간의 머뭇거리는 질문을 교차시킨다. 51행이 1연을 이루는 이 운율적 공간에서 거친 호흡, 근육운동적 리듬, 교차하는 각운들의 반복 등 기호계적 코라의 자질들은 역사 자체를 압젝트로 보며 압젝션시켰던 언술 행위의 주체의 무의식에서 강하게 솟구쳐 오르는 저항의 욕망, 부정의 욕망을 강화한다. 그러므로 기호계적 자질이란 상징계라는 질서에 도입된 부정성이자 상징적 질서의 위반 그 자체로 텍스트에서 '소녀들의 영문 모를 죽음을 애도함'이라는 의미 이상의 의미를 생성하는 것이다. 이렇듯 음악성이 강한 초기 시들에서 우리는 트라우마로서의 역사나 이데올로기의 폭력 체험을 '재현'한 것을 발견하지는 못하지만 그것들이 시적 화자의 차원, 페노 텍스트의 차원에서가 아니라 제노 텍스트의 차원에서 억누를 수 없는 그 불길한 욕망을 새기고 있다는 것을 발견한다.

3. 언어의 위기, 존재의 위기

상징 질서에 대한 혐오, 저항은 또 하나의 거대한 상징 질서인 언어 체계에 대한 불신, 회의로 나아가고 언어는 위기를 겪게 된다. 『꽃의 소묘』(1959)에서부터 언어에 대한 위기의식, 언어에 대한 질문이 등장하기 시작한다. 「꽃 2」에서는 "바람도 없는데 꽃이 하나 나무에서 떨어진다. 그것을 주워 손바닥에 얹어놓고 바라보면, 바르르 꽃잎이 훈김에 떤다. 화분도 난(飛)다. '꽃이여'라고 내가 부르면, 그것은 내 손바닥에서 어디론지 까마득히 떨어져간다.//지금 한 나무의 변두리에 뭐라는 이름도 없는 것이 와서 가만히 머문다."처럼 실체로서의 '꽃'과 언어 기호로서의 '꽃'이 아무 관계가 없다는 소쉬르적 인식을 보여준다. 소쉬르에 의하면 기호란 시니피앙과 시니피에, 양면으로 되어 있을 뿐 실재 세계의 지시 대상과는 분리되어 있는 것이다. 이렇듯 '꽃'이란 실체는 '꽃'이란 기호와 상관없이, 아니 오히려 기호가 대상으로서의 '꽃'을 파멸시키는 것으로 드러나게 된다. 꽃이라는 '기호'가 파괴되었을 때 '이름도 없는 것'은 오히려 '머무르는 것으로' 존재하게 된다. 언어에 대한 불신, 대상과 관계가 없는 기호로서의 언어에 대한 인식이 시작된다. 언어와 대상과의 관계의 분리는 상징계에 대한 불신에서 나오는 것이지만 존재의 문제, 주체의 위기를 낳게 된다. 그런 존재의 위기, 주체의 흔들림에서 「꽃」이 태어난다. (시집에서 「꽃 2」가 「꽃」보다 시집에서 앞에 게재되어 있으므로 그 순서에 따라 「꽃 2」를 먼저 분석하였음)

내가 그의 이름을 불러 주기 전에는
그는 다만
하나의 몸짓에 지나지 않았다.

내가 그의 이름을 불러 주었을 때
그는 나에게로 와서
꽃이 되었다.

내가 그의 이름을 불러준 것처럼
나의 이 빛깔과 향기에 알맞은
누가 나의 이름을 불러다오.
그에게로 가서 나도
그의 꽃이 되고 싶다.

우리들은 모두
무엇이 되고 싶다.
너는 나에게 나는 너에게
잊혀지지 않는 하나의 의미[8]가 되고 싶다.

–「꽃」 전문

「꽃 2」와는 달리 이 텍스트에서 시적 화자는 언어를 비은폐성, 진리의 건축과 연관된 창조적인 것으로 노래한다. 『창세기』에서의 아담처럼 '이름붙이기', '명명하기'는 사물의 창조가 되고 만물의 언어적 건립이 되는 것이다. 이름 부르기에 따라서 만물은 그에 따라 존재자가 되고 혼돈한 부재에서 질서를 가진 존재자로 다시 태어난다. 언어는 곧 사물이라는 성서적인, 로고스중심주의적인 언어관이다. 또 한 가지 이 텍스트에서 가장 눈에 띄는 것은 '나', '그', '너'라는 존재가 본질을 가진, 즉 불변적 의미를 가진 초월적 에고가 아니라 '명명하기'라는 행위에 따라 생성되는 가변적인 존재라

8 후에 시인이 '하나의 의미'를 '하나의 눈짓'으로 수정하였다. 『전집』, 현대문학사, 178쪽 .

는 인식이다. 즉 본질적 존재는 없으며 모든 존재는 생성의 존재라는 것이다. 1연에서 '나／그'의 관계는 '명명하기' 이전과 '명명하기' 이후로 차이화되어 드러난다. '나'의 존재는 명명하기의 주체로 '그'는 존재론적 본질을 가지고 있지 않다. '그'는 '나'와의 관계에 의해서만 존재가 생성된다. 그리하여 '그'는 '나'라는 인칭대명사와의 관계 속에서만 생성되는 '과정 중에 있는 주체'이며 '나'도 역시 마찬가지이다. '나'도 본질이나 초월적 자아가 있는 것이 아니라 '누구'의 호명과 연관되는 것이다. '우리들'도 모두 마찬가지이다.

따라서 만유에 떠도는, 근거 없이 심연 속의 어둠을 떠도는 미분리의 '덩어리(몸짓)'가 '이름 부르기'를 통해 '꽃'으로 존재하게 된 것처럼 시적 화자인 '나'의 존재도 초월적 자아가 아니고 타자의 호명을 통해서만 비로소 존재자가 된다는 포스트모더니즘적, 상대주의적 주체관을 보여준다. 따라서 언어의 위기는 주체의 위기, 인간의 위기가 된다. 인간이나 사물이 본질을 지닌 것이 아니라 언어에 상대적으로 종속되어서 '나다움'이 생겨난다는 인식은 포스트모던적 사고의 시작이라고 할 수 있다. 언어가 없다면 무의식도 없고 존재도 없다. 그러나 언어의 본질적인 창조성에 대한 사고는 형이상학적인 것이라 하겠다.

「꽃을 위한 서시」에서는 언어 이전, 전(前) 오이디푸스 단계의 위험성을 노래한다. "나는 시방 위험한 짐승이다.／나의 손이 닿으면 너는／미지의 까마득한 어둠이 된다.／／존재의 흔들리는 가지 끝에서／너는 이름도 없이 피었다 진다."에서 언어 체계가 없는, 전오이디푸스적 단계의 해체의 위험을 읽을 수 있다／「꽃」에서 '말'이 존재자의 존재를 창조했다면 「꽃을 위한 서시」에서 '손'은 존재자의 존재를 해체하고 어둠으로 그것을 돌린다. 상징계를 기호계화하려는 코라적 욕망은 결국 대상의 해체를 가져오는 것이다. '말／손'의 차이는 상징계와 기호계의 차이, 오이디푸스 이후 시기와 전오이디푸스 단계의 차이, 로고스와 육체성의 차이이다. 위 세 편의 텍스트는 언어와 '꽃'이란 사물의 존재성과의 관계를 보여주는데 언어는 형이상학적(「꽃」)일 때 사물을 창조하지만 혹은 언어가 대상과 분리될 때는 사물은 파괴되며(「꽃 2」), 언어 이전의 상태로(「꽃을 위한 서시」) 가면 사물은 해체되고 어둠 속으로 은폐된다는('얼굴을 가리운 나의 신부여') 인식을 나타낸다.

이 텍스트 안에서 언술 내용의 주체는 단일성과 안정성을 유지하고 있는 반면 언술 행위의 주체의 무의식은 텍스트 안에 별 흔적을 남기지 않는다. 로고스중심주의적 세계관 안에서 언어의 창조성과 언어=사물, 존재를 믿는 형이상학적 입장이 극히 안정될 때 언술 행위의 주체의 무의식의 욕망은 분열의 틈 아래에 잠복한다.

그러나 연작시 「타령조」에서는 압젝션에 의해 박탈된 것들, '어머니의 육체적인' 것(압젝션시킨 a), 에로티시즘의 욕망들이 압젝션을 뚫고 타령조의 리듬을 타면서 기호계적으로 텍스트를 생성한다. 타령조의 근육운동적 리듬은 담대하게 압젝트의 대상들을 불러 온다. 그 때 노래되는 것들은 몸의 욕망이고 사랑이고 '부끄러운 것들'(a)이다. 붉은 털 인간(紅毛), 지귀, 쓸개 빠진 녀석의 쓸개 빠진 사랑, 불알, 에로스, '페넬로프, 춘하추동 자라는 그대 음모'(「타령조 11」), '어머니, 춘하추동 자라는 당신의 음모' (「타령조 12」), '공중목욕탕에 빠뜨리고 간 누군가의 음모, 인간의 사타구니에서 떨어져 나온 부끄러운 한 가닥의 터럭' 등은 상징계 안에서 기각되어 감추어져야 할 '부끄러운 것들'이자 비천함이다. 「타령조 10」에서는 "이세반도에서 열아홉 살 오토미의 눈에는/그 커단 눈에는/태평양보다는 훨씬 적지만/바다가 너울거리고 있었다./오토미, 너는 모를 것이다./그로부터 일년 뒤 세다가야 등화관제한 하숙방에서/시도 못 쓰고 있는 나를/한국인 헌병보가 와서 붙들어갔다./오토미, 참 희한한 일도 있다./어젯밤 꿈에/이십년 전 네가 날 찾아왔더구나./

슬픔을 모르는 네 커단 두 눈에는／태평양 보다는 훨씬 적지만／바다가 여전히 너울거리고 있었다."라고 압젝션의 대상이었던 '역사적 폭력의 하수인'과 향기로운 일본 여성(빠의 여급)이 오버랩되어 등장하기도 한다. 앞에서 언급한대로 역사의 폭력(그 자신 압젝션의 주체이기도 하면서 그 대상)과 육체적인 것으로서의 a는 두 개의 압젝트의 대상이었고 압젝트는 이중성을(혐오와 유혹) 갖고 있는 것을 확인할 수 있다.

4. 의미에 대한 두려움: 상징에서 기호로

언어의 의미가 대상과의 관계에서의 지시적 의미이거나 사회적 상징 질서 안에서의 관념으로서의 의미라면 그가 시적 언어가 관념을 형성할까봐 두려워하는 것은 자신이 추방, 배제해 버린 압젝트로서의 역사, 이데올로기가 자신의 언어를 오염시킬 것을 두려워하는 것과 같은 패러다임을 이룬다고 할 수 있다.[9] 셀린이나 시인 이상

[9] "60년대 중반쯤 해서 나는 새로운 트레이닝을 의도적으로 시도하게 되었다. 시는 관념(철학)이 아니고 관념이전의 세계, 관념으로 굳어지기 이전의 세계, 즉 결론(의미)이 없는 아주 소프트한 세계가 아닐까 하는 자각이 생기게 되었다. 이 자각을 토대로 시를 추구해 간 결과, 나는 무의미시라는 하나의 시적 입지를 얻게 되었다. 무의미시의 일차적 과제는 시에서 의미, 즉 관념을 배제하는 일이다. 이 과제를 실천에 옮길 때 얻게 된 것이 서술적 이미지라고 내가 부른 그것이다. 이미지를 서술적으로 쓴다는 것은 이미지를 즉물적으로 쓴다는 뜻이기도 하다. 그러나 이미지는 의미(관념)의 그림자를 늘 거느리고 있다." 서술적 이미지도 역시 관념의 그림자를 거느린다는 자각 이후 탈이미지, 즉 리듬의 세계로 나아간 것이 『타령조 기타』의 시기라고 할 수 있다. "이 그림자를 지우기 위하여 나는 탈이미지로 한 걸음 더 나가게 되었다. 탈이미지는

이 사회적 상징 질서에서 배척된 압젝트(오물이나 부적절한 더러움, 실재계의 무시무시한 공포)에 자기 자신을 동일시하고 자신의 언어를 무의식의 욕망에 위험하도록 내맡기고 오염시켜 희열의 텍스트를 이룬 것과는 반대로 시인은 검은 공포의 괴물인 역사, 이데올로기를 압젝트로 추방, 배제하고 투명한 에고로서 자신의 정체성을 세우고 전(前)오이디푸스기인 거울 단계, 상상계의 에고 이미지에 집착한다.[10] 따라서 그는 시각중심주의적인 자기 자리를 강하게 고집하며 그러므로 시적 작업에서 이미지에 몰두하게 된다. 압젝션은 나르시시즘과 공존하는 동시에 그것을 약화시킨다.

「의미에서 무의미까지」 등의 시론이 보여주듯 『처용단장』에서부터는 사생(寫生)을 하듯 시를 썼고 관념을 배제하기 위해 그동안 써오던 '비유적 이미지'보다는 '서술적 이미지'를 주로 사용하려고 했다는 시인의 말처럼 『처용단장』에서는 '의미／무의미'의 공존에서 무의미를 극대화하기, 그리하여 애매모호성이나 이질혼성성 만들기, 주체의 단일성 분쇄, 설화나 다른 문학 작품 안의 고유명사들을 차용하여 그 상징성을 벗겨내고 관념성을 기호화하기, 말하는 주체의 복수화 전략 등의 다양한 방법을 드러낸다. 필자는 이미 압젝션되

결국 리듬만으로 시를 만든다는 것이 된다. 그러나 이것 역시 낱말을 버리지 않는 이상 의미의 그림자가 늘 따라 다니게 된다. 그래서 나는 낱말을 해체하여 음절 단위의 시를 시도하게 되었다. 이것은 언어도단(言語道斷)의 세계다. 나는 나도 모르게 선적 세계에 들어섰는지도 모른다." 김춘수, 『시론 전집』.

10 "내 눈에 역사=이데올로기=폭력의 삼각관계가 비치게 되면서부터 나는 도피주의자가 되어가고 있었다. 왜 나는 싸우려고 하지 않았던가? 나에게는 역사·이데올로기·폭력 등은 거역할 수 없는 숙명처럼 다가왔다. 나는 나 혼자만의 탈출을 우선 생각했다. 생각하지 않을 수 없었다. 그 때 또 다른 모양을 하고 처용이 나에게로 왔다. 처용은 나의 유년의 모습이었다."

었던 공포로서의 역사가 결국 자아와 비자아 사이의 경계선에 머물렀다가 끈질기게 다시 귀환하여 의식의 중심으로 들어서고 있는 것을 본다.

'처용'은 폭력에 의해 빼앗긴 자였다가 상징계의 부조리한 공포를 본 자였다가 거세를 당한 자였다가 상징 질서 안에서 기표들의 유희로 자신의 공포를 말하고자 하는 욕망을 지닌 자이기도 하다. 한 문화 질서 속에 이미 성립되어 있는, 내가 만든 것이 아닌 상징적 관념을 떠나 '관념으로부터 탈출하는' 새로운 시니피앙의 공간을 생산하겠다는 시인의 의도는 '처용'이라는 설화적 상징을 끌어올 때부터 이미 모험적이다. 앞서 말했듯 '처용'이란 한국 문화 안에서 이미 상징적 맥락을 강하게 거느린 설화 속의 인물로서 '역신(疫神)의 간통이라는 폭력을 예술(인고주의적 해학[11])로써 극복하는 상징성'을 가지고 있다. 그러나 시인의 경우 '극복'이라기보다는 '도피'로 이해하고 있는 것을 각주의 산문에서 확인할 수 있다. '윤리적 패배'로서의 '처용'은 '유년 시절의 모습'으로 변화했다가 '동해 용왕의 아들'의 모습으로 나타났다가 '환한 빛'으로 나타났다가 '잠자는 처용'으로 변모해 간다.

그러나 텍스트에서 '처용'은 설화 속의 인물의 상징성을 드러내는 것이 아니라 오히려 그 상징성을 지우며 상징을 기호로 해체하는 과정을 보여준다. 우리는 그동안 '처용'을 주로 설화적 인물의 알레고리나 상징으로 읽어왔는데 그것은 왜 굳이 '무의미 시론'을

11 김춘수, 『시론 전집 2』, 149쪽. "그렇다, 한동안 나에게 있어 역사는 그대로 폭력이었다. 역사의 이름으로 지금 짓밟히고 있는 것은 누구냐?／폭력을 심리적으로 극복할 수 있는 길이 있을까? 그것은 인고주의적 해학이 아닐까? 극한에 가까운 고통을 견디며 끝내는 춤과 노래로 달래보자. 고통을 가무로 달래는 해학은 그러나 윤리의 쓰디쓴 패배주의가 되기도 하는 어떤 실감을 나는 되씹고 되씹곤 하였다. 처용적 심리나 윤리는 일종의 구제되지 못할 자기기만 및 현실도피가 아니었던가?"

말하면서 문화적 상징성이 강한 '처용'을 끌어 왔는지에 대한 해답이 될 수 없다.

필자는 '처용'이라는 제목을, 말에서 상징성을 벗겨내고 그것을 기호화함으로써 시어에서의 관념을 배제하고 무의미화시키려는 기획으로 본다.

"알레고리가 기표가 기의를 위해 서있는 담론이라면 상징은 기표가 기의와 동일한 것이 되는 담론이다. 알레고리가 하나의 질서를 상응하는 다른 것으로 데려간다면 상징은 항상 이것을 명확하게 되게 하는 실재에 참여한다. 이것을 기호의 용어로 다시 말한다면 차이는, 기표가 기의를 위해 서있는 하나의 담론과 기표가 다소간 기의와 동일한 것이 되는 다른 담론 사이에 있다."[12]

『처용 단장 제1부: 눈, 바다, 산다화』는 차가울 정도로 시각중심주의적인, 이미지로 쓰여진 시이다. 이미지는 에고의 소산이며 나르시시즘의 시각적 단계와 연관된다. 「제1부」는 '바다가 새앙쥐 같은 눈을 뜨고 있었다./이따금/바람은 한려수도에서 불어오고'라는, 시각적 이미지로 시작한다. '날이 저물자/내 늑골과 늑골 사이/홈을 파고/거머리가 우는 소리를 나는 들었다./베꼬니아의/붉은 꽃잎이 지고 있었다.' 1연과 2연 사이 '시각/육체'의 대조, 나르시시즘과 압젝트한 것, 에고와 기호계적인 것의 긴장과 대립의 드라마가 『처용 단장』 전편에 전개되리라는 암시를 주고 있다.

「제 1부」는 유년 시절의 바닷가와 3월에 눈 내리는 풍경, 호주

12 "알레고리는 추상적 관념을 그 자체가 감각적인 사물에서 추출한 추상에 지나지 않는 그림 언어로 옮겨 놓은 것에 불과하다. 반면에 상징의 특징은 개체 속에 특수한 것이 존재하고 특수한 것 속에 일반적인 것, 일반적인 것에 보편적인 것이 존재한다. 무엇보다 그것은 항상 명백한 것이 되는 실재에 참여하고 총체성을 표현하고 그것 자체로 재현적인 통일체의 살아있는 부분으로 머무른다."

선교사네 집 풍경, 은종이의 천사, 네잎 클로버 등이 묘사된다. 안정된 어조로 된 시각적 이미지 중심으로 이루어지기 때문에 리듬, 음운적, 발성적 기호계적 자질들은 지배적으로 드러나지 않고 언술 내용의 주체는 투명한 에고에 가깝게 드러나며 언술 행위의 주체의 무의식적 욕망은 텍스트 내에 강하게 침투하지 않는다.

「제2부 들리는 소리」는 1부에서 시각적인 이미지가 펼쳐진 것과는 달리 '소리' 중심의 치열한 어조와 억양이 지배적이다. 2부 전편이 '——다오'의 연속이다. 「1」에서 "돌려다오./불이 앗아간 것, 하늘이 앗아간 것, 개미와 말똥이 앗아간 것,/여자가 앗아가고 남자가 앗아간 것,/앗아간 것을 돌려다오./불을 돌려다오. 하늘을 돌려다오. 개미와 말똥을 돌려다오./여자를 돌려주고 남자를 돌려다오./쟁반 위에 별을 돌려다오."처럼 격앙된 어조와 '-돌려다오'라는 병행 구문의 반복, '앗아간 것'의 반복, 병행 구문에 의해 '하늘/말똥'처럼 '신성한 것/비천한 것' 등의 동일화, '여자/남자'와 같이 대립적인 것들의 동일화, '쟁반 위의 별' 등을 통한 ㅂ 음소의 반복 등은 텍스트에 침입한 기호계적 코라를 드러난다. 대립, 대조, 리듬, 음운적, 음소적, 발성적 반복으로 인해 텍스트의 로고스중심주의가 무너지며 카니발적 희열에 가득찬 텍스트가 된다.

「2」에서도 "구름 발바닥을 보여다오./풀발바닥을 보여다오./……별 겨드랑이를 보여다오." 등의 반복 구문과 음운, 음소적 반복, 발성적 반복, 격앙된 어조를 살펴볼 수 있다. 「3」에서도 " 살려다오."의 반복, 「4」에서도 "애꾸눈이는 울어다오./성한 눈으로 울어다오." 등의 반복으로 강한 코라의 영향을 받고 있음을 알 수 있다. 「5」의 "불러다오./멕시코는 어디 있는가/사바다는 사바다, 멕시코는 어디 있는가/사바다의 누이는 어디 있는가/말더듬이 일자무식 사바다는 사바다/멕시코는 어디 있는가/사바다의 누이는 어디 있는가/불러다오./멕시코 옥수수는 어디 있는가."에서 의미는 리듬으로서의 무 사이에서 결정불가능하게 된다. 병행 구문이 병행 구문을 부르고 음운이 음운을 부르고 반복으로 호흡은 거칠어져 '사바다'의 의미나 '멕시코'의 의미는 결정불가능하게 되는 것이다. 시니피앙들의 유희일 뿐이다. 말하는 주체의 육체적 욕망, 압젝션된 a의 카니발적 귀환, 고조되는 음악성과 지워지는 의미 사이에서 텍스트는 희열의 텍스터시[13]를 생성한다.

「제3부 메아리」도 유년 시절의 묘사나 일화 등을 노래한 시도 있지만 기표들의 놀이가 주를 이룬다. 예를 들어 외할머니의 발음, 통영－퇴영이나, 시몬－시몽 등, 그리고 「36」에서는 "명도(明圖)가／아냐／명사(明沙))들의 유희, 명사(鳴沙)／명사(鳴謝)／명사(瞑詞)／명사(銘謝)／명사(名師), 명사(明絲)／명사(名士)／그래 나는 명사고불(名士古佛)／이야／명신대부(明信大夫)야／콧대 높은"으로 동음이의어들의 행진과 단어들의 반복이 이어지면서 의미화 기능이 거의 붕괴 직전에 이르게 된다. 한 단어(명사)만을 반복함으로써 단언적인 의식, 투명한 에고를 보장하는 통사 구문 자체도 와해되며 어떤 의미화 대상도 초월적 자아의 의식을 작동시키는 것도 전혀 찾아볼 수가 없다. 단일성이나 정돈된 우주는 깨어지며 에고는 무너지고 주체성은 복수화되고 '나'는 '명사고불(名士古佛)' 이거나 '명신대부(明信大夫)'이거나 '아무 것'이든지 '아무 것'이 아니든지 하게 된다. 자아의 해체이며 복수화된 주체의 카니발적 난장(亂場)이 된다.

「39」에서 압젝션의 주체이자 그 대상이었던 '역사'를 의미화 대상으로 불러낸다.

---

13 textacy란 로버트 영의 용어이다. 시니피앙들의 유희로 단일 주체가 무너지는 그러한 과격한 텍스트에서 보여지는 것으로 희열과 의미 생성이 텍스터시를 일깨우는데 그것은 성적인, 텍스트적인 도래 안에서 주체가 비의적으로 상실되는 감각을 일컬음이다. Graham Allen, 앞의 책, p. 56.

ㅕㄱㅅㅏㄴㅡㄴ
눈썹이없는아이가눈썹이없는아이를울린다.
역사를
심판해야한다 ㅣㄴㄱㅏㄴㅣ
심판해야한다고 니콜라이 베르쟈에프는
이데올로기의솜사탕이다
바보야
하늘수박은올리브빛이다바보야
,

역사는
바람이 자는가 자는가 하더니
눈이 내린다 바보야
우찌살꼬 ㅂㅏㅂㅗㅑ
,
ㅎㅏㄴㅡㄹㅅㅂㅏㄱㅡ한여름이다ㅂㅏㅂㅗㅑ
,
올리브열매는 내년ㄱㅏ읔ㅣㄷㅏㅂㅏㅂㅗㅑ
,
ㅜ찌ㅅㅏㄹㄲㅗㅂㅏㅂㅗㅑ
ㅣ바보야,
역사가 ㅕ ㄱ ㅅ ㅏㄱㅏ 하면서
ㅣㅂㅏㅂㅗㅑ

『처용단장 제3부 - 메아리 39』 중에서

'역사', 주체성 정립을 위해 어쩔 수 없이 복종하고 진입해서 들어가 살아야 하는 상징적인 질서인, 그러나 살게 하는 것이 아니라 죽게 했던 가학적인 폭력이었던 '역사'는 여기에서 음소 차원으로 해체된다. 하나의 기표가 된, 거기에서도 해체되어 부서진 자모로 텍스트에 등장당한 '역사'를 그러나 '인간'이 심판하기 위해서는 인간도 해체되거나 할 뿐이다. 그리하여 무의미한 '하늘 수박' '올리브 열매' 등의 자유 연상을 통해 '인간/역사'의 관계는 절대적, 필연적일 것도 없는, 우연한 기표들의 유희일 뿐이라는 양상을 보인다. 무시무시한 공포의 주체였던 '역사'가 그 거대한 절대 권력을 잃어버리고 단지 하나의 기표이자 텍스트 안에서 부서진 자모들의 모음으로 드러날 때 비로소 그 절대성과 공포의 권력으로부터 주체의 욕망은 해방된다.

「제4부 뱀의 발」도 3부와 비슷한 세계를 보인다. 그 마지막 편인 「18」은 "네 꿈을 훔쳐보지 못하고, 나는/무정부주의자도 되지 못하고/모난 괄호/거기서는 그런대로 제법/소리도 질러보고/부러지지 않는/달팽이 뿔도 세워보고//역사는 나를 비켜가라,/아니 맷돌처럼 단숨에/나를 으깨고 간다.//산미 4월 초이레 지금은 자시,"라고 쉼표(,)로 끝난다. 시적 화자는 역사, 정치, 사회의 '모난 괄호' 안에서 이래저래 살아온 삶을 고백하며 '역사'에 대해 '비켜가라'고 호통까지 하지만 그러나 '역사의 맷돌'은 여전히 시적 화자에게 가학적 폭력의 권력일 뿐이다. '맷돌처럼 단숨에 나를 으깨고 간' 역사의 모습은 여전히 압젝션의 주체이자 그 대상으로서 폭력적 권력을 가진다.

20여년에 걸쳐 쓰여진 전 4부작 『처용단장』의 마지막 시행이 쉼표(,)로 끝난다는 것은 아주 신선하고도 유쾌한 징후다. '신미 4월 초이레/지금은 자시'라는 이 언술 행위의 시간도 이 시간이 흐르면 하나의 역사가 될 것이고 역사는 단절됨이 없이 잠시 쉬었다가(,) 다시 흐르리라는 암시일 지도 모른다.

지금까지 읽어본 대로 『처용단장』 전 4부에서 '처용'의 상징성을 찾는다는 것은 무의미한 작업이다. 상징이나 알레고리로서의 '처용'은 전 시편들 속에서 드러나지 않으며 1부: 보는 자, 2부: 빼앗긴 자, 빼앗긴 것을 돌려달라고 부르짖는 자, 3부: 거대 담론인 '역사'

를 'ㅋ ㄱ ㅅ ㅏ'로 만드는 자, 4부: 모난 괄호 속에 숨어 살기를 원했지만 그러나 '역사의 맷돌에 으깨진 자'라는 기호들의 연쇄를 통해 간신히 그 기의를 생성할 수 있다. 시적 언어는 상징과 알레고리의 너머에서 의미와 무 사이, 언어와 리듬 사이의 결정불가능한 위치에 존재하기 때문이다.

5. 고유명사들, 상호텍스트성, '접붙이기'의 잡종적 주체

『들림, 도스토예프스키』(1997) 라는 텍스트는 도스토예프스키적인(『죄와 벌』, 『까라마조프가의 형제들』, 『악령』 등) 작중 인물들의 고유명사로 범람하는데 시의 제목인 수신자의 이름과 시적 화자인 발신자의 이름 모두 도스토예프스키 소설에서 발탁되었다. 이 시들의 형태적 특징은 편지글의 형식(「표트르 어르신께」에서 '거리의 여자 구르센카 드림', 「제브시킨에게」에서 '변두리 우거에서／스비드리가이로프')으로 되어 있으며 제목은 거의 다 수신자의 이름으로 되어 있다. 많은 시편들이 2연으로 이루어져 있는데 1연은 '나'라는 일인칭 시적 화자의 진술이며 2연은 말을 건네는 일인칭 화자의 이름으로 되어 있다. 시의 형태적 특징 자체가 단일한 의미 체계와 통일적인 주체성을 분쇄하는 대화적, 상호텍스트성을 보여준다. 어떤 작품은 소냐에게 라스코리니코프가 말을 건네고 아로샤에게 작은 형 이반이 말을 건네고 스따브로긴 백작에게 키리로프가 말을 건네면서 한 텍스트 속의 작중 인물들끼리의 대화가 이루어진다. 그렇다고 소설 줄거리가 나열되거나 인물들의 특성이 산문적으로 진술되는 것은 아니다.

가도 가도 2월은／2월이다.／제철인가 하여／풀꽃 하나 봉오리를 맺다가／움찔한다.／한 번 꿈틀하다가도／제물에 까무러치는／옴스크는 그런 도시다.／지난 해 가을에는 낙엽 한 잎／내 발등에 떨어져／내 발을 절게 했다.／누가 제 몸을 가볍다 하는가.／내 친구 세스토프가 말하더라.／천사는 온몸이 눈인데／온몸으로 나는 보는／네가 바로 천사라고.／오늘 낮에는 멧송장개구리 한 마리가／눈을 떴다.／무릎 꿇고／라자 할머니처럼 나도 또 한 번／입맞췄다.／소태같은 땅. 쓰디쓰다.／시방도 어디서 온몸으로 나를 보는／내 눈인 너.／달이 진다.／그럼.／／1871년 2월／아직도 간간이 눈보라치는 옴스크에서／라스코리니코프.

－「소냐에게」 전문

처음 시를 읽을 때 1연의 1인칭 화자는 '시적 화자'의 일인칭으로 읽힌다. 그러나 2연에 이르러 우리는 시적 화자가 라스코리니코프였음을 알게 되고 언술 내용의 주체와 언술 행위의 주체가 분열, 어긋나고 있으며 그리하여 언술 내용보다는 즉 기의의 차원보다는 기표의 차원, 즉 언술 행위가 전경화되었음을 알게 된다. '소냐'는 「죄와 벌」속의 '구원하는 여성성'이라는 상징 관념을 해체하고 '낙엽 한 장－천사－온몸이 눈－내 눈－달'이라는 이미지로 기호화된다. 「아료샤에게」라는 시에서도 1연은 '즈메르자코프가 목을 매단 그날도／사타구니에 그처럼 큰 불알을 차고／머리에 금술 단 예쁜 벙거지 쓰고／아들 손에 목 배틀린／바람든 푸석한 무 같은／아버지 죽음이 생각났다.／우습기만 했다.／하느님이 없는 나에게 나를 보는／네 눈이 너무 커보인다.／하늘이 그득 담겼다.'처럼 서술적 이미지로 이루어져 있고 2연 '1881년 세모／작은 형 이반'이라고 발신자의 이름이 써 있다. 각기 언술 내용의 주체와 언술 행위의 주체 사이의 분열과 긴장을 암시하면서 텍스트는 말하는 주체의 탈중심화와 상징의 기호화리는 언술 행위가 전경화되어 드러난다.

또 다른 한편으로 도스토예프스키의 작중 인물들은 자신이 속한 고정된, 고유한 텍스트 공간을 뛰어 넘어 다른 텍스트들 속으로 가로질러 가기도 한다. 예를 들어 『죄와 벌』 속의 라스코리니코프에게 『까라마조프가의 형제들』의 이반이 말을 건네며, 『죄와 벌』 속의 소냐가 『까라마조프』 속의 '구르센카 언니'에게 말을 건네기도 한다. 그 자체로 대화의 개방성, 상호텍스트성을 보여주면서 말하는 시적 화자의 차용된 인물로의 가장을 통해 언술 내용의 주체/언술 행위의 주체 사이의 분열과 탈중심화를 보여주며 상징의 기호화라는 언술 행위 그 자체를 내세운다.

언술 행위 그 자체가 내세워지다 보니 제목에 속하는 '수신자', 혹은 '언표화되는 것'은 소설 줄거리 혹은 소설 속의 관념과 강하게 연결되지 않고 이미지화, 기표화되어 나타난다. 그리하여 「우박」 같은 시에서는 "구르센카,/백번을 불러봐도/너, 희대의 화냥년./웬일일까,/잠긴 하늘에서 오늘 밤은/동고비새 똥 같은 뭉클한 우박/하나 둘/네 발등에 떨어지는구나, 네 발등에/하나 둘, 뚫리지 않는/구멍을 뚫는구나."처럼 '구르센카'라는 이름은 소설 주인공이라는 실체와 상관이 없이 단지 하나의 기표로서('구르센카－세게 구르는 무엇－뭉클한 우박－발등에 굴러 떨어짐') 음소의 유희로 기호화된다.[14] 따라서 이러한 음소들의 유희는 의미라기보다는 상징성의 기호화에 연관되면서 기의보다는 기표의 전경화에 관련된다. 그 시집에 실린 「역사」라는 시에서도 '역사'라는 거대 담론은 그 무거운

14 음소는 상징으로서의 언어에 속한다. 그러나 동일한 음소가 리듬적이고 억양적인 반복들과 관련될 수 있는데 음소는 본능적인 욕망의 육체 근처에서의 기호계적 배치 안에서 그 자신을 유지하기 위해 의미로부터 자율적인 의미로 향하는 경향이 있다. 이것이 바로 단조롭고 이성적, 과학적 담론이 은폐하려고 하는 자연 언어가 가지고 있는 결정 불가능한 특성에 대해 관심을 일깨우는 시적 언어의 특성이다.

관념성을 빼앗기고 한없이 가벼운 '구름'의 이미지로 변모한다.

> 구름은 딸기밭에 가서 딸기를 몇 개 따먹고／흰 보자기를 펴더니／양털 같기도 하고 무슨 헝겊쪽 같기도 한／그런 것들을 풀어놓고／히죽이 웃어보기도 하고 혼자서 깔깔깔 웃어보기도 하고／목욕이나 할까 화장이나 할까 하며／제가 진짜 구름이나 될 듯이／멀리 우스리 강으로 내려간다.／／무릎 꿇고 요즘도／땅에 입맞추는 리자 할머니는／올해 나이 몇 살이나 됐을까.

상부 구조인 '역사'는 하늘에 위치하기는 하지만 절대 권력으로서의 불변성, 폭력과 공포의 무거움을 벗고 낙천적인 '구름'으로 형상화되다가 2연에서 그것은 대문자, 거대 담론으로서의 '역사'라는 패러다임으로부터 전환되어 '땅에 입맞추는 리자 할머니의 나이'(이 부분은 시 「소냐에게」의 일부)라는 미시사적 접근으로서의 소문자 '역사'로 전복된다. 역사란 인간을 짐승처럼 짓밟고 나아가는 공포의 이데올로기이거나 아니면 헤겔 류의 거대한 변증법적 낙천주의(거시사)가 아니라 피와 살이 통하는, 소수 집단으로서의 인간의 이야기(미시사)이고 그것은 지고의 '하늘'보다는 오히려 '땅'에 가까운 것이 된다. 그리하여 초기 시에서 압젝트로서의 공포, 폭력으로 군림하던 '역사'를 시인이 가볍게 전복시키는, 압젝트가 승화로 전환되는 장면이다. 그것은 『들림, 도스토예프스키』의 공간 안에서만 가능한 일이다. 그리하여 역사와 이데올로기에 상처받은 인간 존재의 비참함에 미시사적인 조명을 함으로써 거대 역사 이데올로기의 터무니없는 낙천주의를 해체한다.

그러나 독자는 시 「역사」가 『꽃의 소묘』에 이미 수록되었던 「구름」이란 시의 개작이라는 것을 알게 된다. "(시의 앞부분은 동일함)어디로 갈까? 냇물로 내려가서 목욕이나 할까 화장이나 할까 보다…… 그러나 구름은 딸기를 몇 개 더 따먹고 이런 청명한 날에 미안하지만 할 수 없다는 듯이, '아직 맛이 덜 들었군!'하는 얼굴을 한다"가 "(시의 앞부분은 동일함)제가 진짜 구름이나 될 듯이/멀리 우스리 강으로 내려간다.//무릎 꿇고 요즘도/땅에 입 맞추는 리자 할머니는/올해 나이 몇 살이나 됐을까."로 개작된다. 「처용 단장」에서부터 시도된, 자신의 초기 시를 개작하고 거기에 자신의 최근 시를 덧붙이는 이러한 '접붙이기' 기법은 포스트모던한 패스티쉬 기법, 자기 표절이라 할 수도 있고 자신의 주체성을 탈중심화시키는 전략으로도 보인다. 이러한 접붙이기 혹은 '동일성에 차이 생산하기' 기법은 두 가지로 해석될 수 있다.

하나는 무엇보다도 역사적 시간이라는 과거의 현재화다. 역사적 시간은 직선적으로 발전해 나가는 것인데 자신의 초기 시에 최근 시를 덧붙여 시간의 유일회성을 배척하는 것은 '역사주의의 유일회적 세계관을 배척하는 신화적 윤회적 세계관의 기교적 실천'일 수 있다. 또한 두 번째로 그것은 한 기표가 다른 기표와 겹쳐짐으로써, 예를 들어 구름과 역사라는 기표가 겹쳐짐으로써 한 기표가 유일한 의미를 지시하는 것을 훼방하고 시어의 다의성을 생산해내려는 욕망의 장치가 된다. 즉 이러한 접붙이기 기법을 통해 기표의 포개짐은 차이를 동일화시키는 언어적 효과를 생산한다. 구름이 역사가 되는 것이다.

크리스테바가 강조하는 0−2의 논리이고 이러한 이질혼성적 시적 언어와 탈중심화된 주체성, 텍스트끼리의 대화 공간(자신의 초기 시, 도스토예프스키의 텍스트) 안에서 상호텍스트적 새로운 의미 생산하기 등은 이성과 인간 주체의 단일성에 대한 신념에 대항하여 전복시키려고 투쟁하는 미적 전략이라고 할 수 있다. 공포 체험으로서의 역사에 의해 거세, 박탈당했던 시적 자아가 압젝트로서의 역사에 대한 공포를 극복하고 드디어 그 트라우마를 승화시켜 그것을 초월하는 숭고한 언어적 국면에 비로소 들어선 것이라고 할 수 있다. 해방은 그렇게 오래 걸려서 늦게 찾아오는 것이고 '내'가 '나'를 붙잡고 있을 때는 결코 만날 수 없는 것이다.

참고문헌

1. 기본 텍스트

김춘수, 『김춘수 시 전집』, 현대문학사, 2004.

김춘수, 『김춘수 시론 전집 1, 2』, 현대문학사, 2004.

2. 연구 문헌

안토니 이스트호프, 『시와 담론』, 박인기 역, 지식산업사, 1994.

줄리아 크리스테바, 『공포의 권력』, 동문선, 2001.

Allen, Graham, *Intertextuality*, Routledge, London and New York, 2000.

Fletcher and Benjamin, ed., *Abjection, Melancholia and Love: The Works of Julia Kristeva*, Routledge, Lonndon and New York, 1990.

Moi, Toril, ed., *Kristeva Reader*, Columbia University Press, New York, 1986.

김종삼 시의 전위성과 미니멀리즘 시학
-자아의 감소와 서술의 축소를 중심으로-

1. 아방가르드 시인, 축소지향적 미학

이 논문의 목적은 '방랑자', '보헤미안', '절대적 로맨티스트'로 알려진 김종삼 시인을 '아방가르드 시인'으로 규정하고 그의 텍스트에 나타난 '생략과 절제'의 기법을 '최소한의 표현으로 최대한의 효과를' 내고자 하는 미니멀리즘[1] 시학으로 규정하면서 그의 삶과 텍스트를 새롭게 읽어보고자 하는 것이다. 김종삼 시 텍스트의 특성은 흔히 '여백(餘白)의 미학'이나 '잔상(殘像)의 미학',[2] '적막의 미학',[3] '비애의 미학',[4] '고전주의적 절제와 완전주의' 등으로 규정

1 미니멀리즘이란 포스트모더니즘의 한 갈래의 기법적 측면으로서 축소지향적 미학을 가리킨다. 로버트 브라우닝의 말 "Less is More"처럼 절제된 언어로 응축 내지 절제를 통해 심미적 효과를 극대화하는 의도를 가지고 있다. 김옥련, 「도날드 바슬미의 '죽은 아버지'에 나타난 미니멀리즘 연구」, 『서강영문학』 제4집, 1992, 275~276쪽.

2 황동규, 「잔상의 미학—김종삼의 시 세계」, 김종삼 시선 『북치는 소년』, 민음사, 1979, 10~24쪽.
그 뒤 진행된 김종삼 시 연구는 거의 황동규의 이 논의의 범주에 속하는 것으로 읽혀진다.

3 권명옥, 「적막의 미학」, 『한국문예비평연구』, 2004, 7쪽.

4 김춘수, 「김종삼과 시의 비애」, 『의미와 무의미』, 문학과지성사, 1976, 141쪽.

되어 왔다. 그리하여 김종삼 시 텍스트는 '생략'[5]이나 '의도적인 공백'을 가진 것으로, 그리고 그러한 허적(虛寂)의 미학은 고전주의적 절제[6]나 동양적 도가 사상과 연관된 '여백[7]의 시'로 논의되어 왔다. 필자는 그러한 김종삼 시 텍스트의 미적 특성을 시적 자아와 서술의 축소를 추구하는 미니멀리즘 시학의 요소로 고찰하고자 한다.

미니멀리즘 시학이란 포스트모더니즘의 한 갈래의 기법적 측면으로서 축소지향적 미학을 가리킨다. 앞서 말한 대로 미니멀리즘 시학이 추구하는 기본 원칙은 '최소의 표현으로 최대의 효과를' 추구하는 것이고 절제된 언어로 언어의 응축 내지 여백을 통해 의미의 불확정성의 확대와 심미적 효과를 극대화하는 것이다. 또한 발전과 자본주의적 욕망의 과잉 팽창을 미덕으로 하는 열렬한 근대화의 시기에 미니멀리즘 시학은 그러한 확대주의적 욕망에 대항하는 반자본주의적 글쓰기라는 정치성을 가지고 있다. 미니멀리즘 문학을 '빈민의 글쓰기'라고 부르기도 하는데 바로 그것은 미니멀리스트 예술가들이 장식적인 수사학이나 영웅적 목소리, 공허한 웅변적 어조를 버리고 축소, 절제, 응축, 단순함을 최고의 미학으로 삼았을 뿐만 아니라 자본주의의 무한 증식에의 물질 숭배의 욕망에 맞서는 대항담론으로서 '축소의 시학'을 선택했고 생활 속에서도 가난과 단순함을 선택했기 때문이다.[8] 따라서 김종삼 텍스트가 보여주는 미니

5 김종삼 시인의 생략의 기법을 논의한 논문은 아주 많으나 고형진은 대비의 기법, 생략의 기법, 진솔한 체험과 독백의 기법 등을 미학의 특징으로 논한다. 「김종삼의 시연구」, 『상허학보』 제12집, 2004. 2, 375~402쪽 참조.

6 김준오, 「고전주의적 절제와 완전주의」, 『도시시와 해체시』, 문학과비평사, 1993, 255~261쪽.

7 이상오, 「현대시의 여백에 관한 고찰」, 『현대문학의 연구』 제30호, 2006. 29~30쪽 참조.

8 미니멀리즘은 빈민계층에 속한 글쓰기이며 전쟁에 대한 공포와 경제적

멀리즘 시학은 바로 그러한 반자본주의적 대항 담론의 성격을 가진 아방가르드적 형식이라고 볼 수 있다. 김종삼의 경우 산문에서 상인적 욕망, 속물 근성, 자본주의적 행태를 극도로 비판했을 뿐 아니라 스스로 무욕의 삶을 실천하기도 했다.

필자가 김종삼 시를 읽을 때 특히 주목하는 것은 미니멀리즘 시학을 생성시키고 있는 그 기저의 발생적 욕망이다. 그동안의 논의에서는 그의 가난과 예술 취향에만 초점이 맞춰져 현실에 아무 뿌리를 갖지 않은 '방랑자'나 '보헤미안'[9], '절대적 로맨티스트'[10], '선천적으로 현실을 헤쳐나갈 힘이 없는 사람'[11], '사회적 자아의 결핍'[12] 등으로 시인을 설명해 왔다. '미학주의자 또는 순수시인'이라는 측면만 부각됨으로써 김종삼 시의 발생 기저에 놓여있는 분노, 역사와 정치, 자본주의적 팽창을 비판하는 대항 담론적 성격에 대한 연구가 없었다는 것에 필자는 주목한다. 그러나 김종삼 시의 내용에 빈민 계급을 옹호했다거나 부유한 계급이나 자본주의적 성장 논리에의 비판이 들어있다는 것이 아니라 언어의 단순함과 축소, 자아의 감소를 보여주는 그의 미니멀리즘적 시학 그 자체가 자본주

붕괴, 무기력, 그들의 상황에 고정되어 힘들고 야심없는 생을 산다는 것을 보여주는 '표피의 문학'이다. 그들이 작품에서 전달하고자 하는 것들이 잘 드러나지 않더라도 그것을 표현하거나 전달하고자 하는 데에 사용하는 기법적 장치들을 가급적 절제하면서 보다 응축적, 축소적으로 사용하여 최소한의 노력으로 최대의 효과를 얻고자 한다. 권택영, 『포스트모더니즘이란 무엇인가-자연주의에서 미니멀리즘까지』, 민음사, 1990, 363~366쪽 참조.

9 황동규, 위의 글, 21쪽.

10 『일간 스포츠』, 1979, 9, 27. 권명옥 편, 해설, 『김종삼 전집』, 나남출판, 2005, 310쪽. 이 논문에서 인용하는 김종삼의 시와 산문은 권명옥 교수가 엮은 이 전집을 출처로 하고 있음을 밝혀둔다.

11 강석경, 「시인 김종삼」, 『일하는 예술가들』, 열화당, 1986, 82쪽.

12 김준오, 위의 논문, 256쪽.

의적 팽창과 과잉 축적에 대항하는 미적 형식이라는 것이다. 그것이 미니멀리즘 시 담론의 정치성이다.

황동규 시인도 일찍이 김종삼 텍스트의 그러한 특질에 주목하지 않은 것은 아니다. 그러나 "보헤미아니즘은 1950년대에 몇몇 예술가들을 매료시킨 풍조였다. 박인환, 이중섭, 김관식들로 이루어진 이 예술가 무리는 1960년대에 들어와 내면의식을 탐구하는 그룹과 현실참여를 하는 그룹이라는 두 벽에 부딪치게 된다. 김종삼이 그처럼 오랫동안 제대로 받아들여지지 않는 이유도 어쩌면 여기서 찾아야 할지 모른다. 소시민주의자들과 대시민주의자들 틈에 무시민주의자가 설 땅이 없었던 것이다. 그는 희귀한 보헤미안 생존자인 것이다."[13]라고 '무시민적 보헤미아니즘'에만 초점을 맞춤으로써 김종삼의 아방가르드적 성격을 소극적으로 해석했다는 것이 필자의 생각이다.

이에 본고는 '무시민주의적 보헤미아니즘'을 전위 예술의 기본 특성인 반부르조아적 아방가르드의 욕망으로, 텍스트적 차원의 '여백의 미학'이나 '적막의 미학', '잔상의 미학'을 낭만주의적 감정 표출과 자본주의적 과잉 팽창에 저항하는 '축소의 미학', 미니멀리즘의 시학[14]이라 보면서 그의 텍스트를 분석하고자 한다.

---

13 황동규, 위의 글, 21쪽.

14 시인 이시영은 『창비 주간 논평』(2007, 2, 27)에 실린 비평문 「김종삼의 재발견」에서 "김종삼 시는 '여백이 완성보다 꽉 차 보이는 때가 있다'는 황동규의 유명한 비평으로 어느 정도 알려져 있지만 그에 대한 문학사의 평가는 그의 시의 탁월성에 비해 턱없이 부족하다는 것이 나의 판단이다……(중략)……신경림의 「농무」는 시적 화자가 직접 굿판 속에 들어가 "꺽정이처럼 울부짖고", "서림이처럼 해해대면서" "비료값도 안나오는 농사 따위를 비웃고" 비판하는 능동성이 있다면 이 시(「장편(掌篇)2」)는 모더니스트 김종삼답게 '묵언(默言)'으로써 어느 장면을 칼로 자르듯이 독자 앞에 제시하고 시인은 독자 앞에서 숨는 묘사의 기법을

2. 자본주의적 가치에 대한 '거부' 로서의 전위성과 시의 혁신

미니멀리즘 기법으로 형상화된 그의 텍스트를 발생적 관점에서 살펴 볼 때 김종삼의 텍스트 생성의 욕망은 매우 아방가르드[15]적인 것이다. 그는 시를 태어나게 하는 것이 '분노', '굴욕감'이라는 것을 산문에서 여러 번 밝히고 있으며 시 텍스트에서는 무의식의 충동 에너지인 기호적 충동의 분출에 의해 시의 관습적 양식인 상징계를 감소시키고 모방적, 재현적, 지시적 의미 작용을 축소한다. 또한 그는 현실과 사회를 미적, 예술적 자아와의 대립 관계에서 파악하고 있으며 현실을 해체하고 변형시키고자 하는 저항적 욕망과 종국적으로 예술/현실, 삶/허구의 경계의 실종을 보여준다. 그의 전위성을 네 가지 범주로 나누어 고찰해 보고자 한다.

첫째 김종삼 시인의 글쓰기의 욕망은 전쟁으로 인해 기존 관습이나 가치관이 파괴되고 아무런 중심 가치도 없는 파편화의 폐허에서 모든 사람들이 물질숭배라는 자본주의적 행태를 보이는 현실세계에 대한 분노, 불쾌, 모욕감 등에서 나온다. 산문 「이 공백을」[16]에서 "살아가노라면 어디서나 굴욕 따위를 맛볼 때가 있다. 그런 날이면 되건 안되건 무엇인가 그적거리고 싶었다."라거나 「먼 '시인의 영역'」[17]에서 "나는 살아가다가 '불쾌'해지거나 '노여움'을 느낄 때 비

구사하고 있는 것이다."라고 김종삼 시의 미적 특성을 좀 다른 시각에서 진단한다. 필자가 이시영의 비평에서 이 논문의 주제와 연관하여 주목하고 싶은 것은 '묵언으로써 어느 장면을 칼로 자르듯이 제시하고 시인은 숨는 묘사'라는 용어인데 그것이 바로 '작가의 자아나 개성의 흘러넘침, 감정적 표현주의를 배격하는 추상적 미니멀리즘의 특성'과 연결된다고 필자는 본다.

15 김승희, 「시의 혁명과 시적 혁명: 심미적 아방가르드와 '온몸의 시'로서의 아방가르드」, 『한국시학연구』 제20호, 2007. 12, 7~40쪽 참조.

16 권명옥 편, 앞의 책, 300쪽.

로 시를 쓰고 싶어진다"라고 고백하고 있다. 즉 그의 텍스트 생성의 욕망은 '분노'라고 할 수 있다.

또한 그가 진정한 예술가의 전형으로 보고 있는 '전봉래'의 죽음에 대한 글, 「피란 때 연도 전봉래」[18]에서 "그(전봉래)는 흔히 있는 시단의 생리와는 맞지 않는, 즉 자기자신의 생존의 존속을 위해 눈이 뒤집혀 미쳐버리는 그러한 생활자가 아니었다. 말하자면 시인을 이마에 명함처럼 달고 다니는 반시적 상인은 아니었다."라고 시단의 '상인적' 생리를 비판한다. '비시적인 시인들의 비인간적인 생리'를 질타하며 "위장과 위장에 쓰여지는 뭇 도구만을 인간보다 더 소중히 여기는 인간들에 대한 커다란 반항이 아니고 무엇이었으랴." 라고 전봉래의 죽음을 속물주의적 부르조아들의 현실 타협적 행위와 '인간 경시'의 풍조에 대한 진정한 '반항'의 행동으로 규정한다.

위의 산문을 통해 볼 때 김종삼 시인에게 진정한 예술이란 '반시적 상인들'의 자본주의적 생리에 대한 반항이며, 꽃이나 새를 그리는 시만을 문학이라고 여기는 '다른 에고이즘의 위장'에 대한 거부이며 '시인／세속'에 대한 불화의 인식이다. 자본주의적 욕망을 따르는 속물들에 대한 분노와 반항은 소극적으로 황동규가 지적한 '무시민주의적 보헤미아니즘'으로 해석되기보다는 적극적으로 해석하여 아방가르드 예술가의 반자본주의적, 반부르조아적 대항이라 보는 것이 더 적절할 듯하다.

두 번째로 그는 반영의 문학, 모방의 문학, 언어의 지시적 기능의 과도한 사용 등에 반대한다. 미메시스적 문학이나 새나 꽃을 자연 그대로, 토막 풍경을 셔터를 눌러 모사하는 '재현의 문학'에 반대하며 당대의 기존 미학과 시적 관습을 비판한다.

---

17 권명옥 편, 앞의 책, 303쪽.

18 권명옥 편, 앞의 책, 293~295쪽에서 인용.

"멀리 아물거리는 아지랑이, 자라나는 꽃순들, 바람이 일지 않는 봄의 갈앉은 속삭임들, 그러한 자연의 온갖 사상(事象)들은 나의 안막에 닿는다. 나는 사진사처럼 그러한 아무도 봐주지 않는 토막풍경들의 셔터를 눌러서 마구 팔아먹는 요새 시인들의 그릇된 버릇들을 노상 고약하게 생각해 배려오는 터이나 시단의 헤게모니는 우리들의 경우에 있어서 더욱이 이 고약한 풍속 속에 누적되어 가는 것이니 이것은 비단 내 혼자만의 탄식은 아닐 것이다. 어쨌든 자연을 모사해버리는 낡은 사진사들의 틈바구니에 끼어서 그래도 시랍시고 몇 줄의 글을 써왔던 경력을 몹시 부끄럽게 생각하고는 있다뿐이지……"(「의미의 백서」 중)라고 얄팍한 자연 묘사의 관습적 시에 반대하는 입장을 분명히 밝히면서 시의 혁신을 추구하고자 한다.

세 번째로 그의 시의 아방가르드적 특성을 보여주는 것으로 추상주의와 현대 미학을 들 수 있다. "시가 영탄이나 허영의 소리여서는, 또 자기 합리화의 수단이어서는 안된다고 믿는다."라고 그는 낭만주의적 표현 과잉이나 인간적 감정의 토로, '감정 메너리즘'[19]에 대한 싫음을 분명히 드러낸다. 반낭만주의 선언이자 현대예술의 특징인 비인간화, 추상주의 선언이다.

"지금까지 쓴 일백여 개 가운데서 「돌각담」, 「앙포르멜」, 「드빗시

19 "그는 처음 음악을 듣기 시작할 때 베토벤에 심취했다. 17, 8 세 때였는데 베토벤 이외에는 음악이 없는 줄 알았다. 그러나 모차르트를 듣기 시작하면서부터 베토벤이 가슴에 닿아오지 않았다. '베토벤은 소나타가 궁상맞고 감정 메너리즘에 빠졌다'. 또 그가 좋아하는 음악가는 말러, 드뷔시, 세자르 프랑크이다. 베토벤에서 바그너에 이르기까지 낭만파 음악가들은 개인적 표현으로 심리적 감염을 한다. 느낌을 강요하는데 '나는 느끼는 게 싫거든.' 드뷔시는 귀족적 신중함으로 음악을 객관화해서 순화시켰다. 회화적이고 냉정하다. 낭만파 음악을 싫어하는 그는 시에서 감정이 그대로 드러나는 어휘를 싫어한다." 강석경, 앞의 글, 78쪽.

산장 부근」 등 서 너개 정도가 내 마음에 찼다고 할 수 있을까?"라고 시인 스스로 자신의 작품 중에서 초기의 극단적으로 추상적인 작품을 대표작으로 꼽고 있다. 이러한 추상주의는 미니멀리즘[20]의 추상성과 궤를 같이 한다. 그가 자신의 마음에 찼다고 말한 시 「돌각담」, 「앙포르멜」, 「드빗시 산장 부근」을 보면 철저하게 '감정 메너리즘'이 절제되고 압축되고 압축된 만큼 보다 선명해져 희노애락이 번잡하게 오가는 삶의 이야기들은 다만 '판토마임처럼 선명한 영상'으로 드러난다.[21]

시 「돌각담」에서 토대가 불안정하고 위태로운 돌각담의 시각적 형태 그 자체가 추상적인 기하학을 지향하고 있으며 붕괴될 위험에 처한 존재 그 자체를 시각적으로 보여주는 '시각적 형이상학'을 보여준다. 언어의 지시성, 상징성 보다는 사물성을 사용하고 있는 대표적 예이다.

광막한지대이다기울기
시작했다잠시꺼밋했다
십자형의칼이바로꼽혔
다견고하고자그마했다
흰옷포기가포겨놓였다
돌담이무너졌다다시쌓
았다쌓았다쌓았다돌각
담이쌓이고바람이자고

---

20 미니멀리즘이란 대단히 추상적이고 또한 간단한 장식적 세부묘사마저 결여된 미술로서, 1960년 이후에 만들어진 조각이나 삼차원적 작품의 미술을 지칭한다고 볼 수 있다. 이러한 작품들에서는 기하학이 강조되고 표현적 기법은 회피되었다. 풍요로운 과잉 생산의 시대에 냉소적으로 반응했다. 케네스 베이커, 김수기 역, 『미니멀리즘』, 열화당, 1993, 7~8쪽.

21 강석경, 위의 글, 79쪽.

틈을타凍昏이잦아들었
다포겨놓이던세번째가
비었다.

—시 「돌각담」 전문

"김춘수의 무의미시의 전형적인 표본으로 삼아도 좋을 듯이 보인다. 자유연상에 의한 이미지 조합으로 판단되는 것이다."라고 황동규는 지적하면서[22] 미니멀리즘과 이 텍스트를 연관시킬 수 있는 매우 중요한 지적을 한다. "그러나 자세히 살펴보면 '광막한 지대'의 수평선과 '기울기 시작했다'의 사선, '십자형 칼'의 수평선과 수직의 포개짐, 그 행위의 반복 등이 골격을 이루고 있는 것이다. 여기에서 끝머리 '포개놓이던 세 번째가 비었다'에 주목할 필요가 있다."라는 탁월한 지적에서 필자는 미니멀리즘의 특성인 추상적 기법과 수평, 수직, 그리고 수평과 수직이 결합하여 구성하는 십자형, 사선(斜線) 등의 기하학적 경향을 발견한다. '감정 매너리즘'을 배격하고 고통스러운 인간적 주제와 감정을 추상화시켜 기하학적인 형태로 축소하고자 하는 추상적 미니멀리즘 기법[23]을 「돌각담」은 보여준다.

네 번째로 전위 예술의 특성이라 부를 수 있는 삶/예술의 분리주의가 강하게 드러난다. 삶/예술의 분리주의는 엘리어트나 에즈라 파운드와 같은 모더니즘 시인들에게서 강력하게 드러났고 예술적 소외를 드러낸다는 점에서 김종삼 시인도 일견 모더니스트로 보인다. 그러나 삶/예술의 경계가 희미해질 뿐만 아니라 오히려 실재하는 인간과 사물보다 비실재의, 예술이나 설화 속의 등장인물들이 훨씬 더 생생하고 실재감을 주는 데에서 포스트모더니즘적 현실

22 황동규, 앞의 글, 19쪽.

23 케네스 베이커, 앞의 책, 7~9쪽.

/비현실의 경계선의 얽힘을 읽을 수 있다. 즉 예술과 삶의 경계가 부재하며 무엇이 비실재이고 실재인지 삶/예술의 환상적 혼재를 드러낸다는 점이다. 상상의 세계 안에서이긴 하지만 예술로부터 실제 생활을 조직하려고 시도하는 것, 즉 벤야민이 말한 '예술의 정치화'를 실천하고자 하는 것이 아방가르드적 삶의 양식이라고 한다면 김종삼의 삶/예술의 혼재, 그 경계의 상실은 포스트 모던적 전위성이라고 하겠다. 그것을 통해 예술 작품 속의 인물들, 즉 타자들의 삶과 목소리를 받아들임으로써 자아의 감소의 위기와 자폐증을 초월하게 된다. 따라서 그는 상징계적 질서가 그에게 부여하는 관계들, 즉 혈연 공동체와 같은 관계들보다는 「시인 학교」에서처럼 '예술가들의 공동체'를 '상상계적 공동체', '정화된 공동체'로 설립한다. 상징계가 지배하는 삶으로부터 예술을 조직하는 것이 아니라 예술로부터 삶을 조직하려고 시도하는 전위 예술의 정치적 기능을 볼 수 있다.

따라서 그의 예술 유토피아에 사는 친족들은 스티븐 포스터의 노래 속의 '애니 로우리'나 「시인 학교」의 레바논 골짜기 학교의 "모리스 라벨, 폴 세잔느, 에즈라 파운드, 김관식, 김소월, 김수영, 전봉래" 등이고 「장편(掌篇)· 3」에서처럼 "작고한 심우명/전봉래 시/김수영 시/임긍재 문학평론가/정규 화가" 등으로 호명된다. 그에게 가난하고 잔혹한 현실은 '예술(가)의 이름'으로 번역될 때에만 견딜 수 있는 것이 된다. 따라서 사람조차 다니지 않는 어느 산꼭대기에 있는 구멍가게는 '드빗시 산장'으로 명명된다. 그에게 일상적 삶이란 굴욕, 분노, 노여움 등과 연관된 부정적인 세계이며 그러한 굴욕의 삶에서 벗어나기 위한 욕망이 텍스트 생성의 욕망이며 상징계에 틈을 내어 분쇄하고자 하는 상상계의 반격을 낳는다. '세상이 주는 굴욕에 맞서 장난삼아 그적거리는 것'—이때의 주체는 데카르트적 주체가 아니라 소외와 부정성의 주체요 세상의 조롱이나 금기에 맞서는 충동에 가득 찬 기호학적 육체요 상징계로의 정립적 꺾임(thetic break)을 거부하고 미적 자율성의 언어를 가지고 놀이하는 아방가르드적 주체라고 할 수 있다.

3. 자아의 최소화와 미니멀리즘 기법들

위에서 논의한 바와 같이 필자는 김종삼 시인을 '팽창의 욕망'을 가진 속물적, 부르조아적, 자본주의적 현실에 '미니멀리즘 시학'으로써 대항하는 아방가르드 시인으로 보고 그 텍스트를 분석해본다. 미니멀리스트로서의 김종삼의 텍스트가 보여주는 주체의 파편화, 중심 해체, 낭만주의적 충만함 거부, 추상화를 향해 나아가는 차가운 감수성, 비지시적, 반모방적 성격 등은 포스트모더니즘적 예술의 특성[24]과 연관되기도 한다.

24 권택영, 앞의 책, 363~366쪽 참조.
김진엽, 「미니멀리즘」, 『미학』 제32권, 2002, 한국미학회, 227~253쪽 참조.
미니멀리즘은 모더니즘의 정점이자 포스트모더니즘의 시작이다. 개인의 고독한 자아에서 사회 속의 다원적 자아로의 변화가 포스트모더니즘의 맥락이라면 이 변화의 시작을 미니멀리즘이 보여준다. 작품의 내부 구조를 축소함으로써 고유한 자아를 축소한다. 모더니즘 작품의 감상법은 형식주의적 감상법이다. 작품의 자율성을 옹호했다는 것이다. 그러나 작품의 자율성, 작품의 의미가 작품의 바깥에서 결정될 수 있는 여지를 미니멀리즘은 남겨 놓았으며 감상자는 작품 자체에 얽매이지 않고 자기의 역할을 적극적으로 긍정할 수 있다. 미니멀리즘에서는 독자의 역할이 중시되며 그것은 바르트의 저자의 죽음, 데리다의 차연 등과 연관될 수 있으며 결국 개인적 자아에 대한 탐구의 절정이 사회적 자아에 대한 각성으로 이어지는 것을 미니멀리즘에서 볼 수 있다.

3-1: 초월적 주체의 죽음과 자아의 최소화-일인칭 주어 삭제와 삼인칭화

먼저 '여백', '침묵의 미학'의 메타 텍스트라고 할 수 있는 「민간인」을 살펴본다. 이 시는 이성과 합리성이 파괴되는 순간의 세계의 무너짐과 자아의 해체, 거대한 부조리로서의 역사 앞에서 생존의 방식으로서의 '침묵'을 택하게 되는 개인의 비극을 보여준다. 말하자면 왜 시인이 미니멀리스트가 되는지를 사후적으로 보여주는 텍스트라고 할 수 있다.

1947년 봄
심야
황해도 해주의 앞바다
이남과 이북의 경계선 용당포

사공은 조심조심 노를 저어가고 있었다.
울음을 터뜨린 한 영아를 삼킨 곳.
스무 몇 해나 지나서도 누구나 그 수심을 모른다.

이 시에 일인칭 화자를 지칭하는 대명사 '나'가 삭제된 것은 상당히 의미가 깊다. 생존을 위해 어린 영아를 산 제물로 용당포 바다에 바친 비극적 장면 속에서 '나'로서의 초월적 주체는 사라진다. 역사를 전개시키는 근대적 이성이나 형이상학적 중심으로서의 신이나 인간/악마, 지식/무지라는 이분법적인 로고스중심주의는 깨어진다. 나의 생명의 안전을 위해 '죄 없는' 어린아이를 제물로 바친 그 '용당포'에서 김종삼의 침묵의 미학과 자아의 파편화라는 미니멀리즘적 특성은 생성된다. '울음/침묵'의 대립은 '죽음/삶'의 등식을 이루며 '영아를 빠뜨린' 수심에 대한 무지와 그 어린 '속죄양'에 대한 죄의식은 김종삼 시 생성의 초월적 시니피에를 차지한다.

즉 '용당포'는 처절한 어둠의 심연, 침묵의 공백인 것이다.

'민간인'이라는 기표는 '군인'이라는 기표와의 대립에서 의미작용이 일어나는데 이 텍스트에서의 '민간인'은 군인이 적을 죽여야 하는 것과 마찬가지로 자신의 생존을 위하여 어쩔 수 없이 '영아'를 죽이게 된다. 그렇게 '군인／민간인'이라는 형이상학적 이항 대립이 해체되면서 죄악／선의 대립이 무너지는 곳, 자아가 파편화되고 의미가 의미를 잃어버리는 '용당포'에서 죄없는 '영아의 입을 틀어막고서' 살아남은 자의 생존의 문학이라는 점에서 김종삼 시의 형식은 자연발생적인(낭만주의) 울음의 문학이 될 수 없으며 포스트모던적 '침묵의 문학'이 된다. '용당포의 수심'을 알 수 없는 것처럼 시적 주체는 '세계의 총체성'을 알 수 없게 되고 세계의 파편화를 통합시킬 어떤 방법도 알지 못하게 된다. 그리하여 시적 주체는 세계와의 화해의 순간을 가질 수 없으며 기본적으로 '무지'와 '죄의식'을 가지게 된다. 텍스트적으로 일인칭 화자 '나'라는 기표의 삭제는 뒤에 설명할 김종삼 텍스트들의 지배소가 된다.

'용당포'의 침묵이 보여주는 자아의 삭제 내지 무지, 사유의 공백은 그의 산문 「이 공백을」에서도 드러난다.

> 꿈이었다. 혜안을 지나던 반짝이는 최신형이 세이버가 추락하였다. 무수한 물거품과 화염이 산더미처럼 몇 번이고 솟구쳤다. 조종사는 낙하산으로 직하했다. 불붙은 그의 잔등을 꺼 주었다. 젊은 조종사는 내 손을 꼬옥 쥔 채 죽어갔다. 그런데 앞으론 무엇을 더 써야할 것인가?

용당포의 죽음 앞에서 '침묵' 외에 아무 것도 할 수 없었던 '침묵의 생존자'인 화자는 '조종사의 죽음' 앞에서도 "무엇을 더 써야 할 것인가?"라고 묻는다. 거대한 역사의 비극 앞에서 움츠린 자아의 마비는 결국 일인칭 화자의 삭제라는 텍스트적 전략으로 나타난다. 「서시」에서도 자아의 마비는 일인칭 '나'의 삭제로 드러난다. "헬리콥터가 지나자/ 밭이랑이랑/ 들꽃들이랑/하늬바람을 일으킨다/상쾌하다/이곳도 전쟁이 스치어 갔으리라." 이러한 시적 화자의 부재는 세계의 거대한 폭력 앞에서 파편화된 자아의 인간 상실을 암시한다. '상쾌하다'는 반어를 통하여 과거의 파괴적 역사와 공포를 오히려 전경화시키는 역설적 효과를 낸다.

「G. 마이나-전봉래 형에게」, 「돌각담」, 「주름간 대리석」, 「십이음계의 층층대」, 「라산스카」, 「서시」, 「허공」, 「올페의 유니폼」 등 그의 주요 텍스트들에서 일인칭 자아 '나'는 생략되어 나타난다. 「주름간 대리석」(전문)은 "-한 모퉁이는 달빛드는 낡은 구조의 대리석. 그 마당(寺院) 한 구석-// 잎사귀가 한 잎 두 잎 내려앉았다."라고 '나'의 삭제와 더불어 하나의 추상적 회화에 도달하면서 '침묵의 조각'으로 옮아간다. 시는 추상, 혹은 차가운 조각의 상태에 도달하면서 주체가 소거된 침묵의 문학, 부재의 문학이 된다.

3-2: 죄인으로서의 '나'와 '나'의 환유로의 대체

그러나 항상 시적 화자로서의 일인칭 '나'가 삭제되어 나타나는 것은 아니다. '나'가 텍스트에 드러나는 경우 자주 '무지'나 '죄의식'과 연관되어 나타나며 그의 대표작 「원정」에서도 그것을 볼 수 있다.

> 몇 개째를 집어 보아도 놓였던 자리가
> 썩어있지 않으면 벌레가 먹고 있었다.
> 그렇지 않은 것도 집기만 하면 썩어갔다.

거기를 지킨다는 사람이 들어와
내가 하려던 말을 빼앗듯이 말했다.

당신 아닌 사람이 집으면 그럴 리가 없다고-.

―「원정」 중에서

나 지은 죄 많아
죽어서도
영혼이 없으리

―「라산스카」 중에서

이렇게 '나'라는 일인칭 대명사가 드러날 때 시적 자아는 '죄가 많아 과일을 썩게 만드는 전염병자', '나는 죄인', '죽어서도 영혼이 없을 죄인' 등으로 표현된다. 「민간인」에서 '누구나 수심을 모른다'고 말했던 그 '무지'가 곧 '죄'가 되고 따라서 '나'는 죄인이거나 영혼조차 상실된 부재의 '나'로 최소화되어 표현된다.

또한 '나'라는 인칭 대명사가 제목이 된 텍스트가 세 편이 있는데 첫 번째 「나」에서는 '나의 이상은 어느 한촌 역같다……' 혹은 '나의 연인은 다 파한 시골/장거리의 골목 안 귀퉁이 같다……'라고 (전집 90쪽) '나 자신'에 대해 쓰기보다는 '나의 일부'인 이상이나 연인을 주어로 전경화시켜 쓰고 있다. 두 번째의 「나」라는 작품(전집 194쪽)은 자기 자신을 시적 대상으로 삼고 있는데 "망가져가는 저질 플라스틱 임시 인간"이라는 짧은 시행이 전문이다. 세 번째 「나」라는 작품(전집 277쪽)에서는 "이름이 있다면/나이가 있다면/나이는 넘어야 하는 산맥들이었고/이름(필명)은/아직 없다"라고 자기 자신의 존재를 미결정된, 생성 중의 존재로 진술하고 있다. 이렇듯 '나'를 소재로 쓸 때에는 극도로 부정적인, 미결정된, 몽환적이고 허망한 꿈 속의 흔적 같은 존재로 최소화시킨다.

또한 '나'를 '나의 환유'로 대체할 때가 많다. 예를 들어 위의 작품 「나」(전집 90쪽)에서처럼 '나'라는 제목 아래 '나의 이상' '나의 연인' 등으로 '나'를 '나의 환유'로 대체하는 것이다. 그것은 중심이 상실된, 구심적 응집력이 없이 파편화되어 있는 자아를 암시하는 방식이다.

> 나의 무지는 어제 속에 잠든 망해 쎄자아르 프랑크가 살던 사원 주변에 머물렀다.//나의 무지는 스테판 말라르메가 살던 본가에 머물렀다.//그가 태던 곰방대를 훔쳐내었다/훔쳐낸 곰방댈 물고서/나의 하잘 것이 없는 무지는/방 고호가 다니던 가을의 근교 길바닥에 머물렀다./그의 발바닥만한 낙엽이 흐터졌다./어느 곳은 쌓이었다.//나의 하잘 것이 없는 무지는/장 뽈 싸르트르가 경영하는 연탄공장의 직공이 되었다./파면되었다.
>
> –시 「앙포르멜」 전문

이 시 전체에서 일인칭 대명사 '나'는 4번 반복되어 나오지만 '나'가 아니라 '나의 무지'가 주어의 기능을 한다. 나의 많은 속성 중 나의 일부이거나 인접성인 '나의 무지'를 전경화시켜 결국 '나'를 '나의 무지'라는 환유로 대체한다. '나'는 어떤 본질도 갖지 않으며 때에 따라 '나의 무지'거나 '나의 죄'로 환유적으로 그려진다. 또한 '나의 무지'는 쎄자아르 프랑크–스테판 말라르메–방 고호–장 뽈 싸르트르 등을 방문하고 머무르는 등 철저하게 비현실과 추상화의 길을 간다. 정착이 아니라 잠시 '머물렀'을 뿐이고 '파면되'기도 한다. 여기저기 예술가의 세계를 찾아다니는 것을 '무지'라고 칭함으로써 현실에 뿌리내리지 못하는 가난한 시인의 삶을 반어적으로 풍자한다. 상상계적 비현실의 세계에 존재하는 예술가들을 찾아 이리저리 배회하는 '나의 무지'의 무목적적 행동의 나열을 통해 세상 속에서의 삶을 포기한, 비현실 세계를 배회하는 변방적 자아의 유랑을 보여준다.

김종삼 텍스트에서 '자아의 최소화'는 일인칭 화자의 삭제, 또는 시적 자아가 삼인칭화 되거나 '나의 죄', '나의 무지', '나의 연인', '나의 이상'처럼 환유화되어 나타나는 것을 살펴보았다. 자아를 최소화시키는 여러 기법들을 통하여 중심이 해체된 전후 세계의 불안정성과 가난하고 소외된 주체의 왜소함과 무력함을 잘 드러내고 있다.

4. 문체와 어조, 서술과 맥락의 최소화

김종삼 텍스트에는 미니멀리즘 문학의 특징인 어조의 최소화와 서술의 최소화가 드러난다. 어조란 발화 행위에 있어 발신자와 수신자 사이의 관계의 성격과 위계질서 내에서의 권력의 차이와 연관되어 생성된다. 위에서 분석한 대로 김종삼 텍스트에서 발신자는 원초적 죄의식을 가진 파편화된 자아, 삭제되어가는 '부재'의 자아이기 때문에 그의 어조 역시 애매모호한, 지워지는, 자신감 없는 어조를 보인다. 서술도 최소화되고 완결되지 않은 구문으로 끝나는 미완의 문장, 단절된 대화와 혼자만의 독백, 논리성이 없는 병치 등의 특성을 보여준다. 어조와 서술의 불완전함, 명확하지 않음은 그가 설화적 인물이나 예술적 인물들을 끌어올 때에도 맥락을 전환시키거나 최소화함으로써 지시성을 최대한으로 축소하고 의미의 불확정성을 최대한으로 확대시키는 역할을 한다.

4-1: 애매한 종결어 형식, 행간의 여백, 의문형, 간접화법 형식

많은 논자들에 의해 지적되어 온 바와 같이 김종삼 시의 구문은 자주 불완전하게 끝나고[25] 의도적인 비문법성을 보이기도 한다. 그 대표적 의장으로 생략과 병행구문을 들 수 있다.

내용없는 아름다움처럼

가난한 아희에게 온
서양나라에서 온
아름다운 크리스마스 카드처럼

어린 양의 등성이에 반짝이는
진눈깨비처럼

—시 「북치는 소년」 전문

최소한의 문장으로 최대의 심미적 효과를 내고 있다고 보여지는 이 시는 생략과 논리적 연결이 빈약한 '－처럼'이라는 병렬적 문장을 세 번 나열한다. 이러한 병렬적 문장은 술어 구문의 미완을 수반하기 때문에 애매한 종결어 형식이 된다. 이러한 미완의 종결어 형식은 주체의 감소와 행동의 무기력, 감정의 열림과 연결되며 애매모호한 어조를 생성한다. 묘사의 극소화, 배경의 극소화, 행동의 극소화를 통해 이 텍스트는 지시적 의미가 극도로 감소된 '내용없는' 텍스트가 된다. 그러나 미니멀한 묘사와 서술에도 불구하고

[25] 황동규, 앞의 글, 14~17쪽.
이민호, 『김종삼의 시적 상상력과 텍스트성』, 보고사, 2004. 61~70쪽. 이민호는 김종삼이 즐겨 애용하는 병행구문을 시의 결속성을 유지하는 결속구조 장치로 본다.

'북 치는 소년' 이라는 제목과의 연결에 의해 성탄 카드와 같은 '평화'와 구원의 아름다움이라는 의미확대가 일어난다.

물먹는 소 목덜미에
할머니 손이 얹혀졌다.
이 하루도
함께 지났다고,
서로 발잔등이 부었다고,
서로 적막하다고,

—시 「墨畵」 전문

이 시도 앞의 시와 마찬가지로 최소한의 문장, 세 번 반복되는 병행 구문, 종결어 생략 등으로 인해 미니멀리즘 기법을 보인다. '함께 지났다고', '서로 발잔등이 부었다고', '서로 적막하다고'가 보여주는 종결어 생략이나 간접화법, 병행성 등은 재현된 화자와 서술된 자아 사이의 분열과 중첩을 보여주면서 자아의 소실과 중심의 상실, 의미의 불확정성의 확대에 기여한다.

예수는 어떻게 살아갔으며
어떻게 죽었을까
죽을 때엔 뭐라고 하였을까

흘러가는 요단의 물결과
하늘나라가 그의 고향이었을까 철따라
옮아다니는 고운 소릴 내릴 줄 아는
새들이었을까
저물어가는 잔잔한 물결이었을까

—시 「고향」 전문

자세히 보았다
15년 전에 죽은 반가운 동생이다
더 자라고 둬두자
먹을 게 없을까

–시 「허공」 중에서

이렇게 의문형 종결 형식을 자주 사용하는 것도 주체의 소실과 의미의 불확실성을 확대하는 장치가 된다. 의문문 문장의 연쇄에서 의문문을 발하는 시적 자아는 고정된 의미의 중심이 될 수 없으며 오히려 주체의 상실을 확대한다. 라이치의 지적처럼 포스트모던 미니멀리즘의 작품에서는 의미심장한 실제적 사건도 없고 지리적 배경, 시간적 배경에 대한 자각도, 개인적 내력에 대한 느낌도 직업, 또는 가족과의 연관 관계도 드러나지 않고 자아의 심리도 드러나지 않고 이성적 판단에 근거하는 인과성도 없으며 그리하여 '없음'으로 있음을 부각할 뿐이다. 즉 침묵의 문학, 부재의 문학이 되는 것이다.[26] 그리하여 의문형 종결 어미의 애용은 김종삼 텍스트에 포스트 모던적 부재의 문학, 침묵의 문학의 특성을 부여하게 된다.

또한 상술한 기법 등과 함께 김종삼 텍스트에는 간접화법[27]이 많이 등장한다. 간접화법이란 시적 자아의 위치에 분열을 가져오는 문장 형식으로서 최소화된 작은 텍스트일지라도 재현된 화자를 통

26 M., 라이치, 『해체비평이란 무엇인가』, 문예출판사, 1988, 111~120쪽 참조.

27 간접화법이란 문장, 대화의 언어 표현에 있어 남의 말을 전할 때 주어나 시제 등을 변경시켜 인용 부호 없이 전달하는 화법이다. '나는 그것을 안다'고 말하면 직접화법이고, 이것을 전달하는 화자(話者)의 말로 바꾸어 '그는 그것을 안다고 말했다'고 한다면 간접화법이다. 여기에서는 주어 '나는'이 '그는'으로 바뀌었다. 또 '장미는 꽃이 아니다'라고 말하면 직접화법이고, 이것을 전달자의 말로 고쳐 '그는 장미는 꽃이 아니라고 말했다'로 하면 간접화법이 되는데, 서술어 '아니다'가 '아니라'로 바뀐 점이 전자와 다른 점이다. 『야후 백과사전』에서 인용.

해 타자성을 내포하게 되기 때문에 의미 공간이 원심적으로 확대되고 의미가 두 주체 사이에서 부유하게 된다.

> 바닷가에 매어 둔
> 작은 고깃배
> 날마다 출렁거린다
> 풍랑에 뒤집힐 때도 있다
> 머얼리 노를 저어 나가서
> 헤밍웨이의 바다와 노인이 되어서
> 중얼거리려고
>
> 살아온 기적이 살아갈 기적이 된다고
> 사노라면 많은 기쁨이 있다고
>
> —시 「어부」 전문

여기서 일인칭 대명사 '나'는 삭제되어 있지만 이러한 간접화법 문장은 이 텍스트를 서술하고 있는 생략된 '나'와 헤밍웨이의 『바다와 노인』 속의 등장인물의 목소리, 즉 재현된 인물의 목소리를 포함한다. 즉 "살아온 기적이 살아갈 기적이 된다", "사노라면 많은 기쁨이 있다"고 말하는 '노인'은 재현된 발화의 주체(subject of utterance)요 생략되어 있는 서술의 주체는 언명의 주체(subject of enunciation)다. 발화의 주체가 이야기하고 생각하는 인물로서 표현된다면 언명의 주체는 서술 행위의 주체다.[28] 이러한 간접화법의 텍

28 '발화의 주체'와 '언명의 주체'는 '말하는 주체'의 분열적 현상과 실종에 대해 크리스테바가 바흐친의 대화 이론의 개념을 도입하여 설명한 것이다. 간접화법과 연관시켜 주장한 것은 아니지만 '발화의 주체'와 '언명의 주체'의 차이를 분명히 함으로써 한 진술 안에 '발화의 주체'는 이야기하고 생각하는 인물로서 표현된다면 '언명의 주체'는 서술 행위의 주체이다. 내가 다른 누군가에게 직접적으로 말을 할 때 나의 단어

스트에서는 언명의 주체로서의 주체의 실종과 아울러 '노인'이라는 재현된 인물이 보여주는 타자성의 의미영역이 겹치게 된다. 그리하여 텍스트는 상호텍스트적이 되며 시적 주체는 단일 에고가 아니라 잡종적인 것이 되고 그 자신의 발화인 동시에 허구적 인물의 발화가 겹쳐지는 텍스트의 의미는 구심적이라기보다는 원심적인 불확정성으로 열리게 된다. 축소된 최소의 서술임에도 불구하고 의미의 공간은 넓어지고 재현된 발화 주체와 언명의 주체의 분열된, 미결정된 두 목소리 사이에서 텍스트의 의미는 부유(浮遊)하고 확장된다.

> 며칠이 지난 새벽녘이었다.
> 아래층으로 내려가는 좁은 계단을 내려가고 있을 대,
> 어둠한 계단 벽에 기대고 앉아 잠든 아낙이 낯익었다.
> 가망이 없다는 통고를 받았다는 것이다.
> 그이가 생존할 때까지 돈이 아무리 들어도
> 그이에게서 산소호흡기를 떼어서는 안된다고 조용히 조용히 말하고 있었다.
> 되풀이하여 조용히 조용히 말하고 있었다.
>
> -시 「앞날을 향하여」 중에서

들은 분명 발화의 주체로서의 나와 연결되며 내가 그 단어들을 글로 적고 그것들이 읽혀질 때 아마도 몇 년 후에, 다른 누군가에 의해서 주체로서의 나의 지위는 더 이상 직접적으로 연루되지 않는다. '나' I는 단지 언명의 주체가 된다. 이것은 크리스테바나 후기구조주의자들이 선언하듯이 글쓰기에 있어서 주체는 실종된다는 것을 언급하는 것이다. "대명사 '나'는 타자를 향해 지시되고 다른 단어들과 다른 발화들 내에서 그들 자신을 향하고 유지하는 단어들을 사용한다. 그것은 또한 텍스트 밖 주체와 텍스트 자체의 대명사적 주체의 생산이라는 점에서 이중적이다." Plett, Heinrich, ed., *Intertextuality*, Berlin: Walter de Gruyter, 1991, pp. 36~42. 간접화법에서는 '발화의 주체'(재현된 화자)와 '언명의 주체' 사이의 분열이 더욱 확연하게 드러나며 그리하여 주체는 실종, 잡종적이 되고 의미는 상호텍스트적, 원심적이 되어 더욱 불확정성이 확대된다는 게 필자의 생각이다.

이렇게 재현된 발화의 주체가 텍스트 내의 지배적 목소리가 되고 시적 주체는 발화주체의 말을 간접화법으로 옮겨 적는 '최소한의' 언명의 주체로 드러날 때 생략되거나 소실되거나 최소한도로 응축되어 나타났던 시적 자아는 타자성을 향해 열리게 되고 타자의 목소리를 포괄하는 열린 자아가 되며, 의미 공간은 타자의 목소리와 함께 미결정적이 되면서 원심적으로 확대된다. 자아의 소외와 자폐증적 모더니즘의 자아는 시인이 즐겨 사용하는 간접화법으로 인해 타자를 향해 열리고 이질적인 것들을 수용하는 포스트모던적 열린 자아로 개방되게 된다.

여긴 또 어드메냐
목이 마르다
길이 있다는
물이 있다는 그곳을 향하여
죄가 많다는 이 불구의 영혼을 이끌고 가보자
그치지 않는 전신의 고통이 하늘에 닿았다

–시 「형(刑)」 중에서

그리스도는 나의 산계급이었다고
지없는 무리들이 주검 옆에 조용하다고

–시 「부활절」 중에서

4-2: 고유 명사 차용과 상징과 맥락의 최소화

김종삼 텍스트에서는 예술가들의 이름이나 문화 텍스트나 설화, 영화에서 차용해온 고유명사들이 자주 애용된다. 이러한 고유명사들의 차용은 미니멀리즘적 특성을 보이는 간결한 텍스트에 상호텍스트성을 부여함으로써 의미 공간의 확대와 타자성을 향한 주체의 포괄성을 개방시킨다. 김종삼 텍스트는 초기에는 모더니즘적 삶/예술 분리주의를 강하게 보였지만 후기로 갈수록 그러한 자폐증적 분리에 머무르지 않고 삶/예술, 실재/비실재, 현실/허구의 경계를 교란시킴으로써 현실과 예술은 분리될 수 없고 실재와 비실재는 구별되지 않는다는 포스트 모던적 세계관을 보이게 된다. 그것은 「시인학교」에서 잘 드러난다.

'아름다운 레바논 골짜기'라는 상상의 지명에 있는 교사(校舍)에 오늘의 공고가 붙어 있다. 모리스 라벨, 폴 세잔느, 에즈라 파운드, 김관식, 김소월, 김수영, 전봉래, 김종삼 등 죽은 예술가들이 '소주'를 마시며 '브란덴부르그 제5번'을 기다리고 있는 학교의 풍경은 실재와 비실재의 경계선을 허물며 환상적인 효과를 극대화시킨다. 여러 예술가들의 고유명사는 역사적, 지시적 문맥과 상징성을 거느리고 있는데 이 텍스트에서 그들의 예술은 지시적 맥락과 상징성을 잃고 단지 '상상계적 유토피아' 속의 한 기표로서만 자리하게 된다. 이 예술 공동체는 팽창적 자본주의적 욕망의 시대에 가난으로써 저항했던 극빈 예술가들의 이름이며 탈중심화된 공동체라고 할 수 있다. 그렇게 시인은 산업화, 도구적 이성의 시대, 자본주의적 욕망의 시대에 도전하며 물질적 욕망의 팽창을 버리고 탈중심화된 예술 공동체를 꿈꾼다. 텍스트의 형식이 현실적으로 학교에서 휴강 때 발표하는 학제적 제도권에서 사용하는 게시문의 형식과 유사한 것도 이 텍스트의 '삶/예술'의 경계 흐리기를 강화하는 현실 표절의 기법이다. 모더니즘에서는 예술이 현실의 구성물들로부터 우리를 자유롭게 하는데 포스트모더니즘에서는 현실이 예술의 왜곡으로부터 우리를 자유롭게 만든다.[29] 그리하여 실재와 비실재의, 현실과 예술의 자리바꿈을 통하여 경계가 사라진 공간에서 실재와 가상은 환상적 결합을 한다.

많은 경우 김종삼 텍스트의 고유명사들은 보편적 의미를 함축하는 상징이나 일레고리로 사용되지 않는다. 권위를 가진 상징적 이버지나 권위적 상징성을 가진 인물 자체가 배제되어 있을 뿐만 아니라 문화적 맥락에서 고유명사를 차용해 온다고 하더라도 배경의 맥락을 현재의 일상적 맥락으로 전환시킴으로써 전혀 다른 효과를 내게 된다.

붙잡혔다
술래가 되었다.

얼마 후 심청은
눈가리기 헝겊을 맨채
한동안 서있었다.
술래잡기 하던 애들은 안됐다는 듯
심청을 위로해 주고 있었다.

–시 「술래잡기」 중에서

하루는 도드라진 전찻길 옆으로 챠리 챠플린씨와
나운규씨의 마라돈이 다가오고 있었다.
김소월씨도 나와서 구경하고 있었다.

–시 「왕십리」 중에서

29 스탠리 트랙튼버그, 「포스트모더니즘 시대의 문학과 예술」, 김욱동 편저, 『포스트모더니즘의 이해』, 문학과지성사, 1990, 191쪽.

그 아이는
얼마 못가서 죽을 아이라고

그리운
안니· 로· 리라고 이야기ㄹ
하였습니다

—시 「그리운 안니 · 로 · 리」 중에서

이렇듯 배경의 삭제와 더불어 전혀 다른 맥락 속으로 고유명사를 치환시키는 기법은 원래의 맥락에서의 지시적, 상징적 의미를 낯설고 새로운 것으로 전환시켜 현실／비현실의 경계를 흐리고 의미의 확대를 하는 기능을 한다. 즉 '술래잡기'라는 일상적으로 평범한 시적 배경 속에서 '심청'은 심봉사의 딸이자 '효녀'라는 원래의 상징적 의미를 잃고 그녀 스스로가 '앞을 보지 못하는 장님'이 되어 암흑 속에 홀로 남겨진다. 장님의 딸이 장님으로 전환되는 것은 '심청'의 운명을 너무 슬프게 보이게 한다. 그러나 '술래가 된 심청을 아이들이 위로해준다'는 대목에서 심청은 캄캄한 암흑의 공간에서 환한 술래잡기의 사랑의 공간으로 이동한다. 인당수에 빠져 죽었던 죽음의 공간으로부터 환한 일상의 사랑의 공간으로 심청은 자리를 바꾼다. 순간 실재/ 비실재의 경계는 무너지고 현실은 환상 속으로 개방된다. 가난한 왕십리의 철길 옆 거리도 찰리 채플린, 나운규, 김소월의 공간으로, 오막살이 판잣집도 애니 로우리의 공간으로 뒤바뀐다. 문화 텍스트 속에 있는 인물들이 거느리고 있는 서사와 상징성을 최소화하고 다른 맥락으로 전환시킴으로써 시 속의 미니멀한 서술은 비모방적 세계를 생성하고 일상적 삶의 풍경에 비현실적 의미를 혼재시키는 것이다. 삶／예술, 실재／비실재의 경계가 무너지고 실재와 가상의 묘한 결합을 통하여 현실과 예술은 서로 분리적일 수 없으며 상호의존적이어서 현실이라는 것이 결국 불가해한

뫼비우스적인 것임을 보여준다. 이 세상에서는 막다른 길을 사는 가난하고 병든 자의 어두운 운명을 환상의 방식으로 개방시키는 것이다.

5. 결

위와 같이 본고는 김종삼 시인을 전위적 시인으로, 그 텍스트적 기법을 미니멀리즘 시학으로 규정하고 그의 시를 분석해 보았다. 그를 아방가르드 시인, 자본주의적 가치에 저항하는 예술가로 평가하는 것은 그가 시의 내용적 측면에서 자본주의적 개발과 팽창의 욕망을 부정하거나 비판했거나 혹은 계급의식을 가지고 극빈 계층을 옹호해서가 아니라 '더 많이, 더 부유하게'를 외치는 과잉 생산, 과잉 성장 이데올로기의 시대에 생겨난 미니멀리즘 시학 자체가 '더 작게, 더 단순하게'라는 반자본주의적 성격을 가진 축소의 미적 형식이라는 점에 근거해서였다. 그는 역사의 비극에 의해 해체되어 버린 근대적 이성과 자아의 파편화를 침묵과 부재의 미니멀리즘 시학을 통해 그리고 있으며 삶/예술, 실재/비실재 사이의 경계선의 혼란을 통해 축소된 자아의 자폐증을 초월하고 현실의 막다른 골목을 예술의 영역으로 확대시키는 상상적 세계를 창조했다.

그의 텍스트에 나타난 미니멀리즘 시학은 역사의 폭력 앞에서 마비되고 위축된 자아의 감소와 서술의 축소 등을 통해 지배적으로 드러났다. 초월적 주체의 죽음과 자아의 최소화는 일인칭 주어의 삭제와 시적 자아의 삼인칭화, '나'를 '나'의 환유로 대체하는 기법들을 통해 나타났다. 이러한 자아의 최소화는 중심이 해체된 전후 세계의 불안정성과 주체의 왜소함을 잘 드러내 준다. 또한 애매한 종결어 형식, 행간의 비약, 의문형, 병행 구문, 간접화법 형식 등 텍스트적 기법을 통해 그의 시가 가지고 있는 비논리성, 감정 배제, 불연속성, 행동의 무력화, 불확정성의 극대화 등을 논하였다. 그러한 축소의 기법들은 미니멀리스트의 '자폐증적' 무기력과 연결된다. 또한 간접화법 형식을 많이 쓰고 있는데 그것은 타자의 목소리를 포괄할 수 있게 하여 주체의 자폐를 극복하고 의미 공간을 확대시킨다. 예술적 인물들의 차용 등을 통해 자폐증적인 미니멀한 자아가 타자를 향해 개방되고 이질적인 것을 수용하는 포스트모던한 자아로 개방되게 되었으며 실재/비실재의 경계가 무너지고 삶의 막다른 절망이 환상적인 심미적 세계로 열려지는 것을 분석하였다.

위와 같은 분석을 통하여 추상주의 예술로써 현실에 맞서고자 했던 아방가르드 시인으로서의 김종삼 시인의 재발견과 '자본주의적 번창과 산업화의 시대에 저항하는 극빈자의 글쓰기'라는 미니멀리즘의 시학적 요소를 그의 텍스트에서 탐구함으로써 김종삼이 '현실의식이 없는' 나약한 보헤미언이라기보다는 근대화의 팽창과 과잉욕망이라는 자본주의적 가치에 맞서는 대항 담론적 시학을 가진 전위 시인이라는 것을 탐색해보았다.

참고문헌

1. 기본 자료

권명옥 엮음, 해설, 『김종삼 전집』, 나남출판, 2005.

황동규 편, 『북치는 소년』, 민음사, 1979.

2. 단행본

강석경, 『일하는 예술가들』, 열화당, 1986.

권택영, 『포스트모더니즘이란 무엇인가-자연주의에서 미니멀리즘까지』, 민음사, 1990.

김욱동, 『모더니즘과 포스트모더니즘』, 현암사, 1992.

김욱동 편저, 『포스트모더니즘의 이해』, 문학과지성사, 1990.

김인환, 『줄리아 크리스테바의 문학 탐색』, 이화여자대학교출판부, 2003.

이민호, 『김종삼의 시적 상상력과 텍스트성』, 보고사, 2004.

케네스 베이커, 김수기 역, 『미니멀리즘』, 서울, 열화당, 1988.

칼리니스쿠, 『모더니티의 다섯 얼굴』, 시각과언어, 1994.

이합 핫산, 『포스트모더니즘: 이합 핫산의 문화 및 문학이론』, 서울, 종로서적, 1985.

Plett, Heinrich, ed., *Intertextuality*, Berlin: Walter de Gruyter, 1991.

3. 연구 논문

고형진, 「김종삼의 시연구」, 『상허학보』 제12집, 상허학회, 2004, 2.

권명옥, 「적막의 미학」, 『한국문예비평연구』, 한국문예비평학회, 2004.

김승희, 「시의 혁명과 시적 혁명: 심미적 아방가르드와 '온몸의 시'

로서의 아방가르드」, 『한국시학연구』 제20호, 한국시학회, 2007. 12.

김옥련, 「도날드 바슬미의 『죽은 아버지』에 나타난 미니멀리즘 연구」, 『서강영문학』 제4집, 서강영문학회, 1992.

김준오, 「고전주의적 절제와 완전주의」, 『도시시와 해체시』, 문학과비평사, 1993.

김진엽, 「미니멀리즘」, 『미학』 제3권, 한국미학회, 2002.

김춘수, 「김종삼과 시의 비애」, 『의미와 무의미』, 문학과지성사, 1976.

이상오, 「현대시의 여백에 관한 고찰」, 『현대문학의 연구』 제30호, 한국문학연구학회, 2006.

이시영, 「김종삼의 재발견」, 『창비 주간 논평』, 2007. 2. 27.

황동규, 「잔상의 미학－김종삼의 시 세계」, 『북치는 소년』, 민음사, 1979.

탈중심(脫中心)의 전후 세계와 물질적 기표의 우위성: 구상의 「초토의 시」[1] 읽기

1. 서론: 전후(戰後) 세계, 전통 붕괴와 자본주의적 물질적 기표들의 지배

시인 구상은 1946년 원산에서 동인지 『응향(凝香)』을 주재하고 서정시 「길」, 「여명도」, 「밤」을 발표하여 문단에 등단하였으나 이 작품으로 인하여 북조선 문학예술 총동맹 중앙위원회로부터 반동작가로 낙인찍혀 1946년 월남하였다. 1947년부터 1950년까지 연합신문 문화부장을 지냈고 6·25 전쟁 중에는 국방부 정훈국의 서울지구 보도대장으로서 누구보다도 전쟁의 정면에서 활동했고 종군

1 「초토의 시」는 『드레퓌스의 벤치에서』(고려원, 1984)에 실린 연작 시 텍스트를 분석본으로 삼았다. 시인은 여러 차례 연작시 「초토의 시」의 수록 시편을 바꾸고 있는데 이 텍스트가 전후 상황의 인간적, 문화적 변화를 가장 텍스트적으로, 기표적으로 잘 드러내 준다고 생각하여 이 텍스트를 선택했다. 이 연작시의 형식적 특징은 장르적으로 혼합 장르적 형식을 취하고 있다는 점과 수록 시편의 일련번호가 1부터 21까지 연속적으로 지속되는 것이 아니라 번호를 건너뛰면서 연속된다는 점이다. 이는 많은 시편들 속에서 골랐기 때문이기도 하겠지만 그 형식적 특징에서 로고스의 산물인 계기적이고 연속적인 전통적 시간을 거부하고 파편성을 특징으로 하는 현대성을 발견할 수 있다고 하겠다. 전후의 혼란 상황과 다양한 혼합 장르의 사용, 단속적이고도 파편적인 연속성으로 연작시를 구성하는 형식화는 서로 대응된다.

작가단을 만들기도 했다.[2]

첫 시집 『구상』(1951) 이후 1956년도에 발간된 시집 『초토의 시』는 이데올로기에 의한 동족 전쟁을 누구보다도 최일선에서 체험했던 시인의 텍스트일 뿐만 아니라 '초토가 된' 한반도 땅에 불어 닥쳤던 자본주의적 패러다임으로의 격변이라는 문화, 경제적 전환기 속의 한국인의 과도기적 형성을 보여주고 있다는 면에서도 귀중한 텍스트라고 하겠다. 그의 언어의 지배적 특징은 모더니즘 시와는 달리 해사(解辭)적이기 보다는 통사적이고, 비유적이라기보다는 지시적, 전달적[3], 설득적[4]인 성격이 이 강한 편이다. 내용적인 측면에

---

[2] 고은, 『1950년대』, 민음사, 1973, 169~174쪽 참조.
"구상은 누구보다도 먼저 적지 서울에 들어왔다. 6.25 사변을 통해서 가장 전쟁의 전면에서 살아온 작가로는 구상과 선우휘로 대표된다고 할 수 있다. 하나는 종교적 인간애 하나는 민족적 인간애를 전쟁을 통해 실현했다."(169쪽 인용)

[3] 김봉군은 작품론에서 "구상의 시어는 외연이 명료하다. 표현이 직재한 까닭이다. 그래서 구상의 시학에 밝지 못한 독자들은 그의 시를 단순한 관념시로 보고 지나치기 쉽다. 신비평가들이 말하는 텐션을 잃어 시의 위기를 불러오는 듯도 보인다. 사실 구상의 시는 현란한 수식어로 요란한 말잔치를 벌이지 않는다. 수사적 기교를 최소화하고 의미의 정곡을 조준하는 경우가 많다. 하나는 진리와 상관없이 교묘하게 겉만 꾸미는 말, 곧 기어(綺語)를 피하려는 언어관이고 시의 표상과 진리는 균형을 이루어야 한다는 그의 시학적 견해가 그 둘이다. ……(중략)…… 그래서 그는 존재의 의미와 진리 추구에 무심한 채 감성적 표현에 사로잡힌 모더니즘 시를 배격하며 특히 초현실주의 시에 심각한 우려를 표명한다. 초현실주의시가 어떻게 언어 표상과 의미의 인류적 공감을 얻을 수 있겠는가를 그는 묻는다."고 구상의 시를 전달의 시, 의미의 시, 반모더니즘의 시로 규정한다. 한국 대표시인 101인 선집, 『구상』, 문학사상사, 2002, 김봉군, 「현존과 영원의 조응」. 294~295쪽 인용.

[4] 슐라이퍼는 수사학을 설득의 수사학과 비유의 수사학으로 나누고 설득의 수사학을 리얼리즘-(화자와 청자의) 동일화-의사 소통에, 비유의 수사학을 모더니즘- 의미작용에 연결시킨다. Ronald Schleifer, *Rhetoric and*

서도 휴머니즘적이고 종교적 틀 안에서 형이상학적[5]이며, 자유주의적 인본주의자의 자세[6]를 보여준다고 평가되고 있다. 김봉군이 작품론에서 쓰고 있는 것처럼 그의 언어는 모더니즘 시인들과는 달리 언어의 지시 가능성에 대한 불신, 회의 같은 것은 보이지 않는다. 그런 면에서 구상의 텍스트는 자유주의 인본주의자의 휴머니즘적 텍스트이자 언어를 관념이나 시인의 정서, 세계관을 전달해주는 매개체로 보는 전통적인 언어관을 보여주는 지시적, 설득적, 의미의 시처럼 보인다.

그러나 필자는 연작시 「초토의 시」가 지시적이고도 전달적인 기능(산문시의 경우)과 더불어 언어 기호의 물질적 측면인 기표(시니피앙)의 우위성을 보여주는 모더니즘적 측면[7]을 가지고 있다는 것

Death: The Language of Modernism and Postmodern Discourse Theory, University of Illinois Press, p. 35.

5 앤토니 티그, 「깊은 명상과 신비에 눈뜬 시」, 『조화 속에서』, 한국 대표시인 100인선집, 미래사, 1991, 156면. 티그 교수는 구상의 시를 "기독교적 형이상학의 틀에 맞추어져 있다"고 규정한다. 예를 들어 "창조-추락-구제-은총-죽음-영원"이라는 틀을 지적한다.

6 자유주의적 휴머니즘은 본질주의적, 혹은 초월적 주체라는 것을 믿고 있었는데 이는 개인(주체)은 사회와 경험, 그리고 언어의 힘보다 우선하며 그것들을 초월하여 존재한다는 믿음이다. 피터 베리, 『현대문학 이론 입문』, 한만수 외 옮김, 시유시, 2001, 36~42쪽 참조.
인간의 초시간적, 초문화적, 초역사적 본질은 없다고 보는 구조주의 이후의 인간관, 혹은 '탈중심화된 주체'론은 의미, 지식, 행동의 원천으로서의 의식을 가진 자유로운 개인들의 세계를 상정하는 자유주의적 휴머니즘과 대립된다. 다시 말하면 개인적 자유의 가치를 강조한 자유주의적 휴머니즘은 초월적 실체로서의 인간의 본질을 인정하는데 반해 '탈중심화된 주체'론은 외부적 조건들, 혹은 언어에 의해 결정되는 것이 아닌 인간의 본질이란 없다고 봄으로써 자유주의적 휴머니즘의 인간관을 부정하는 것이다. 정형철, 『현대 미국문학비평의 흐름과 포스트모던 이론』, PUFS, 1995, 72쪽.

7 앤토니 이스트호프는 언어를 전달로 보는 고전적인 도식을 제시한 야콥

에 주목하고 싶다. 전쟁으로 인해 혈연중심의 공동체적 인간관이 파괴되면서 한국 사회를 지배해오던 전통적 유교주의적 가치가 심각하게 훼손되었고 미국식 자본주의의 침투로 인해 물질주의적 가치관이 전후의 인간을 움직이는 새로운 가치가 되었으며, 그러한 물질주의적 가치관은 시인들의 시적 언어에서도 기호의 관념의 측면인 시니피에보다도 기호의 물질적 측면인 시니피앙의 우월성[8]으로 나타나게 된다.

슨을 비판하면서 야콥슨의 입장은 의사 소통을 위한 다소간 투명한 매체로 언어를 간주하고 있다는 것과 다른 하나는 발화자든 수화자든 주체를 언어에 앞서 주어지고 언어 밖에 존재하고 있어서 언어를 통해서 전달 내용을 의도하여 소통할 수 있는 그런 자족적인 개인으로 상정하고 있다는 점을 지적한다. 라캉의 정신분석학을 기반으로 하는 탈구조주의자로서 이스트호프는 시인과 시적 주체를 구별하고 또한 언표 내용의 주체(시적 화자)와 언술 행위의 주체를 구별하면서 주체성이란 담론과 연관되어 '구성된다'는 것과, 의식과 무의식 사이에서 이루어지는 주체의 분열이 담론 안에서 또 담론을 통해서 어떻게 이루어지는가 하는 것을 밝히려고 한다. 즉 일인칭 대명사라는 인칭 기호가 주체의 위치를 제시하기는 하지만 담론 밖에 놓여있는 언술 행위의 주체는 언표 내용의 주체의 고정성을 탈중심화시킨다고 할 수 있다. 즉 언술 행위와 언술 행위의 분리로 시적 담론에서 초월적 자아라는 화자, 독자의 위치가 사라지고 텍스트에는 언술 행위의 주체의 무의식이 흔적을 남기게 되며 독자에게 생산적 에너지를 돌려주는 결과를 준다. Anthony Easthope, *Potry as Discourse*, 박인기 역, 56~82쪽 참조.

8 로날드 슐라이퍼는 1차 대전 전후(前後)의 유럽의 상황을 예로 들어 19세기말 다윈주의(Darwinism)와 마르크스의 유물론과 프로이드의 정신분석학이 순수 초월적 의식을 인정한 데카르트적 인간관을 붕괴시키고 물질주의적 경향을 가지게 했다고 지적하면서 그러한 현대적 삶의 물질성으로 하여 언어 기호에서도 관념적 기의의 측면보다는 물질성의 측면인 시니피앙이 더 우월한 경향을 띄게 되었고 그리하여 모더니즘 문학에서는 기표의 우위성이 강조된다고 지적한다. Ronald Schleifer, *Rhetoric and Death: The Language of Modernism and Postmodern Discourse Theory*, University of Illinois Press, 「Introduction」 참조.

즉 이 텍스트는 전통적인 가치관이 붕괴되고 전혀 이질적인 자본주의적 가치들이 부상하는 탈중심화된 세계에서 어떻게 물질성, 혹은 물질적 기표가 지배적 위치를 차지하여 인간 주체를 형성하게 되어가는지를 언어의 기표적 측면의 우세성을 통하여 보여주고 '나'라는 주체[9]의 초월적 본질을 주장하기보다는 '상황'에 따라서 인간 주체성이 형성될 수 있다는 탈구조주의적인 인간관 (데카르트적인 '인간'의 죽음)을 보여주고 있다는 것이다. 또한 이 텍스트는 전통 담론/자본주의적 담론, 기독교 담론/불교 담론, 성(聖)/속(俗)의 뒤섞임과 적군/아군과 같은 형이상학적으로 대립적인 것들의 해체를 보여줌으로써 전후 사회의 격심한 혼란과 정체성의 위기, 인간의 본질은 사라지고 단지 인간이 물질에 의해 규정되는 비정한 물질주의 사회로의 진입, 도덕과 이성이 다 무너진 혼란기의 아포리아적 미궁을 잘 보여주고 있다.

장르적으로도 「초토의 시」 연작시편은 서정적, 서사적, 극적 양식들이 한 텍스트 안에 다양하게 뒤섞인 장르 혼합[10]의 성격을 가진

9 시인과 텍스트의 주체가 동일하지 않다는 입장은 무카조프스키에서부터 라캉, 이스트호프 등의 탈구조주의자에 이르기까지 취하는 입장이다. "작품의 주체란 발화인 문학 작품을 전달시키고 또 작품에 담겨져 있는 모든 느낌과 생각을 가장 본질적으로 전달해 주는 것으로 보여지는 일인칭 '나'다. 주체란 작품의 구조가 그것의 전반적인 복합성과 통일성 속에서 살펴볼 수 있는 관점이다. 그러므로 주체는 시인에게서 독자로 나가는 교량이다. 독자는 그 자신인 '나'를 주체 속에 투사시켜 작품에 관련된 자신의 상황을 시인의 상황과 같게 만들 수 있다. 작품의 주체는 객관적 서술의 예에서처럼 숨겨져 있을 수도 있고 강하거나 희미하게 실현될 수도 있다. (이는 일인칭 동사, 작품의 감정적 색조, 시인과 작중인물 한 사람과의 동일시 등을 통해서 알아차릴 수 있다.) 그러므로 작품이 세계와 현실에 대한 시인이 감정과 태도를 직접적으로 표현하고 있는 것처럼 보일 때라도 주체와 시인은 처음부터 동일시될 수 없다." 무카조프스키, 「시인」, 로뜨만, 무카조프스키 외, 조주관 편역, 『시의 이해와 분석』, 열린책들, 1994, 36~37쪽.

다. 장르 혼합의 양식은 주체가 위기에 처하고 주체가 물질성에 의해 변화해가는 격심한 혼란기의 '나'와 전통이 무너지고 미궁에 빠진 당대의 혼종, 잡종 문화를 표현하는 기표적 요소로 해석될 수 있다. 연작시의 각 시편들에 드러난 지배적 양식을 정리해 보면 다음과 같다. 「1」-서정적, 「2」-서사적, 「3」-서정적, 「4」-서사적, 극적, 「5」-서사적, 극적, 「7」-서정적, 「14」-극적, 「15」-서정적, 「20」-서정적, 「21」-시적 화자가 배제된 사물(事物)시, 혹은 시각(視覺)시

연작시에서 제목이 매스터 코드의 기능을 가진다고 할 때 다양한 장르적 속성을 가진 각 연작시편들은 제목의 마스터 코드 안에서 해석되어야 한다. 제목인 '초토(焦土)'라는 말은 사전적으로 1. 불에 타서 검게 된 흙, 2. 건축물들이 불타 없어진 자리, 혹은 흔적 없이 사라짐 등의 외연적 의미를 가지고 있지만 한자어 焦土를 하나의 물질적 기표로 살펴보았을 때 그것은 "불 '화'(灬) 위에 '꼬리 짧

10 "장르 혼합은 우리 현대문학의 변화를 가져오는 가장 중요한 요인이다. 왜냐하면 이것은 다른 어떤 변화 요인보다 문학의 폭넓은 가능성의 지평을 제공하고 있기 때문이다. 한 작품에 여러 장르적 요소가 혼합되는 경향은 전통에 적대적인 시기에 흔히 고양되어 왔고 혼합의 가장 두드러진 양상은 시의 서사화다. 김준오, 『한국 현대 장르 비평론』, 문학과지성사, 1990, 218쪽.
"모든 문학은 '말하기(디에게시스)'와 '보여주기(미메시스)'의 두 극단 사이에 놓인다. 서정문학은 개인적 시점으로 말해지는 문학 형태이며 서사 문학은 사적 시점과 인물 시각적 시점이 번갈아 교체되는 혼합 화법의 문학 형태이며 극은 인물 시각적 시점에서 대화의 형식으로 제시되는 문학 형태이다. 김준오, 위의 책, 87쪽 인용. 필자는 헤르나디의 관점에 따라 한 장르류가 한 가지 요소만을 가진 것이 아니라 서정적, 서사적, 극적, 주석적 요소를 혼합적으로 가질 수 있다는 다원적, 개방적 입장을 취한다.

은 새'(隹)가 놓인 땅"이라는 기표의 물질성을 감지할 수 있다. 그러므로 「焦土의 시」에서 직접적으로 '새'가 등장하는 것은 아니지만 기표의 물질적 측면에서 한자 제목을 읽을 때 그 기표 속엔 불의 참화로 인한 '새의 고난'이 환기된다는 것이다. 전후(戰後)의 황폐한 상황과 연작시의 마스터 코드인 제목이 '새의 고난, 내지는 시련'을 암시하는 기표의 물질성을 내포하고 있다는 데서부터 이 시의 읽기는 출발된다. '새'는 「3」에서 '갈가마귀 떼'로 한번 더 등장하고 연작의 마지막 시편, 「21」에서 '새'의 존재는 직접 드러나지는 않지만 시점으로 인해 그 존재가 환기된다. 「21」은 마치 조감도처럼 위에서 아래를 내려다보고 판문점을 중심으로 무기를 대치시키고 있는 남북 대치의 분단 상황을 시각적으로 보여주는 시각시(視覺詩)인데 위에서 내려다보고 있는 언술 행위의 주체의 시점(視點)에서 공중에 떠있는, 숨어있는 '새'의 존재가 환기된다.

2. 주체의 분열, 물질성의 우위

「초토의 시 1」은 전후의 폐허가 된 풍경을 비교적 인간주의적 관점에서 따뜻하게 그리고 있는 시이다. 그러나 이 시에서도 주체의 분열과 위기는 드러나고 있는데 폐허 속에서도 자라나는 아이들과 개나리꽃이 피어나는 초토의 풍경을 인간적인 따스함으로 그려내고 있음에도 '나／그림자'의 대립에서 주체의 분열의 흔적이 내포되어 있다는 것이다. 1연에서 '판자집 유리딱지'라는 표현부터가 은유적이다. '게딱지 같은 판자집 유리창'의 압축이자, 중층 결정된 표현으로 볼 수 있기 때문이다. '판자집 유리딱지／해바라기처럼 불타는 아이들 얼굴'은 역설적이라고 할 수 있다. '황폐하고 초라한 초토의 풍경/밝은 아이들의 얼굴' 그 자체가 대조적이기 때문이다. 아이들은 모든 것이 불타버린 황폐한 전후의 세계에서도 밝은 해를 잃어버릴 수 없지만 그러나 너무 눈부신 햇빛을 인간은 견딜 수 없기에 2연 1행에서 아이들은 태양을 저버리고 돌아선다.

2연에서 '눈부심'은 '돌아섬'이 되고 '나도 돌아선다'의 '-도' 조사는 언표 속의 주체인 시적 화자 '나'의 돌아섬의 행위가 적극적, 능동적이기보다는 '선행하는 누군가의 행위'를 따라서 행동하는, 소극적인 행동임을 알 수 있게 한다. '울상이 된 그림자 나의 뒤를 따른다'는 시행에서 '나/그림자'의 분열이 드러난다. 여기에서 '나'와 '그림자'의 관계는 '나'가 주체적이 되고 '그림자'가 종속적으로 드러난다. 그림자는 '나'의 물질성이라는 속성을 가진 것이기에 인간 주체인 '나'에 종속적인 것은 당연하다. 자유주의적 휴머니즘의 주체의 속성으로 '나'는 잠시 주체적으로 행동하는 것으로 나타난다. 그리고 '울상이 된 그림자'라는 표현에서 읽을 수 있듯이 나의 물질적 동반자인 그림자와 '나' 사이에 인간적 감정의 교통이 있음을 읽을 수 있다. 즉 이때의 '나/나의 물질성' 사이엔 감정 교류가 있는 것이다.

3연은 1연에 대응한다. 1연과 마찬가지로 초토의 상황이 보여주는 '죽음/생명'의 대립적인 이미지를 대조시키고 있다. '잿더미가 소복한 울타리에/개나리가 멍울졌다'는 것이 바로 그것이다. '잿더미가 소복한'도 은유적 표현이다. '수북한'으로 음성모음을 쓰는 것을 관례적으로 볼 수 있는데 '소복한'이라고 할 때 '소복'이라는 양성모음은 '수북한'보다 작은 모양으로 읽을 수도 있지만 '소복(素服)한'으로 읽을 수도 있기 때문이다. 그렇게 읽을 때 독자들은 '소복한'의 기의보다는 그 기표성에 관심을 기울이게 된다. '잿더미가 소복한'에서 '소복한'이라는 기표, 즉 기호의 물질성에 관심을 기울일 때 '잿더기가 소복한'은 '잿더미로 소복한'의 비문법성으로 읽히면서 '잿더미'는 '초토의 소복(素服)'이라는 은유가 되어 중의성이 발생하게 된다. '잿더미 소복을 입은 울타리／'망울진 개나리'는 1연과 마찬가지로 '죽음' '삶'의 대조이며 역설이다.

4연의 1행 '저기 언덕을 내려 달리는'에서의 '저기'라는 공간을 지적하는 전이사(轉移詞)는 무엇을 직접적으로 나타낸다기보다는 시적 화자와 '저기 있는 존재'와의 심리적 거리감을 나타낸다고 할 수 있다. 또한 그것의 뜻은 '여기'라는 전이사와의 변별성에서 생겨나는 것이다. 4연 1행에서 읽을 수 있는 '저기／(여기)'의 대립 구조는 '나／(앞니 빠진) 소녀'의 대립과 연관된다. 2행 3행의 '소녀의 미소엔 앞니가 빠져／죄 하나도 없다'는 시행의 연결은 논리적 비문법성을 보여준다. 논리적으로 연결될 수 없는 것들이 연결된 비문법성은 문장에서 인과 관계가 있는 서술적 논리와 로고스중심주의적 질서를 한정하고 더 나아가 교란시킨다. 논리적으로 인과관계를 이룰 수 없는 문장을 연결시킴으로써 통사 규칙의 위반을 통해 독자는 텍스트의 지시적 의미보다는 텍스트 그 자체, 그 기호 체계에 주목하게 되고 질서 잡힌 로고스가 붕괴되고 모순적인 것들이 공생하는 부조리와 애매한 다의성을 만나게 된다. 따라서 '앞니가 빠져／죄 하나도 없다'는 것은 '무엇을 뜯어먹을 수 있는 공격적 앞니=죄'로 읽을 수도 있고 '앞니를 가진 성인(成人)들=죄인들'로 읽을 수도 있다.

1행의 '저기／(여기)'와의 대립구조 안에서 '저기／여기=앞니 빠진 소녀／앞니 가진 성인은 대립되고 숨겨진 시적 화자'는 뒤의 항목에 속하게 된다. 탈중심화된 세계에서는 자유주의적 인본주의자의 주체성과는 달리 고정불변의 '나'의 주체성('여기')이란 해체되며 '저기'에 있는 존재와의 상대적 위치로서의 '과정 중에 있는 주체성'[11]만이 형성될 뿐이기 때문이다.

5연의 "나는 술 취한 듯 홍그러워진다／그림자 웃으며 앞장을 선다"의 1행에서는 이성적 에고의 소실과 해방을 읽을 수 있다. '술취한 듯 홍그러워진'에서 이성과 취기 사이의 간격이 없어진 것을 시적 화자가 상당히 너그럽게 받아들이고 있음을 볼 수 있으며 2행에서는 '나'의 주체성이란 고정된 것이 아니며 그 대립적인 것에 의해 형성된다는 것을 보여준다. 즉 나의 물질적 기표인 '그림자=앞장'을 서고 '나'는 나의 물질성인 '그림자'의 '뒤편'을 따르는 상대주의적 입장을 보여주고 있기 때문이다. 이제 '나'는 '웃으며 앞장을 서는 (내) 그림자'의 뒤를 따르는 종속적인 존재가 된다. '나'의 물질적 기표이자 '나'의 환유인 '그림자'가 주체적이고 독립적인 기능을 하게 되며 '나'는 그것의 뒤를 따르는 종속적 위치로 격하된다.

그럼에도 '나／그림자'는 서로 분열적, 대립적인 불화의 관계를 보이지 않고 감정교류가 있는 동행을 하고 있음이 주목된다. 주체의 위기에 대한 불안과 격심한 분열보다는 주체의 쪼개짐과 물질적 기표(그림자)의 우위를 너그럽게 받아들이는 상대주의적 태도를 보인다.

「초토의 시 2」는 탈중심화된 세계에서 불변적이고도 고정된 초월적 주체의 상실을 보여주며 그러한 절대적 불변성의 주체성을 상실한 현대인이 우연성과 환유와 물질적 기표의 지배에 의해서 새로운 인간으로 생성되는 것을 보여준다.

11 '과정 중에 있는 주체'(subject in process)란 데카르트적, 혹은 인본주의적 초월적, 절대적, 고정된 주체성이 존재하는 것이 아니라 항상 유동적인, 상상계와 상징계 사이의 과정에서 부유하는 유동적인 주체성만이 있을 뿐이라는 라캉이나 크리스테바적인 탈구조주의의 인간관이다. J. Kristeva, Columbia University Press, 1984, pp. 20~35 참조.

제 먹탕으로 깜장칠한 문어 한 마리를 무릎에 싸안고서 얼르고 있는 광경이라면 모두 웃음보를 터치리라.

그러나 앞자리에 마주 자리잡은 나의 표정은 굳어만 갔다.

<정식아! 볶지 마아, 빠빠에게 가면 까까 많이 사줄께.>

이건 또 너무나도 창백한 아낙네가 정식이라고 이름 붙은 검둥애에게 거의 애소에 가까운 달램이었다.

자정도 넘은 밤차, 희미한 등불 아래 손들의 피곤한 시선은 결코 유쾌한 눈짓이 아니었고 칭얼만 대는 검둥애의 대구리와 울상이 된 그 엄마의 하이얀 이마 위 땀방울이 유난히 빛나고 있었다.

나는 이 뒤틀어대는 흑백(黑白)의 모자(母子像)을 보다 못해 호주머니를 뒤져 전송나왔던 친구가 취기반으로 사주던 해태 캬라멜을 꺼내 까서 녀석에게 넌지시 권해본다.

아니나 다를까, 적중이었다. 녀석은 흑요석(黑曜石) 보다도 더 짙은 눈을 껌벅이며 깜장 손으로 냉큼 잡아채어 입에 넣었더니 제법 의젓해지지 않는가.

두 개, 세 개, 네 개, 이제는 아주 나의 무릎으로 슬슬 기어오르며 이것만은 차돌같이 흰 이빨을 드러내며 웃어 반기는 것이다.

여기에 이르르면 안 논다는 재주 없다. 눈물이 글썽하여 연신 미안스러워하는 아낙네에게서 녀석을 아주 받아 안고 창경원 가서 원숭이 놀리는 그 꼬락서니가 되어 캬라멜과, 애새끼와 있는 재주를 다 피워 얼러댄다.

이러는 사이에 어처구니없는 풍경이 되어 버렸다. 뜻하지 않는 나의 구조를 넋없이 바라보던 아낙네가 신명의 고달픔이 차고 말았던지 사르르 잠들어 버리고 그렇게 날치던 애새끼 역시도 이제는 어지간히 흡족했던지 내 품에서 쌕쌕 코를 고는 것이 아닌가.

꼼짝없이 검둥이 애비 꼴이 된 나는 헤아릴 수 없는 심정 속에서 그채로 눈을 감고 만다.

나의 머리에는 이 녀석의 출생의 비밀이 되었을 지폐 몇 장이 떠오른다.

이 검둥이의 애비가 쓰러져 숨졌을 우리의 어느 산비탈과 어쩌면 그가 살아 자랑스레 차고 갔을 훈장을 생각해 본다.

저 아낙네의 지쳐 내던져진 얼굴에서 오늘의 우리를 느낀다.

숨결마저 고와진 이 무죄하고 어린 생명을 안고서 인류의 덧없는 운명에 진저리친다.

차는 그대로 밤을 쏜살같이 뚫어 달리고 손들은 모두 지쳐 곤드라졌는데 이제는 그만 내가 흑백(黑白)의 부자상(夫子像)이 되어 이마에 땀방울을 짓는다.

－「초토의 시 2」 전문

밤기차 안에서 우연히 한 아낙네와 그녀의 아들인, '정식이'라는 이름을 가진 흑인 혼혈아의 앞좌석에 앉아 가다가 발생한 이야기를 산문체로 쓴 서사적 양식의 시다. 나의 고정된 정체성이란 없고 즉 우연성과 인접성, 환유가 '나'라는 가변적 일인칭의 정체성을 형성한다는 탈구조주의적 사고를 이 시는 잘 보여준다. '자정도 넘은 밤 시간'은 상징계적 시간이 끝난 미지의 시간이다. 그 미지의 시간 속을 달리는 기차 안에서 시적 화자인 일인칭 '나'는 1행에서 흑인 혼혈아를 '제 먹탕으로 깜장칠한 문어 한 마리'로 표현하며 '앞자리에 마주 자리잡은 나의 표정은 굳어만 갔다'고 흑인 혼혈아(타자)에 대한 인종주의적 낯섬과 혐오감을 표현한다. 다소간 유교주의적, 피의 단일성을 애호하는 로고스중심주의적 사고방식을 보여주는 화자는 나는 중심, 상(上)이고 타자는 주변이자 하(下)라는 근대적 사고방식에 갇혀있다.

'정식아, 볶지 마아, 빠빠에게 가면……'이라는 아이 엄마의 말을 듣고 '정식이'라는 기표와 '검둥애'라는 지시 대상 사이의 어긋남 앞에서 더욱 당혹과 부조화를 느끼게 된다. '정식'이라는 기표는 분명 한국의 이름 체계라는 상징계 속의 한 기표이지만 '검둥애'라는 그의 실체는 그 기표의 기의를 배반하고 있기 때문이다. 바로 그런 기표와 지시 대상 사이의 어긋남에 대한 문화적 반발심리로 화자나 다른 손님들의 시신은 '결코 유쾌한 눈짓이 아니었'고 그런 시선에 노출되어 '자신이 보여지고 있다는 것을 아는' 그 엄마는 '하이얀 이마 위'에 땀을 흘린다. 그 엄마의 '하얀' 색과 더 대조되는 '검둥애'는 '대구리'라는 비하된 언어로 표현되듯 비천한 타자의 위치에 처해진다. '흑백의 모자상'이란 상호텍스트적 표현에서 성스러운 종교적 '성모자상'(성모와 예수의 성모자상)과 대조되어 그 비천함과 어두운 운명이 강조된다.

그러나 일인칭 화자는 '정식'이라는, 기표와 지시 대상 사이의 부조화, 낯섦, 인종주의적 선입견을 금세 극복하고 우는 아이에게 캬라멜을 주며 놀아준다. "창경원 가서 원숭이 놀리는 그 꼬락서니가 되어 캬라멜과 애새끼와 있는 재주를 다 피워 얼러대"는 화자는 "꼼짝없이 검둥이 애비꼴이 된 나"가 되어 그대로 눈을 감고 만다. 모든 것이 파괴되고 불디버린 전후의 땅에서 '나'라는 영구불변적인, 유교주의적인 단일 중심으로서의 주체성은 상실되었고 '나'란 의미적으로 텅빈 기표가 되어 다만 우연한 관계에 의해서 정체성이 생긴다는 것을 이 장면은 보여주고 있다.

"나의 머리에는 이 녀석의 출생의 비밀이 되었을 지폐 몇 장이 떠오른다"는 시행에서 우리는 이제 '기원으로서의 아버지'는 사라지고 인간의 기원이 '지폐 몇 장'이라는 물질성으로 환원되는 것을 보게 된다. 기원으로서의 아버지는 '지폐 몇 장' → '죽음의 산비탈' → '자랑스러운 훈장'이라는 물질적 상상력으로 변해 갈 뿐 기원으로서의 아버지의 신성함, 고귀함, 절대성 등은 사라지고 없다. 그 정식이의 기원은 지폐 몇 장인 것이다. '아낙네의 지쳐 내던져진 얼굴'은 절대적 신으로부터 버림받은 '오늘의 우리'의 얼굴이며 우연성의 지배를 받고 살아가는 현대 한국인의 운명이다. "그만 내가 흑백의 부자상이 되어 이마에 땀방울을 짓는다"라는 마지막 행에서 우리는 다시 한번 우연한 관계성 속에서 의미가 발생할 뿐인, 텅빈 기표로서의 정체성을 보게 된다.

결국 시의 첫 부분에서 '굳어만 가는 나', 즉 인종주의적이고 로고스중심주의적인 '나'는 해체되어 '검둥이의 아버지가 되는 나'로 변모했다. 그 아이의 기원과는 아무 상관이 없이 다만 기찻간에서 앞자리에 앉았다는 인접성에 의해 '흑백의 부자'관계가 이루어지는 그 우연성이야말로 바로 전쟁에 의해 모든 것이 다 무너진 탈중심화된 세계 속에서의 인간 정체성이라고 할 수 있다. 따라서 인접성, 환유가 나의 정체성을 형성하고 깊이보다는 표면이, 신성한 기원보다는 몇 장의 지폐가 우리의 정체성을 만들 뿐이라는 포스트모던적 사고를 읽을 수 있다.

「초토의 시 2」가 서사적 양식으로 '아버지로서의 기원'이 해체되어버린 초토의 시대를 보여주고 있다면 「초토의 시 3」은 순간의 충동이 주관적으로 드러나는 서정적인 양식으로 '모태로서의 기원'이 해체되어버린 초토의 모습을 노래한다.

> 내 가슴 凍土 위에
> 시베리아 찬바람이 살을 에인다.
>
> 말라빠져 엉켜 뒹구는 잡초의 밭
> 쓰레기 구덩이엔
> 입 벌린 깡통, 밑나간 레이션 박스,

찢어진 星條紙, 목 떨어진 유리병,
또 한구석엔 총 맞은 삽살개 시체,
戰車의 이빨자국이 안 밭고랑엔
말라 빼드러진 괭이의 殘骸,
저기 비닐 온상 같은 천막 앞
피묻은 바지 가랑이가 걸린
鐵網 안을 오가며
양키 병정이 휘휘 휘파람을 불면
김치움 같은 땅 속에서
노랗고 빨갛고 파란
原色의 스카프를 걸친 계집애들이
청개구리처럼 고개를 내민다.

하늘이 갑자기
입에 시꺼먼 거품을 물고
갈가마귀 떼들이 후다닥 날아
찌푸린 산을 넘는데

나의 잔등의 미칠듯한 疥癬!
나의 가슴을 치밀어 오르는 이 嘔吐!
어느 누구를 향한 것이냐?

－「초토의 시 3」 전문

이 시에서는 '내 가슴 동토'라는 은유를 통해 나와 동토를 동일화시키고 있다. 2연에서 그러한 초토, 동토의 세계는 부서진 사물들의 집합으로 드러난다. 즉 '나'란 말라빠진 잡초, 입 벌린 깡통, 레이션 박스, 성조지, 유리병, 삽살개 시체, 괭이의 잔해, 비닐 온상, 철망 등 서로 아무런 조화를 가질 수 없는 부조화적인 사물들의 집합더미이다. 즉 땅이 원래 가지고 있는 생산적 의미를 거역하는 불모의 존재인 것이다. 특히 '입 벌린 깡통', '레이션 박스' '비닐' '철망' 같은 사물은 '땅' 자체가 가지고 있는 농경적 의미에 저항하고 있는 금속성, 광물성적 물질들로서 땅의 초토적 성격을 강조하고 있고, 미군들이 보는 '성조지'는 모토(母土)를 오염시키는 외세의 물질이다. 풀은 말라빠진 잡초가 되고 한국의 천연기념물인 '삽살개'는 총 맞은 시체가 되어있는 것이다. 도저히 조화를 이룰 수 없는 이질적 물질들은 통사에 의한 결합에 의해서가 아니라 단지 파편화된 채로 나열되어 있을 뿐이다. 시를 읽을 때 표층 텍스트에 나타나지 않은 마이너스적 기법에도 주의를 기울여야 한다면 이 대목에서 통사가 삭제되고 파편화된 문장이 나열되어 드러나는 것을 들 수 있겠다. 그것은 원래의 땅이 지니고 있는 '유기적' 성격이 파괴된 불모성에 대한 통사적 대응이라고 할 수 있다.

농경적 유기성이 붕괴된 땅에서 이제 '김치움'은 양키 병사들이 휘파람을 불면 튀어나오는 계집애들이 숨어있는 공간이 된다. 가장 한국적인 전통 음식의 보존 공간이었던 김치움은 참호나 전투 상황을 암시하기도 하고 또한 양키들의 구멍이 될 상품 여성들의 공간이기도 하다. '김치움'은 과거의 지속이 붕괴되고 미래에 대한 연결의식도 결여된, 전통이 파괴된, 민족의 모태이기를 부정하는 상품화된 전후 여성의 기호이기도 하다.

3연에서 '하늘은 갑자기／입에 시꺼먼 거품을 물고／갈가마귀떼들이 후다닥 날아／찌푸린 산을 넘는데'에서 '하늘／초토, 동토'의 대립쌍을 찾을 수 있다. 앞에서 焦土의 焦는 '불에 의한 새의 죽음'을 암시하는 물질적 기표로 보았는데 '갈가마귀'는 '불에 의해 검게 그을린 새', 불의 죽음을 뚫고 나는 새로 읽을 수 있다. 불에 의한 종말 이후의 새는 불길한 갈가마귀가 된다.

4연에서는 시적 화자의 몸이 곧 초토와 동일시됨을 읽을 수 있다. 나의 몸에 난 이 疥癬이 바로 뒹구는 깡통, 유리병이나 찢어진 성조지가 뒹구는 오염된 모태의 병을 앓는 것이다. 4연에서 우리는

'개선을 앓는 나의 몸'이 '초토'의 제유임을 알게 된다. 「초토의 시 3」은 2와는 달리 환유적이라기보다는 제유적인 상상력을 보여주고 있다. 제유적 상상력 속에서는 나의 몸은 국토의 일부이자 양키들에게 몸 파는 계집애들은 오염된 모태의 제유가 된다. 따라서 「초토의 시 2」에서는 물질적 기표나 환유에 의한 정체성의 형성을 해학적으로 받아들이는 상대주의적 모습을 보이던 시적 화자가 「초토의 시 3」에서는 "미칠듯한 이 개선!／가슴을 치밀어 오르는 이 구토!／어느 누구를 향한 것이냐?"라는 서정적 절규와 탄식을 쏟아내고 있다. 제유의 실패에 분노를 보이는 시적 화자는 탈중심의 세계, 물질적 기표가 나의 본질을 지배하는 전후적 상황의 물질중심주의에 강력한 비판을 보인다.

3. 전통／자본주의 담론의 부딪침과 다성적 혼성(混成)의 세계

「초토의 시 4」는 기지촌화 되어가는 전후 풍경을 3장으로 나누어 서사적, 극적 기법으로 그려내고 있다. '제1경', '제2경', '제3경'은 제목으로 단절되어 시각적으로 각기 독립된 연을 이루고 있지만 그러나 줄거리는 시간적 계기성 위에서 전개된다. 즉 내용적으로는 통합관계적 연쇄를 이루는 계기성을 가지고 있지만 형식적(물질 표현적)으로는 3경이 단절된 상태로 배열된다는 것이다. 이러한 텍스트의 형식은 '제1경', '제2경', '제3경' 사이에 엄격하게 일관된 통합적 연쇄를 이룰 수 없는 문화적 단절, 간극을 보여주고 있는 것으로 해석되어야 한다. 전후의 국가적 상황은 기지촌적 상황으로 변모하며 그 기지촌적 상황은 「초토의 시 3」에서와 같이 '오염된 모태'라는 모성적 상황과 연관된다. 자본의 물신화가 정신적 깊이를 압도하고 말살하는 전후 현실에서 '더럽혀진 여성'의 문제는 당대 문화의 담론과 갈등을 일으키는 풍경을 발생시킨다.

'제1경'에서는 남성중심주의적 유교문화의 담론과 자본주의적 담론의 갈등을 보여준다.

> 행길 위에 머슴애들이 수상한 차림의 여인 하나를 에워싼다/돌팔매를 하는 놈, 쇠똥, 말똥을 꿰매 달고 막대질을 하는 놈, <양갈보> <양갈-보> <양갈보>/더럽혀진 모성을 향하여 이들은 저희의 율법으로 다스리려는 것이다./<내가 늬들 에미란 말이냐, 양갈보면 어때? 어때!/거품까지 물고 발악하는 여인을 지나치던 미군 짚이/싣고 바람같이 흘러간다. 아우성 소리만 남고.

'아이들/여인'의 대립은 한국 사회를 지배하던 전통적, 유교 남근중심주의 담론과 자본주의 담론의 부딪침이다. 이 대립은 '돌팔매' '막대질' 등을 통하여 아이들의 도덕적 분노와 직설적 증오로 표현된다. 이 시는 '말하기'(디에게시스) 보다는 '보여주기'(미메시스) 기법으로 씌여져 있는데 이들의 싸움을 바라보는 시적 화자의 입장은 전후의 한 풍경을 감정 이입 없는, 서정적 합일을 배제한 채로 이야기를 통해 보여주고 있지만 '더럽혀진 모성을 향하여 이들은 저희의 율법으로-'에 나타난 '이들'이라는 명사에서 언표행위의 주체의 무의식을 찾을 수 있다. 언표행위의 주체 역시 유교중심주의적 시각에서 오염된 여성을 질타하는 아이들 편에 서있는 것이다. '이(아이들)/(저 여인)'이라는 공간 지시어에서 언표행위의 주체가 아이들의 유교적 남성중심주의의 눈으로 모성순결주의와 혈통순결주의의 입장에서 민족의 어머니라고 할 수 있는 여성들의 '성의 자본화'를 바라보고 있는 것이다.

그러나 성의 매매를 생업으로 하고 있는 여인은 남성중심주의적 모성 순결주의 담론에 정식으로 반발한다. <내가 늬들 에미란 말이냐, 양갈보면 어때? 어때!> 그녀의 발언 역시 '양갈보/모성'이 양립할 수 없다는 것을 인식하고 있다는 측면에서 유교중심주의 담론의 담지자이긴 하지만 "양갈보면 어때? 어때!"라는 반항의 목소리에서 물신 숭배 자본주의의 담론이 강력하게 대두된다. '미군 짚'은 신식민주의의 기표이자 신식민주의 시대에 주인으로 등장하는 미군의 환유이다. 미군의 환유는 한국 여인의 구원자로 등장한다.

'제2경'은 모든 것을 물질로 환원시켜 계산하는 자본주의의 물질주의적 사고에 이미 전통을 신봉하던 아이들이 빠져들고 있음을 보여준다. <제1경>에서 '수상한 차림의 여인'은 '짙게 양장한 여인'으로 변화한다. '짙게 양장한'은 압축은유이다. '짙게 화장한'과 '양장한'이 압축된 것이다. 이러한 압축 은유는 당시의 시대상을 중층적으로 표현한다. '행길 위의 머슴애들'은 도덕적 증오와 저주에서 이제 좀더 풍자적으로 변해간다.

> 여인의 뒷잔등에다/<一金 三千圓也>라는 꼬리표를
> 재치있게 달아붙인다./<와하> <와하하> <와하하하>
> /자신의 항거로서는 어쩔 수 없음을 깨달은 꼬마들이/
> 자학을 겹친 모멸의 哄笑를 터뜨린다.

여인은 이제 '돈'이라는 물질, <一金 三千圓也>로 환원된다. 자본주의 사회의 물질성은 지시대상이나 그 기의를 가능케 하는 초월적 의미와는 무관하게 모든 것이 물질적 요소로 환원된다. 아이들은 자본의 물질적 기표가 인간 본질을 대신하는 사회를 이제 도덕적으로 비난하거나 증오하기보다 그것을 풍자하고 조롱한다. 풍자 속에는 풍자되는 그 대상에 대한 비판과 더불어 자신에 대한 비판도 들어있다. 그래서 그것은 '자학을 겹친 모멸'이 되는 것이다. '일금 삼천원야'가 된 여인은 초월적 기의가 존재하지 않는 자본주의적 인간의 한 기표이며 인간이 물질성에 환원되는 기표일 뿐임을 암시한다.

'제3경'에서 이제 아이들은 아무 것이나 다 먹어치우고 변모시키는 자본주의 물신의 지배아래 포획되어 오히려 적극적으로 성 매매라는 교환 구조 안에서 자신의 역할을 발견하게 되는 것을 보여준다. 자본주의의 질서에 자신도 모르게 감염되어 노예로서의 주체로 변화하게 된다.

> 흑백의 모주 병정들이 어른거릴 양이면 그 고사리 같은 손으로 억센 팔들을 잡아 끄는 것이다./<헬로 오케> <마담 나이스> <나이스 오케>/지폐맛을 본 꼬마들은 이 참혹한 현실을 그들대로 활용하게끔 되었다.

'제1경'에서 양갈보를 도덕적으로 증오하던 아이들은 전통과 인습을 버리고 오히려 그녀들을 '나이스 마담'으로 칭하며 적극적으로 성 매매의 교환 구조를 이용하여 살아간다. '이 참혹한 현실/(저 순결한 과거)'의 '이'라는 지시어에서 발화되지 않은 '저'라는 과거의 시간을 읽을 수 있다. '저'에 대립되는 '이'라는 지시어에서 전후 상황의 기지촌적 현실에 절망하고 있는 언표 행위의 주체의 무의식을 읽을 수 있다.

이렇듯 이 텍스트가 3경으로 분절되어 결코 통합될 수 없는 한 시대의 풍경을 보여주고 있듯이 그 현실을 바라보는 언표행위의 주체는 '전통 담론/자본주의적 교환구조'의 혼란 안에서 분열되어 있음을 살펴보았다.

4. 형이상학적 위계 질서의 해체[12]와 카니발 공간

「초토의 시 5」는 서사적, 극적 텍스트의 혼합 장르 텍스트라고 부를 수 있다. 서사적으로 이야기를 진행시켜 가면서 인물들의 발화를 모방하고 있는 데서 그렇다. 그러한 혼합 장르의 특성과 더불어 '선/악' '성스러움/더러움' '매음굴/성당', '성모/창녀'의 대립이 무너지면서 그 위계가 전복되는 해체주의적 사고를 보여준다.

시인은 다리가 하나 없는 상이용사 친구를 데리고 매음굴로 들어선다.

> 방에 들어 흘깃하면 松, 鶴 수틀 아래 합장한 아기예수의 흰 석고상이 매달려 있다./시인은 올 때마다 쓰디쓴 웃음을 풍기며/—이건 네 아이 얼굴이가?/퉁겨 묻고는/—너도 막달레나가 되려나?/혼자 중얼거린다.

매음굴은 아기 예수 석고상이 매달려 있는 교회로 비유되지만 '합장한 아기 예수'라는 은유에서 기독교 담론(예수)과 불교 담론('합장한')이 합쳐진 것을 볼 수 있다. 유일신만을 절대자로 신봉하는 기독교 담론의 모세적 단일주의를 해체하여 불교와 혼합함으로써 언표행위의 주체의 상대주의적 종교관을 암시한다.

> —이 친구 색시 하나 똑딴 것으로 데려와!/아주 마음 좋은 가모님으로 말이야!/……(중략)…… 창녀는 잠시 후 방문을 빼꼼히 열고는 눈짓으로 시인을 불러내간다./—저, 저, 저 손님 다리 하나 없으시죠?/—음, 왜 그래, 상

12 자크 데리다, 『글쓰기와 차이』, 남수인 역, 동문선, 2001, 437~460쪽 참조.

> 이용사야!/―아마 딴애들은 안받을 거예요. 그래서 선생님 형편이라면 제가 모시죠./―으음./시인은 이 최상급의 선의 앞에 흠칫 놀라면서/―그래, 그래야 나도 생장가 들지!/하고 얼버무려 버린다./악의 껍질 같은 칠흑 어둠이 덮힌 창굴 마당에다 시인은 오줌을 갈기면서 이 굴속에도 비록 광채는 없으나 벼로가 시가 깃들어 있음을 다스하게 여긴다.

선/악, 성스러움/더러움, 기독교/불교, 막달레나/마리아의 대립이 해체되고 그 위계가 전복되는 것을 보여주는 이 텍스트는 장르적으로 서사적, 극적 장르가 혼합된 잡종 장르인 것처럼 형이상학적 위계질서가 해체, 혼합되는 것을 보여준다.

그러한 형이상학적 사고의 해체는 「초토의 시 7―적군묘지 앞에서」에서도 읽을 수 있다. 이 텍스트에서 '적군'('북한 공산당'으로 텍스트 말미에 시인은 적고 있다)=같은 고향 사람=동포'로 노래된다.

> 이곳에서 나와 너희의 넋들이/돌아가야 할 고향땅은 30리면/가로 막히고/무주공산의 적막만이/천만근 나의 가슴을 억누르는데/살아서는 너희가 나와/미움으로 맺혔건만/이제는 오히려 너희의/풀지 못한 원한이/나의 바램 속에 깃들어 있도다./손에 닿을 듯한 봄 하늘에/구름은 무심히도 흘러가고/어디서 울려오는 포성 몇 발/나는 그만 이 은원의 무덤 앞에/목놓아 울어버린다.

고향사람이자 살아서 적군이었던 군인의 죽음은 '이 은원(恩怨)의 무덤'이라는 모순어로 표현된다. 적/아군이 없어져 버린 이 역설적, 해체적 공간인 '적군 묘지'에서 '은혜/원한'이라는 대립적인 개념들이 해체되어 버리고 적군=아군이 되어버리는 형이상학의 붕괴를 이 텍스트는 보여준다. 그 형이상학적 붕괴, 해체적 역설이야말로 '6·25전쟁이 동족 전쟁'이었음을 잘 드러내준다고 하겠다.

「초토의 시 14」는 인물들간의 대화 중심의 극적 텍스트이다. 배경이 되는 시공간은 시간적으로 '동란이 멈칫한' 어느 시간, 공간적으로는 '어느 전선 전초고지의 참호 안'이다. 인물들은 "임무를 교대한 우리 사병들과 흑인 병사 서너명"이며 그들은 "막걸리 판을 벌이"면서 대화를 벌인다. 등장인물들은 사병과 학병과 흑인, 그리고 불특정다수인 '일동'이다. 일동은 집단이면서도 '일동 중'은 집단 속의 하나이기 때문에 '일동'은 불특정다수인 집단이자 익명의 개인이기도 하다.

> <드링크> <오케> <탱큐> 등등 반쪽 말을 범버꿍해서 질탕인데, 그중 흑인 병사 하나가 우리 사병 하나를 껴안고 무엇이라고 연상 지껄이며 애타하니까 자기 옆 전우의 덜미를 붙잡아 돌리며／사병: 야, 학병! 너 이 깜두이 새끼가 나보고 뭐라는지 통역 좀 해봐라. 나보고 좋다카는 건 분명한디 말이다.／학병: 그자식도 취해서 그저 개소리, 쇠소리, 말소리, 아무렇게나 씨부리는거지! 뭐 별소리 있겠니?／하면서 흑인병정을 향해／학병: 유 세이 원스 모아.／유 노우, 위 디퍼 이치 어더 인 내쇼날리티, 레이스, 홈랜드, 패어랜쓰, 앤 디 스킨 맨 소포스. 유 노우, 위 디퍼 이치 어더 인 매니 리스펙쯔.／학병: 고 어헨.／흑인: 받 위 앤 원 비코즈 위 아 데스띤드 투 다이 온 쎄임 데이. 위 아 쎄임 데이. 위 아 쎄임 위 아 클로지스트 푸랜즈 유 노우. 위아 넘버 원 푸랜즈. 슈어 트루 부라더즈.／학병: 유 아 라잍. 아이 노우 홧 유 민. 하고 일어나서 손뼉을 치며

이 텍스트는 한글과 한글로 음이 표기된 영어로 되어있는 텍스트로 이어성(heteroglossia)의 언어 텍스트이며 그러한 이어성의 요소는 미국 문화가 이미 한국 문화 속에 진입되어 있는, 혼종사회적 성격을 보여주는 물질적 기표라고 할 수 있다. 사병과 흑인 사이에는 언어적 단절이 있고 그래서 사병은 흑인의 말을 '그 깜둥이새끼가 뭐라는지' 정도로 비하하고 있고 학병 역시도 처음에는 '그저 개소리, 쇠소리, 말소리, 아무렇게나 씨부리는거지!'라고 인종주의적 편견에 사로잡혀 그와의 의사소통에 기대를 갖지 않는다. 그러나 학병이 흑인의 말에 귀기울여 가는 동안 흑인/학병 사이에는 의사소통이 이루어지고 있고 또한 학병을 사이에 두고 흑인과 일동은 의사소통을 하게 된다.

> 가만히 좀 들어봐! 이 자식이 하는 말이-너나 나나 나라가 다르고, 민족이 다르고, 고향이 다르고, 부모가 다르고, 피부가 다르고, 또 모든 게 다 다른데 오직 같은 게 있으니 그것은 너나 나나 졸병이라는 것과 죽을 날자가 똑같다-이거다./일동 중: 옳소. 옳소. 그건 반공통일보다 더 옳소.

먼 아시아 작은 나라의 평화와 민주주의를 수호하려고 전쟁에 와서도 '깜둥이 새끼'라고 비하를 당하는 흑인은 죽음이라는 절대적 명제 앞에서 인간의 귀/천, 흑/백, 중심/주변의 차이를 다 해체하고 오직 '죽음 앞의 존재'라는 공통점을 인식할 줄 아는 고귀한 정신의 소유자로 전복된다. 그러한 발견과 만남은 전선 전초고지의 '참호' 속을 모든 대립이 와해되고 위계질서의 서열이 전복되는 카니발적 공간으로 변화시킨다.

'죽음 속에서의 동질성'이라는 인간의 보편적 조건은 '반공 통일'이라는 시대적 이데올로기조차도 압도하게 된다. 순식간에 이데올로기의 단절된 공간이었던 참호가 초(超)이데올로기적 카니발 공간으로 뒤바뀌면서 "일동 중: 그것 참 성경 말씀보다도 좋다"처럼 종교까지도 초월하는 동질성을 갖게 된다. 그러한 카니발적 공간 안에서 <해피 버스데이 투 유>가 울려 퍼지는 마지막 연은 인간을 적대적으로 분리하는 모든 이데올로기에 항거하여 '참호'라는 '죽음의 장소'를 '생일 노래가 울려퍼지는 탄생 자리'로 전환시키는 역설을 보인다. 그러한 역설을 창조할 수 있는 것은 '참호'라는 죽음의 장소로서의 환유적 요소에 인간이 환원되는 것을 거부하고 그 물질적 요소를 뛰어넘는 힘으로서의 인간적 각성('죽음'이라는 보편적 조건에 대한 인식), 그 각성으로부터 파생된 '형제애' 때문이다. 공포를 웃음으로, 전쟁의 장소를 생명의 장소로 역전시키는 본원적 요소인 '죽음'과 '사랑'은 중심/주변이나 사회주의/자본주의 이데올로기로 세계를 분리했던 근대적 담론을 대화로 뛰어넘어 억압되고 배제된 것들을 복원시킬 수 있는 탈근대의 가능성조차를 형성한다.

그런데 이 텍스트에서 탈이데올로기로의 인식의 전환을 이루게 하는 동인으로서의 행위자가 천대받는 흑인이라는 점에서 백/흑의 신분의 위계가 전복된다는 것과 또한 그가 미군 병사라는 점에서 50년대적 한국의 식민주의적 상황의 단면을 동시에 볼 수 있다.

5. 휴전=냉전: 절규의 목소리에서부터 얼어붙은 시각으로

「15」는 서정적 형태를 가진 텍스트로서 긴장된 어조와 격렬한 호흡으로 전투 장면을 주관적으로 그리고 있다.

> 아군이 포복하여 기어오르고 있다./그속에 흑인병사도 끼어있다./포탄과 탄환의 폭우 속을 뚫고/우리 사병 중 하나가 고지에 올라/수류탄을 던진다./흑인 병정 하나도 따라 올라/수류탄을 던진다./작렬/작렬/폭발/폭발/백병전……//동이 트는 고지에/혼백처럼 태극기가 휘날린다./적, 아군의 시체가 즐비하다./흑인 병정의 목에서 빠져나온/군번패가 아침 햇살에 유난히 번득인다.

단문의 반복과 병렬이 형태적 통일감과 일관성을 보여주는 이 텍스트는 전체 동사의 어미가 현재 시제로 되어있고 하나의 명사로만 이루어진 다섯 행의 병렬을 빼고는 모두 '-다' 종결 어미로 되어 있어 화자의 말들의 응집력과 서정적 긴장감, 박진감이 생생하게 느껴진다. '나'라는 말은 나오지 않고 '우리'라는 말이 한번 나올 뿐이고 빠른 리듬감에서 격한 무의식의 충동성을 읽을 수 있다. 죽음 충동과도 같은 이런 치열한 리듬은 전투의 치열성이며 편린(片鱗)으로 존재하는 '나'를 뛰어넘어 '우리'라는 분리되지 않는 덩어리, 중심점으로 응집시키는 효과를 만들고 있다.

'적, 아군의 시체는 즐비하고' 흑인 병사는 '군번패'로서의 하나의 물질적 죽음이 될 뿐이다. 의미 있는 가치로부터 단절된 죽음. '군번패가 아침햇살에 유난히 번득인다'는 아이러니의 감정을 불러일으킨다. 아이러니란 의사소통과 의미 사이의 돌이킬 수 없는 대립 사이에서 생겨나기 때문이다. 아이러니는 비의식이기 때문에 경험적 세계로 적용할 수 있는 지식을 만들 수 없다. 전쟁은 아이러니이고 양가적인 모순만을 느낄 수 있다. 죽음으로서의 물질적 종말에는 숭고함조차도 없다. 사물로서의 죽음이기 때문이다.

「20-휴전협정 때」도 시적 화자의 목소리가 강하게 들려오는 서정적 형식을 띠고 있다.

조국아, 심청이마냥 불쌍하기만 하 너로구나.／시인이 너의 이름을 부를양이면 목이 멘다.／／저기 모두 세기의 백정들,／도마 위에 오른 고기 모양 너를 난도질하려는데／하늘은 왜 이다지도 무심만 하다더냐.

'조국아'라는 호격은 '조국'을 이인칭 수신자의 자리로 위치시킨다. 이러한 호격은 데리다가 말한 것처럼 애도의 수사학이며 근원적 절규의 언술행위[13]라고 볼 수 있다. 애도의 수사학[14]은 죽은 자의 위치를 '수신자의 이인칭'에 위치시킨 뒤 '부재하게 된 이인칭'을 죽음이나 멸망으로부터 건져 올리기 위해 부활의 힘을 믿는 것처럼 '이름'을 부르는 돈호법을 반복하여 사용한다. '조국아'의 5번 반복을 통해 '휴전 협상'이라는 국제 정치적 '도마' 위에서 '분단'이라는 죽음을 겪게 된 '조국'을 애도한다.

애도의 수사학이 의인화의 기법을 자주 사용한다는 것은 앞서 말한 바와 같거니와 인물 중에서도 아버지라는 절대 가부장을 위하여 몸을 바쳐야 했던 '심청'으로 의인화된다. 이 의인화는 조국을 심청으로 여성 젠더화 했다는 것과 여성 중에서도 가부장을 위해 목숨을 바쳐야 했던 '심청'으로 의인화했다는 점에서 조국이 처하게 된 국제 정치적 현실 속에서 새로운 가부장을, 주인을 섬겨야 한다는 암시를 읽을 수 있다. 그러한 새로운 제국의 가부장은 '세기의 백정

13 Schleifer, 앞의 책, p. 210.

14 슐라이퍼는 애도와 기도의 차이를 논하면서 둘 다 부재자인 대상을 향한 말이지만 기도는 애도와는 달리 지시적 담론과 흡사하게 담론의 대상을 실증하려는 효과를 만들기 위해 대상을 구체화하고 초월성, 지시, 동일성의 효과를 창출하는데 애도는 담론적인 효과를 창조함으로써 작용한다고 구분한다. 애도의 수사학에서는 주로 의인법으로 부재를 형상화하는데 이름 자체에 부활의 힘을 선언하는 것처럼 이름을 계속 부르는 돈호법을 사용한다.
Schleifer, 앞의 책, pp. 211~222 참조.

들'로 의인화되고 조국은 그들 앞에 놓인 '도마 위의 고기'로 비유된다. 이 텍스트가 기도의 언어가 아니고 애도의 언어인 것은 2연의 마지막 행 "하늘은 왜 이다지도 무심만 하다더냐"에서 읽을 수 있다. 전통적으로나 인습적으로 한국인의 신(神)이자 초월적 절대자인 '하늘'의 힘을 저버린 자의 절규인 것이다. 외세에 의해 동강난 땅 위의 동강난 하늘은 이제 더 이상 초자연적인 절대자로 존재할 수가 없다.

2연의 '심청의 아버지' 같은 가부장적 절대자는 이제 '세기의 백정'으로 비유된다. 결국 심청의 몸은 '분단'이라는 칼을 받게 되고 4연에서 조국은 '원혼(冤魂)의 나라'로 비유되고 만다. '북으로 발을 구르는 어리고 헐벗은 형제들'이 '너(조국)의 마지막 맥박'으로 비유되면서 조국의 분단은 완성된다. 도마 위에 칼을 처든 손, 즉 신식민주의적 강대국들 간의 대립과 이해타산으로 인해 이루어진 '분단'이라는 비극적 결과로 휴전 협상을 맺게 된 '조국'은 '심청'이와 같은 희생자일 수밖에 없다.

이 텍스트는 호격, 명령형, '-더냐'의 의문형, '-구나'의 영탄형, 호격의 반복 등 다양한 종결 어미를 통해 죽은, 혹은 멸망한 수신자에 초점을 맞추고 부재하는 타자의 부활의 힘을 선언하는 것처럼 이름을 반복해 부르는 애도의 텍스트이지만 기도가 아니고 애도이기 때문에 초자연적인 믿음을 보여주지는 않는다. '분단'이라는 심청의 희생과도 같은 역사적 상황 앞에서 외세 권력들이 새로운 가부장으로, 새로운 주인으로 지배하기 시작했다는 것을 읽을 수 있다.

「20-휴전 협정 때」가 휴전을 절규, 통탄하는 '목소리의 시'였다면 다음 「21 → BRIDGE OF NO RETURN」은 얼어붙은 상황에 목소리도 내지 못하고 오직 바라보고만 있는 '눈'의 시이다. 애도는 그것을 청취하는 귀를 요구하는 담론의 성격을 지니지만 휴전 협정이라는 약소국의 역사적 비극에 대한 약소국의 통탄을 들어줄 '귀'

는 존재하지 않는다는 것을 「20」(청각시) → 「21」(시각시)의 이동은 보여준다. 눈의 바라봄은 증인의 시각이지만 강대국에 의해 결정되는 역사 앞에서 아무 것도 할 수 없는 무력한, 수동적인 '바라봄'이라는 숨막히는 고통을 암시한다.

따라서 「21 → BRIDGE OF NO RETURN」은 시적 화자도 움직이는 리듬감도 없는, 오직 눈을 위한 시각시(visual poems)이자 '얼어붙은' 사물시다. 시각시란 어떤 관념이나 사건을 물질적으로 기표화하여 물질성과 의미의 관계를 창출하는 방식의 시이다. 더구나 이 시각 텍스트는 판문점을 중심으로 하는 남과 북의 대치적 공간을 조감도처럼 위에서 내려다본 텍스트이다. 휴전이라는 사건, 혹은 현상은 '판문점의 원탁'을 중심으로 남과 북으로 분단되어 북은 북대로 총구와 포문을 남으로 향하고 있고 남은 남대로 북을 향하여 총구와 포문을 겨누고 있는 무서운 냉전의 상태를 위에서 내려다보면서 쓴 것이다. 휴전이란 가짜 평화의 기의를 '얼어붙은 사물시'라는 기표로 물질화시키고 있는 이 시야말로 언어 기호의 기표적 측면을 중요시하는 모더니즘적 특성을 잘 보여준다고 하겠다.

조감도(鳥瞰圖)라는 물질적 기표에 이미 '새'가 숨어있는 것처럼 제목 「초토의 시」에서 '초(焦)'의 기표에 숨어있었던 '꼬리 짧은 새(隹)'가 연작시의 마지막 편에서 다시 등장하는 것을 발견할 수 있다. 전쟁으로 인해 불에 타버린 '갈까마귀 새'(「3」)를, 다시 얼어붙은 냉전 상황을 하늘에서 바라보고 있는 '새'의 시점을 이 시각시(「21」)의 조감도적 성격에서 연역해 낼 수 있다. 기표들의 물질성 그 자체가, 즉 눈에 보이는 그대로가 바로 휴전과 냉전의 의미가 되는 것이다. 휴전이란 곧 '무서운 무기를 남과 북 각기 내부에 감추고 서로를 향해 있는' 상태, 냉전의 상태, 죽음처럼 부동(不動)의 상태라는 것을 이 텍스트는 기표적으로 보여주고 있다. 따라서 주어-동사-서술어 등 문장을 이루는 언어적 요소 없이 휴전이라는 현상을 단어의 시각적 배열로만 보여주고 있는 이 텍스트는 텍스트 표면에 드러난 화자도 없고 통사도 없고 의미론적 체계도 없다. 시적 화자, 즉 언표 내용의 주체도 없으니 '나'도 없다. 또한 휴전의 긴장과 불안은 텍스트 중심에 놓여있는 판문점 원탁을 형상화한 탁자 가운데 자리를 차지하고 있는 철(綴)이라는 기표에서 볼 수 있다. '어떤 명사의 뒤에 쓰여 그것을 한데 꿰매어 놓은 물건의 뜻을 나타내는 말'이라는 '철(綴)'을 중심에 두고 원탁 모양으로 회(會), 기(旗), 탁(卓), 기(旗)가 모여있기에 판문점 상황이란 것이 아주 임시적이고 불안정한 것을 암시한다.

포문과 총구가 한자로 표기된 점, "*砲門 20은 作者의 純全한 상상에 의한 휴전선의 사단 배치수임./*BRIDGE OF NO RETURN은 <돌아오지 않는 다리>"라는 두 행에 한자와 영어가 한글보다 문장의 앞머리에 나오는 것은 한국의 휴전, 분단 상황이 신식민주의자 강대국들의 강압에 의해 야기된 것이라는 것을 기표의 물질성을 통해 표현하고 있는 것이다.

이러한 시각시에서 언표 내용의 주체는 사라져 보이지 않지만 언표 행위의 주체의 무의식을 읽을 수는 있다. 즉 강대국들의 힘의 부딪침으로 분단, 휴전 상황을 수동적으로 받아야만 하는 국제 질서 속에서의 어쩔 수 없는 주체성 상실에 대한 거역과 부정적 충동성을 이 물화된 텍스트는 역으로 보여주고 있는 것이다.

6. 결 론

구상 시인의 연작시 「초토의 시」는 6·25 전쟁으로 인해 전통적 인간관과 사회가 붕괴되고 미국식 자본주의적 물질관이 한국의 인간과 사회를 지배해 가고 있음을 언어 기호의 물질적 측면의 우위성을 통해 텍스트화하고 있다. 또한 전후 세계의 잡종 문화적 성격을 드러내기 위해 장르적으로도 서정적, 서사적, 극적 요소를 다양하게 등장시켜 전통 담론/자본주의적 담론, 기독교 담론/불교 담론, 휴머니즘 담론/신식민주의적 담론들의 부딪침과 혼란스런 공존을 혼합 장르의 성격으로 보여주고 있다.

「1」에서는 '초도'일망정 휴머니즘적인 따스함으로 전후의 풍경을 바라보던 시적 화자의 모습은 연작의 마지막 시편 「21 → BRIDGE OF NO RETURN」에서는 아예 삭제되고 만다. 인간의 추방이 이루어지고 상황의 물화(物化)를 보여주는 텍스트가 바로 「21」이기 때문이다. 그만큼 강대국들에 의해 일방적으로 진행된 '휴전'이란 것이 한국인들의 인간의 죽음, 배제에 의해 이루어진 것이고 그 휴전이란 곧 '얼어붙은 냉전'임을 「21」의 물화된 사물시의 형식은 보여준다. 6·25전쟁이 한국인의 것이 아닌 강대국이라는 큰 타자들에 의해 발생한 근대적 담론들의 충돌이었다면 그 비인간적인 근대 담론에 저항하는 텍스트 전략으로써 선/악, 흑/백, 성스러움/더러움, 성모/창녀 등 서양 형이상학의 근본이 되는 로고스가 해체되는 것을 이 연작시는 보여준다. 또한 주체성의 문제에서도 전통적으로 절대적, 초월적 인간 주체성이 있다고 믿었던 휴머니즘적 인간 주체의 신념을 해체하고 인접성에 의해, 환유에 의해, 물질적 기호에 의해 인간 주체성이 생성된다는 자본주의적 변화와 탈근대적 사고를 이 시는 역시 보여준다.

이러한 분석을 통하여 모더니즘과는 대립적인 위치에 있다고 평가되었던 구상 시인의 텍스트가 텍스트의 물질적 기표를 중요시 여기는 모더니즘적 성격을 가진 텍스트이자 모든 것이 무너지는 전후 상황에 처하여 주체의 분열과 주체의 상대주의적 생성의 성격을 보여주고 있다는 점에서 오히려 탈근대적 성격을 가진 텍스트임을 밝혀 보았다. 50년대의 전후(戰後) 풍경을 인간관의 변화라는 측면에서 문화의 측면에서 윤리적 측면에서 정치적 측면에서 역사적 측면에서 다각적으로 바라보면서 그것을 다양한 장르 요소로 형상화한 이 텍스트는 바흐친의 다성적 문학이라는 개념을 잘 보여주는 시 텍스트라고 하겠다. "시는 독백적이고 단성적이어서 사회와 역사의 담론들을 수용할 수 없다"라고 비판했던 바흐친의 시론[15]을 혼합 장르적 요소를 가진 연작시라는 형식으로 잘 극복하고 있는 이 텍스트는 6·25 전후의 격변하는 혼란의 모습을 인간적, 문화적, 사회적, 역사적, 인종적, 정치적 담론들의 부딪침 안에서 그려내고 있으며 또한 그것을 모더니즘 문학의 특성인 텍스트의 기표적 물질성을 통하여 잘 형상화하고 있다고 할 수 있다.

15 "시란 소설과 달리 이질론을 감소시킨다. 시적인 장르의 중심이 되는 유형들이 언어적, 이데올로기적인 삶을 한데로 묶고 중심으로 모으는 구심적인 힘의 유통 속에서 발전하는 데 반해 소설과 소설에 결부되는 문학적 산문의 장르들은 역사적으로 분산적이며 원심적인 힘의 유통에 의해 형성된다." 츠베탕 토도로프, 『바흐친-문학 사회학과 대화 이론』, 최현무 역, 까치, 1990, 90쪽.

참고문헌

고은, 『1950년대식』, 민음사, 1973.

구상, 『드레퓌스의 벤치에서』, 고려원, 1984.

구상, 『조화 속에서』, 한국 대표시인 100인선집, 미래사, 1991.

김욱동 저, 『대화적 상상력-바흐친의 문학 이론』, 문학과지성사, 1988.

김준오, 『한국 현대 장르 비평론』, 문학과지성사, 1990.

로뜨만, 무카조프스키 외, 조주관 편역, 『시의 이해와 분석』, 열린책들, 1994.

자크 데리다, 『글쓰기와 차이』, 남수인 역, 동문선, 2001.

정형철, 『현대 미국문학비평의 흐름과 포스트모던 이론』, PUFS, 1995.

한국 대표시인 101인 선집, 『구상』, 문학사상사, 2002.

Berry, Peter, 『현대문학 이론 입문』, 한만수 외 역, 시유시, 2001.

Easthope, Anthony, *Potry as Discourse*, Methuen, 1983.

Kristeva, Julia, *Revolution in Poetic Language*, Columbia University Press, 1984.

Schleifer, Ronald, *Rhetoric and Death: The Language of Modernism and Postmodern Discourse Theory*, University of Illinois Press, 1990.

Silvermann, Hugh J, ed., *Derrida and Deconstruction*, Routeledge, 1989.

『청록집』과 탈식민화의 저항: 상상적 지리학, 민족문화 기억하기와 해방의 담론

1. '식민 직후' 연옥의 병리학과 『청록집』의 탈식민화의 욕망

『청록집』의 시인들, 즉 박목월, 조지훈, 박두진의 초기 시 세계에 대한 기존 논의는 대체로 '자연', '민족', '순수'에 초점을 맞추어 왔다. "이들의 시는 자연을 개인적 정감으로 노래하고 있지만 그 정서의 배경에는 일제 암흑기의 어두운 정서와 비극적 슬픔이 승화되어 있음을 알 수 있다……(중략)……발표의 기회가 없었던 까닭에 그들에게 있어서는 한글 시를 숨어서 창작한다는 행위 자체가 이미 이 시대에 대한 투쟁이었다. 청록파는 암흑기 문학사에서 모국어를 지켰다는 점, 전통 탐구와 자연에 대한 감수성을 통해 한국 서정시의 새로운 지평을 열었다는 점, 민족문학의 맥을 계승했다는 점에서 문학사적 의의가 크다 하겠다."는 오세영 교수의 지적은 그간 『청록집』에 대해 내려진 보편적 평가라고 하겠다.[1] 또한 『청록집』이 1946년 해방 이후[2]에 출간되었기 때문에 "신진 시인들 가운

[1] 오세영, 「40년대의 시와 그 인식」, 『20세기 한국시 연구』, 새문사, 1989, 251쪽.

[2] 『청록집』에 실린 작품들은 1939년 즈음 『문장』지에 발표된 것들이 중심이 되었다고 할 수 있다. 박목월이 「가을 어스름」과 「연륜」으로, 조지훈

데 『문장』 출신으로 합동 사화집인 『청록집』을 내어 문단의 주목을 받게 된 박목월, 조지훈, 박두진은 당시 민족 진영 문인들이 한 목소리를 내던 문학의 순수성과 예술성이 무엇인지를 한껏 보여주었다"[3]라는 평가를 받기도 하였는데 이는 후에 좌익 계열의 경향시 시인들과 대립적인 위치에 있던 민족주의 계열의 시적 성취로 간주되기도 했다. 또한 조지훈 스스로가 문단에서의 좌익 계열의 조직적인 문예운동으로서의 목적시와 대립되는, '대타의식으로서의 문학의 순수성을 옹호하고자 했던 민족주의 계열의 순수시'를 주장하기도 했다.[4]

이 「봉황수」로 , 박두진이 「의(蟻)」, 「들국화」로 1940년 추천을 끝냈고 그 이후는 몇 작품을 발표했을 뿐 소위 모국어로 된 것을 발표할 지면조차 없는 문학의 암흑기였다. "『국민문학』이라는 잡지와 같은 황도문학이 문단을 전천(專擅)하고 있을 때여서 문단의 유복자격인 우리는 절로 붓을 꺾을 수밖에 없었다"는 조지훈의 말이나 (『청록집』, 삼중당, 1976, 140쪽) "「문장」은 폐간되고, 우리에게는 글을 발표할 자리 뿐만 아니라 우리 글 자체도 빼앗기고 「세기의 심연」은 완전히 어둠으로 덮히게 되었다. 그러나 나는 꾸준히 작품을 썼다. 그것으로써 나를 달래고 위로하고 또한 시를 쓰는 생활안에서 삶의 등불을 밝혔던 것이다."(『청록집』, 92쪽)라는 박목월의 말은 일제말 암흑기의 시인들의 정황을 잘 보여준다. 이러한 정황과 함께 박두진의 경우 1945년 해방을 맞아 썼다는 「해」를 1946년에 출간한 『청록집』에 수록하지 않고 있는 것을 볼 때 『청록집』의 시편들은 해방 이전에 씌여진 작품들을 모은 것이라고 추정할 수 있겠다. 김용직은 "『청록집』의 서른 아홉편의 작품 가운데 8·15 이전에 쓰여진 『문장』에 추천된 몇 작품이 있음에도 불구하고 『청록집』은 8·15이후에 간행된 시적 성과로 보는 것이 타당하다"고 주장한다. 여기에 『청록집』의 두 가지 성격이 위치한다. 『문장』 폐간 직전의 1939년과 그 후의 '암흑기적 담론 공간'과 또 하나는 해방 이후의 '해방 담론 공간'이 그것이다. 해방 이전에 거의 쓰여졌으나 해방 이후에 편집, 출간된 그 시집은 그 두 개의 담론의 장(場) 속에서 생산되었음을 읽을 수 있다.

3 박혜숙, 「광복, 분단의 시적 체험」, 박철희·김시태 편, 『한국 현대문학사』, 시문학사, 2000, 307쪽.

본고는 『청록집』을 '해방 이전에 쓰여졌으나 해방 이후에 출간된' 시집으로서 '자연발생적으로 3인 시인의 시편들을 모아놓은 사화집' 으로 보기보다는 해방 이후의 '식민 직후'라는 시기적 특징에 의해 '탈식민으로 되려는(becoming), 즉 자기 회복을 위하여 탈식민지화의 욕망을 가지고 구성한 기획'으로 읽어보고자 한다. 즉 식민지 시대에 '자연' 상징으로 위장하여 쓰여진 순수 시집이지만 '해방 이후'에야 출간된 '탈식민화의 저항의 기획'으로 새롭게 바라보고자 하는 것이다. 탈식민주의(post-coloniallism)란 반드시 해방 이후라는 시간에 국한될 필요가 없다. 해방 이전이거나 이후에 제국의 피해와 억압을 인식하며 그 파괴적 영향력을 탐색하고 그것에 대항하고자 하는 인식을 보이는 경우 탈식민주의적 기획으로 볼 수 있는 것이다.[5] 그러기에 '『청록집』을 보다 『청록집』답게 구성되도록 만들고 있는 힘'으로 '식민 직후'(Colonial aftermath)라는 시간적 특징을 지적하고 싶다. '식민 직후'라는 시간적 특징은 릴라 간디에 의해 두 가지로 요약된다.[6]

4 조지훈, "해방 되던 해 9월초에 내가 상경하여……(중략)……이듬해 창립동지로 참가한 것이 청년문학가 협회요 한국문학가 협회였다. 이때부터 순수문학 대 경향문학, 민족문학 대 계급문학의 논쟁에 참가하고 강연을 하고 시낭독을 하고 욕을 먹고……갑자기 당한 속세의 누(累)는……", 「나의 문학 역정」, 『청록집』, 삼중당, 1976, 141쪽.

5 "예전에는 포스트콜로니얼이라는 용어를 독립 전과 독립 후를 구별하기 위해 쓴 적도 있었다. 그러나 우리는 이제 '포스트콜로니얼'이라는 용어를 식민지 시대부터 시작해서 독립을 쟁취한 후인 현재에 이르기까지 제국주의적 과정의 피해를 본 모든 문화를 지칭하기 위해 사용하고 있다." Bill Ashcroft, et. al., *The Empire Writes Back: Theory and Practice in Post-Colonial Literature*, Routledge: London, 1989, pp. 1~2. 김성곤, 「탈식민주의 Post-Colonialism 시대의 문학」, 『외국문학』, 1992, 31호, 13쪽에서 재인용.

6 릴라 간디, 이영욱 역, 『포스트식민주의란 무엇인가』 현실문화연구, 2000,

첫째 "식민 직후의 특징은 이행과 전환의 시기를 동반하는 양가적인 문화적 분위기와 문화적 구성의 폭을 통해 드러난다. 그것은 무엇보다도 독립이라는 수사학과 자기 창안에 대한 창조적인 행복감으로 가득 찬 경하할 만한 도달의 순간이다."[7]라는 입장이다. 식민 직후의 해방 공간은 '독립'이라는 수사와 '자기창안'에 대한 창조적 행복감으로 격동하는 담론이 가득 찬 공간이라는 것이다. 그러나 식민 과거는 포스트식민적인 현재를 심리적으로 장악하려는 경향이 완고하며 이 식민 직후의 의기양양한 주체들이 이를 과소평가하는 것은 불가피하다고 튀니지아의 반식민 혁명가이자 지식인인 알베르 맴미는 지적하면서 그것을 '식민 직후의 자기 기만'이라고 명명한다.[8] 식민 직후란 새로운 세계의 건축이 식민주의의 물리적 폐허에서 마술적으로 나타날 것을 바라고 있는 시기이기 때문이다.

두 번째로 '식민 직후'의 문제는 그렇게 단순한 신기원이 될 수 없다는 정치적 비관주의의 입장이 있다. '식민 직후'가 앞서 말한 종류의 의기양양한 유토피아주의를 가지기도 하지만 그러한 유토피아주의란 자기 기만이 될 수밖에 없는데 '식민 직후'가 식민지화의 종결이 아니기 때문이라고 한다. 즉 "식민주의는 식민 점령의 종언과 함께 끝나는 것은 아니다."[9]

그렇듯 식민 직후의 자아도취적 꿈은 곧 과거 식민 지배의 찌꺼기와 종속의 흔적으로 인해 쉽게 성취될 수가 없는 것이 된다. '독립'이란 것이 불연속적인 것이 아니며 눈에 보이는 자유의 장치들과 은폐되어 있는 부자유의 지속으로 구성되어진다. 맴미는 "이 포스트 식민적 연옥의 병리학은 종속의 남아있는 흔적과 기억들 속에

17~22쪽 참조.

7 릴라 간디, 위의 책, 19쪽.

8 릴라 간디, 위의 책, 19쪽.

9 릴라 간디, 위의 책, 32쪽.

그 원인이 있다"라고 주장한다. 또한 "불연속이라는 포스트식민적 꿈이 그 자신의 과거에서 비롯된 전염성 찌꺼기에 대해 취약하다는 결론을 내릴 수 있는데 결국 식민화라는 악성 질환과 연속되어 있다는 것을 기억하지 않고 인정하지 않으려는 태도는 그 회복기를 불필요하게 연장시킬 뿐이다."라고 '식민 직후'의 민족 회복에 대한 들뜬 꿈을 비관적으로 평가한다[10].

첫 번째 입장으로 우리는 민족 회복을 꿈꾸었던 『청록집』의 시인들을 들 수 있고 두 번째 입장으로 오장환의 「병든 서울」을 들 수 있다. 오장환의 「병든 서울」도 "아름다운 서울, 사랑하는／그리고 정들은 나의 서울아／나는 조급히 병원 문에서 뛰어나온다／……(중략)……／나는 또 보았다.／우리들 인민의 이름으로 씩씩한 새 나라를 세우려 힘쓰는 이들을……／……(중략)……／아, 인민의 힘으로 되는 새 나라／／8월 15일, 9월 15일,／아니, 삼백예순 날／나는 죽기가 싫다고 몸부림치면서 울겠다.／……(중략)……아니다, 아니다. 나는 보고 싶으다.／ 큰물이 지나간 서울의 하늘아／그때는 맑게 개인 하늘에／젊은이의 그리는 씩씩한 꿈들이 흰구름처럼 떠도는 것을……"이라고 해방 직후의 의기양양한 자아도취를 보여주기도 한다.

그러나 오장환의 시는 맴미가 지적한 것과 같은 '의기양양한 유토피아주의'와 동시에 '식민 직후가 곧 식민주의를 종식시키지는 않는다'는 포스트 식민적 연옥의 병리학에 대한 인식도 함께 보여준다. "아, 저마다 손에 손에 깃발을 날리며／노래조차 없는 군중이 만세로 노래를 부르며／이것도 하루 아침의 가벼운 흥분이라면……／병든 서울아, 나는 보았다.／언제나 눈물 없이 지날 수 없는 너의 거리마다／오늘은 더욱 짐승보다 더러운 심사에／눈깔에 불을 켜들

10 릴라 간디, 앞의 책, 21쪽.

고 날뛰는 장사치와／나다니는 사람에게／호기 있이 먼지를 씌워주는 무슨 본부, 무슨 본부,／무슨 당, 무슨 당의 자동차"와 같이 독립, 해방의 자아도취는 덧없는 것이며 장사치와 무슨 무슨 본부와 무슨 당의 자동차들이 식민 후유증으로서의 역사적 연옥을 연출할 뿐인 포스트 식민의 병리학과 식민 지배의 찌꺼기로서의 혼란을 직시하고 있다.

같은 해 출간된 『청록집』은 그러한 포스트 식민적 연옥의 병리학을 벗어나는 탈식민지화의 방법으로 '식민 이전'으로의 민족 회복과 자기 정체성 구축이라는 성스러운 과제를 택한다. 특히 조지훈의 경우가 그러하다. 필자는 이 시집을 하나의 자연스런 '3인 시인의 모음집'이라기보다 '해방 공간의 담론에 의해 신중하게 구성된' 탈식민화의 시집으로 읽는다고 앞서 지적했다. 그 구성에 영향을 미친 역학들은 앞서 언급한 사회주의적 경향시에 대한 대타의식으로서의 순수시 개념과 '식민지 시대의 제국의 오염을 벗기고 새로운 자기 정체성을 창조하고자 하는', 민족 회복에 대한 꿈(식민 직후의 첫 번째 입장)일 것이다. 즉 포스트 식민지의 병리학적 연옥 속에서 식민 이전의 기억과 원형들을 보존하고자 하는 욕망과 더불어 식민 이전에 간직했던 순결한 민족 정체성을 회복, 재구축하고자 하는 탈식민지화의 문화적 저항의식이다.

세 시인의 작품이 보여주는 탈식민지화의 문화적 저항이라는 공통의 목표는 같지만 구체적으로 박목월, 조지훈, 박두진의 시 세계는 모두 다르며 그들의 개인적 성향, 상황, 미적 취향, 독서 체험, 이상(理想)주의, 언어적 감수성에 따라 탈식민지화의 전략도 변별적으로 드러난다. 그러나 『청록집』에 나타난 세 시인들의 공통점도 무시할 수 없다. 그들의 시 안에서는 특히 이 강토의 지명을 많이 발견할 수 있는데 그와 관련하여 공통점을 추출해보면 다음과 같다.

1. 피식민지인으로서의 분열된 주체 의식을 지님.

2. 오염된 제국주의(물리적, 정신적)의 질병의 영토를 떠나 오염과 질병 이전으로 탈영토화되고자 하는 욕망을 지님.

3. 제국의 오염을 벗어나는 방법으로 제3의 자연[11]을 상상계적 유토피아로 상정.

1은 박목월의 경우 「임」에서, 조지훈의 경우 「봉황수」에서, 박두진의 경우 「향현」에서 식민지인으로서의 분열된 주체 의식을 읽을 수 있다. 2와 3도 역시 각 시인에게서 잘 드러난다. 박목월의 경우 식민지 공간을 제국주의적 눈으로 보기에 충분히 낯설지 않게 변형하려는 기본적인 제국주의의 욕망, 즉 동양척식주식회사에 의해 토지를 흡수, 합병하고 토지의 이름을 일본식으로 짓고 경계를 다시 긋는 제국의 욕망[12]에 저항하는 탈식민지화의 기획으로서 '청운사' '자하산' '남도 삼천리' 등을 잃어버린 어머니의 몸과 같은 회귀의 대상으로 설정하여 상상적 지리학으로 만든다. 예이츠의 '이니스프

11 제1의 자연이 물리적 세계로서의 자연이고 제2의 자연이 작품 속에 모방된 세계로서의 재현된 자연이라면 제3의 자연이란 분열된 주체가 꿈꾸는 '상상계적 큰타자로서의 자연'으로 분류해 본다. 제3의 자연이란 정신분석학적 개념으로 필자가 만들어본 개념으로 크리스테바의 '잃어버린 어머니의 몸'과 같은, 상상계적 큰타자로서의 유토피아적 공간이다.

12 "농촌의 궁핍화는 토지 수용—동양척식주식회사—식량 수탈—고리채 등의 과정을 밟아 행해진다. 일본의 한국 토지 조사는 1910년에 시작되어 1918년에 끝난다. 그것은 일본인의 사적 토지 수탈의 근거를 마련해준다. 그 토지 수탈은 1911년의 토지수용령에서부터 본격화된다." 김현·김윤식, 『한국문학사』, 민음사, 1973, 137쪽. 이러한 토지 수용, 수탈과 아울러 토지의 일본식 개명 작업도 활발하게 진행되었는데 일제가 왜곡한 '우리 땅 제이름 찾기 운동'이 아직까지 일어나고 있는 것을 보면 알 수 있다. 『바로 잡아야할 백두대간 우리 이름—광복 60돌맞이 일제 잔재 청산, 일제 강점기 때 창지개명(創地改名)된 우리말 이름 되찾자』 조사 보고서 참조.

리'와 같은 정신적인 이상향을 만들고(「산이 날 에워싸고」에서의 '흙담 안팎의 그믐달 같은 공간', 「나그네」 중 '술익는 강마을', 「춘일」 중 '신라천년' 등) 제국의 측량, 흡수, 병합, 근대성의 이식에 의해 오염된 질병의 강산을 '제3의 자연'으로 만든다.

조지훈의 경우 제국주의적 지리학에 저항하는 탈식민화의 기획은 '전통미학의 공간' 어디쯤이다. 예를 들어 '호장 저고리 하얀 동정이 밝은/살살이 퍼져내린 곧은 선이/스스로 돌아 곡선을 이루는 곳'이나 '운혜 당혜/발자취 소리도 없이 대청을 건너 살며시 문을 열고/어느 나라의 고전을 말하는 한 마리 호접'이 날아가는 그 공간(「고풍의상」 중), 즉 제3의 자연이며 '눈부신 노을 아래 모란이 지는 고사(古寺)'거나 '싸리 나무 새순 뜯는/사슴이 우는/자하산 열두 봉우리'(「피리를 불면」 중) 등 민족문화적 미의 공간이 상상계적 유토피아로 나타난다.

박두진의 경우 식민지 공간을 구약성서적 선지자의 치열한 기다림과 미래적 비전의 공간으로 변화시키면서 '미래 시제적 해방'의 공간, 상상계적 유토피아로 승화시킨다. 「도봉」이나 「향현」, 「푸른 하늘 아래」의 공간이 그것이다.

위에서 기술한 것처럼 『청록집』의 시인들은 그와 같은 공통점을 가지고 있다. 그럼에도 그들은 또한 차이를 지니고 있다. 차이란 어떤 한 요소가 지배적으로 많이 드러나 전경화되었는가, 아니면 약소하게 드러나 후경화되어 있는가의 차이이지 다른 시인에게서 그 특정 요소가 아주 드러나지 않는다는 것은 아니라는 점을 유념할 필요가 있다. 차이를 약술하면 다음과 같이 정리할 수 있다.

박목월: 제국주의의 지리적 변형의 욕망에 맞서는 저항으로서의 상상적 지리학 만들기

조지훈: 제국의 문화적 오염에 저항하는 민족문화 구축하기

박두진: 토착주의 부정과 세계주의적 상상력 안에서 구약적 해방의 내러티브 제시하기.

위와 같은 공통점과 차이의 범주 안에서 세 시인의 텍스트를 '탈식민화의 저항'이라는 시각에서 읽어보고자 한다.

2. 박목월－제국주의의 지리적 변형의 욕망에 맞서는 저항으로서의 상상적 지리학 만들기

박목월 시인은 『청록집』에 실린 첫 시 「임」에서부터 식민지 청년으로서의 분열된 정체성에 대해 노래한다. "내ㅅ사 애달픈 꿈꾸는 사람／내ㅅ사 어리석은 꿈꾸는 사람／／밤마다 홀로／눈물로 가는 바위가 있기로／／기인 한밤을／눈물로 가는 바위가 있기로／／어느날에사／어둡고 아득한 바위에／절로 임과 하늘이 비치리오." 이렇듯 시적 주체의 정체성은 '나／임'의 분열에 놓여있다.

'임'은 하늘의 패러다임에 속하며 '나'는 '기인 한 밤'의 패러다임에 속하는 어두운 존재다. '임'과 '나' 사이에는 '꿈'이 있지만 그 꿈은 '바위를 눈물로 가는' 참혹한 고난의 노동을 통해서만 이루어질 수 있다는 의미에서 '꿈꾸는 나'는 '애달픈 꿈꾸는 사람'이자 '어리석은 꿈꾸는 사람'이 된다. 결핍의 존재, 미완의 존재, 애통의 존재인 것이다. "눈물로 가는"에서 '가는'은 동음이의어로 읽힐 수 있음으로 인해 애매모호성을 띤다. '가는'을 '갈 행(行)'으로 읽었을 때 '나'가 '눈물로 가는 바위'가 되어 '나＝바위'가 된다. 그러나 '가는'을 '연마할 갈다(鍊磨)'로 읽으면 부드럽고 덧없는 액체인 눈물로 딱딱한 불변성의 물질인 바위를 갈면서 '임'을 만나는 그 시간을 꿈꾼다는 의미에서 고난의 불가능한 참담함으로 읽혀진다. 애매모호함이나 의미의 이중성은 말하는 주체의 분열이나 시련 중의 주체, 과정 중에 있는 주체임을 암시하는 텍스트적 징후[13]가 된다. 즉 자아의 통일성을 가진 단일 주체가 아니라는 것이다. 식민지 시대의 주체란 그렇게 "기인 한밤을／눈물로 가는 바위"라는 시행에서의 동음이의적 모호성이 암시하듯 시련 중에 있는 주체, 과정 속의 분열된 주체인 것이다.

'가는'을 '연마할 갈다'로 읽었을 때 4행의 '어느 날에사' '어둡고 아득한 바위에／절로 임과 하늘이 비취리요'에서 '바위가 거울이 되는 날'을 '나'가 꿈꾸고 있었음을 알게 된다. 그 어느 날, '바위'가 '거울'이 되는 어느 날, '임'과 '나'는 거울 속의 영상이 오인을 통하여 하나가 되듯 거울의 도취적 성격을 통하여 '상상적 하나'가 될 수 있다. 그 상상적 하나가 되는 날을 위하여 현재의 존재는 '임／나' 사이의 분열을 견디며 그 분열의 틈새에서 솟구치는 눈물로 바위를 갈아야 하는 것이다. '임'은 라캉적 용어로 상상계적 큰타자로서 거울 단계에서의 어머니의 존재와 같이 나의 모든 결핍과 상실을 보충해 줄 절대적 존재이다. 이렇듯 단순한 서정시로 보일 뿐인 시 「임」도 식민지 시대의 분열된 주체와 그 인식을 암시한다.

시 「청노루」에서는 식민주의자의 지리적 변형에 맞서는 저항으로서의 상상적 지리학 만들기의 욕망이 드러난다. "머언 산 청운사／낡은 기와집／／산은 자하산／봄눈 녹으면／／느릅나무／속ㅅ잎 피어나는 열두구비를／／청노루／맑은 눈에／／도는／구름" 이 시는 한 폭의 동양화 같은 순결한 순수시의 전형으로 읽혀왔다. 그러나

13 Kristeva, Julia, "Desire in Language", Kelly Oliver, ed., *Portable Kristeva,* Columbia University, 1994, p. 94.

이 시 역시 식민주의자의 국토의 변형에 맞서는 저항성을 내포하고 있다. 탈식민주의적 문화의 저항의 전략 중 '식민지의 자연을 자신들의 시각에 맞게 변형하려는 제국의 욕망에 맞서는 저항의 한 형식으로서의 상상적 지리학 만들기'라는 시각으로 이 시를 읽었을 때 '청운사'는 예이츠의 이니스프리와도 같은 상상의 공간, 환상의 지도가 된다. 「시작 노우트－청록집 부근」에서 시인은 다음과 같이 쓰고 있다.

> 이 작품이 교과서에 실리게 되자 '청운사'가 어디 있는 절이냐고 질문하는 사람이 있었다. 어느 해설서에는 '경주 지방의 산중에 있는 절 이름'이라고 친절하게 주해를 가한 것을 보았다. 그러나 청운사는 실재의 절 이름이 아니다. 나의 환상의 지도 속에 있는 산중의 상징적인 절이다. //그 당시 나는 나대로의 환상의 지도를 가지고 있었다. 그 어둡고 불안한 시대에 푸근하게 은신할 수 있는 <어수룩한 천지>가 그리웠던 것이다. 하지만 그 당시의 조선은 어디나 일본 치하의 불안하고 되바라진 땅이었다. 강원도 태백산이나 백두산을 생각해 보았다. 그러나 그 어느 곳에도 우리가 은신할 수 있는 한 치의 땅이 있는 것같지 않았다. 그리하여 나는 깊숙한 산과 냇물과 호수와 봉우리가 있는 <마음의 지도>를 마련하게 되었다. 그 지도 중에서 주산이 태모산, 그 줄기를 따라 태웅산, 구강산, 자하산이 있으며 자하산 골짜기를 흘러 내려와 잔잔한 호수를 이룬 것이 낙산호, 영랑호였다. 영랑호 맑은 물에 그림자를 드리운 봉우리가 방초봉. 방초봉에서 아득히 바라보이는 자하산의 보랏빛 아지랭이 속에 아른거리는 낡은 기와집이 청운사이다. 나는 마음의 지도라 하였으나, 오히려 오히려 그것은 정서가 아른거리는 꿈의 세계라 할 수 있다. 그러므로 청운사는 완전히 허구적인 세계의, 가공적인 것임에 지나지 않는다.[14]

이렇게 박목월은 '청운사', '자하산', '영랑호' 등이 실재하는 국토의 어느 곳이 아니라 '일본 치하의 불안하고 되바라진 땅'이 아닌 '환상의 지도', '마음의 지도' 속의 상상적 공간임을 분명히 밝히고 있다. 또한 시 「나그네」도 역시 제국의 지리학에 대한 저항으로서의 상상적 지도 만들기로 볼 수 있다. '강나루 건너서／밀밭 길을／／구름에 달 가듯이／가는 나그네／／길은 외줄기／남도 삼백리／／술 익은 마을마다／타는 저녁놀／／구름에 달 가듯이／가는 나그네"(시 「나그네」 전문) 도 일본 제국 치하의 '불안하고 되바라진 땅이 아닌' 제국의 영토 점령과 문화적 오염과 지리적인 죽음의 금 긋기를 탈출하여 강제적 점령과 문화적 오염이 없는 '마음의 지도' '환상의 지도' 속의 '상상적 국토로서의 남도 삼백리'를 구축하고 있는 것이다. 죽음의 영토인 제국의 점령지를 식민지 이전의, 혹은 식민지 이후의 순결한 심리적 심상으로 변형시켜 마음의 조국으로, 환상의 조국으로 변형시키고자 하는 탈식민주의적 저항의 전략의 하나인 것이다.

그리하여 세속적 영토의 실질적 병합, 토지의 경계를 다시 긋기, 민족의 강산을 일제식 지명으로 변형하기 등 제국주의의 오염의 질서와 파괴를 떠나 '구름에 달 가듯이 가는' 탈경계적, 초경계적 행보를 꿈꾸게 된다. '구름에 달 가듯이'라는 비유를 통하여 '식민지화된 부정한 땅을 가는 지상의 고단한 나그네'는 '어떠한 경계나 점령이 통하지 않는 천상을 가는 나그네'로 변화하게 된다. 그것은 시인의 말대로 "세속적인 구속이나 집착에서 벗어난 해탈의 경지, 그것은 동양적인 높은 정신의 경지일수도 있"지만 지상의 식민지 공간과 그 지리학을 부정하는 탈식민주의적 저항의 몸짓이기도 하다. 제국에 종속된 식민지의 행인이기를 거부하고 천상의 행인으로

14 박목월, 「시작 노우트－청록집 주변」, 『청록집』, 106～107쪽에서 인용.

자신을 탈영토화시킨 것[15]이고 식민지인이라는 땅의 정체성을 부정하고 '구름에 달'이라는 천상의 정체성을 정립하고 있는 것이다.

"이 작품에서 '남도 삼백리'가 어디서 어디까지냐고 묻는 이가 있다. 그것은 현실적 거리를 의미하는 것이 아니다. '감정의 거리' 이다.//예이츠(W. B. Yeats)의 「이니스프리」라는 작품 중에 다음과 같은 구절이 있다. '나는 일어나 바로 가리, 이니스프리로 가리, /외 엮고 흙을 발라 조그만 집을 얽어/아홉 이랑 콩을 심고, 꿀벌은 한 통/숲 가운데 비인 땅에 벌 잉잉거리는 곳/나 홀로 거기 살으리.' 평화와 이상을 노래한 이 작품에서 '아홉 이랑'은 결코 현실적인 것이 못 된다. 그것은 가난한 대로 충만하게 살려는 시인이 꿈꾸는 행복의 면적이다. 남도 삼백리도 나의 서러운 꿈을 펼쳐놓은 '감정의 거리'에 지나지 않는다."[16]

시인이 진술하고 있듯 '남도 삼백리'는 '서러운 꿈을 펼쳐놓은 감정의 거리'이자 예이츠의 '이니스프리'와 같은 정신적 이상향의 공간이다. 제국에 의한 현재의 영토의 박탈을 벗어나 제3의 자연을 추구하고 지도를 그리고 만들어내고 발견하는 것을 탈식민지화의 문화적 전략의 하나로 보는 입장에서[17] 박목월의 '청운사', '남도 삼백리' 등은 오염된 식민주의의 '되바라진' 영토를 벗어나 강점된 강토를 정신적 이상향으로 만드는 탈식민주의적 저항의 전략으로 읽혀져야 한다.

15 "'강나루' 건너 '외줄기 밀밭길 남도 삼백리' '저녁놀 타는 술익은 마을'은 충분히 향토적인 현실의 풍경일 뿐만 아니라, 공간을 초월하여 살아있는 상징적 실재로서의 한국적 자연인 것이다. 이 자연 속을 '구름에 달 가듯이 가는 나그네' 역시 시간을 초월하여 살아있는 상징적 한국의 나그네(과객)인 것이다." 정한모, 박목월의 「시작 노우트－청록집 주변」, 『청록집』, 109~110쪽에서 재인용.

16 박목월, 「시작 노우트」, 위의 책, 109~110쪽에서 인용.

17 에드워드 사이드, 『문화와 제국주의』, 396쪽.

3. 조지훈-제국의 문화적 오염에 저항하는 민족문화 구축하기

조지훈 시인의 시에서는 『문장』 추천작인 「봉황수」에서부터 식민지인으로서의 주체의 분열이 드러난다. 그의 시 「봉황수」에서 보이는 정치적, 역사적 탈식민주의적 사고는 시인을 '선(禪)적 직관에 의한 자연시'를 쓰는 '은둔의 시인'으로 보는 전통적 시관과는 상당히 다른 것이라 할 수 있겠다.

> 벌레먹은 두리기둥 빛 낡은 단청 풍경소리 날러간 추녀 끝에는 산새도 비둘기도 둥주리를 마구 쳤다. 큰나라 섬기다 거미줄친 옥좌위엔 여의주 희롱하는 쌍룡 대신 두 마리 봉황새를 틀어올렸다. 어느 땐들 봉황이 울었으랴만 푸르른 하늘밑 추석(甃石)을 밟고 가는 나의 그림자. 패옥소리도 없었다. 품석 옆에서 정1품 종9품 어느 줄에도 나의 몸둘 곳은 바이 없었다. 눈물이 속된 줄을 모를량이면 봉황새야 구천에 호곡하리라.

시적 주체의 분열된 양상은 '쌍룡／봉황새'의 은유적 대립 사이에서 드러난다. '여의주 희롱하는 쌍룡'은 제국의 기표이자 절대적 남근(Phallus)의 기표이다. '쌍룡'은 '큰나라－여의주 희롱－하늘－패옥 소리'의 은유 연쇄를 형성하고 '봉황'은 '(작은나라)－(여의주 없음)－그림자－(패옥 소리 없음)－눈물－(호곡)'의 은유 연쇄를 형성한다. 그리하여 '쌍룡／봉황'의 은유적 대립은 '제국／피식민', '중심／주변', '우월／열등', '지배／피지배'의 위계적 대립을 암시하게 된다. '정1품', '종9품'이라는 벼슬이라는 위치는 망해버린 '봉황의 나라'에선 아무 권력이 되지 않을 뿐만 아니라 나라가 망하지 않았다고 하더라도 '봉황' 위에 '여의주를 희롱하는 쌍룡'이 절대적 남근의 기표로 존재하는 한 '여의주가 없'어서 아무 것도 자기 의지대로 행할 수 없는 '열등한 위치'일 뿐임을 알 수 있다. 이러한 이중적 열등성의 위치에서 시적 주체는 '(품석 아래) 몸둘 곳이 없는' 이중 상실의, 이중 결핍의 하위 주체가 될 뿐이다.

시적 주체의 분열은 '여의주 희롱하는 쌍룡'의 제국주의적 권력을 '인식'하는 하위 주체적 위치성 안에서 발생한다. 결국 주체는 큰나라라는 상징계의 호명에 의해 작은 나라로, 쌍룡의 부름에 의해 봉황으로 되어버리고 만 식민지적 하위 주체라는 것을 인식하는 분열된 주체인 것이다. 그 인식만으로 이 시가 탈식민주의적 인식과 저항을 보여준다고 할 수는 없다. 그 주체 분열의 틈새로 기호적 에너지, 위반의 부정성이 솟구쳐 오르는 것을 "눈물이 속된 줄을 모를량이면 봉황새야 구천에 호곡하리라"라는 마지막 구절이 보여준다. '눈물'과 '호곡'이 시적 주체에게 할당된 하위적 '위치'라는 것을 느끼면서도 '눈물이 속된 것임'을 알기 때문에 '호곡하지 않는 봉황새'로 다시 태어나면서 '봉황새'는 구천에 호곡하는 '비천한 하위 주체'가 아닌, 고결한 정신으로 식민지적 현실을 이겨내는 정신적 저항의 주체로 다시 태어난다. 제국이 만든 그 타자성을 부인하는, '호곡을 거부하는 봉황'이 탈식민주의적 저항의 은유가 될 때 조지훈의 다른 시편들, 「고풍의상」, 「무고(舞鼓)」, 「피리를 불면」 등도 자기 정체성으로서의 민족문화 구축하기, 전통적 미적 공간 보존하기의 탈식민화의 욕망과 연결될 수 있게 된다. 즉 제국이 만든 '중심／변두리', '우월／열등', '쌍룡／봉황'의 제국주의가 부여한 위계를 해체하고 그 문화적 타자성의 자리를 탈피하여 절대성의 자리에 민족문화를 정좌시키는 것이다. 거울과도 같은 상상계의 자리이다.

'민족주의'와 '탈식민주의, 반식민주의'는 서로 갈등의 관계에 놓여있다고 여러 이론가들은 지적하고[18] 민족주의의 제한된 폐쇄성을 지적하면서도 릴라 간디는 "심지어는 가장 포스트식민주의적인 비평가들조차 인정하는 것은 민족주의가 제3세계의 탈식민 투쟁의 중요한 특징이라는 사실이다. 따라서 사이드는 문화적 특수주의에 대해 유보적인 자세를 취하고 있음에도 불구하고 '거의 모든 지역에서 문화적 저항에 있어서 주목할만한 노력들로서 민족주의적 정체성을 주장하는 현상이……무장저항과 나란히 동시에 진행되었다'라고 민족주의의 어쩔 수 없는 탈식민성과의 제휴를 긍정한다."[19] 탈식민주의자 이론가가 민족주의 문화 운동을 비판하는 것은 1. 제국이 만든 이항대립들과 그 위계들을 단순히 반복하기 때문에 자기 패배적인 성격을 띨 수 밖에 없다는 것, 2. 그리하여 토착문화주의란 결국 자기방어적이고 수세적일 수 밖에 없다는 것, 3. 서구 모더니티를 배제하고 모국의 원(原)문화에 대한 노스탤지어에 가득 차 있는 과거지향적 민족-귀속이며 무역사성이기 때문이라는 것이

[18] 그 가장 대표적인 이론가로 『문화와 제국주의』의 에드워드 사이드를 들 수 있다. 그는 민족주의 이데올로기에 대한 비판을 하면서 '제3 세계'들이 전투적이고 비타협적인 토착문화주의(nativism) 형태로 포스트제국주의적 퇴행을 하고 있는 것에 가차없는 비판을 한다. 결과는 반동 정치의 형태인데 이러한 정치의 차이에의 의지는 니체가 원한이라 부르고 아도르노가 부정의 변증법으로 부른 절차를 통해 표현된다. 생고르의 네그리튀드, 힌두 민족주의, 예이츠의 신비주의와 같은 기획들은 한계가 있는데 그들 자신의 사회에 대한, 그와 연계된 '문명화된 서구 모더니티를 본질적으로 부정적이고 수세적인 것으로 파악하고 있기 때문이다. 따라서 예이츠의 신비주의, 그의 향수에 찬 켈트 신화 부흥, 구 아일랜드에 대한 그의 완강한 판타지는 이미 아일랜드의 후진성과 근본적 차이에 대한 식민주의적 인식을 그 근거에 깔고 있다는 것이다. "토착문화주의를 승인하는 것은(……) 제국주의의 귀결들, 제국주의 그 자체에 의해 부과된 인종적, 종교적, 정치적 분열들을 승인하는 것이다. 네그리튀드, 아일랜드성, 이슬람 또는 카톨릭교 같은 본질의 형이상학을 위해 역사적 세계를 떠나는 것은 인류를 서로 대립하게 할만한 권력을 가진 본질의 형태를 위해 역사를 포기하는 것이다." 릴라 간디, 앞의 책, 136~137쪽 인용.

[19] 릴라 간디, 앞의 책, 129쪽.

다.[20]

이러한 입장에서 본다면 『청록집』 시대의 조지훈의 시편이 보여주는 '조선적인 미의 탐미적 세계'는 '조선성'이라는 본질적 형이상학, 근대성에 반대하는 편협한 무역사성, 상상적 공동체로서의 토착주의적 '부정적 유토피아의 양식'으로 읽혀질 수도 있다. 그러나 더럽혀지지 않은 식민주의 이전의 '조선적 미'의 발견과 구축에의 욕망은 외세의 위협에 항거하는 정체성 보존에의 욕망[21]과 해방 직후

20 사이드, 앞의 책, 400쪽. '흑인성'에 대하여 소잉카도 같은 입장을 취하는데 이것은 "유럽 대 아프리카의 대립에서 기인한 부차적이고 열등한 용어"라고 비판하고 있다. 사이드는 "토착적인 정체성의 전투적이고 독단적인 초기 단계를 회피하는 것은 불가능하지만-그러한 초기 단계들은 언제나 생겨난다. 예이츠의 초기 시는 아일랜드에 관한 것일 뿐 아니라 아일랜드성에 관한 것이다.-자기 자신의 정체성을 찬양하는 감정적인 자아 도취에 빠져있지 않고 그런 초기 단계들을 극복할 수 있는 상당한 가능성이 있다. 첫째, 분쟁을 일으키는 본질들로 구성되지 않은 세계를 발견할 가능성이 있다. 둘째, 모든 민족은 단지 아일랜드인은 아일랜드적이고 인도인은 인도적이라는 등의 단일한 정체성을 가진다고 믿는 제약적이거나 강제적이 아닌 보편주의의 가능성이 있다. 셋째로 가장 중요한 것은 토착주의의 극복은 국적 포기를 의미하는 것이 아니라 지역적 정체성을 포괄적인 것이 아니라고 생각하고 소속의 의식들과 타고난 맹목적 애국주의와 안정이라는 제약적인 의미와 더불어 자신을 그 자신 고유의 영역 속에 구속시키려고 열망하는 것이 아닌 것으로 간주하는 것을 의미한다." 사이드는 "어떤 경우든 토착주의가 유일한 대안은 아니다"라고 토착주의를 비난하면서 좀더 관용적이고 다원적인 비전을 가진 세계에 대한 가능성을 지적하며 두 번째 계기, 즉 민족주의적 독립이 아니라 해방이-파농의 표현을 빌면 그 본질상 국민의식을 초월한 사회의식의 변형과 관계가 있는 해방-이 새로운 대안이다"라고 말한다. 사이드, 위의 책, 401~402쪽.

21 조지훈의 경우 습작 초기에는 보들레르나 오스카 와일드 같은 탐미주의적 아방가르드 계열의 시들을 많이 읽고 와일드의 탐미주의에 혹하여 「살로메」를 번역하기까지 하였다고 한다. 그는 『문장』지 추천시 모집에 응모하여 그 제1회로 「고풍의상」이 당선되었으나("그 작품은 민족문화에

(colonial aftermath)의 혼란스러운 포스트 식민적 연옥의 병리학적 상황에서 자기 정체성의 근원이 되는 전통 속에서 자기 원형 기억하기, 오염되고 흩어진 민족의 순수한 정체성 재구축하기로서의 민족 문화 복원이라는 점에서 탈식민지화의 문화적 저항으로 읽을 수 있다.[22]

그리하여 '쌍룡／봉황'의 이항대립 속에서 후자의 위치성을 인식하는 시적 주체는 「고풍의상」, 「무고」, 「피리를 불면」, 「고사 1, 2」, 「완화삼」, 「승무」 등의 시편에서 '식민지 이전의 조선적인 것의 정체와 미의 발견'을 통해서 민족 문화의 보존과 그것을 통한 탈식민화의 문화적 저항을 보여준다. 그가 천착하는 조선적인 미는 '쌍룡'(제국주의의 미)에 비해 열등한 '봉황'의 것으로서의 상대주의적 차원에서가 아니라 '쌍룡／봉황'의 위계적 질서를 와해시켜 버리는 절대적인 상상계의 미라고 할 수 있다. 제3의 질서로서의 상징적 권력을 지워버리고 '거울 단계'와 같은 나르시시즘적 상상계의 미

대한 나의 애저, 그중에도 민속학 공부에 대한 나의 관심이 감성 안에서 절로 돌아나온 작품이었다.") 그 계열의 시가 한 편밖에 없어서 3회 추천을 필요로 하는 추천 통과가 자연히 지연되지 않을 수 없었다고 술회한다. "그해 11월에 「승무」, 그 이듬해 2월에 「봉황수」가 추천되기까지에 열한달이나 경과되었었다."는 그의 말을 통해 『문장』지의 추천을 받는 과정에서 그가 보들레르나 와일드 류의 세기말적 탐미주의를 버리고 민족문화적인 방향으로 전환을 하여 추천을 받게 되었음을 알 수 있다. 이는 40년대 전후로 민족문화적 담론을 강하게 표방했던 『문장』지의 담론에 시인이 수긍하여 초기 서구문학에의 경도와 민족문화 둘 중에서 민족문화적인 것을 선택한 것으로 해석된다. 조지훈, 「나의 문학 역정」, 137~139쪽 참조.

22 에드워드 사이드, 앞의 책, 379쪽. 탈식민화의 문화적 저항으로 그 첫째로 공동사회의 역사를 전체적으로 일관성있게 종합적으로 보는 권리에 대한 주장으로서 민족문화는 공동의 기억을 조작하고 지탱하는데 삶, 영웅, 여걸에 대한 복원된 방식을 활용함으로써 풍경을 되살려내고 또 이용하며 그것은 저항과 긍지의 표현과 정서를 형성한다.

적 가치를 절대화시키는 것이다. 상징적 질서를 삭제하고 상상계로 돌아가기 역시 주체 분열에 항거하는 기호계적 저항의 힘이다. 식민지적 현실이 질병이라면 그에게 조선적인 것, 조선의 미는 일제 강점 이전의 순수한 정체성이며 회복이며 통합이다.

"하늘로 날을 듯이 길게 뽑은 부연끝 풍경이 운다./처마끝 곱게 늘이운 주렴에 반월이 숨어/아른아른 봄밤이 두견이소리처럼 깊어가는 밤/곱아라 고아라 진정 아름다운지고/피르란 구슬빛 바탕에/자지빛 호장을 받친 호장저고리/호장저고리 동정이 환하니 밝도소이다."(시「고풍의상」 중)나 "진주 구슬 오소소 오색 무늬 뿌려놓고/긴 자락 칠색선 화관 몽두리//수정하늘 반월 속에 채의 입은 아가씨/피리 저ㅅ대 고운노래 잔조로운 꿈을 따라//꽃구름 휘몰아서 발 아래 감고/ 감은 머리 푸른 수염 네활개를 휘돌아라.//맑은 소리 품은 고(鼓) 한송이 꽃을/호접의 나래가 싸고 돌더니/풀밭에 앉은 나비 다소곳이 물러가고/꿀벌의 날개끝에 맑은 청 고(鼓)가 운다.//은무지개 넘어로 작은 별하나/꽃수실 채색무늬 화관몽두리."(「무고」 전문)에서처럼 고전적인 전통 미에의 탐미주의적 애착은 '원주민적 토착문화에 지나지 않는'(사이드) 것이라기보다는 상상계적 자기 보존 에너지로서의 문화적 저항이 된다. 지훈에게 '쌍룡/봉황'이라는 대립 속에서의 하위 주체로서의 자기 정체성에 대한 인식이 있는 한 그의 노래가 아무리 탈역사성, 무역사성, 순수미에 가깝다고 하더라도 그의 시들은 탈식민지화의 문화적 저항의 기호로 읽혀야 한다.

따라서 역사와 근대성, 계몽적 이성이나 합리주의에 저항하고 그 범주를 삭제, 초월하고자 하는 무역사적, 선(禪)적 상상력도 조지훈 시인의 탈식민화의 한 전략이 된다고 하겠다. "목어를 두드리다/조름에 겨워//고오운 상좌아이도/잠이 들었다.//부처님은 말이 없이/웃으시는데//서역 만리ㅅ길/눈부신노을 아래/모란이

진다."(「고사 1」 전문)나 "목련꽃 향기로운 그늘 아래/물로 씻은 듯이 조약돌 빛나고/흰 옷깃 매무새의 구층탑 위로/파르라니 돌아가는 신라 천년의 꽃구름이여"(「고사 2」 중) 같은 구절들이 보여주는 것도 현재의 오염된 식민지 공간, 식민지적 시간을 '서역 만리', '신라 천년'의 시공간으로 변형하여 초월시키고 있는 것이라 하겠다. 즉 정복과 종속이라는 근대적 역사에 저항하는 초역사성, 계몽적 이성의 근대에 저항하는 상상적 유토피아의 세계라고 할 수 있다. 토착문화주의라기보다는 모태로서의 민족 문화의 보존을 꿈꾸는 시인의 조선 미에의 탐미적 애착은 부당한 제국의 파괴와 수탈과 오염에 맞서 해체의 과정 속에 있는 민족 정체성을 보존, 회복하고자 하는 '봉황의 문화적 저항'이다.

4. 박두진-세계주의적 상상력 안에서 구약적 해방의 내러티브

박두진은 『청록집』의 시인 중에서 가장 치열하게 탈식민지적 문화적 저항을 보여주는 시인이라고 할 수 있다. 「추천사」에서 정지용은 "그의 새로운 자연의 발견은 삼림에서 풍기는 식물성의 체취"라고 평하였지만 『청록집』을 '자연의 재발견'이면서 동시에 탈식민지적 문화적 저항이라는 약호로 읽을 때 박두진의 시편들은 토착문화주의를 벗어나는 세계주의적 상상력의 해방의 내러티브라고 부를 수 있다. "자연을 소재로 했을 때 이미 우리네 조상의 골수에 젖어있던 음풍농월이나 수심에 찬 패배, 은둔적인 영탄에 빠져들지 않았다. ……(중략)……초기 작품에서 보다 밝고 긍정적이며 싱싱한 동경과 미래적인 비전에 벅찰 수 있었다."[23]라는 시인의 지적처럼 그의 자연은 식민지적 현실의 재현이나 점령된 모국의 은유로서의 공간이 아니라 선지자 예레미아나 이사야와 같은 믿음으로 '미래적인 비전'을 가진 해방의 공간, 메시아적 재림공간을 그렸다[24]. 그의 시적 공간은 아래 시에서의 '장차'라는 시간 부사가 말해주듯 미래 시제로서의 해방의 공간이며 '이리' 등속의 야수가 핏내를 잃어버릴 에덴의 공간이며 약육강식의 식민지적 논리가 끝나는 유토피아적 꿈의 공간이다.

> 산이여! 장차 너희 솟아난 봉우리에, 엎드린 마루에, 확확 치밀어오를 화염을 내 기다려도 좋으랴?
>
> 핏내를 잊은 이리 등속이 사슴 토끼와 더불어 싸릿순 칡순을 찾아 함께 즐거이 뛰는 날을 믿고 길이 기다려도 좋으랴?
>
> –「향현」 중

'엎드림/솟아남', '침묵/(확확: 이때의 '확확'은 화염이 치솟는 의태어이자 의성어로 봄)'의 대립적 구조에서 현실은 전자의 양상으로 갇혀 있지만 시인의 눈은 후자의 해방의 양상을 꿈꾸며 '기다림'을 갖는다. 그 기다림은 '핏내를 잊은 이리 등속이 사슴, 토끼와 즐거이 뛰노는' 구약적 에덴의 공간을 향한다. '이리/사슴, 토끼'의 대립은 '제국주의자/식민지인', '침략자/피점령인'의 단순한 알레고리를 형성하지만 제국주의나 침략자에 대한 도덕적 단죄를 내리

23 박두진, 「초기시의 저변」, 『청록집』, 174쪽.

24 "그의 기독교는 정지용의 천주교나 김현승의 개인적 초월의 기독교가 아니라 구약시대의 메시야주의에 가깝다. 그의 시적 상상력을 사로잡고 있는 것은 예언자적 분노와 메시아를 기다리는 자의 환희다……그의 초기 시는 현실의 고통을 참고 메시야의 도래를 기다리는 자의 환희를 힘있게 표현한다." 김현·김윤식, 앞의 책, 267쪽,

기보다는 제국주의적 투쟁과 침략자의 야수성이 끝나는 '새로운 시간'의 꿈을 노래한다. '이리가 핏내를 잊어버리는' 그 새로운 계시록적 시간을 기다리는 것이다. 즉 그것은 박두진의 시세계가 단순하고 편협한 마니교적 알레고리[25]에 갇혀있지 않음을 알 수 있게 한다. 마니교적 알레고리의 단순한 지배／피지배의 대립구도를 넘어선 불멸의 구원과 평화에의 갈망을 노래하는 것이다. 바로 그 점이 박두진의 시를 토착주의에 대한 새로운 대안, 보편주의적 해방의 내러티브로 나아가게 하는 힘이 된다. 지역적 정체성, 국적, 민족주의의 제약성을 벗어나 토착주의의 초월과 더불어 약자의 해방을 노래하게 되는 것이다. 시인 스스로도 그것에 관해 분명한 인식을 토로하고 있다.

> 너무 오랫동안 민족적 침묵을 지루하게 여겨 그 산에서 화염이 확확 치밀어오르기를 바라고 원했음은 분명히 민족적, 민족주의적인 사상이었지만, 끝련에 나타낸 궁극적 이상은 약육강식의 악의 원리, 힘과 힘의 대결, 민족과 민족 간의 끝없는 증오와 보복의 악순환적 원리를 강력히 부정하고, 인류의 공존과 평화적인 영원한 이상을 갈망하는 인류주의, 세계주의의 형태로 되어있음을 알 수 있다.

「푸른 하늘 아래」에서는 침략자에 대한 비판의식이 더 치열하면서도 구약 속의 선지자와 같은 확신과 신념에 찬 목소리로 제국주의자들의 멸망을 예언하고 있다.

---

25 마니교적 알레고리(Manichean Allegory)란 잰 모하마드가 마니교도(3세기에 번성한 페르시아의 종교)의 이분법적 세계관에서 가져온 것으로 고정된 대립을 이분법적으로 물신화하는 경향을 가리킨다. 예를 들어 제국／식민지, 지배자／피지배자를 선／악, 질서／무질서, 가해자／피해자 등의 고정된 대립 구도로 읽는 패러다임을 말한다,

내게로 오너라. 어서 너는 내게로 오너라.— 불이 났다. 그리운 집들이 타고 푸른 동산 난만한 꽃밭이 타고, 이웃들은 이웃들은 다 쫓기어 울며 울며 흩어졌다. 아무도 없다.//일히들이 으르댄다. 양떼들이 무찔린다. 일히들이 으르대면 일히가 일히와 더불어 싸운다. 살점들을 물어뗀다. 피가 흐른다. 서로 죽이며 작고 서로 죽는다. 일히는 일히와 더불어 싸우다가 멸하리라.

'일히는 일히와 더불어 멸하리라'에서도 마니교적 알레고리를 벗어난 해방의 내러티브를 보여준다. 박두진의 해방의 내러티브는 지배자/피지배자, 선/악과 같은 이항대립적 이원론을 거부하며 절대 구원과 절대 평화를 꿈꾸는 양상을 보인다. 이러한 경향을 평자들은 무역사성이라고 비판하기도 하였지만 사이드의 탈식민지적 문화적 저항이라는 시각에서 본다면 박두진의 입장은 "민족, 계기, 환경과 더불어 오는 스스로 부과한 제약의 경직성과 금지에 굴복하지 않고 민족, 계기 환경을 통과하여 우리의 아일랜드, 우리의 마르티니크, 우리의 파키스탄 보다 필연적으로 더 많은 것을 포함하는 '정복의 부름'의 생생하고 확대된 의미로 나아가는 것"이다.[26] 탈식민화를 다루는 모든 시인처럼 박두진도 '그 자신은 물론 그 적에 대한 의식으로 구체화된' 상상의 또는 이상적인 공동체에 대한 윤곽을 그려내려고 투쟁한다. 위의 인용 부분과 아래의 인용 부분이 그러하다.

새로 푸른 동산에 금빛 새가 날러오고 붉은 꽃밭에 나비 꿀벌떼가 날러들면 너는 아아 그때 나와 얼마나 즐거

26 에드워드 사이드, 앞의 책, 404쪽.

우랴. 쉽게 흩어졋던 이웃들이 돌아오면 너는 아아 그때 나와 얼마나 즐거우랴. 푸른 하늘 푸른 하늘 아래 난만한 꽃밭에서 꽃밭에서 너는 나와 마주 춤을 추며 즐기자. 춤을 추며 노래하며 즐기자. 울며 즐기자……어서 오너라……

모든 제국이 무너지고 모든 피억압자들이 해방되는 그 상상의 공동체 안에 난만한 꽃밭은 피어나고 쫓겨간 이웃들은 돌아오며 '푸른 하늘 아래' 꽃과 나비와 겨레는 춤을 추는 것이다. 황폐한 시온이 평화와 기쁨의 에덴 동산으로 변하게 되는 것이다. 그는 '세계주의적 감수성'[27]을 가지고 해방의 내러티브를 쓰고 있으며 그것은 기독교적 인간 구원의 내러티브에 상응하는 것이며 메시아의 재림

27 "시의 바탕을 가장 보편적이고 순수하며 자연스럽고 본질적인 데서 구한 나의 문학은 필연적으로 나의 사상의 바탕이 민족적이기보다는 인류적, 투쟁적이기보다는 평화적, 미움보다는 사랑, 현실, 현재보다는 미래의 영원한 동경, 궁극적인 완성의 세계, 우주적인 대조화에 있게 하였다. 세계주의, 인류애, 평화주의가 초기 청년시대의 나의 모토였고 소박하던 이런 관념을 체계화시켜 준 것이 깊고 거대한 그리스도교적 인류애, 십자가 종교가 표방, 추구하는 세계와 우주, 인류 역사의 천국적 완성의 사상이었다. ……(중략)……이러한 결과 필연적으로 이 시기에 내가 부정적 자세로 임하게 한 몇 가지 대상이 있게 했다. 첫째가 민족적 팽창주의에 대한 반발과 비판이었다. 물론 일본에 대한 것으로부터였다. 민족 팽창주의, 침략주의를 배격하는 사상적 바탕이 세계주의에 있음은 말할 것도 없지만, 일본의 1930년대의 횡포를 규탄하려면 약소민족에 대한 강포한 침략을 부정, 비판하는 세계주의적 사상 체계밖에는 없었기 때문이다. 민족과 민족의 투쟁은 결국 힘과 힘의 대결, 약육강식의 제국주의적 팽창주의밖에 결과하는 것이 없기 때문이다. 한국 민족을 야만적으로 약탈, 착취하는 것을 규탄하려면 같은 민족주의적 이론과 근거보다는 더 포괄적인 세계주의가 가장 타당한 이념의 근거를 제공해 주는 것이었기 때문이다." 박두진, 「초기시의 저변」, 앞의 책, 175~176쪽.

에 대한 확고한 신앙과 뜨거운 열정에 기반한 것이라 할 수 있다. 그의 시의 산문성과 격한 호흡과 속력감은 바로 그 해방의 어조와 억양이며 '토착적 방어'를 뛰어 넘는, (파농을 언급할 때의 사이드의 말을 빌리면) 탈식민화의 제2의 계기를 특징짓는 '예측된 승리'의 해방의 담론[28]과 연결된 형식적 특성으로 보인다.

> 「푸른 하늘 아래」에서는 침략하는 민족에 대한 심판이 식이 더 가열되어 있고 준열하다. 단순히 일본 제국주의뿐만 아니라 동시에 이와 대적해 싸우는 다른 민족에 대해서도 똑같이 피흘려 싸우는 민족으로 보면서, 그 수단을 전투에서 구하고, 힘으로 제압하려는 폭력주의 집단으로서 규정하고 있다. 민족주의적 정의라는 것의 기만성과 비진리성을 기저로 하여 일체의 폭력주의, 강대국주의를 비판, 배격하고 있다.[29]

일본 제국주의의 약탈과 착취의 근거가 되는 민족팽창주의를 수단으로 삼고서는 그 식민지 정권의 제국주의를 비판할 수 없다는 그의 인식은 파농의 반제국주의적 탈식민화의 이론과 신기하게도 유사하다. 박두진의 시는 그러한 탈식민주의적 인식을 기반으로 해방의 내러티브를 미래확정적인 해방의 어조와 음조로 노래하고 있다. 물론 충분한 정치적, 사회적 상징을 구현하지는 않았지만 『청록집』의 시인 중 가장 중요한 탈식민화의 성취를 보여준 것은 사실이다.

28 에드워드 사이드, 앞의 책, 409쪽.

29 박두진, 「초기시의 저변」, 앞의 책, 179쪽.

5. 결

그동안 여러 평자들에 의해 자연 시집, 순수 시집의 전형으로 읽혀온 『청록집』을 탈식민지화의 문화적 저항의 시편들로 읽어보았다. 세 시인 다 수록 시편의 순서 중 식민지인의 자기 분열과 하위주체로서의 정체성을 노래한 시편들, 즉 박목월의 「임」, 조지훈의 「봉황수」, 박두진의 「향현」을, 맨 앞에 배치하고 있다는 점도 매우 의미있는 일이라 할 수 있다. 그리하여 세 시인 모두 탈식민지화의 문화적 저항을 보여주고 있는 것을 분석해 보았다. 그렇다면 『청록집』이 비록 자연 시집의 외형을 가지고 있다고 하더라도 순수한 자연시로 읽혀질 수만은 없으며 따라서 이를 해방 이후 시점의 포스트식민적 병리학의 연옥 속에서 식민 이전의 자기(민족) 정체성을 복원하고자 하는 탈식민지화의 욕망에서 구성된 시집이라고 볼 수 있을 것이다.

필자는 '식민 직후'라는 시점의 이중적 특성에 주목했는데 그 첫째가 '식민 직후'를 '포스트'(post)라는 접두어에 대한 과도한 환상을 가진 식민지인들이 독립에 대해 불연속의 환상을 갖는 자아 도취와 의기양양한 유토피아주의에 주목하는 관점과 둘째는 은폐되어 있는 부자유의 지속으로 보는 역사적 조건에 대해 주목하고 포스트식민적 연옥의 병리학은 종속의 남아있는 흔적과 기억들 속에 그 원인이 있다는 것을 인식하는 비관주의적 관점이다. 『청록집』의 구성은 그 첫 번째 특성의 소산으로 보이며, 두 번째 '식민 직후가 식민주의를 종식시키지는 않는다'는, 포스트식민적 연옥의 병리학을 인식하는 비관주의적 태도는 오장환의 「병든 서울」의 일부에서 드러난다고 기술하였다. 그러나 민족주의 문학 계열이든 사회주의 문학 계열이든 모두 '식민 직후'에 대한 첫 번째 입장을 더 취하고 있었던 것으로 보인다.

문화적 토착주의나 민족주의를 "자기자신의 정체성을 찬양하는 슬픈 자아도취이며 본질적인 형이상학을 위해 역사적인 세계를 버리고 제국주의자들이 만든 열등한 위치 안에 스스로 감금되는 것과 같다"고 '그 지독하게 부착된 이류성'을 비판하는 에드워드 사이드의 입장에서 본다면 박목월, 조지훈의 작품보다 박두진의 시가 민족주의와 문화적 토착주의를 넘어서서 보편주의적 이상을 그려낸 탈식민화의 해방의 내러티브에 가장 가깝다고 할 수 있겠다. 그러나 '해방 직후'라는 특수한 시기에 구성된 『청록집』 텍스트 속의 박목월, 조지훈의 시편들도 식민지배의 문화적 오염을 지우고, '쌍룡／봉황'의 대립으로 '우월／열등'을 강제했던 식민적 위계들을 삭제하며, 식민지배 이전의 민족의 문화적 정체성을 복원, 보존하고자 하는 탈식민화의 강한 욕망을 가지고 구성되었다는 점에서 세 시인 모두 각기 다른 문화적 방법으로 탈식민화의 저항의 욕망을 보여주고 있음을 분석해 보았다.

참고문헌

박목월・조지훈・박두진, 『청록집』, 삼중당, 1976.

김용직, 『한국현대시사2』, 한국문연, 1996.

김현・김윤식, 『한국문학사』, 민음사, 1973.

박철희, 김시태 책임 편집, 『한국 현대문학사』, 시문학사, 2000년.

오세영, 「40년대의 시와 그 인식」, 『20세기 한국시 연구』, 새문사, 1989.

릴라 간디, 이영욱 역, 『포스트식민주의란 무엇인가』, 현실문화연구, 2000.

에드워드 사이드, 『문화와 제국주의』, 도서출판창, 1995.

Abdul Janmohamad, *The Economy of Manichean Allegory: The Function of Racial Difference in Colonialist Literature*, Bill Ashcroft ed., *The Post-Colonial Studies Reader*, Routledge: London, 1995.

Kelly Oliver, ed., *Portable Kristeva*, New York: Columbia University Press, 1997.

현대 여성시의 고백시적 경향과 언술 특성
–최승자, 박서원, 이연주를 중심으로

1. 서론: 현대 한국 여성시의 고백시로의 전환

한국 현대 여성 시인들의 시 세계는 1970년대 후반부터 크게 달라지기 시작했다. 1960년대 전후에 활동하던 여성 시인들이 숫자적으로도 희귀할 뿐 아니라 김남조, 홍윤숙, 허영자, 김후란, 유안진, 김초혜 등 뛰어난 감수성을 가진 전통 서정시의 시인들을 중심으로 하여 여성다운 섬세한 감정과 감성적 세계의 아름다움을 부드럽게 절제된 언어로 창조해 왔다면, 70년대 후반의 여성시는 이와는 다른 양상으로 전개되었다. 국가주의, 획일주의에 거부하는 반정부적인 운동의 에너지와 그동안 억압당했던 타자들의 목소리가 분출되기 시작하는 시회적 변화와 더불어 70년대 후반부터 "한국 여성시는 거침없는 상상력으로 현실 인식의 폭을 넓혀주었다는 공통점을 보여준다"라는 허영자, 한영옥 교수의 지적[1]처럼 이 시기의 여성시는 주제 면에서, 소재 면에서, 목소리, 인식의 면에서 거의 '단절'이라고 부를 만한 큰 전환을 생성해 왔다.

일레인 쇼왈터의 여성 문학의 단계에 관한 정의를 받아들인다면

1 허영자・한영옥, 『한국 여성시의 이해와 감상』, 문학아카데미, 1997, 15~16쪽 참조.

다음과 같이 논의될 수 있다.[2] 즉 60년대의 주류 여성 시인들, 김남조, 홍윤숙, 허영자, 김후란 시인들과 그 뒤를 이어 열정적인 연가풍의 서정시를 쓴 문정희, 노향림, 신달자, 유안진 등의 시 텍스트를 여성적 문학(feminine literature)으로 규정한다.[3] 그들 모두를 같은 범주로 규정하기에는 언술 주체와 언술 형식에 있어서 다양한 차이가 존재하지만 언어의 기능적 성격에 있어 감정 표시적[4] 언어

2 일레인 쇼왈터는 여성문학의 세 단계를 여성적 문학(Feminine Literature), 여성주의적 문학(Feminist Literature), 여성의 문학(Female Literature)으로 구분한다. 'feminine'(여성다움)은 '교육'을, 'female'(여성적)은 '자연'을 가리키면서 'feminine'은 사회적 구성물—사회문화적 규범에 의해 부여된 성욕과 행동 패턴을, 여성다움을 가리키는 것으로, 순전히 생물학적 차이를 가리킬 때는 'female'을 쓰는 것으로 설명하고 있다. '여성다움'은 사회적 기준, 문화적 구성물이고 'feminity'와 'femaleness'를 뒤섞어 놓은 것은 가부장적 이해관계라는 것이다. 그 문화적 구성물을 의심하고 해방, 해체하고자 하는 글쓰기를 쇼왈터는 'feminist literature'(여성해방적 글쓰기)라 명명한다. 토릴 모이, 『성과 텍스트의 정치학』, 임옥희・이명호・정경심 역, 한신문화사, 1994, 65~75쪽 참조.

3 "한편 60년대 여성시는 두 동인지 『청미』와 『여류시』를 발판으로 한결 단단한 토대를 다지게 되었다는 것을 놓칠 수 없다. ……(중략)…… 70년대에 이르면 신달자, 노향림, 문정희가 확고한 시적 세계와 탄탄한 역량을 가지고 등단, 듬직하게 기반을 마련한다. 이어 등장하는 여성시인들의 세계는 강은교의 무거운 육성이 다양하게 변주되어 울려오는 듯한 느낌을 준다. ……(중략)…… 강경화, 김승희, 김옥영, 최승자, 김정란, 고정희의 시에서 드러나는 비장한 의식의 짜임에서 이 징후를 잘 읽어낼 수 있다. 한편 김승희, 김혜순, 김정란의 시는 여성성을 한껏 발현하여 세계 인식을 과감하게 확장시켰다는 데서 주목받는다. 이들은 억센 상상력으로 현실과 환상의 경계를 자유로이 넘나들며 비인간적 논리에 포박당한 근원적 세계를 풀어주고 그곳의 신음, 독백, 웅얼거림에 잘 귀 기울이고 있는 시인들이다." 허영자・한영옥, 앞의 책, 17~18쪽.

4 '커뮤니케이션에서 언어의 여섯 가지 기능' (발신자, 수신자, 텍스트, 맥락, 코드, 접촉)에서 시적 발화가 발신자, 즉 일인칭에 집중하는 경우 야콥슨은 '감정 표시적 기능'을 가진 표현적, 서정적 발화라고 본다. 시적

를 사용하고 있다고 판단하여 같은 범주로 구분하기로 하였다.

두 번째 한국 여성주의적 시의 개척자라고 부를만한 고정희[5]와 더불어 최승자, 김혜순, 김정란, 김승희, 박서원, 이연주, 차정미 등의 시를 여성주의적 시(feminist literature)로 규정한다. 그녀들의 시는 남성중심주의 역사와 사회에 대한 항의, 아버지로 상징되는 유일신에 대한 부정과 고발을 공통적으로 보여주기 때문에 두 번째 항목과 세 번째 항목에서 다 다루어질 수 있다. 다만 어떤 양식이 더 지배적인가에 따라 최승자, 박서원, 이연주 등은 세 번째 항목

발화가 맥락에 집중하는 경우 지시적 기능으로 보고 그 기능은 리얼리즘에서 우세한 것으로 본다. 필자는 이때의 '맥락'을 a. 사회, 정치, 문화적 맥락과 b. 개인적, 자전적 맥락으로 구분하고 a.의 경우 고정희 시와 같은 리얼리즘적 경향으로, b.의 경우 고백시적인 경향으로 정의하고자 한다. 그러나 어떤 언술도 한 가지 기능의 언어로만 이루어지는 것은 아니며 여섯 가지 언어의 기능 중 어떤 기능이 우세한가에 따라 그렇게 구분하는 것뿐이다. a.와 b.는 어떻게 보면 겹쳐져 있는 지점이 있는데 가령 자전적 맥락이 자기가 살고 있는 사회, 문화, 정치적 맥락에서 나오는 것으로 볼 수도 있기 때문이다. 그러나 그것 역시 무엇이 지배적으로 우세한 요소가 되느냐에 따라 차이를 두기로 한다. b.의 발신자의 정서를 표현하면서도 수신자를 지향하는 언어의 능동적 기능을 강조하는 것도 고백적 언술의 한 특징이라고 하겠다. 야콥슨, 「언어학과 시학」, 『언어과학이란 무엇인가』, 이정민 편, 문학과지성사, 1977, 168~17쪽 참조. 또한 모든 서정시는 감정 표시적 기능을 지배적으로 가진 것이 아닌가, 라고 생각할 수 있는데 서정시의 주관성 이론을 부정하는 디히터 람핑은 '현대적 서정시'가 감정 표시적 기능 말고도 친교적 기능, 능동적 기능, 지시적 기능, 메타 언어적 기능 등을 가지고 있다고 분석한다. 야콥슨이 서정적 문학에서 주로 시적 기능과 감정 표시적 기능만을 부여하려고 했다면 람핑은 야콥슨의 언어를 빌려 이를 확대시키면서 서정시를 지시적 서정시, 감정 표시적 서정시, 친교적 서정시, 메타-시적 서정시 등으로 구분했다. 디이터 람핑, 『서정시: 이론과 역사』, 장영태 역, 문학과지성사, 179~190쪽 참조.

5 고정희 시인은 1975년 『현대시학』에 시 「부활 그 이후」, 「연가」 등의 작품으로 등단, 최승자 시인은 1979년 『문학과지성』으로 등단했다.

'여성주의적 고백시'의 유형에서 다룰 것이기에 이 두 번째 항목에서는 고정희 시인만을 다루기로 한다. 그녀는 특히 전통적, 감정 표시적 여성적 시를 지시적 기능이 강한 여성주의적 시로 변모시켰으며 역사의 폭력과 권력에 맞서 민중주의적 노동자, 농민들의 해방과 여성 해방의 주장이 담긴 리얼리즘적 경향의 시를 썼다. 그녀의 시는 내용적인 측면에서는 남성 지배적인 세계에 대한 고발과 비판, 피억압자로서의 여성-민중의 해방, 민주화 제단에 바쳐진 영혼들의 초혼 등으로 영역을 확대했으며 형식적으로는 장시, 행사시, 굿시(씻김굿이나 마당굿 형식을 시 속에 들여온 장르혼합의 시), 서간체 시 등으로 개인 서정시의 닫힌 형식을 열린 형식으로 전환시키는 귀중한 역할을 했다. 고정희 시인의 언어적 성격은 시가 기본적으로 가지고 있는 시적 기능 외에 발신자, 일인칭에 초점을 맞추는 감정 표시 기능과 사회, 역사적 맥락(context)에 집중하는 지시적 기능을 동시에 가졌다고 할 수 있다.

세 번째로 80년대에 이르러 여성시는 민중으로서의 여성이라는 시각에서부터 철저하게 자의식을 가진 '개인-여성'으로의 전환을 보여주었다. 그리하여 가족과 개인의 수치, 죽음 충동과 육체 절단, 광기 등 개인의 무의식 안에서 떠오른 병리학적 체험을 처절하고 비극적 목소리로 '고백'하기 시작하였다. 그들은 과거의 서정시와 다른 '극단적' 으로 가혹한 내적 체험을 절박한 목소리로 드러냈으며 언술 양식[6]의 언어적 성격으로 발신자 지향의 감정 표시적 기능과 아울러 수신자를 지향하는 능동적 기능까지를 아울러 보여주었다. 고백이란 수신자(addressee)를 향한 것이기 때문에 언어의 능동

[6] 김혜순은 한 평론에서 여성적 글쓰기의 텍스트적 전략으로 대화체 사용, 고백체, 환유 구조, 여성적 이니시에이션과 제의적 대결, 상상계에의 탐닉, 육체의 해체, 모성성의 현현 등을 지적하였다. 김혜순, 「여성적 글쓰기의 텍스트적 전략」, 『또하나의 문화』 제9호, 또하나의문화, 1992 참조.

적(conative) 기능이 활성화된다는 것은 자연스럽다고 하겠다.

논자는 70년대 초반까지의 여성시를 여성적(feminine) 시로, 후반부터의 시를 여성주의적 시로 명명하면서 여성주의적 시를 그 특성에 따라 '여성주의적 비판시'와 '여성주의적 고백시'로 나누어 후자의 시적 특성과 언술 양식을 고찰하려고 한다. 그리하여 전통 서정시적 여성시를 '감정 표시적 서정시'로, 여성 해방적 시를 '여성주의적 비판시'로, 최승자, 김혜순, 김정란, 박서원, 이연주 등의 고백적 여성시를 '여성주의적 고백시'(일레인 쇼왈터의 세 번째 단계인 '여성의' 글쓰기로 볼 수도 있다)로 명명하면서 80년대 이후 한국 현대 여성시의 고백시적 경향을 논의한다.

'고백시'(confessional poetry)란 로젠탈, 알바레즈 등 고백시 비평가들이 로버트 로월, 존 베리만, 실비아 플라스, 앤 섹스턴 등 50년대, 60년대의 미국시인들의 시를 규정하면서, 새로운 내용과 형식상의 여러 가지 특징들을 찾아 명명했던 시적 경향의 이름이다. 로젠탈은 나중에 '고백시'라고 이름 붙여진 새로운 형태의 시에 대하여, "새로운 시의 가장 중요한 주제는 심리적 위기감으로 고통을 겪고 있는 시인 자신의 은밀한 삶이다. 이따금, 시인 자신의 심리적 위기가 국가적, 문화적 차원의 위기에 대한 상징으로 여겨질 때가 있다"고 설명한다. 다시 말해 시인이 위기에 놓인 자신의 상처와 은밀한 삶을 토로하는 것은 자신의 고통을 덜기 위해서라기보다도 그것을 상징으로 삼아 위기에 놓인 문명과 역사에 대해 항의하기 위함이라는 것이다.[7]

고백시의 가장 열성적인 비평가인 알바레즈는 『잔인한 신』에서

---

7 신정현, 「로웰과 플라쓰의 고백시–합리주의 문명과 예술에 대한 거세 공포증」, 『현대 영미시 연구』 제2집, 1997, 32쪽.

고백시에 나타나는 개인적 차원의 위기의식은 공공적 차원-문명, 역사, 정치-의 위기가 반영된 것으로, 고백시인들의 허무주의는 쇼크 요법으로 위기 불감증에 걸린 독자들을 각성시키는 수단으로 사용되었다고 주장한다. 그는 고백시의 생성 원인을 50년대와 60년대의 전체주의 사회에서 개인이 자치능력을 상실하게 된 것에서 찾고 그 치유를 위한 방법으로 고백시를 평가하는 한편, 래머크리스난은 자아의 실존주의적 위기의식과 불안감에서 고백시의 생성 원인을 찾으며 그에 대한 예술적 초월로 고백시를 평가한다.[8] 고백시는 서양의 고백문학의 전통에서 나온 것이긴 하지만 시대적 부적응으로 위축된 자아를 극적 고백으로 되살려내려는 시도[9]라고 브레슬린은 정의하면서 고백시가 '극적 고백'이라는 모순적 형식을 취하고 있음을 지적한다. 모더니즘적인 몰개성적(impersonal) 형식으로 '고백'을 한다는 것이 모순이라는 것이다.

위와 같은 '고백시'에 대한 비평적 정의와 언어적 특성[10]을 받아

8 신정현, 앞의 논문, 32쪽.

9 송무 교수는 고백시를 전체주의 시대의 개체성 탐구로 보며 고백시란 '극단적인 개인적 체험의 기록'이라 규정한다. 엘리어트 등이 모더니즘 시에서 '몰개성'을 주장했을 때 억압되었던 '개성과 감정'이 고백시인에게서 우세하게 드러나며 그것은 파편화된 자아를 보존하기 위한 사생활의 기록과 광기의 발견으로 나아갔다고 본다. 송무, 「고백시의 성격과 의의-전후 미국시의 한 동향에 대한 고찰」, 『영미어문학연구』 vol. 1, no. 1, 1984.5, 87~98쪽.

10 로버트 필립스는 고백시적 특성으로 a. 매우 주관적이고, b. 개성성의 표현이며 c. 치료적이거나／속죄적(정화적)이며, d. 자주 서사적이며, e. 정서적 내용면에서 개인적이며, f. 불균형하고 심신을 괴롭히는 또는 고립된 주인공들 g. 아이러니칼하고 h. 시적 상징으로서의 자아 i. 소재에 한계가 없음 j. 독자와 시인 사이에도 장애물이 없음 k. 일상적 화법의 열린 언어 l. 열린 형식들 m. 도덕적인 용기 n. 내용에 있어서의 반-제도적인 것 o. 선호하는 주제로서의 개인적 실패와 심리적 질환 p. 보편화보다는 개인화 등을 들고 있다. 송무, 위의 논문, 90쪽에서 재인용.

들이면서 80년대 전후의 한국 여성주의적 시의 고백시적 경향과 그 생성 요인을 논의해 보고자 한다.

2. 여성주의적 고백시의 생성 요인과 그 언술 특성

최승자의 『이 시대의 사랑』(1981), 김혜순의 『또 다른 별에시』(1981), 김승희의 『왼손을 위한 협주곡』(1983), 김정란의 『다시 시작하는 나비』(1997), 그리고 박서원의 『아무도 없어요』(1990), 『난간 위의 고양이』(1995), 자살로 삶을 마감한 이연주의 시집 『매음녀가 있는 밤의 시장』(1991), 『속죄양 유다』(1993) 등은 위에서 지적한 고백시적 요소들을 다양하게 보여주고 있다. 대부분의 시인들은 초기 시집에서는 고백시적 경향을 강하게 드러내다가 후기로 갈수록 그 경향이 감소되는 것을 볼 수 있는데, 이는 극단적인 자기 노출과 자기 파괴의 충동을 가진 고백시의 위험성으로부터 벗어나 비유나 간접화의 시적 방법에 더 의존하여 시적 자아를 보호하고 문학성을 강화하고자 하는 것으로 해석된다. 김혜순의 경우 처음부터 다소간 고백의 위험성에서 멀리 있는 듯 보이는데 시인의 경우 자전적 내용의 표출이 가장 적게 나타날 뿐 아니라 고백적 내용이 드러날 때도 상상력에 의한 변용과 표현의 간접화로 인해 극단적 고백에서 비켜서고자 한다.

여성주의적 고백시는 주로 개인적 내면의 상처와 광기, 자신의 추한 상황과 세계에 대한 공포, 자기해체적 열망과 폭력성 등을 토로한다. 최승자, 박서원, 이연주의 시세계는 여성주의적이라는 면에서 고정희와 공통점[11]을 지니면서도 차이점을 분명히 드러내고 있

[11] 김승희, 「상징 질서에 도전하는 여성시의 목소리, 그 전복의 전략들」,

다. 고정희가 민중이라는 집단적인 개념 안에서 시를 썼다면 위에서 말한 80년대의 시인들은 낙태나 실연, 싸움, 자살 체험 등의 극단적인 개인적 체험, 내적 절규와 여성 영혼의 병리학적 탐구를 통해 한국 현대 여성시를 또 다른 '고백시적' 모습으로 변화시킨 것이다. 물론 위에 언급한 시인들이 고백시적 경향 한 가지만을 가진 것은 아니며 다양한 주제나 언술 양식을 논의할 수 있으나 일단 이 지면에서는 논의의 초점을 '고백시'적 경향에 맞추어 논의하고자 한다.

그렇다면 80년대적 여성시의 고백시적 경향으로의 전환은 어떤 상황에서 생성되었는지 그 생성 원인을 고찰해 보기로 한다.

> 70년대란 지난 십 수 년간 문학은 이 기능(질문)을 다하기 위해 느리지만 나름대로 치열한 반성과 전진을 거듭해왔다. 예를 들면 60년대의 '순수·참여 논쟁', 70년대의 '민족 문학 혹은 민중 문학 논쟁', 그리고 80년대의 '노동해방 문학', '여성 문학' 논의가 그 좋은 본보기이다.// 창작의 기능에서 따지자면 70년대는 현장 문학, 르포 문학이 가장 왕성했던 시기이며 80년대는 문학주의의 해체(혹은 귀족문학의 해체)설이 노동문학으로 초점을 모으면서 '민중주의'의 대중성 확보와 선전의 극대화가 문학적으로 어느 정도 성공을 거둔 시기이다. 확실히 삶의 증언과 고백에 초점을 둔 민중문학의 활성화는 문학주의의 폐쇄성과 귀족문학의 허위의식을 허무는데 전위의 역할을 하였으며 열린 문학의 지평을 확보하는데 크게 기여하였다. // 그러나 여기서 리얼리즘 문학 혹은 민중 문학이 고수하는 민중주의는 실제 민중의 대다수를 차지하는 여성

『현대시 텍스트 읽기』, 태학사, 2001, 205~234쪽 참조. 김승희, 『남자들은 모른다—여성·여성성·여성문학』, 마음산책, 2002.

민중의 시각이 어느 정도 수용되고 있는가에 본격적인 의문이 제기되기 시작하였고 남성중심적인 '민중주의의 해체와 반성'은 '여성 해방 문학'의 등장을 가능하게 했다.[12]

첫째 고정희의 비평이 보여주는 것처럼 70년대적 문학 상황은 '참여와 순수의 논쟁'의 갈등 양상이나 민중 문학, 노동문학의 치열한 등장 사이에서 움직이고 있었다. 이러한 상황 속에서 여성주의적 고백시의 부상은 남성중심주의적 참여/순수 문학의 구도 안에서는 결코 탐구될 수 없었던 은밀한 야생 영역과도 같은 '내면의 위기'를 탐구하기 위한 필연적인 방향 전환이라 할 수 있다. '민족'이나 '반-권력','반-정부', '반-자본'과 같은 외적 지향의 투쟁적 상황 속에서 '개인'과 내면의 위기를 향한 고백시적 경향은 '인간의 고갈'을 노래하기 위해 분출될 수밖에 없었던 것이다.

둘째 자기 분열과 남성중심주의 사회에 대한 부정, 해체 의식으로의 한국 여성시의 변화는 반정부 민주화투쟁, 노동운동, 민중운동 등의 영향과도 깊은 연관이 있다. 광주 항쟁 시 항쟁 시민에 대한 군부의 무차별적 폭력 등으로 말미암아 권력과 자본이라는 한국 사회를 지배해오던 상징 질서에 대한 분노와 저항 의식들이 생성되었다. 그러나 그 대항적 에너지가 소통되지 못하고 물리적 권력에 의해 극단적 엔트로피 상황이 지속될 때 죽음 충동, 파괴 충동 등이 발생하며 그 이드적 에너지는 지배질서에 대한 해체의식으로 탈중심적인 경향을 사회 곳곳으로 확산시키게 되었기 때문이다.

셋째 페미니즘 문학과 이론들이 소개된 문학 내적 상황도 한국

12 고정희, 「여성주의 문학 어디까지 왔나?」, 『너의 침묵에 메마른 나의 입술-여성해방문학가 고정희의 삶과 글』, 또하나의문화, 1993, 191~192쪽.

여성시의 고백시적 경향으로의 전환에 큰 영향을 주었다. 고백시인 중 극적인 자살 사건으로 말미암아 한국 독자들에게 충격과 영향을 준 실비아 플라스가 한국에 소개된 것은 1980년대 초였다. 1981년 플라스의 자전적 에세이인 『벨자』가 고려원 출판사에서 번역되어 나왔고 1982년 알바레즈의 『자살의 연구』라는 책이 최승자 시인의 번역으로 출간되었다. 시집이 번역되어 나온 것은 그 이후였는데 1990년 『거상』이 청하출판사에서, 『어느 순수주의자에게 보내는 편지』(1994)가 고려원 출판사에서 번역되어 나왔다. 그 이후 실비아 플라스의 남편이었던 테드 휴즈 시인이 쓴 『실비아 플라스의 영혼을 찾아서』(1999, 도서출판 동인)라는 제목으로 번역되어 나왔으며 그녀가 쓴 『일기』(2004, 문예출판사)까지 번역되어 나왔다. 80년대 초반에서부터 2000년대까지 실비아 플라스의 책이나 그녀의 생애에 관한 책이 계속 번역, 출간된 것을 보면 그녀가 한국 독자들에게 실존적 공감과 예술적 지지를 받아왔다는 것을 알 수 있다.

1980년대의 대표 시인인 최승자의 경우 『자살의 연구』를 번역함으로써 플라스에 대한 관심을 보여주었고 그 이후의 실비아 플라스의 시 세계와 실존 의식은 한국 여성시인들에게 적지 않은 영향을 주었던 것으로 보인다. 1980년대적 한국 문화의 맥락에서 실비아 플라스가 여성 독자들에게 던진 실존적 충격은 상당히 컸으며 그 영향의 흔적들을 한국 현대 여성 시인들의 텍스트에서 찾는다는 것은 그리 어렵지 않다. 즉 실비아 플라스는 한국 현대 여성 시인들의 시 세계에 고백시[13]적인 목소리, 여성 자아의 발견, 위험한 여성

13 고백시(Confessional Poetry)란 알렌 긴즈버그와 같은 비트 시인들의 본능의 함성, 억압받아왔던 충동의 분출, 문명 질서에 의해 갇힌 채 소외되었던 인간적 에너지의 방출에 영향을 받았다고 볼 수 있다. "이러한 문명 속에서 고백시인들도 개체성의 상실의 위기의식을 느끼고 전도된 가치를 바로 잡을 길을 탐색했다. 그러나 시오도어 뢰트케, 로버트 로웰,

주체의 분열, '파시스트 아버지, 히틀러 아버지'라는 남성중심주의적인 세계에 대한 저항적 담론의 발견에 영향을 주었으며 그 결과 자의식 과잉, 여성 자아의 분열의 문제, 아버지 부정, 예리한 어법과 정신병리학적 감수성, 여성적 광기의 드러냄이라는 현대성으로의 전환에 큰 자극을 주었다. '자아의 발견'과 자기 분열의 인식이 현대성의 한 조건이라고 할 때 전통적 서정시에서 현대성을 지닌 현대 여성시로의 전환에 실비아 플라스의 시적 언어와 생애가 커다란 자극이 되었던 것이다. 상호텍스트적으로 최승자, 김승희, 김혜순, 김정란, 석영희, 이연주, 박서원 등의 텍스트들을 읽었을 때 고백적 언술 형식과 위험한 주체의 분열, 정신병리학적 세계와 자기 해체, 아버지―나치스와 여성 자아―유태인의 관계, 자살 충동과 희생자―제물로서의 극적 고백 등의 유사성이 나타난다. 실비아 플라스의 자살과 그 뒤를 이은 고백시인 앤 섹스턴의 자살은 1990년대 초반에 행해진 시인 석영희의 자살과 뒤를 이은 이연주의 자살 사건을 연상하게 한다.

상호텍스트적으로 미국 60년대의 고백시와 한국 80년대의 여성 고백적 시를 탐색하여 언어의 기능과 주제적 특성, 그 언술 특성을

실비아 플라스, 존 베리만과 같은 고백시인들은 알렌 긴즈버그처럼 그 사회로부터 추방당한 국외자들도 아니었고 탈역사를 지향하지도 않았다. ……(중략)…… 고백시인들은 영혼의 움직임에 관하여 프로이트로부터 많은 것을 배웠다. 그들은 우리의 마음속에 부모의 교육과 사회적 규범에 의해 조건화되기 쉬운 부분, 도덕적 자아(super-ego), 사회로부터 무절제하고 방종한 충동으로 여겨져 억압되어온 부분 즉 무의식, 그리고 이 두개를 중재하는 기능을 가진 중간자 즉 자아(ego)가 있음을 배웠고, 어둡고 제어하기 어려운 충동과 욕구로 이루어진 무의식은 억압되면 파괴적인 힘으로 자아를 미치게 만든다는 것도 배웠다. 이 새로운 감수성의 눈으로 확인된 병든 영혼을 정화함으로써만이 '자아'는 의식과 무의식의 새로운 균형―융화―를 만들어낼 수 있다." 신정현, 「50년대와 60년대의 미국시」, 『외국문학』 제19호, 1989 여름호, 110~111쪽.

찾아본다면 다음과 같이 요약될 수 있다.

1) 발신자 지향, 일인칭의 감정 표출을 지향하는 개인의 언어이지만 자전적 '맥락'을 가지며 수신자를 지향하는 언어의 능동적 기능을 보여준다.

2) 전체주의, 획일주의적 문명에 저항하는 분노를 가지며 그 분노는 외향적인 방향이 아니라 내면지향으로 향한다. 무의식적 충동의 표출을 가지기 때문에 주체의 분열이 극대화된다.

3) 자아와 주체의 분열을 주제로 삼으며 자서전적인 죄악과 수치를 드러내며 자신의 상처와 위기를 일상 구어체나 산문성, 역설, 반어, 패러디 등을 사용하여 열린 형식으로 노래한다.

4) 치료적이거나 정화의 차원에서 정신착란과 자살 충동, 자기해체 충동을 극화한다.

3. 가부장제의 이면 폭로와 상처로서의 자전적 고백

80년대 이후 한국 여성 시인들의 목소리에는 일찍이 한국 여성시의 국면에서는 볼 수 없었던 광기와 금기를 무너뜨리는 비극적 절규와 처참한 용기가 나타났다. 그 절규와 분노는 이성중심적이고 전체주의적인 근대의 폭력 앞에서 무너지는 개인의 병든 내면과 극단적인 고립의 고통스러움을 솔직하게 고백한다. 최승자의 첫 시집 『이 시대의 사랑』은 밝고 영광스러운 남성중심의 형이상학의 이면에서 썩고 있는 여성 자아의 어두움과 추함에 대한 고백적 노래이다.

일찌기 나는 아무 것도 아니었다
마른 빵에 핀 곰팡이
벽에다 누고 또 눈 지린 오줌 자국
아직도 구더기에 뒤덮인 천년 전에 죽은 시체.

아무 부모도 나를 키워 주지 않았다
쥐구멍에서 잠들고 벼룩의 간을 내먹고
아무 데서나 하염없이 죽어가면서
일찌기 나는 아무 것도 아니었다

떨어지는 유성처럼 우리가
잠시 스쳐갈 때 그러므로,
나를 안다고 말하지 마라
나는너를모른다나는너를모른다
너당신그대, 행복
너, 당신, 그대, 사랑

내가 살아 있다는 것,
그것은 영원한 루머에 지나지 않는다.

– 시 「일찌기 나는」

매우 문제적인 시구, '일찌기 나는'으로 시작되는 이 시집(1981년 9월 출간)의 1부는 1981년 1월부터 5월 사이에 쓰였고, 2부는 1977~1980년 사이에, 3부는 1973년~76년 사이에 쓰였다고 시인은 기록한다. 그러기에 이 시집은 1970년대 후반부터 80년대 초반까지의 한 젊은 여성 시인의 내면적, 심리적 풍경과 아울러 '이 시대'적 사랑의 극단적 참혹함을 보여주고 있는 것이다. 이 시집의 주제는 거의 다 '자기 자신'이며 '일찌기 나는'이라는 시간 부사는 앞으로 이 시집이 자기를 주제로 삼아 자신의 내력을 고백적으로 진술하고자 한다는 것을 예시해준다. 이 시는 '곰팡이' 같은, '오줌 자국' 같은, '구더기에 덮인 천 년 전에 죽은 시체' 같은 '아무 것도 아닌' 자신의 내력과 부모도 친구도 행복도 사랑의 대상도 없는 자신의 개인사를 고백하고 있다. "내가 살아있다는 것,／그것은 영원한 루머에 지나지 않는다."로 자신의 존재에 부재의 낙인을 찍는 시적 화자는 남근중심적 근대의 비인간화의 거대한 마천루 뒷면에 붙어서 썩어가는 병든 여성 자아의 모습에 다름 아니다. 「내력」이라는 시에서도 "긴긴 뼈앓이하는 밤바다에서／피묻은 부리로 상징을 물고 돌아오는 백조／감성의 늪에서 부끄러운 울음 우는／짐승에 대해 다시 이야기하리라"며 고통의 밤바다에서 피 묻은 상징을 구하는 예술적 자아의 쓰라린 고통에 대해 노래한다.

시인은 '내력'이라는 단어를 반복적으로 사용한다. 내력이란 '지금에 이르기까지의 경로나 경력'이라든가 '일정한 과정을 거치면서 이루어진 까닭'이라는 사전적 정의대로 '자기만이 아는 것'에 속하는 것이며 그것을 말한다는 것은 자전적 고백의 성격을 갖게 된다. 시인의 다른 시 「자화상」에서도 "나는 아무의 제자도 아니며／누구의 친구도 못된다, ……(중략)……／／'어머니 나는 어둠이에요.／그 옛날 아담과 이브가／풀섶에서 일어난 어느 아침부터／ 긴 몸뚱어리의 슬픔이에요."라고 창세기 이래로 사탄의 혈통이었던 자신의 '내력'을 고백한다. 「일찍이 세계는」(시집 『기억의 집』 중, 1989)에서도 "일찍이 세계는／내 실패들의 전시장,／내 상처들의 쓰레기 더미.／그리하여 지금 알 수 없는 곳에서／흐르는 빗물은 모두가 나의 피"라고 고백한다. 시인은 「일찌기 나는」에서의 '일찍이'라는 시간 부사와 더불어 '내력'이라든가 '내막'(「未忘, 혹은 備忘이 1」이라는 단어도 반복 사용한다. "아무도 말하지 않으리라.／그 세월의 내막을")과 같이 그러한 시어를 자주 사용하는 것도 '고백'적인 장치다. "아무도 말하지 않으리라.／그 세월의 내막을."이라고 하면서 '말하지 않겠다'는 형식으로 결국은 그 세계의 '내막'을, 즉 형이상학적 세계의 뒷면을 고백하고 있다. 인류가 철학이나 종교라는, 온갖 장식으로 가려놓아도 다 가릴 수 없었던 상처와 저주의 배면을 그녀는 자신의 상처라고 노래한다. '말하지 않겠다고 하면서 고백하기'는 역설이자 반어적 어법이다.

그녀의 시적 주제는 거의 자기 자신이며 병든 자아이며 사랑의 고갈이며 버림받음이며 죽음 충동이다. 로고스로서의 아버지에 대한 정면 도전과 부성도 나타난다. 따라서 죽음 충동과 파괴 충동은 그녀 시의 중요한 주제가 된다.

> 다가오지 말라!
> 내 슬픔의 장칼에
> 아무도 다가오지 마라.
> 내가 버히고 싶은 것은
> 오직 나 자신일 뿐…
>
> – 시 「허공의 여자」 중

「Y를 위하여」에서는 실연과 낙태라는 여성의 상처를 극화시켜 보여준다. "수술대 위에 다리를 벌리고 누웠을 때／시멘트 지붕을 뚫고 하늘이 보이고／……(중략)……／나는 이 지상에 한 무덤으로 누워 하늘을 바라고／나의 아이는 하늘을 날아다닌다／올챙이 꼬리 같은 지느러미를 달고／나쁜 놈, 난 널 죽여버리고 말거야／／널 내 속에서 다시 낳고야 말거야／내 아이는 드센 바람에 불려 지상에 떨어지면／내 무덤 속에서 몇 달 간 따스하게 지내다／또 다시 떠나가지 저 차가운 하늘 바다로,／올챙이 꼬리 같은 지느러미를 달고／오 개새끼／못 잊어!"에서 읽을 수 있는 것은 낙태라는, 여성으로서 어머니로서 극단적인 상처가 되는, 상황의 극적 고백과 떠나버린 남성에 대한 극단적인 애증이다. 여성의 말의 특성이랄 수 있는 일상적 구어체의 사용, 닫힌 형식이 아닌 열린 형식과 난해한 상징이 아닌 보편적 상징의 사용으로 이 시는 고백적 효과를 드러낸다. 그렇듯 고백적 시는 죄를 고백하면서 정화를 얻는 속죄적인 것이며 '말하기' 자체가 치료적, 투쟁적, 초월적인 힘을 가지는 것이 된다. 대체로 고백적 시는 시의 형식적 규범을 위반하게 되는데 형식적 규칙과 수사학적 복잡성은 감정의 정직성을 멸망시키기 때문이다.[14] 결국 텍스트의 내적 목소리는 가부장적 상징 질서의 대타자인 아버지의 폭력성에 대한 고발과 부권적 모욕으로 나아가게 된다.

> 짓밟기 잘하는 아버지의 두 발이／들어와 내 몸에 말뚝 뿌리로 박히고／나는 감긴 철사줄 같은 잠에서 깨어나려 꿈틀거렸다／아버지의 두 발바닥은 운명처럼 견고했다／나는 내 피의 튀어오르는 용수철로 싸웠다／잠의 잠 속에서도 싸우고 꿈의 꿈 속에서도 싸웠다／손이 호미가 되고 팔뚝이 낫이 되었다／／……(중략)……／／인생이 똥이냐 말뚝 뿌리 아버지 인생이 똥이냐 네가 그렇게 가르쳐줬느냐 낯도 모르는 낯도 모르고 싶은 어느 개뼈다귀가 내 아버지인가 아니다 돌아가신 아버지도 살아계신 아버지도 하나님 아버지도 아니다 아니다／내 인생의 꽁무니를 붙잡고 뒤에서 신나게 흔들어대는 모든 아버지들아 내가 이 세상에 소풍나온 강아지 새끼인 줄 아느냐
>
> — 시 「다시 태어나기 위하여」 중에서

인간의 근원이자 원천인 아버지는 '말뚝뿌리', '개뼈다귀'로 치환되고 부권적 질서의 폭력성에 대한 고발, 조롱과 풍자적 비속어 사용 등은 실비아 플라스의 「아빠(Daddy)」나 「거상(Colossus)」에 나타나는 파시스트이자 독재자로서의 아버지 부정과 부권질서에 대한

---

[14] 송무, 앞의 논문, 102쪽.

부정, 조롱을 연상시킨다.[15] 「Y를 위하여」에서의 "오, 개새끼, 못잊어"는 "아빠, 너 개자식, 나는 끝장이야"라는 플라스의 외침과 함께 시간과 공간을 뛰어넘어 공명을 이룬다. 플라스의 시의 여성 자아는 '검은 장화 속의 발'이며 최승자 시 속의 여성 자아는 '아버지의 두 발이 말뚝 뿌리처럼 박혀있는 육체'다. 플라스의 시에서 여성 자아는 '파시스트이자 히틀러, 아폴로신'인 아버지의 심장에 말뚝을 박고 '아버지, 개새끼'라고 욕설을 퍼붓고 해방의 도주를 감행한다. 최승자의 「다시 태어나기 위하여」에서는 "꽁무니를 붙잡고 뒤에서 신나게 흔들어대는 모든 아버지들아 내가 이 세상에 소풍나온 강아지새끼인 줄 아느냐"고 전면적인 부정과 풍자적 공격성을 토로하며 '어머니'에게로 도주한다.

박서원[16]은 그 증오의 고백에서 더 나아가 거의 '폭로'라고 부를

15 "모든 여인은 나치를 숭배한다"와 같은 구절이 있는 실비아 플라스의 「아빠(Daddy)」는 피학적 쾌감을 추구하는 여성 자아의 본능적 이끌림, 나치를 숭배할 수밖에 없는 불가항력적 끌림에 대한 죄의식과 자아의 죽음에 대한 거세의 공포, 그리고 두려움에서 자아를 해방시키려는 초월적 욕망을 보여준다.

16 시인이자 뛰어난 비평가인 김정란은 박서원의 시와 그 계보에 대해 다음과 같이 쓴다. "이 고통스러운 영혼의 비명, 경련하는 언어, 그러나 그것은 너무도 당당하다. 그녀의 시는 쓰여진다는 것만으로도 이미 가장 확실한 정당성을 보장받고 있기 때문이다. 왜냐하면 그녀의 시는 죽음과의 싸움의 기록이며 그 싸움 안에서 한번도 뒤로 물러선 적이 없는 집요한 성실성의 증언……(중략)……1부의 시들은 대체로 세계 안에서 적응하지 못하는 자아의 부적응상태, 그리고 그 부적응의 어떤 심리적 원인이 되고 있는 개인적 고통을 증언한다. 고대의 통음난무 제의를 연상시키는 육체의 절단, 광기의 폭발이, 일종의 과대망상 증세를 동반하며 현란하고 어지럽게 펼쳐진다. 절제와 부드러움을 선호해온 한국 시단에서 유례를 찾아보기 힘든, 일체의 금기를 깨부순 사나운 언어가 무시무시한 폭발적인 힘에 실려 터져나온다. 박서원은 이미 80년대에 선

만한 자전적 고백을 감행한다. 실비아 플라스와 같이 아버지를 일찍 여의었던 박서원은 그로 인한 가난과 방황과 일탈, 사랑과 이별과 정신병원 입원, 퇴원 등 생존의 명암으로 얼룩진 자신의 자전적 역사[17]를 은밀한 구어체의 어법으로 고백한다. "내가 두려워하는 것은 오직 한 가지, 내 고통이 가치를 상실하는 것뿐이다"라는 그녀의 말처럼 그녀는 자전적 에세이집에서 자신의 내력과 고통을 용기있게 고백한다. 솔직하고도 부드러운 고백의 언어와 어조는 독자의 은밀한 내면으로 한 겹의 장애도 없이 흘러든다. 그녀는 시 속에서 때로 타락한 막달라 마리아의 천한 육체와 자신을 동일시하고 성스러운 성모 마리아를 미혼모나 임신한 거리의 여자로, 십자가 위의 그리스도를 성적 욕망으로 치환한다.

때로 시인은 육체적 향연의 주이상스를 노래하지만 '아이를 낳을 수 없는 몸'임을 고백하는 그녀에게 그것은 항상 불모적인 것으로 드러난다. 그녀에게 성(性)은 '지뢰밭'과도 같은 폭발과 불모, 파괴, 명멸, 파티, 죽음이다. 시 「한밤의 개」에서 인류 2천년의 역사는 다 '2천년의 무쇠를 끌고 어슬렁거리는/수컷 개'의 회오리가 된다. 그녀에게 시는 소외와 고립으로 살아온 고통스런 개인사의 고백이며

을 보인 최승자의 폭발적 언어의 뒤를 잇는다. 기어이 이연주를 잡아먹은 언어…… 그러나 명민한 김혜순은 이 언어의 악마성을 유희적 상상력을 통하여 경쾌하고 심도있게 발전시킬 줄 알았다." 김정란, 「박서원 시집, '난간 위의 고양이' 해설」, 1995, 세계사, 112~113쪽.

17 박서원 시인은 자전적 에세이 『천년의 겨울을 건너온 여자』(1998)에서 어릴 적 돌아가신 아버지와 큰아버지의 배신에 의한 재산 탈취, 생활력이 없는 엄마와의 가난한 생활, 고교 자퇴, 신문사 사환으로 일했던 시절, 성폭행, 22살 연상의, 아버지의 고향 후배라는 유부남 교수와의 사랑, 이별, 기면증이라는 희귀한 병, 정신병원 입원, 가족과의 재결합, 남동생 가족과 조카에 대한 사랑 등을 고백하고 있고 그녀의 개인사와 시세계는 일본의 텔레비전 프로그램으로 제작되기도 했다고 한다.

상실한 아버지에 대한 사랑의 갈망과 남성적 폭력성에의 거부의 형식이다.

> 외할머니는 나를 발로 찼네 어서어서 구석으로 들어가／깊은 잠을 자라고 구석에서 너른 들판 메뚜기가 되어 뛰라고／……(중략)…… 나는 물레를 돌리듯이 오지 않는 잠의 덤불을 쌓았네 그리고／해일처럼 밀려드는 죽은 자들의 친근한 목소리 아버지였는지도／몰라 「넌 어른이야」 그 따사로운 목소리／그렇지. 그렇게 키가 늘어났네
>
> －시 「무덤으로부터의 유년」

'아버지'의 죽음은 그녀는 일찍 어른으로 호명했으며 "무덤을 여는 다정한 목소리가 다시 내 손목을 꼭 잡아주었지／나는 헝클어진 대가리를 책가방에 쑤셔박고 눈에서 눈알을 빼고／무덤을 향해 언덕을 올랐네."에서처럼 이 시에서는 죽음에 대한 그리움과 타나토스적 충동성, 육체 절단의 욕망을 보여준다. 아버지 부재로 인해 다가오는 생의 시련은 "화톳불 속의 알밤은／그냥 알밤／그냥 쇠가 되는 알밤"처럼 화톳불 속에서 타오르는 알밤의 속살이 '쇠'로 변할 때까지 인내해야 하는 '극단적 잔인성'의 체험이다. 고백시는 이렇듯 극단적 삶의 개인적 체험을 기록하지만 그 고백을 통하여 고통으로부터의 치유나 정화를 구하고, 속죄양으로서의 인내를 획득하고자 하는 방법이다.

> 동생과 나, 올케／다리가 맞지 않는 밥상처럼／다정했어／삐걱거리는 대문은 늘 생활을 탄력으로 가꾸어주지／가족들은 날 위해서 내 애인을 쫓아내버렸어／내 주치의는 날 위해서 가족을 잊어버리라고 했지／／그것은 1년 2개월전.／／난 동지 섣달 겨우 지난 정초, 내쫓겼고／네 번 이사／네 번 입원했어／모두가 나를 위한 일／／한번은

> 히스테리 환자의 집／한번은 외진 골목 언덕 위 언덕 집／한번은 지킬 박사와 하이드, 히틀러 합성완제품／척추장애자를 남편처럼 돌보던 집. 응급실 꽤나 오가던 집.／월급은 20일 동안 80만원.／한번은 지금의 이 집, 이제 단칸방／함께 살며 돌보아주던 어머니마저 빼앗겨 버렸다／모두가 나를 위한 일／／기억의 전자회로가 중간중간 끊긴 것은 아주 다행한 일이다.
>
> 시 「기억상실증」 전문

자살 미수의 숫자를 고백하는 플라스처럼 그녀도 가족과의 불화, 재결합, 애인과의 결별, 네 번의 입원 등을 생생하게 고백한다. 생활의 방편으로 환자를 돌보는 일을 하던 시적 화자는 자본주의 사회에서 '지킬박사와 하이드, 히틀러 합성 완제품'으로서의 남성들을 만난다. 남성질서가 '지킬박사와 하이드, 히틀러의 합성품'이라면 실비아 플라스가 보여주던 '독재자 아버지=히틀러, 파시스트／'희생자 딸= 유태인'이라는 가부장적 독재질서 속에서의 희생자로서의 여성자아의 등식을 박서원에게서도 보게 된다.

그러한 파시스트, 독재자 히틀러 합성품으로서의 '아버지'에 대한 비판은 유일신 아버지 성부(聖父)에 대한 애증과 부권적 질서에 대한 공격성으로 나아가는데(그녀는 독실한 카톨릭 교도라고 한다) 그것은 일상적 구어법으로, 보편적 상징으로 드러나기도 하고 시적 황홀경이 고도에 이를 때는 모순적인 시니피앙들의 무도회를 보는 듯한 언어적 축제의 양상을 카오스적 목소리로 토로한다. 후자의 경우 고통과 내적 갈등의 고백이기를 뛰어넘어 상징 질서의 위반과 금기를 가로 지르는 도약적인 주이상스를 생성한다.

> 주여,／나에게 성녀가 되길 요구하지 마세요.／／갈비뼈 앙상한 십자가 허리／망치로 내려친다 차례대로／손목……

무릎……발목……／／내 팔뚝도 면도날로 난도질한다／아무도 내 얼굴을 잘 모른다／／버려진 내 시／소망으로 가득찼었지만 나뒹구는 내 시／／와 고통은 얼굴을 원치 않는다／／……(중략)……／／주여,／당신과 나는 하나／／내 뼈 맷돌에 갈리면 당신 뼈도 멧돌에 갈리고／당신 영광 이루어지면 내 영광도 다다르겠지요／／당신과 나는 하나／／어쩌나……이젠 국화향기에……신열에 들뜨네

– 시 「부서진 십자가」 중

'주'를 부르며 주님에게 향하는 이러한 이인칭 수신자 지향의 언술은 자기 파괴와 육체 절단, 주에의 사랑과 증오의 고백이다. 송무 교수의 논의처럼 '고백문학'이란 원래 종교적 색채를 지닌 것이다[18]. 박서원의 종교적 환상은 분명 초현실주의적 언어들의 전복과 위반들의 카니발적인 것으로서 로고스로서의 유일신을 육화하고 성스러움에서 육의 제단으로 끌어내리는 이단적인 것이지만 "내 뼈 돌에 갈리면 당신 뼈도 맷돌에 갈리고／당신 영광 이루어지면 내 영광도 다다르겠지요. 당신과 나는 하나"라는 고백은 성령과의 황홀한 일체를 환상 속에서 보았다던 소화 테레사의 고백을 연상시킨다.

앞서 말한 바와 같이 고백시는 극단적 '개인'의 체험을 구어체나 산문적 언어나 시의 형태적 실험, 통사 파괴 등 열린 형식으로 노래하면서 그 고통의 악귀로부터 자신을 끄집어내 줄 언어적 치유나 정화를 향한다. 박서원은 스스로 인터뷰에서 '말하기의 치료적 힘'에 대해 이야기한 적이 있다.

18 송무, 앞의 논문, 96~97쪽 참조.

장기간의 약물 복용 후유증으로 스물세 살부터 서른두 살까지 생리가 끊겼었어요. 생리가 끊기면서 나는 더 이상 여자가 아니라고 생각했어요. 아이를 낳을 수 없는 몸이 됐다는 게 억울했어요. 가만히 제 몸을 들여다보며 내 몸 속에 우물이 있다면 맑은 물을 퍼올려야겠다고 생각했어요. 그 때 쓴 시가 「생리불순」입니다. 독자들의 반응도 굉장히 좋았고요. 그리고 생리가 터진 겁니다. 말이 나오면서 피가 터진 거예요. 마치 그동안 억눌려 있던 자궁이 말을 하는 것 같았어요.[19]

말한다는 것, 자기의 치욕스런 치부를 고백한다는 것이 어떻게 치료적 효과를 주며 자기 정화와 생명의 힘을 주는지를 그녀의 위의 고백에서 발견할 수 있다. 최승자는 낙태를, 박서원은 아이를 낳을 수 없는 불모의 자궁임을 시로 고백한다. '긍정의 용기'를 통하여 그녀들은 정화된다. 고백적 말하기는 죽음의 치료이다.

4. 자본의 팔루스와 '희생자 제물'의 극적 고백

이연주는 거대한 남근중심주의적 자본의 세계와 약한, 새기 쉬운, 그리하여 끝내 신경쇠약에 빠지거나 아니면 그 공포에 지고 마는, 예술적 자아와 세속사회의 투쟁을 가장 정직하게 보여준 시인이라고 할 수 있다. 플라스를 억압하여 혀가 턱에 붙어 말을 못하게 하고 '가시철조망에 들러붙게 한' '파시스트 히틀러 아버지'는 이연주

19 이혜련, 「성폭행 피해 털어놓은 뒤 내가 겪은 사연들」(박서원 시인과의 인터뷰), 『여성동아』, 1998. 12.

에게 '긴 장화를 신은 발'이거나 자본주의의 도살자다. 그녀의 마지막 시집 『속죄양, 유다』에 해설을 쓴 평론가 이경호는 이연주를 미국시의 '고백파'와 연결을 지으며 다음과 같이 말한다.

> 현대의 도시 문명이 제공하는 삶의 굴형에 너무도 정직하고 치열하게 스스로의 몸을 던짐으로써 그 굴형의 바닥에 닿아보려 했던 의지가 죽음의 몸짓으로 귀결된 것이 안타깝고 두렵기만 하다. 삶의 절망을 받아들이면서 절망을 극복하려 했던 방법은 그렇듯 삶과의 소통을 단절해야만 하는 것이었을까? 그녀 이전에 같은 길을 걸어간 적지 않은 시인들, 그녀와 유사하게 현대 도시 문명의 부패한 삶의 방식에 절망했던 미국의 50년대 '고백파' 시인들이 삶을 마감했던 몸짓을 떠올리며 속절없는 시 쓰기의 행로를 막막하게 바라볼 따름이다.[20]

이경호의 지적처럼 이연주는 미국의 '고백파' 시인들을 연상시키는 죽음[21]을 행했으며 자신의 위기를 '너무도 정직하고 너무도 치열하게' 드러내고 말았다.

---

20 이경호, 「부패한 삶이 굴형에서 벗어나는 절망의 노래」, 『속죄양, 유다』(이연주 시집), 1993, 101쪽.

21 실비아 플라스는 두 번 자살을 시도(18세, 30세)하였고 남편 테드 휴즈와 별거중 3번째 자살을 시도하여 1963년 아주 추운 2월, 31세의 나이로 가스 오븐에 머리를 박고 죽었다. 그녀와 같이 고백파 시인 로버트 로월의 시창작 강의에 함께 다니며 친하게 지냈던 앤 섹스턴은 플라스의 자살 이후 "도둑년! /넌 어떻게 기어들어갔지?//혼자 기어서/내 그리도 오래 열렬히 바랐던 죽음 속으로,//우리 같이 벗어나자 했던 죽음,/우리 가녀린 가슴에 걸쳐 있던 것,//언제나처럼 우리 얘기했던 것/우리는 보스톤에서 세 잔의 마티니를 더 들이켰지,//분석과 치유를 얘기했던 죽음,"과 같은 시를(「실비아의 죽음 — 실비아 플라스를 위하여」 중) 썼으며 그녀도 자살로 삶을 마감했다.

초기작 「장마의 시」에서부터 그녀의 시는 일상 공간 속에 들어있는 극단적 가난과 고립과 신경의 염증과 조울증의 고백을 드러낸다.

> 쥐벼룩 한 마리 무릎 관절 안쪽을 기어간다.
>
> 지독한 타르 위로 떠오르는
> 먹구름……
> 말초신경염을 앓고있는 내 손가락 끝이
> 쥐벼룩을 찾아 이리저리 옮겨다닌다
>
> 제각기 다른 호흡을 꿈꾸며 돌진하는
> 수천의 얼굴들
> 누군가를 끊임없이 침수시키며
> 비, …… 조울증의 격렬한
>
> 문제는 아무 것도 제대로 보이는 게 없다는 거다
>
> 난 쉴새없이 마른 걸레가 필요해요
> 당신은?

마지막 시행, "당신은?"이라는 질문에서 여성 고백시가 청자(수신자)를 지향하는 능동적 기능의 언어라는 것을 확인하게 된다. 고백은 독백만은 아니기 때문에 능동적으로 청자, 수신자를 지향하며 청자, 수신자의 공감을 향하여 나아가면서 섞여들기를 원한다. 장마에 갇혀 여러 가지 병을 앓으며 새는 지붕을 마른 걸레로 빗물을 닦아내고 있는 조울증의 여자. 이 어두운 세계와 내면의 위기는 「유토피아는 없다」에서 "몸들이 부딪친다./어디서나/－도살,/－간음, －피간음,/모두가 같은 종류의/갓난 것의 절망적인 빨판에서/늙은이의 쉰내나는 입술에서/다혈질적인 열기,/유전자들은 맹렬한 분열을 거듭한다"에서처럼 시에서 인간에 대한 절망으로 퍼져나간다.

시인 자신의 자서전적인 고백으로 읽히는 등단작인 「가족사진」에서도 타락과 자살과 암흑과 함몰이 있을 뿐 희망도 사랑도 최소한의 가족애도 없다. 「비극적 삼각관계」에서 "막 낳은 흰 달걀 하나가/아직 뜨끈뜨끈한 김을 내며/「아버지, 저를 죽여주세요」/긴장형 조발성치매를 앓고 있다.//긴 장화를 신고 난자를 멸시하셨지/휘청거리는 해골을 덜렁덜렁/상스럽게 쓰던/아버지, 아버님, 오, 무자비한……"에서도 가족은 죽음 충동, 멸시, 무자비한 폭력, 여성 비하 등을 주는 가학적 관계로 드러난다. 인간관계의 파멸은 그녀의 시에서 너무나 익숙한 풍경이며, 그리하여 「유토피아는 없다」에서는 "소름끼치는 장터에서/간음한다/간음당한다/살아온 날들과 살아갈 날들이/뼈를 발라낸/도살당한 고깃덩어리와 씹한다"라고 말하며 인간관계를 불모적, 동물적, 잔혹한 가학-피학적 관계로 진술한다.

자본의 팔루스만이 명멸하는 이 거리의 시장에서는 '산다는 것' 자체가 죽음과의 간음이자 돈과의 매음일 수밖에 없기 때문이다. 그녀의 시는 부패한 자본주의 안에서 살아간다는 것의 역겨운 위기와 추악한 공포를 드러내고 있다. 그리하여 에밀 졸라가 자연주의 소설 안에서 그렸던 것과 같은 인간의 동물성과 타락, 잔인한 파멸의 추악한 추락을 매우 리얼하게 그려낸다. '매음녀'처럼 살아가야만 하는 자본주의 군상들의 처절하게 황폐한 무의식적 고백이 시인의 시가 된다.

> 이렇게 살 바엔, 너는 왜 사느냐고 물었던/사내도 있었다./이렇게 살 바엔-/왜 살아야 하는지 그녀도 모른다./쥐새끼들이 천장을 갉아댄다./바퀴벌레와 옴벌레들이 옷가지들 속에서/자유롭게 죽어가거나 알을 깐다./흐트러진 이부자리를 들추고 그녀는 매일 아침/자신의 시

신을 내다버린다, 무서운 것이 없어진 세상.／철근 뒤에
숨어사는 날짐승이／그 시신을 먹는다.／정신병자가 되어
감금되는 일이 구원이라면／시궁창을 저벅거리는 다 떨어
진 누더기의 삶은……

—시 「매음녀 1」 중

시인은 '매음녀'에 관해 7편의 연작시를 썼다. "오늘밤에도 가랑이를 열댓번 벌렸다／……(중략)……／그렇다, 구제불능이다／죽여도 목숨값없는 화냥년이다／멀쩡 몸뚱아리로 뭐 할 게 없어서／그 짓이냐고?／어이쿠, 이 아저씨 정말 죽여주시네" (시 「매음녀 3」 중) 처럼 헐벗은 몸뚱이 하나가 시장에 내놓은 자본일 뿐인, 그 적신으로 먹고 사는 밑바닥 삶의 상황들을 그녀는 끔찍하리만치 리얼하게 폭로한다. "벌써 날이 밝았어, 벌써 날이 밝았어, 한숨섞어 중얼거리던 에미는 신문지에 둘둘 말아 싼 애비 모르는 죽은 것을 쓰레기통에 쿡, 처박았네, 아아 나일론 살에 붙어타는 냄새." (시 「매음녀 7」 중)와 같이 '자본주의는 곧 인간성의 파괴'라는 등식을 보여주는 이 연작시에서 자본의 비인간화와 그것에 희생되는 희생자들의 비인간화가 함께 진행되는 이곳은 바로 지옥이자 인간성의 종말의 자리인 것을 볼 수 있다.

인간성의 종말인 이 자본 시장에서 '생존해야 한다는 강박관념 때문에 발생하는 붉은 광기'를 그녀의 시들은 날것으로 드러낸다. 여성 육체는 정육점의 붉은 고깃근이고 시인은 태아 살해의 환상을 보는 신경쇠약의 병자가 된다. "나는 병자다／매일밤 아이를 낳는다 밟아 죽인다／홍건한 피로 물든 손바닥／벽들은 내가 죽인 아이들의 송장으로 채곡채곡／거대한 벽을 이루더니" (시 「무덤에서의 기침」 중) "벽이 못견디게 친근한 건 내가 죽인 아이들의 송장으로 지어진 건물이기 때문"이라는 시구는 밤의 자본 시장에서 암거래되었던 육체와 성과 죽음의 지옥도이다.

이러한 추악한 시장에서 순결함을 꿈꾸는 존재는 '성자'일 것이며 성자는 "나는 방류된 폐수다/나는 불행에 중독된 쓰레기/나는 썩은 강물이다//나는 나를 낳은 날카로운 밤의 자궁/나는 모친을 살해하는 딸년"과 같은 부정적이고도 파괴적인 정체성을 가질 수밖에 없게 된다.

그녀의 마지막 시 「종신」은 인류의 밤에 바치는 마지막 헌사이다. 비인간화의 극을 보여주는 인류의 재앙에 바치는 그녀의 극적 고백이다. 그녀는 피의 제단 위에 오르는 속죄양이 되어 숨죽인 채 그녀의 번제를 바라보는 타락한 인류를 향해 극적으로 호소한다.

> 이마에 재 뿌리고/쑥향과 빈 촛대 들고/들판으로 갔다.//나는 밀기울 껍데기로/홑껍데기로/주여,/용서하소서.//어두움 실핏줄이 터져/못 이길 두려움/혼절할 듯/외마디 소리를 질렀다./주여, 용납하소서.//바람이 죽은 날들을 닦았다./나는 혼신을 다해/촛대 위로 올랐다.//불을 그어다오.
>
> – 시 「종신」 중에서

"주여 용납하소서", "불을 그어다오" 이것이 그녀의 마지막 호소다. 육체가 암거래되고 애비없는 태아들이 죽어나가는, 그 송장들로 차곡차곡 올라간 번쩍번쩍한 마천루 빌딩들, 황금의 팔루스들이 권력의 위용을 자랑하는, 이 추악한 자본의 시장에서 순결함을 꿈꾸는 시인은 '인류를 대표하여' 타오르는 불 위의 번제가 된다. 고백시인은 희생자–제물, 즉 속죄양의 존재인 것이다. 그리고 '속죄양'은 배반자, 유다가 된다.

고백시가 고백시인 것은 시적 화자가 시인 자신과 일치하기 때문인데 이연주 시인의 시는 반드시 그렇지는 않다. 그녀는 자본주의 사회에서 내팽개쳐진 밑바닥의 타자들과 자신을 동일시하고 있으며 그럴 수 있는 '도덕적 용기'를 가지고 있다. 그리하여 자본의 황금 팔루스에 암거래되고 억압당하는 여성 육체들의 끔찍한 비인간화를 노래했다. 시인이 저들의 끔찍한 실존적, 생존적 위기를 고백하지 않는다면 자본주의의 거대한 시장에서 깔려 죽어가는 그들의 파멸을 누가 막을 수 있을 것인가? 그녀는 자신의 몸으로 '매음녀가 있는 밤의 시장'의 희생제의-제물로 올라선다. 그녀는 고백시의 범주를 넘어 자신의 가난의 체험과 배신당한 자의 고통을 현대 자본주의의 극단적으로 비인간화된 상황으로 확대시켜 개인의 위기를 인류의 위기로 확장했다고 평가할 수 있다. 그녀는 말한다. "원하는 대로 삶이 흘러가는 사람들은／어떤 사람들일까……／함박눈 내린다."

5. 결론

이 논문은 1970년대 후반에 이르러 한국 현대 여성시가 전통적인 서정시의 양상을 벗어나 여성주의적 비판시와 여성주의적 고백시로 전환을 이루었다는 전제하에서 전개되었다. 그리하여 여성주의적 비판시의 시인으로 고정희를, 여성주의적 고백시의 시인으로 최승자, 박서원, 이연주 등을 들었다. 서정시를 주로 시적 기능과 감정 표시적 기능으로 보는 야콥슨의 분류에 따라 전통 서정시는 감정 표시적 기능을 지배적으로 활용하고 있는 것으로 보았고, 야콥슨의 입장을 수정하고 서정시에도 다른 언어적 기능이 지배적으로 활용된다고 보는 디이터 람핑의 구분에 따라 여성주의적 비판시는 감정 표시적 기능에 더하여 사회, 정치, 역사적 맥락과 연관되어 있는 지시적 기능을 주로 활용하는 것으로, 여성주의적 고백시는 감정 표시적 기능에 자전적 맥락과 연관되어 있는 지시적 기능과 수신자를 지향하는 능동적 언어 기능을 더한 것으로 규정하였다. 물론 텍스트에서의 언어의 기능이란 한 가지 기능으로만 이루어질 수 없는 것이고 여러 기능이 복합적으로 기능하는 것이지만, 한 텍스트에서 어떤 기능이 지배적으로 우세하게 활용되는가를 분석하여 편의상 그렇게 규정하였다는 것은 앞서 기술한 바와 같다.

"(모든 하위 문학에는) 전통적인 지배양식을 모방하고 지배적 전통의 예술 평가 기준과 사회적 역할 개념을 내면화하는 첫 번째 단계, 지배 전통의 기준과 가치에 저항하면서 소수 집단의 권리와 가치를 옹호하고 자율권을 요구하는 두 번째 단계, 그리고 마지막으로 지배 문화와의 대립에서 벗어나 자신의 안으로 방향을 돌려 정체성을 추구하는 자기발견의 단계가 있다. 여성작가에게 맞는 용어로 각 단계들을 이름붙이자면 첫 단계를 여성적(feminine), 두 번째 단계를 여성해방적(feminist), 세 번째 단계를 여성의(female) 단계라고 부를 수 있겠다."는 일레인 쇼왈터의 지적에 따라 '여성주의적 고백시'라고 논자가 명명한 이 단계는 '여성해방적'이면서도 '여성의' 문학의 단계를 포함하는 것으로 볼 수도 있다.

그리하여 이 글에서는 한국 여성시의 고백시적인 경향으로의 전환을 첫째, 정치적으로 '민족'이나 '민주'라는 거대 담론과 권위주의, 전체주의 체제 안에서 억압되어온 '개인'의 내면의 위기를 탐구하기 위한 필연적인 과정으로 보았으며 둘째, 문단 내적으로 60년대의 순수/참여 논쟁, 70년대의 민족문학 혹은 민중 문학 논쟁, 80년대의 노동 해방문학과 여성 문학 논의가 활성화되어가는 상황 속에서 순수/참여라는 이분법적인 논쟁의 틀 안에서 대항담론으로서의 '개인'의 무의식의 표출이 절실하게 요구된 상황에 주목하였고, 셋째 페미니즘 이론의 소개와 실비아 플라스의 개성적 시와 극적 생애의 소개, 번역, 출간 등의 문화적 자극을 그것의 생성 원인으로 지적하였다.

최승자, 박서원, 이연주 등의 텍스트는 언술 형식면에서 일인칭 화자의 감정 표시적 기능과 자전적 맥락, 그리고 수신자 지향의 능동적 기능을 가진 언어적 특성을 보여준다. 그들의 시는 일상 구어체를 사용하고 '개새끼', '똥강아지', '씹새끼' 같은 비속어 등을 사용하기도 하며 서정적 형태성을 허물고 산문성을 차용하여 닫힌 서정시의 형식을 '열린 형식'으로 개방하기도 하였다. 내용면에서는 자신의 극단적 상처와 치부를 과감히 드러내며 가부장적 사회, 문명에 대한 분노와 광기를 충동적으로 표출한다. 자아의 발견, 제어하기 어려운 어두운 충동의 표출, 이성과 합리성에 거부하는 무의식의 분출, 주체 분열, 아버지-나치스와 희생자-딸 같은 등식, 자살 충동 등이 이들 여성 고백시 텍스트에서 많이 나타난다. 그동안 여성적 서정시의 국면에서 많이 드러나지 않았던 여성 광기의 표출과 죽음 충동이 여성주의적 고백시에서는 절박하고도 직핍적인 어조로 드러나며 반어나 역설, 패러디, 언어 유희의 전략 등이 과감하게 사용되었다. 박서원의 고백대로 남성중심주의, 가부장적 문화 속에서는 아버지-남성은 '지킬박사와 하이드, 히틀러의 합성 완제품'이며 딸-여성 자아는 희생자, 제물로 나타나기도 하였다.

이연주의 마지막 시 「종신」은 희생제물의 입장에서 번제의 제단에 자신을 올려놓고 있는 자살 직전 여성-자아의 마지막 내면을 극화시켜 보여주었다. 고백시는 치료적이거나 정화적, 속죄적, 초월적 효과를 가진다는 의미에서 치유적인데 박서원의 경우 시작(詩作)의 치료적 효과를 직접 언급하기도 하였으나 실비아 플라스, 앤 섹스턴, 석영희, 이연주의 경우 자살로 삶을 마감하였다. 고백시적 말하기가 시인 자신에게나 독자에게 치유적 효과를 주지만 종교적 고백의 경우 죄를 사하고 신과 재통합하는 효과를 주는 반면 자신의 어둡고 불우한 상처를 공적으로 드러낸 시인에게는 사회적 고립과 소외가 올 수도 있기 때문에 위험한 글쓰기라고 할 수도 있다.

이렇듯 한국 현대 여성시인들의 고백시적 경향의 텍스트들은 그동안 전통적 서정시나 현실비판적 참여시, 혹은 모더니즘적 시에서 볼 수 없었던 여성 자아의 내면의 위기와 분노, 가부장 담론에 대한 저항, 광기, 자살 충동 등을 정직하게 드러내 주었다. 그리하여 순수/참여, 민족, 민중이라는 거대 담론들의 쟁점에 의해 가려지고 억압되어 있었던 '여성-자아', '개인'의 위기를 무의식적 충동의 언어로 표출하면서 열린 형식으로 텍스트화했다는 점에서 독특하고도 귀중한 문학사적 의미가 있다고 하겠다.

참고문헌

1. 기본 자료

김혜순, 『또 다른 별에서』, 문학과지성사, 1991.

김혜순, 『어느 별의 지옥』, 문학과지성사, 1997.

박서원, 『난간 위의 고양이』, 세계사, 1995.

박서원, 『내 기억 속의 빈 마음으로 사랑하는 당신』, 세계사, 1998.

박서원, 『천년의 겨울을 건너온 여자』, 동아일보사, 1998.

이연주, 『매음녀가 있는 밤의 시장』, 세계사, 1991.

이연주, 『속죄양, 유다』, 세계사, 1993.

최승자, 『이 시대의 사랑』, 문학과지성사, 1984.

최승자, 『기억의 집』, 문학과지성사, 1989.

최승자, 『내 무덤 푸르고』, 문학과지성사, 1993.

실비아 플라스, 『거상』, 청하출판사, 1990.

실비아 플라스, 『어느 순수주의자에게 보내는 편지』, 이만식 역, 고려원, 1994.

2. 국내 논저

고정희, 『너의 침묵에 메마른 나의 입술-여성해방문학가 고정희의 삶과 글』, 또하나의문화, 1993.

김승희 편저, 『남자들은 모른다-여성·여성성·여성문학』, 마음산책, 2002.

김승희, 「상징 질서에 도전하는 여성시의 목소리, 그 전복의 전략들」, 『현대시 텍스트 읽기』, 태학사, 2001.

김정란, 「신성한 피」, 박서원 시집 『난간 위의 고양이』, 세계사, 1995.

김혜순, 「여성적 글쓰기의 텍스트적 전략」, 『또 하나의 문화』 제9호, 도서출판 또하나의문화, 1992.

송 무, 「고백시의 성격과 의의」, 『영미어문학 연구』 vol. 1, no., 1, 영미어문학회, 1984.

신정현, 「50년대와 60년대의 미국시」, 『외국문학』 제19호, 열음사, 1997 여름호.

심인보, 『현대 미국시인론』, 한신문화사, 1998.

이경호, 「부패한 삶의 굴헝에서 벗어나는 절망의 노래」, 이연주 시집 『속죄양, 유다』, 세계사, 1993.

허영자・한영옥, 『한국 여성시의 이해와 감상』, 문학아카데미, 1997.

3. 외국 논저

A. 알바레즈, 『자살의 연구』, 최승자 역, 청하 출판사, 1982.

로만 야콥슨, 「언어학과 시학」, 『언어과학이란 무엇인가』, 이정민 외 편, 문학과지성사, 1977.

바바라 케블즈, 「앤 섹스턴 – 오늘의 세계문학(2)」, 박봉희 역, 『외국문학』 제17호, 열음사, 1988 겨울호.

존 로젠블랫, 「실비아 플라스, 이니시에이션의 드라마」, 크리스테바 외 서, 이경희 역, 『페미니즘과 문학』, 문예출판사, 1988.

토릴 모이, 『성과 텍스트의 정치학』, 임옥희 외 역, 한신문화사, 1994.

Kalaidjian, Walter, *Languages of Liberation: The Social Context in Modern American Poetry*, NewYork: Columbia University Press, 1989.

소수 문학으로서의 기녀 시조 읽기: '해어화(解語花) 텍스트'와 '전복적 욕망의 텍스트'

1. 고전[1]이란 무엇인가: 포스트모더니즘적 입장에서

고전(The Classic)이란 무엇인가? 왜 고전 텍스트는 시간과 공간을 뛰어넘어 되풀이해서 읽혀지는가? '고전'에는 '고전' 작품만이 가진 어떤 고전성(the classic-ity)이란 것이 존재하는가?

"고전이란 시공을 초월하여 영원히 독자들에게 작용하는 어떤 보편적 가치, 초월적 가치를 가지고 있기 때문에 고전이다"라는 것이 절대주의적 입장이라면 최근에 들어서는 그러한 절대주의적 입장은 점점 사라지고 있으며 고전을 상대적으로 바라보는 관점이 새로운 힘을 얻고 있다. 특히 포스트모더니즘의 입장에서는 시공을 초월히

1 원래 고전이라고 불리우는 그리스, 로마의 고전과 마찬가지로 고전이란 최고급의 작품, 즉 다른 무엇보다 탁월하게 뛰어나고 인간 정신을 풍부하게 하는 능력을 영원히 가지고 있다고 독자들이 합의하여 인정한 작품을 가리킨다. 이러한 절대주의적 정의에 따르면 고전이라고 불리는 작품이 시간의 시련(새무얼 존슨에 의하면 100년)을 견뎌낸 것은 그것이 시간과 공간을 초월하는 가치를 본래부터 가지고 있다고 믿기 때문이다. Joseph Childers and Gary Hentzi, ed., *The Columbia Dictionary of Modern Literary and Cultural Criticism*, Columbia University Press, New York, 1995.

여 어떤 '초월적 가치'를 가진 듯이 보이는 '고전'이라는 것의 존재 자체를 부정적으로 바라본다. 고전이 가지고 있다고 믿어온 보편성이라는 것, 중심, 절대, 초월적 가치라는 개념 자체를 부정하는 것이다.

"이론가들은 보편성을 내세우는 그 어떤 개념도 믿지 않는다. 가령 시대와 상황을 초월하여 절대적인 존재 가치를 지닌 '고전'이 존재한다는 생각에 반대한다. 왜냐하면 책은 언제나 특수한 사회적, 정치적 상황을 바탕으로 탄생하며, 이러한 상황을 배제하고 이야기를 한다는 것은 부당한 일이기 때문이다. 그런데 흔히 이 책들이 '고전'의 반열에 오르게 되면 그러한 맥락은 곧잘 무시되는 경향이 있다. 마찬가지로, 특정한 인종, 성, 계급을 초월하는 일반화된 규범인 '인간 본성'이 존재한다는 생각도 믿지 않는다. 왜냐하면 이 개념도 실제로는 유럽중심적(즉 유럽 백인의 규범에 근거를 둔)이고, 남성중심적(남성적 규범이나 태도를 바탕으로 한)이기 때문이다. 때문에 이렇게 포괄적이고 일반화된 인간 본성이라는 개념에 호소하는 것은 실제로는 여성이나 불리한 입장의 집단들을 주변화하고, 무시하고, 심지어는 부인하는 결과가 되는 것이다."[2]

위의 인용문에서 볼 수 있듯 포스트 모더니스트 이론가들은 고전의 선정, 즉 '정전화'(Cannonization, 관습적으로 '고전'이라 불리우는 것들의 선정, 혹은 그 선정의 규칙, 법 형성) 과정이 인종적, 성적, 계급적인 것들의 개입으로 이루어지고 있고, 또한 '인간 본성'이라는 초월적 가치가 있다는 가설에 의존하고 있기 때문에 고전이란 것의 존재를 거부한다. 이러한 입장을 따르면 고전의 선별은 중립적 과정이기는커녕 이데올로기와 제도적 요인들의 기능으로 이루

---

2 Peter Berry, *Beginning Theory: An Introduction to Literary and Cultural Theory*, Manchester University Press, 1995, p. 67.

어지며 어떤 작품이 고전이 되는 것은 그것이 절대적 가치를 내재적으로 가지고 있기 때문이 아니라 지배계급의 정치적 이해를 반영하고 문화적 필요를 충족시키기 때문이다. 프랑크 커모드처럼 절충주의적 입장을 내세우는 비평가도 있는데 커모드는 "그것이 지닌 풍부함 때문에 고전은 고전으로 정의되는 것인데 고전이 되기 위해서는 어느 세대의 해석자들의 노력도 넘어서는, 남아도는 해석의 가능성을 제시해야 한다"[3]고 지적한다.

필자는 '고전' 작품의 불변성을 믿는 절대주의적 입장을 아예 부정하지는 않지만 고전의 선정이라는 정전화 과정에 인종적, 성적, 계급적인 것을 고려하는 정치성이 개입한다는 상대주의적 관점을 더 수긍하고 있다. 한국 고전문학사에서는 여성 저자가 거의 존재하지 않는다. 심지어 여성 저자가 존재하는 시조의 경우도 '기녀 시조'[4]라는 특수 범주로 분류되어 다루어져 왔다. 그 탁월한 작품성을 인정하면서도 말이다. 물론 '기녀 시조'를 특수 범주로 설정하지 않고 사대부 시조와 함께 그 미학적 자질을 다루고 있는 상당히 독보적인 연구도 있다.[5] 그러나 대부분의 경우 남성 학자들에 의하여

3 Joseph Childers and Gary Hentzi, ed., 앞의 책, 109쪽 인용.

4 기녀 시조를 "버림받은 여인의 절망을 표현한 실연의 정서라는 한국의 문학적 특질을 대변한다"고 보는 조윤제의 입장, 여요와 시조에 나타난 애정이라는 모티프를 분석한 김일렬의 입장 등을 들 수 있겠다. 조세형, 「동짓달 기나긴 밤……」의 시공인식, 『한국고전시가작품론 2』, 집문당, 1992, 493~494쪽 참조.

5 박철희 교수는 황진이의 시조가 사대부 시조의 규범적 타설(他說)미 보다는 훨씬 더 생생하고 구체적인 자설(自說)미를 가지고 있다고 평한다. "황진이, 송순 등의 노장적인 감정의 표현을 어떻게 생각할 것인가? 정몽주, 맹사성, 이현보, 이이 등의 시세계가 유교적인 안빈낙도의 이상적인 인간상을 추구하여 소재는 자연이나 그 사상은 유교라고 한다면(규범의 미학에 의존) 송순, 황진이, 윤선도, 정철 등 전부는 아니지만 대부분의 시조가 반대로 구체적인 현실 감각(자설미의 발견)을 보여주고 있

기녀들의 문학은 이별의 슬픔을 노래한 사랑시류로 한정되어져서[6] '기녀 시조=애정시가'라는 좁은 범주 안에서만 다루어져 왔다. 그리하여 그 텍스트들이 함축하고 있을 다의미나 경계선적인, 혹은 소수 집단의 존재인 기녀들의 무의식의 전복적 흔적들을 읽으려는 시도가 없었다는 전제에서 본고는 기녀 시조를 하나의 소수 집단 문학(Minority Group Literature)[7]으로 읽어보고자 한다. 그러한 시각에서 필자는 기녀 시조[8]란 "'기녀'라는 특수한 여성 집단이 당대의

다…… 황진이의 시조 언어는 이미 인습적인 지시와는 무관한 언어 자신의 시적 비전 속에 변용된 감각어를 구성하는 것이다. 그리고 그것은 시(詩)내에서 독자적으로 활동하고 개념에 비교되거나 등식에 의존하지 않는 것이다." 박철희, 『한국 시사 연구』, 일조각, 45~49쪽 요약 인용.

6 "황진이 시조는 기녀인 작자가 이별의 상황을 노래한 애정시이다. 작자 신분상 제재상의 이러한 특질에 따라 그의 시조는 기녀 시조이면서 애정시조인 것으로 파악되어 왔다. 황진이 시조에 대한 기존 연구도 그런 맥락을 벗어나지 않는다. 먼저 기녀 시조로서의 측면에 더욱 관심을 보인 경우가 있다. 그 업적들은 가장 활발한 애정시가의 생산층이었던 조선 전기 기녀들의 시조에 대해 사대부들의 그것과 대비하여 시간의식을 포함한 내면의식의 추적에 치중하였다. 이러한 대비적 고찰의 결과는 물론 소중한 것이고 애정시가를 보는데 일정한 가치를 가지기도 한다. 그러나 이와 같은 접근 방법은 애정시로서의 본질을 뚜렷이 부각시켜 대상 작품의 이해를 완성하는 데에까지 나아가기는 힘들다."라는 지적이 나올 정도이다. 기녀 시조를 애정시로 규정지어 놓고 그 측면만을 고려하는 주류적 입장이 텍스트 이해를 빈곤하게 해왔음이 그러한 논의 축에서 지적될 정도인 것이다. 조세형, 앞의 논문, 493쪽 인용.

7 소수 문학이란 주류와 소수 사이 "두 개의 서로 다른 언어가 있다는 것이 아니라 똑같은 언어에 두 개의 가능한 언어 운용이 있다"는 것을 말한다. 소수 언어의 표현법의 전형성은 주류 언어의 불변성의 기저를 파헤쳐 주류 언어를 탈영토화시킨다는 점이다. Ronald Bogue, *Minor Literature and the Deterritorization of Language, Deleuze and Guattari, Routeledge*, London and New York, 1989, pp. 116~123 참조. 들뢰즈·가타리, 조한경 역, 『소수 집단의 문학을 위하여』, 문학과지성사, 1992.

8 가람 이병기는 "기류(妓流)의 작품들은 저 도학가들이 즐겨 하는 무슨

관념으로서나 유희로서 시조를 읊은 것이 아니라 절박한 생활 속에서 그들의 생활 감정과 인정을 교묘한 수사로서 읊어낸 데에, 그 장기가 있었음을 본다. 그리고 비록 그들의 사회적인 신분을 낮았으나, 그들이 지니고 있는 교양은 그들이 일상 접촉하는 양반들이 지니고 있는 것에서 그리 멀지 않았음을 보아 그들의 문학이 귀족 양반들의 문학을 압도하여 왔음을 우리는 또한 주목하지 않을 수 없다."라고 기류 문학을 평한다. 정덕순, 『황진이와 기방 문학』 중앙 신서 69, 주식회사 중앙일보 동양방송, 1980, 130쪽 인용.

필자는 여기에서 사회적 신분은 낮았으나 지식층과의 교유로 사대부층의 교양을 지니고 있는 기녀가 조선조 신분 제도가 만들어낸 소외되고 박탈되어 불구화된 경계선적 존재로서 '절박한 생활 속에서' 생존을 해온 '소수 집단'이며 반면에 '자신들의 생활 감정과 인정을 교묘한 수사로써' 발화하여 양반들의 문학보다 수준이 높은 문학을 생산해온 문학인들이었음을 인식할 수 있다. 조선 사회라는 가부장–이성(Logo-phallo-centrism)–신분중심 제도 안에서 기녀들은 태생부터가 절름발이 양반(아버지 : 양반／어머니 : 천첩)인 이질혼성적(heterogeneous) 기표이면서 영원히 신분제도의 상징 질서 바깥으로 추방된 비천함(the abject)의 신분이었다.

"모계제의 세속적인 인습이 살아있는 곳이 기생과 무당사회이다. 기생의 말로는 특히 비참한데 기껏 잘돼야 첩으로 들어앉는 것이고 젊었을 때 과객이나 정랑을 사귀어 얻는 아들은 노복이 되고 딸일 경우엔 관기이고 못되면 여비(女婢)인 것이다. 그리고 자신은 생계를 위해서 주모나 포주로 전락하고 만다." 장덕순, 위의 책, 133쪽 인용. 기녀들은 모계제의 세습적 인습으로 자신의 출생도 비천함이라는 신분적 한계 안에서 시작될 수밖에 없지만 그녀들의 미래에 태어날 자식들 또한 신분적 비천함을 숙명적으로 가지고 태어나게 된다. 과거／현재／미래가 다 추방된 자의 숙명을 가지고 있는 것이다. 그러한 시각에서 그녀들의 텍스트를 읽으면 '기생'이라는 시니피앙 속에 자신의 위치를 정립한 초월적 자아로서의 시적 화자(언표의 주체)를 발화하는 주체(언표 행위의 주체)와 동일시할 수 없기 때문에 분열된 주체, 과정 중의 주체, 교란당하는 주체의 텍스트 의미 생산의 흔적들을 읽어낼 필요, 즉 징후적 독서의 필요성이 있다고 생각한다. 그러나 시조라는 담론의 틀을 크게 훼손하는 혁명적이면서도 모반성이 강한, 기호계적 코라의 무의식적 작업을 보여주는 텍스트는 많지 않았는데 그것은 당대의 신분 제도가 가로지르기나 주류 문학적 형식[9](문학의 상징계, 상징적 질서)인 평시조 형식으로 노래한 것"으로서 "표면적으로는 '해어화'의 텍스트이지만 심층적으로는 남성-이성중심주의적인 당대 질서에 대한 대항적 전복성을 가진 욕망의 텍스트"로 정의하고자 한다. 들뢰즈·가타리에 의하면 '소수 집단 문학'이란 "소수 집단 언어의 문학을 지칭한다기보다는 지배 집단의 언어권에서 소수 집단이 지탱해가는 문학을 뜻한다. 소수 집단 문학의 일차적 특성은 탈영토화 율(率)이 그 문학에 강하게 드러난다는 점이다"[10]라고 정의된다. 그것은 프라하에서 독일어로 글을 썼던 유태인인 카프카의 문학을 정의하기 위한 것이지만 '소수 집단 문학'이란 개념은 주로 주류(다수 언어)로부터 소외되어 경계선에 밀쳐져 있는 인종적, 성적 집단의 문학을 규정할 때 사용되어 온 개념으로서 기녀들의 위치를 고려하여 "사대부들이 주로 담당해온 시조 문학 생산권에서 주류가 사용하는 평시조 형식을 원

위반이 어려운 고정성의 상징계로서 강력하게 작용하고 있음을 한편으로 드러내고 있기 때문이다. 그리하여 비유라든가 역설, 음운의 반복, 혹은 의미의 불확정성을 통해 비천함으로 밀쳐진 기녀들의 무의식적 욕망의 전복성과 탈영토화에 대한 욕망을 함께 읽어볼 수 있었다. 표면적으로는 해어화의 텍스트요 심층적으로는 대항적 전복성의 텍스트라는 것은 크리스테바의 페노 텍스트(현상 텍스트)와 제노 텍스트(발생 텍스트)라는 용어와 대응하는 것으로 보아도 좋겠다.

9 시조 형식의 규준인, 곧 평시조의 형식적 특성은 다음과 같다. (1) 평시조 한 편은 3장으로 구성된다. (2) 율격을 전제로 할 때 평시조의 한 장은 한 행으로 이루어져 있다. 그러므로 평시조는 3행시로 규정될 수 있다. (3) 평시조의 한 장은 4음보로 이루어져 있다. (4) 한 음보는 보통 3~4음절이다. (5) 종장 첫 구는 3자로 되어 있다. 모든 평시조는 약간의 변형은 있을 수 있으나 대체로 이 조건을 갖추고 있다. 신은경, 『사설시조의 시학 연구』, 서강대학교 박사학위 논문, 1988, 11쪽 인용. 기녀 시조는 형식면에서는 대체로 심한 일탈이나 파격을 보여주지 않고 이 평시조의 정형의 규준을 따르고 있는 것을 볼 수 있다.

10 Ronald Bogue, 앞의 책, p. 116.

용하여 '기녀'라는 특수한 소수 집단이 생산해 놓은 소수 문학"이라고 규정하는 것도 타당할 것이다. 소수 집단 문학의 특징으로 들뢰즈와 가타리는 문학의 탈영토화[11]가 강하게 드러난다는 점, 모든 것이 정치성[12]을 띤다는 점, 모든 것이 집단성을[13] 띤다는 점과 통

11 탈영토화(deterritorization)란 프랑스의 포스트 구조주의자 질 들뢰즈와 가타리의 용어로 탈중심화라는 보다 넓은 포스트모더니즘적 기획과 연관된 개념이다. 지리학적으로는 영토라고 이해되는 금압적이거나 강제적인 사회 및 지식의 구조로부터 탈주하는 과정을 가리킨다. 들뢰즈와 가타리에게 질서잡힌 편집증의 그물 바깥으로 나가있는 정신분열증 환자는 자본주의 하에서 탁월하게 탈영토화된 존재로 읽혀지는데 이와 같이 '탈영토화' 개념은 중심, 절대, 로고스중심주의의 이항대립적 체계 바깥으로 탈주하고자 하는 욕망의 전복성을 뜻한다. 일단 기존의 코드를 전복하여 탈영토화한 다음 동시에 다른 코드를 통하여 재영토화하는 일은 불가피하다. Deleuze and Guattari, 『안티 외디푸스』, p.29.

12 "지배 민족(집단)의 문학적 특성은 개인적인 문제(가족적인 문제, 부부의 문제)가 배경을 이루면서 사회적 환경으로서의 비개인적 문제와 결합하려는 성향을 띠는 데 있다고 본다. 그러나 소수 집단의 상황은 전혀 다르며 소수 집단의 비좁은 문학적 공간은 모든 개인적인 문제가 정치에 직접 연결될 수밖에 없게 한다…… 지배 집단의 문학권에서 심부와 기저를 이루는 것, 다시 말해 건축물의 필수불가결한 지하층을 이루는 것이 소수 집단의 문학에서는 노출되어 나타난다. 지배 집단의 문학권에서 단순히 행인의 발길을 붙잡는 것이 여기에서는 삶과 죽음의 문제로 부각된다." 들뢰즈 · 가타리, 『소수 집단의 문학을 위하여』, 조한경 역, 문학과지성사, 1992, 34쪽.

기녀 시조를 읽을 때 '정치성'이란 개념은 케이트 밀레트가 '성의 정치학'이라고 할 때의 것과 유사한 것으로 이해될 수 있다. 밀레트는 "지배적 성이 피지배적 성에 자신의 권력을 유지시켜 나가는 과정"으로 정의한다. 기생 시조를 사랑시조로만 다룬다거나 기생 시조에 나타난 자연관, 시간의식 등을 연구하면서 기녀 시조를 비정치화, 탈정치화시키는 것도 일종의 성의 정치학의 맥락일 수 있다.

13 "그 이유로는 소수 집단의 문학에서는 온갖 재능이 다 발휘될 수 없기 때문이다. 집단적 발화와 구별되는 이러저러한 '거장'의 개별적 발화가 가능한 상황이 소수 집단의 문학에는 주어지지 않는다. 그러나 그럼에

사론적인 또는 어휘적인 형태들의 상실, 다수 언어를 갉아먹는 표현의 정교화로 다수 언어를 탈영토화시킨다는 점 등을 들고 있다.

소수 문학적 입장에서 기녀 시조를 다시 읽는다는 것은 그동안 기생 시조를 자기 표현으로서의 개인 서정시로 한정하면서 그 내면 의식과 텍스트성을 추구해온 입장과 애정 시조[14]로 읽어온 정한론

도 불구하고 재능을 한껏 발휘할 수 없는 그러한 상황은 오히려 축복이 될 수 있다. 그것은 거장의 문학과는 다른 것을 가능케 해 주기 때문이다. ……(중략)…… 거기에서는 한 작가의 말이 필연적으로 정치성을 띤다. 정치적 자장이 모든 것을 감염시킨다. 집단 의식, 또는 민족 의식이 '일상생활에서는 종종 무기력해 질 수밖에 없고 언제나 와해 일로로 치달을 수밖에 없는 것'은 사실이지만 그럼에도 불구하고 집단적, 더 나아가서 혁명적 발화의 기능과 역할을 떠맡을 수 있는 것은 결국 문학인 것이다. 비록 작가는 공동체 사회의 가장자리에 밀려나 있는가 하면 종종 거기에서 멀찌감치 물러나 앉아 있곤 하지만 오히려 작가로 하여금 잠재적인 다른 공동체 사회를 표현할 수 있게 하고 다른 의식, 다른 감성의 표현 수단을 찾게 해주는 것은 다름 아닌 그러한 작가적 상황이다." 들뢰즈·가타리, 앞의 책, 35~36쪽 인용.

"소수 집단 작가가 그 집단적 성격 때문에 자신의 재능을 다 발휘할 수 없다"는 것은 많은 시사점을 가진다. 기녀 시조는 독백으로 창작된 개인 서정시로서 생산되기도 하지만 대체로 시조 생산이 연회, 시회 등에서 전체적 분위기라든가 수신자들의 성격, 취향에 따라서, 혹은 시조가 서로 주고받는 대화적 성격을 가지고 연행되었던 것을 고려해 본다면 먼저 시조를 읊은 선행자의 담론의 성격에 대응하여 소재와 어조, 화법, 비유의 성격 등이 한정된다고 볼 수 있다. 그러기에 '시조 담론 공동체'라는 당시의 상징적 질서 안에서 기녀들은 '기녀'라는 작가적 상황이 내세워진 집단의 성격을 지니고 발화할 수밖에 없었을 것으로 추정할 수 있다. 그런 면에서 기녀 시조는 '자신의 재능을 발휘할' 수 없게 만든다고 볼 수도 있으나 또한 그러한 작가적 상황 안에서도 최대한으로 '자신의 재능을 힘껏 발휘하도록' 상징 질서 안에 호명된 주체가 바로 '기녀'이기 때문에 '기녀로서 발화한다는 것'은 집단적 성격을 지닌 것이라고 볼 수 있으며(상황적 제약) 자기에게 주어진 선행 시조에 대한 대응 담론의 성격을 지닐 수밖에 없다고 생각한다.

의 매너리즘적 입장을 수정하여 (그 두가지 탈정치화된 독해의 입장을 필자는 '해어화 텍스트로 기녀 시조 읽기'로 정리한다) 기녀 시조가 어떤 경우 사대부 시조에 대한 대항 담론(counter-discourse)적 성격을 보여주는지 살펴보고자 한다. 그리하여 기녀 시조의 그 탈영토성, 정치성, 집단성을 고려하면서 다수 언어의 규범성으로부터 탈영토화하려는 욕망의 흔적을 가진 전복적 욕망의 텍스트라는 것을 읽어내고자 한다.

2. 해어화(解語花)의 담론/역동적인 대항 담론(counter-discourse)

기녀 시조는 앞에서 언급한 바와 같이 발생 현장에서 작가적 상황이 제한되어 있을 수밖에 없다. 사대부 시조도 역시 발생론적 한계나 특성을 지니고 있지만 기생 시조는 '해어화'[15]라는 말의 함축

14 조윤제, 「황진이의 시와 한국시의 전통」, 『우석논집』 2, 3, 우석대, 1969. 조세형, 「'동짓달 기나긴 밤'의 시공인식」, 『한국고전시가작품론 2—백영 정병욱 선생 10주기 추모 논문집』, 집문당, 493쪽

15 '해어화'(解語花)야말로 기녀들의 주체성, 담론, 텍스트성을 한정시키는 남성가부장 권력의 정치성을 보여주는 기표이다. 기녀들이 '해어화'라는 호명 체계 안에서 주체성을 부여받았을 때 기녀들의 언어 또한 '해어화'라는 상징적 호명 체계 안에서 자유로울 수가 없다. 대부분의 기녀 시조를 '해어화'적 사랑 시조라 부를 수 있는 것도 그에 기인한다고 하겠다. 기녀들이 '천민의 몸, 귀족의 머리'를 가진 모순적 존재이며 집단적으로 탈정치화된, 가부장제의 사치 노예의 일종이라고 볼 수 있다는 견해는 김종욱, 박애경의 글에 나타난다.
"기녀는 원래 각종 유흥 현장에서 춤, 노래, 풍류 등으로 흥을 돋우는 일을 담당하던 특수 직업여성을 가리키는 말이다. '말을 알아듣는 꽃'이라는 의미로 해어화라 불리우며 궁중 내연이나 의식에서 가무를 담

이 가리키듯 사대부들의 흥을 돋구기 위해 자신의 재능을 발휘해야 한다든가 사대부가 선창한 시조에 대한 답의 성격을 지니고 있기 때문에 더욱 더 상황 제약적이라고 할 수 있다. 그런 시조 텍스트는 지시(문맥)적 기능과 상호텍스트적 기능이 시적 기능과 더불어 강조되고 있다.

예를 들어 고려 시대 기생이면서 조선 초에 활동했던 설중매의 일화를 읽어보자.[16]

> 이성계가 조선 왕국을 세운 후에 개국 공신들과 함께 큰 연회를 베푼 적이 있다. 그 자리에도 물론 기생은 의례히 참석하고 있었다. 열석한 군신들 중에는 고려 왕국에서 벼슬했던 사람도 있었다. 이 자리에 송도의 명기인 설중매라는 기생이 술을 따르고 있었는데 어느 정승이 술이 지나치게 취해서 설중매에게 이렇게 프로포즈했다.
>
> "내 들으니 너희들 기생이란 것들은 아침에는 이 집에서 먹고 저녁에는 저 집에서 잔다하니 오늘은 이 늙은이와 벼개를 함께 함이 어떠한고."
>
> 이에 설중매는 서슴치 않고 "동가식 서가숙하는 이 천한 계집이야말로 왕씨도(고려) 섬기고 이씨(조선)도 섬기는 정승과 어찌 천생연분이 아니겠습니까."
>
> 이 말을 들은 좌중의 군신들은 모두 얼굴을 붉히고 묵묵부답이었다고 한다. 지조 없는 정객에게 날카로운 일침을 놓은 것이다. 이러한 기지는 교양과 체험에서 나온다. 이러

당하여 여성음악원이란 뜻의 여악으로도 불리운다. 이들은 예외없이 관에 소속된 관비의 신분이었으며 일종의 '사치 노예'였다." 김종욱, 「이조 기녀사 서설－사대부와의 관련을 중심으로」, 『아세아여성연구』, 숙명여자대학교 아세아 연구소, 1972. 박애경, 「기생－가부장제의 경계에 선 여성들」, 『여성이론』 통권 4호, 여성문화이론 연구소, 2001에서 재인용.

16 장덕순, 앞의 책, 83~84쪽에서 인용.

한 슬기가 없이는 뭇 남자들의 사교장에 나가지 못한다.

설중매의 대항적 전복의 발화를 '슬기'로 본 장덕순과는 달리 필자는 설중매의 "동가식 서가숙" 담론에서 소수 집단 문학의 특성인 탈영토성, 정치성, 집단성을 읽어본다. 정승의 "너희들 기생이란 것들은……동가식 서가숙……'이라는 말에 대해 설중매는 일단 '동가식 서가숙'이란 기표를 화류계의 코드에서 탈영토화시켜 왕조의 정치적 코드로 편입시킨다. 지배 계층인 정승은 "오늘 밤을 너와 보내고 싶다"라고 개별 발화를 한 것에 반해 설중매는 개인적 수침 요청을 집단적 성격을 띠는 대항적 발화로써 대응한다.

또한 그것은 정승이 제기한 '너희들(기생들)/(우리들)' '고귀/비천' '본(本)없는/본있는' '하/상'이라는 남근이성중심주의에 의한 이항대립적 체계를 무너뜨려 결국 '기생들=사대부들, 상=하, 고귀=비천'이라는 전복적 등식을 생산한다. 패러디에 의한 놀라운 코드의 전환에 따르는 탈영토성에 따라 육체를 사고파는 창가와 고귀하고 지엄한 정치계는 등가성을 획득하게 되어 임금을 위로 모시며 아래로는 백성을 다스리는 엄숙한 사대부와 이 남자 저 남자에게 몸 파는 창기는 동격화된다.

실로 당대를 지배하는 신분 질서, 즉 지엄한 상징계를 전복시키는 혁명적 텍스트 실천이요 자신을 '천역(賤役)'의 한 시니피앙으로 고정시키려는 남근이성중심주의 지배 담론에 대한 유희의 대항 담론이라고 하지 않을 수 없다. 과연 두 사람이 동침을 했는지 아니면 설중매가 "왕씨도 모시고 이씨도 모신" 정치인들로부터 화를 입었던가는 알 수 없지만 그녀의 발화가 탈영토성, 정치성, 집단성이라는 소수 집단 발화(문학)의 특성을 가지고 있다는 것을 알게 해준다. 또한 기생의 발화뿐만이 아니라 기생의 시조도 그러한 대항 담론을 가지고 있으리라는 것을 추측케 한다(타자야말로 주체를 형성하는 자리이자 주체를 생산하는 구조다).

그러한 대항 담론적 성격을 가지고 화답한 시조로는 백호 임제의 시조를 되받아쳐 노래한 기녀 한우(寒雨)의 시조를 들 수 있다. 아래의 것이 임제의 시조이다.[17]

> 북천이 맑다커늘 우장없이 길을 나니,
> 산에는 눈이 오고 들에는 찬비(寒雨)로다.
> 오늘은 찬비 맞아시니 얼어잘까 하노라.

이에 화답하여 한우는 아래와 같이 화답했다.

> 어이 얼어자리, 무슨 일 얼어자리,
> 원앙침 비취금을 어디 두고 얼어자리.
> 오늘은 찬비 맞아시니 녹아잘까 하노라.

임제의 시조를 먼저 읽어본다.

초장 : 길－날씨가 맑아서 우장 없이 길을 나서다
중장 : 산－눈, 들－찬비
종장 : 찬비－몸이 얼다

초장 중장 종장이 시간적 순차성과 계기성을 가지고 있는 선조(線條)적 언술 구조를 보여준다. 변화무쌍한 자연 현상에 순응, 종속될 수밖에 없는 인간의 처지를 선조적 언술로 노래한다. 자연 현상을 예측할 수 없는 인간의 한계 때문에 찬비를 맞은 인간은 인과적

17 시조 텍스트는 박을수 편저, 『한국시조대사전』(아세아문화사)에서 인용한다.

으로 춥게 잘 수밖에 없는 것이다. 그 종장에서 "찬비 맞았으니 얼어잘까 하노라"에서 '-으니'라는 원인결과형 접속어미를 논리적으로, 문법적으로 사용하고 있다. '찬비 맞았으니 춥게 잘 것이다'라는 자연에 순응할 수밖에 없는 인과율을 전경화시킴으로써 시적 화자는 자신이 자연의 힘에 순응하는 소극적 주체성을 가졌음을 암시한다. 이때의 찬비는 한우의 환유다.

기녀 한우의 시조는 임제의 선소적 언술과는 달리 "어이 얼어자리, 무슨일 얼어자리"라는 완성된 하나씩의 문장이 병렬되는 병렬법의 구조로 되어 있다. 병렬구문은 유사한 음의 반복과 구문의 반복이 나타나기 때문에 음악성이 풍부해진다. 따라서 의미보다는 소리가 강조되는 순수하게 음성적인 언어의 강렬한 사용을 보여주게 된다.

또한 "찬비 맞았으니-"라는 종장의 원인결과형 접속 어미의 논리적, 인과적 관계에 어긋남이 있다. "찬비맞았으니 얼어잘까-"하는 것은 논리적으로 맞는 문장이지만 "찬비 맞았으니 녹아잘까 하노라"는 것은 원인/결과에 맞지 않는 비논리성과 의미론적 어긋남을 보인다. 문법적 일탈이요 의미론적 일탈이다('찬비 맞았으니'와 '녹아잘까' 사이에 무엇이 생략되어 있다.). 그 일탈에서 말하는 주체의 무의식적 욕망의 흔적을 읽을 수 있다. 임제의 것은 원인에 대하여 순응적이요, 한우의 것은 원인에 대하여 역전적이며, 인과율을 뒤집는 역설의 언술이다. 임제 시조의 '찬비'가 기생 한우의 환유였다면 한우 시조의 '찬비'는 은유이다. 한우 시조에서 '어이 얼어자리'의 '-자리'는 '얼어자겠는가'라는 말의 축약형으로 볼 수도 있고 '보금자리'라는 말의 연상에서 '추운 자리'라는 체언형 종결로 읽을 수도 있다. 체언형 종결로 읽으면 '얼어자리'라는 추운 공간은 임제의 환유가 된다. 그러한 '얼어자리'를 말하는 주체의 욕망은 '원앙금 비취금-녹아자리'라는 은유의 기호화 연쇄로 '얼어자리'라는 추위의, 단절의 공간을 '사랑의 자리'로, '에로틱의 자리'로 바꾸어 나간다. '얼어자리'를 '녹아자리'로 만들어 가는 말하는 주체의 능동적 욕망은 논리적 일탈, 의미론적 일탈, 역설 등의 기호적 흔적을 통해 텍스트적 생산에 관여하고 있다.

따라서 임제의 종장 '－하노라'는 자연과 환경에 인과적으로 순응하는 현상·상태 지시의 종결 어미로 읽힌다면 한우의 종장 '－하노라'는 욕망의 능동적 발현으로서의 의지형 종결 어미다. 한우는 임제의 시조에 대한 대항 담론을 종장 '찬비맞았으니 얼어잘까 하노라'를 되받아쳐서 논리적 의미론적 일탈과 역설의 언술을 만듦으로써 임제 시조에 대항 담론을 생산한다. 그리하여 단절(얼어자리)의 공간으로부터 에로틱한 합일의 공간(녹아자리)으로의 욕망의 언술이 되게 한다.

한우의 시조에서 보듯 표면적으로는 평시조 형식에 대한 일탈이 거의 없고 내용적으로도 사랑이나 정한, 이별, 자연 등을 노래하고 있어 '해어화의 텍스트'로 보이는 시조에서도 텍스트가 지닌 욕망의 기호적 흔적들을 읽을 수 있음을 지적해 보았다.

3. 욕망의 텍스트적 생산: 기표와 기의의 갈라냄, 관습적 수사 뒤집기, 모순 어법 등

또한 시조의 대항 담론적 성격과 더불어 말하는 주체의 욕망의 텍스트적 생산을 보여주는 것으로 왕가의 귀족 벽계수를 향해 불렀다는 황진이의 시조를 들 수 있다.

> 한양의 양반들이 진이의 소문을 듣고 와서는 곧잘 그녀의 정열의 대상, 그리움의 벗이 되어주었다. 사람들이 한

번 진이를 보면 빠져 버리나, 나는 의연히 혹하지 않을 뿐 아니라, 마땅히 뿌리쳐 버리겠다, 이렇게 호언장담을 하고 내려온 왕가의 귀족이 있다. 벽계수(碧溪水)가 바로 그이다. 그는 과연 의젓하고 냉정하기만 하였다. 찬바람이 휙 돌고 매정스러우리만큼 까다로웠다. 그러나 그는 개성에 내려온 김에 가을밤의 송도를 구경하려고 나귀를 만월대로 몰았다. 옛날의 변화가 한낱 추초 속에 졸고 있는 폐허에서 그는 숙연히 상념에 빠져 있었다.

청산리 벽계수야 수이 감을 자랑마라
일도 창해하면 다시오기 어려오니
명월이 만공산하니 쉬어간들 어떠리

낭랑한 목소리로 이런 노래를 부르며 어떤 미인이 그의 말고삐를 잡았다. 흘러가기만 하는 것을 자랑하는 벽계수를 명월이 멈추게 한 것이다. 말고삐를 잡아채지 못하는 벽계수는 명월의 얼굴을 지그시 보면서 말에서 내렸다. 장담하고 온 벽계수는 진이와 일년을 지냈다"[18]

이 시조는 두 사람의 직접적인 화창의 형식이라고 볼 수는 없으나 그렇다고 해서 황진이의 내적 감정을 표현한 정서적 기능의 독백의 형식만으로 읽을 수는 없겠다. 발화자는 이미 이 시조의 수신자인 벽계수의 숨은 욕망, 즉 진이의 아름다움에 빠지지 않고자 하는 '탈욕망의 욕망'을 읽어내고 그에 대항하는 대항 담론을 내포한 시조를 부른 것이다.

초장의 첫 마디부터 말하는 주체는 수신자를 그(벽계수)의 욕망(탈욕망적 욕망)에서 갈라내서 자신의 의미 공간 안에 위치시키고자

18 장덕순, 앞의 책, 40~41쪽에서 인용.

한다. 상징 체계에 도전하는 혁명적 실천이 초장에서부터 펼쳐진다. 즉 언어적 상징 질서 안에서 자연스러운 '벽계수'라는 기표와 기의(물빛이 매우 푸른 시냇물)를 갈라내서 자신의 의미 체계 안에 위치시키고자 하는 것이다. 두 가지 방향에서 그렇다. 하나는 왕실의 혈족인 '벽계수'를 왕실이라는 공간 코드에서 탈영토화시켜 발화 주체의 욕망에 의해 '청산리'에 위치시킨다. 청산리라는 마을이 황진이가 살고 있는 곳에 실재로 존재한다든지 벽계수라는 호를 가진 왕족이 청산리라는 마을에 인접한 곳에서 왔다든지 하는 것은 아무 의미가 없다. 단지 우리가 읽을 수 있는 것은 '벽계수'를 '청산리'에 위치시키고 또 그 기표에서 기의(흐르는 것을 속성으로 하는 시냇물이라는 개념)를 갈라내서 기표와 기의 사이의 어긋남을 강조하려고 한다는 것이다.

벽계수는 이미 '청산리'에 위치되었기 때문에 아무리 흘러갈지라도 본향(本鄕)이나 원천인 '청산리'를 지워버릴 수가 없다. 그러므로 '수이감을 자랑'할 수가 없게 되는 것이다. '자랑 마라'라는 명령형 종결 어미를 통해 발화자가 수신자보다 우월한 위치에서 발화하고 있는 것을 알 수 있다. 발화자는 수신자를 이미 '청산리'에 위치시키고 있기 때문에 지배적 자리에 있다고 볼 수 있다.

중장에서는 벽계수라는 기표를 그 기의에서 갈라내지 않았을 때의 상황을 서술한다. '일도창해(一到滄海)'라는 것은 모든 물의 꿈이고 자신의 원대한 고향에 돌아가는 것이다. 그러나 '청산리 벽계수'에게는 '되돌아 올 수 없는 불가역적' 여행이 된다. '일도창해'는 벽계수의 꿈이기는커녕 자신의 본향이자 중심, 원천, 원적인 '청산리'로부터 단절되고 멀어져 가는 아이덴티티 소멸의 길이 될 뿐이다. 그 물은 '청산리 벽계수'이기 때문이다. 관습적 수사에서 '일도창해'가 고향으로의 귀환이라면 황진이 시조 텍스트 안에서 '일도창해'는 자기 아이덴티티의 소멸과 소실이라는 역설적 의미를 가진다. 그러한 시니피앙／시니피에 사이의 의미화의 어긋남에서 말하는 주체의 무의식, 욕망이 작용하는 텍스트의 혁명적 실천을 읽을 수 있다. 관습적 수사 뒤집기의 전복성은 소수 집단 문학의 특성 중의 하나인 정치성을 읽을 수 있게 한다. 언어의 상징 질서에 대한 전복성은 사회 질서에 대한 도전으로 읽을 수 있기 때문이다. 그것은 또한 소수 집단 문학이 지닌 정치성의 한 표현이기도 하다.

종장 첫 구에 나타난 '명월이'는 황진이의 자(字)(흔히 사람의 이름을 소중히 여겨 본이름 외에 부르기 위하여 짓는 이름)로서 진이의 환유이다. '명월이 만공산(滿空山)하니'라는 종장에도 역설이 있다. '공산'은 초장의 '청산'의 은유이며 '만'과의 관계 안에서 모순어법(oxymoron)이다. '만(滿)／공(空)', '꽉차고／텅빈'이라는 이항 대립적 개념이 어떻게 하나로 묶일 수가 있는가. 이성중심주의 체계를 해체하고자 하는 욕망의 징후이다. 그러한 이질혼성성은 단일한 주체가 단일한 주체성으로는 말할 수 없는 것을 말하기 위한, 이성이나 그것을 지탱하는 상징체계를 전복시키기 위한 혁명적인 시니피앙의 재분배라고 볼 수 있다. '만공산'은 기호적 흔적과 무의식의 혁명적 의미 작용을 볼 수 있는 징후인 것이다. "쉬어간들 어떠리"라는 부드러운 청유형 종결로 흘러 흘러가는 것을 운명적 생리로 가지고 있는 벽계수에게 자신의 '원적지'인 '청산리'를 떠나 '일도창해'하는 것은 자기 정체성의 소멸이자 죽음일 뿐이라는 것을 암시한다. 왜냐하면 벽계수는 이미 자신의 공간 체계와 언어 체계에서 탈영토화되어 '청산리' 벽계수로 위치 지어졌기 때문이다.

이 시조 텍스트도 역시 표면적으로는 '해어화의 텍스트'로 보이지만 상징적 언어 질서 안에서 '벽계수' 기표가 가지고 있는 기의와의 관습적 관계를 갈라내고자 함으로써, 또 '일도창해'라는 '모든 물은 고향인 바다를 향해 간다'는 관습적 수사에서 벽계수의 운명을 갈라냄으로써, '만／공산'의 모순어법으로 상징 질서의 하나인 관념의 이항 대립 체계를 해체함으로써 욕망의 전복성과 자연 질서에 도전을 보여주는 텍스트의 실천을 보여준다. 소수 문학의 특성의 하나로 "관습적인 내용들을 와해시키는" 시니피앙들의 재분배를 볼 수 있다.

또 다른 황진이의 시조 텍스트를 보기로 하자.

> 청산(靑山)은 내뜻이요, 녹수(綠水)는 님의 정이,
> 녹수 흘러간들 청산이야 변할손가
> 녹수도 청산 못잊어 우러 예어 가는고.

초장에서 '청산=내뜻' '녹수=님의 정'이라는 계사적 은유는 관습적 상징 체계에 대항하는 전복성을 보여준다. 관습적 수사에서 청산[19]과 '뜻'은 남성적인 사대부의 것이요 물과 '정'은 기류, 화류(花柳), 창기(娼妓)류의 것으로 비유되기 때문이다.[20] 이 텍스트에서는 '청산-내뜻(소격 은유)', '물-님의 정(소격 은유)'이라는 계사적 은유와 소격 은유의 이중 혼합을 통하여 기표의 기의를 새롭게 드

19 사대부 시조에 나타난 '청산'을 살펴본다. 이황의 "청산은 엇대하야 만고에 프르르며／녹수는 엇대하야 주야에 긋지 아니는고／우리도 그치지 마라 만고상청하리라"처럼 '청산'은 '만고상청'의 기호이거나 김상옥의 "청산아 말무러보자 고금 일을 네 알리라／만고 영웅이 몇몇이나 지내였노"처럼 '만고 영웅'의 공간이거나 안서우의 "청산으로 울흘 삼고 녹수로 띄를 삼아／碧峰 창파에 시름없이 왕래하니"에서처럼 선비의 '시름없는' 공간이거나 임의직의 "청산이 불로하니…… 우리는 이강산 풍경에 분별없이 늙으리라"에서처럼 '분별심없는' 유토피아적 공간으로 나타나거나 한다.

20 물론 '의기(義妓)'라는 말이 있긴 하다. '의기'란 말을 통해 태생적으로 흐르는 물처럼 살아갈 수밖에 없는 기녀에게 불변의 '뜻'이나 굽히지 않는 '지조'를 덧씌워 미화시키려는 방식은 가부장 이데올로기의 정치성을 보여준다.

러낸다. 은유는 기표가 기의로 가는 통로, 즉 새로운 기의의 창조이기 때문이다.[21] 즉 청산이라는 기표에서부터 남성=뜻이라는 관습적 기의를 갈라내고 녹수라는 기표에서부터 여성=정이라는 관습적 기의를 갈라내서 새로운 기의를 창조하고자 하는 것이다. 한 가지로 고정되려는 의미를 새로운 의미작용을 통하여 의미의 전복을 이루는 것이다. 그리하여 복합 은유를 통하여 나 : 청산의 불변성／님 : 녹수의 기변성이라는 새로운 기의를 획득하게 된다. 중장은 그러한 청산의 불변성／녹수의 가변성을 '녹수=흘러서 가다, 청산-불변하다'는 언술 은유를 통해 '나-청산-불변' '님-녹수-가변'의 의미화 사슬을 구체화시킨 장이요, 종장 또한 언술 은유 '녹수-울어 너어가다'를 통해 덧없는 것의 슬픔을 구체화하고 있다.

초장의 은유가 3장 전체를 지배하는 지배소(dominant)로 기능하고 있는 이 텍스트는 비유의 젠더를 전복시켜 수사성을 관습으로부터 탈영토화시킴으로써 상징 질서[22]를 교란하고 성별 언어를 전복시킨 매우 정치적인 텍스트이다. 그리하여 덧없고 소극적인 '해어화' 담론에 정면으로 도전하는 욕망의 대항적 의미작용을 읽을 수 있다. 이를 라캉의 은유 개념을 응용한 라플랑슈의 은유 공식[23]에 대입시켜 보면 무의식 안에 남근으로서의 '내뜻' 아래 남근으로서

---

21 딜런 에반스, 김종주 외 역, 『라캉 정신분석 사전』, 인간사랑, 305쪽.

22 상징적 사고는 경험을 없이 만들어지는 개념적 사고다. 라캉식의 상징적 질서는 주로 3가지로 나누어진다. 논리-수학적 상징주의, 언어, 사회적 문화적 상징주의로 나눈다. 사회 문화적 상징주의는 가치들의 체계(철학, 아버지의 나라, 종교)에 대한 우리의 집착을 증거해 주는 것이다. 그것은 삶 이상의 무엇, 하나의 서약과 같은 무엇, 하나의 조약이나 법과 같은 것이다. Anika Lemaire, *Jacques Lacan*, Routeledge and Kegan Paul, 1977, p. 55.

23 Wilden, Anthony, *The Language of the Self: The Function of Language in Psychoanalysis*, Johns Hopkins Press: Baltimore, 1968, p. 242.

의 청산이 잠겨있는 것을 볼 수 있다.[24]

$$\frac{S'}{S} \times \frac{S}{s} \rightarrow \frac{\frac{S'}{s}}{\frac{S}{S}}$$

대문자 S는 시니피앙이고 대문자 S'는 대치된 새로운 시니피앙이다. 소문자 s는 시니피에인데 새로운 시니피앙이 나타나 원래의 S가 막대의 아래로 잠기게 되면 그것은 시니피에가 된다. 따라서 "청산은 내뜻이요"라는 은유에서 '내뜻'이라는 새로운 시니피앙이 나타나 원래의 시니피앙인 '청산'이 막대의 아래로 잠기게 되면 그것은 시니피에로 작용한다. 라플랑슈 공식의 오른편에서 '내뜻'이라는 시니피앙은 (전)의식계에 떠올라 있는 것을 볼 수 있으며 '청산'이란 원래의 시니피앙은 막대기 아래로 잠겨 떠오르지 못하고 무의식계에 잠겨있는 것을 볼 수 있다. '청산'이 남근의 보편적 상징임을 환기한다면 '내뜻'이라는 기표 아래 잠겨있는 무의식계의 징후를 읽어볼 수 있다. 즉 남근으로서의 '청산'은 '내뜻'이라는 시니피앙으로 대치되어 '청산처럼 불변한 내뜻'이란 새로운 기의를 생성하고 남근으로서의 '청산'은 의식으로 떠오르지 못하고 막대기 아래 무의식계에 잠겨 있는 것이다. 관습적 수사의 성별을 전복시켜 '남근'과 같은 위용을 갖춘 불변적인 '내뜻'을 내세우고 있는 점에서 비유의 관습적 젠더를 전복하고 있는 정치성을 읽을 수 있다.

$$\frac{\text{내뜻}}{\text{청산}} \times \frac{\text{청산}}{s} \rightarrow \frac{\frac{\text{내뜻}}{s}}{\frac{\text{청산}}{\text{청산}}}$$

[24] Jean Laplanche and Serge Leclaire, *The Unconscious: A Psychoanalytic Study*, Trans. by Parik Coleman, Yale French Studies, p. 157.

다음으로는 시간 질서에 대항하는 욕망의 의미작용을 살펴보자.

> 동지(冬至)ㅅ 달 기나긴 밤을 한 허리를 버혀내어
> 춘풍 니불 아래 서리서리 너헛다가
> 어론 님 오신 날 밤이여든 구뷔구뷔 펴리라.

이 시조의 언술 구조는 초장에서부터 중장, 종장으로 순차적으로 전개되는 선조적 구조이다. 선조적 언술 구조란 시간, 즉 통합의 축을 따라서 순차적으로 전개되는 언술 구조이며 '밤허리를 갈라내다－춘풍 이불아래 넣었다－님오시면 펴다'라는 시간적 인과나 논리적 인과를 가지고 있다는 뜻이다. 바로 그러한 언술의 시간적 순차성처럼 시간이란 불가역적인 것이요 과거－현재－미래로 흘러가는 절대적 자연의 질서, 즉 크로노스의 질서에 종속되어 있는 것이다. 이 텍스트의 선조적 언술 구조는 바로 그러한 시간의 속성을 그대로 따르고 있다. 절대적인 상징 질서로서의 시간의 순차성, 불가역성에 복종하고 있는 것을 하나의 선으로 이어진 언술 구조가 보여주는 것이다.

그러나 통합적 축에서의 언술 구조의 성격과는 달리 계열적 축에서의 '시간'은 은유를 통하여 선조적 크로노스적 순차성을 거역하고 인간의 능동적인 행위에 의해 과거, 현재, 미래가 동시에 공존하는 '시간의 종합'이라는 카니발적 공간을 이루게 된다. 즉 크로노스적 시간이 그 불가역성을 상실하고 환희인 카이로스 시간[25]으로, 현

---

25 카이로스적 시간은 현현의 순간이나 개방의 순간에서 종결되는 모더니스트 작품과 연결되어 있고 리얼리스트 작품이 크로노스적 시간이나 공적－또는－정원 시계의 시간을 다룬다면 포스트모던 작가들은 시간적 혼란을 다룬다. Barry Lewis, "Postmodernism and Literature", *Critical Dictionary of PostModern Thought*, Ed. by Stuart Sim, The Routledge, New York, 1999, pp. 124~125.

현의 시간, 개방의, 축제의 순간으로 공간화되고 있다.

초장 : 동짓달–밤–한 허리의 시간
중장 : 춘풍이불–서리서리–이불 아래 좁은 물체화
종장 : 구뷔구뷔–이불 아래 좁은 물체의 외부공간으로의 확장

이렇듯 텍스트의 언술은 시간에서 시작하여 공간으로 변해 간다. 이 시조에서는 '동지(의) 달 기나긴 밤'의 소격 은유, '밤을/한 허리를 버혀내어'라는 언술 은유가 사용되는데 그러한 은유들을 통하여 '밤'은 '육체'를 가진 매우 에로틱한 무엇으로 변화한다. 그리고 그러한 '밤'(시간)의 육체화는 중장에서 '서리서리'라는 축소지향적 부사('긴 물건이 복잡하게 얽힌 모양')로 '춘풍 이불'이라는 좁은 에

"카이로스란 과거와 현재 사이에 있는 짧은 점과도 같은 '지금'이라는 말이지만 플라톤에 의하면 '순간'(돌연)을 운동이나 정지(stasis)로 변화하는 시점(始點), 또는 운동과 정지 사이의 일종의 기묘한 것(atopon:장소를 갖지 않는다는 뜻)이라고 하여 시간(chronos) 속에는 존재하지 않는 것이라고 규정하였다(파르메니데스篇). 한편 키에르케고르는 『불안의 개념』 속에서 플라톤의 순간의 규정에 언급하면서, 순간을 일체의 과거적인 것과 미래적인 것을 갖지 않는 현재적인 것 자체의 것, 영원과 시간이 서로 접촉하는 이의적(二義的)인 것으로 파악하였다. 일반적으로 순간은 단순한 시간적 규정을 나타내는 말일 뿐만 아니라, 질적으로 높여져 영원한 현재를 의미하는 경우가 많다. 그것은 그리스어 카이로스와 같은 말이다." 『야후 백과사전』에서 '카이로스' 인용
"과학적 시간은 불가역성을 가진 것으로 시간의 선형성은 과거를 치유할 수 없는 영역으로 만들고 미래를 죽음의 관점에서 바라보게 하지만 이 둘 사이의 긴장과 왕복 운동은 우리의 현재를 자유를 향해 열어주지 않는가?…… 시간의 불가역성에 따르면 인간은 죽음을 향해 직선으로 걸어가는 타나토스적 존재이지만 베르그송의 '주관적 시간' '지속의 내면적 느낌'의 내적 의식의 수준에서 볼 때 시간은 삶의 사건과 순간의 심리 상태에 따라 늘어나거나 가속되며 강화되거나 약화된다. 엘리자베스 클레망 외, 이정우 역, 『철학사전』, 동녘, 1996, '시간'에서 인용.

로틱 공간으로 생생하게 축소되었다가 종장에서 외부 공간으로 무궁무진 확장되어 나가는 것을 볼 수 있다. 선조적 언술 구조 안에 이렇듯 크로노스적 시간에 대한 대항이, 선적 시간을 카니발의 축제로 공간화한 환희의 시간(영원 속의 현재)이 생성된다는 것이야말로 표면 구조와 심층 구조 사이의 불일치, 균열을 보여주는 기호적 흔적이라고 할 수 있다. 표면적으로 가장 절대적 상징 질서인 시간의 축을 따라 선조적 언술의 구조(시간의 선적 불가역성에 묶인 타나토스적 존재로서의 인간의 한계를 보여주는)를 보여주는 시조 텍스트가 심층적으로는 크로노스에는 존재하지 않는 카이로스적 시/공간(시간 속에 규정된 '죽어야 할 존재로서의 인간'을 자유로운 에로스적 존재로 탈영토화시킨)을 생성한다. 바로 그 균열이 바로 이 텍스트의 전복적 정치성이며 탈영토화의 지점이라고 할 수 있겠다.

4. 결 론

이 글에서는 위와 같이 '기녀 시조=사랑시조'라는 독해의 관습성을 깨고 탈영토성, 정치성, 집단성, 욕망의 기호적 흔적을 가진 소수 문학으로서의 기녀 시조를 읽어보았다. 기녀 시조가 표면적(페노 텍스트)으로는 당대 문학의 규범성을 담지하고 자연물을 소재로 이별이나 사랑의 정서를 노래하고 있는 '해어화의 텍스트'로 보이지만 심층적으로는(제노 텍스트) 다수 언어에 대항하는 대항 담론적 성격을 지녔으며 그리하여 해어화의 텍스트를 뚫고 무의식의 욕망의 기호적 흔적들을 드러낸 텍스트로 읽을 수 있었다. 그 기호적 흔적들은 소수 문학의 특성인 탈영토화, 기존 규범을 전복하고자 하는 정치성, (억압받고 소외된) 집단성 등을 보여주었으며 더 나아가 상징 질서를 교란하기 위한 여러 시도들—주류 언어에 대항하기, 문법적 일탈 만들기, 관습적 수사 전복하기, 시니피앙과 시니피에의 관계 갈라내기, 시간 질서에 대항하여 크로노스에는 존재하지 않는 축제적 시／공간 만들기 등—을 통해 이성남근중심주의 사회에서 '몸은 천민이요 머리는 귀족'으로 살아야 하는 분열적 존재들을 보여주었다. 그리하여 '기녀'라는 경계선적 존재를 통해 "말할 수 없는 것들을 규범적 형식 안에서 말하고 있는" 욕망의 기호적 흔적들을 읽을 수 있었다.

어떤 텍스트를 정전화하는 것에도 (지배 계급의) 정치성이 개입할 수 있지만 어떤 텍스트를 '어떻게'(어떤 가치를 내세워서) 정전화시키느냐, 라는 것에도 (문화적 필요) 정치성이 개입되어 있음을 우리는 인식할 수 있다. 그런 시각에서 비교적 의미가 한정되어 있는 것으로 읽혀온 고전 텍스트들을 수정주의적 시각으로 새롭게 읽어내는 작업이 계속되어야 하리라 생각한다.

말 놀이-상징적 가짜 담론을 해체하는 그 해방의 현기증

1. 말놀이-지성의 칼날 위에서 놀기

'문학은 현실의 논리와 다르며 오히려 현실을 지배하는 상징적 질서에의 예속을 거부하고 그것으로부터 해방되고자 하는 해체의 욕망과 현기증의 희열을 보여준다'는 것을 '말놀이'의 전략만큼 잘 보여주는 것은 없다. 문학은 문학인이 몸담고 있는 사회 체제나 제도, 그릇된 고정 관념, 상투적 인습, 저열한 풍습, 동시대의 사람들에게 '자연'스럽다고 생각되고 있는 한 사회에 미만해 있는 부르주아적 사회적 신화(神話)들 속에 숨어 있는 지배적 이데올로기를 통찰하고 그것을 전복시키고자 하는 욕망을 갖는다. 더군다나 합리적이라고 보여지는 것들의 폭력성이나 기만성을 발견했을 때 말놀이는 더욱 그 체제 전복적 효과를 크게 생산해낸다. 시인 황지우가 80년대 초반에 「에프킬라를 뿌리며」에서 "여기는 초토입니다//그 우에서 무얼 하겠습니까//파리는 파리 목숨입니다//이제 울음소리도 없습니다//파리 여러분//이 향기 속의 살기에 유의하시압"이라고 향기와 살기를 난폭하게 결합시켜 반대되는 것들을 등가적인 것으로 만들어 버렸을 때 말놀이는 매우 효과적인 정치적 전복성을 보여줄 수 있었다.

시인들이 말놀이에 대한 욕망을 갖는 것은 그렇게 현실 부정이나 전복에의 욕망과 연관되어 있다고 말할 수 있다. 언제나 당대는 비속한 당대이고 당대인들은 속물적, 부르조아적 상투성을 통해 세상을 보기 때문이다. 그리고 시인은 자신은 물론이고 자신의 동시대인들을 의식/무의식까지 침투해서 지배, 조종, 통제하고자 하는 당대의 억압적 가치 체계와 이성중심주의를 남달리 예민하게 느낄 뿐만 아니라 그것들과 맞서 진지하게 투쟁하거나 아니면 그것을 해체하여 폭발적인 웃음을 한번 터뜨려 보고자 하는 욕망을 갖기 때문이다. 그리하여 말놀이의 욕망은 지성의 칼날 위에서 노는 지성의 춤이요, 가짜 담론들의 허구를 깨닫고 공격한다는 점에서 대항담론적 성격을 가진다.

그러나 시인에게 주어진 것은 언어 이외에 다른 아무 것도 없다. 단지 언어(파롤)와 언어 체계(랑그) 뿐이다. 그리하여 시인이 '저지를 수 있는' 해방과 혁명, 해체의 전략이란 것은 일상의 언어 체계와 사고 체계를 공격하고 (내용 면에서) 그것을 담지한 일상적, 사회적 언어를 교란시키는 (언어 형식 면에서) 효과를 내는 말놀이뿐이라고 할 수 있다.[1]

특히 포스트구조주의 사상가들은 놀이의 파괴적인 혹은 무정부주

[1] 호이징하에 의하면 놀이란 인간이 문화 이전에 본능적으로 가졌던 유희 본능, 모방 본능, 긴장 완화에 대한 욕구에서 출발하는 것으로 본다.[1] 또는 "어떤 사람들은 발산 작용, 즉 해로운 충동의 돌파구로 파악하기도 하고 어느 한쪽에 치우친 활동으로 과소비된 에너지를 보상하는 것으로서, 현실에서 이룰 수 없는 소망을 허구를 통해 만족시키는 '소망 실현'으로서 혹은 인격감을 유지하기 위한 것으로서 파악되고 있다"고 호이징하는 다른 이의 이론을 인용하고 있다. '소망 실현'이란 말은 무의식의 해방자이자 데리다 보다 더 이전에 서양의 데카르트주의(사유적 존재로서의 인간관)와 이성중심주의를 해체한 프로이트를 연상시킨다.

J 호이징하, 김윤수 역, 『호모 루덴스』, 까치, 1981, 12쪽.

의적인 측면을 언어와 지배문화, 제도의 억압적이거나 강제적인 성격을 교정하는 수단이라고 높게 찬양하고 있다. 특히 데리다는 근원이나 절대적 진리가 부재한다면 남은 것은 끝없는 시니피앙의 유희뿐이라고 말하면서 언어유희를 긍정한다. 말놀이는 기표들의 혼란을 만드는 것이라고 할 수 있으며 기표와 기의의 어긋남이 주는 쾌감을 의도적으로 창출하는 것이기도 하며 기표와 기의의 결합을 일부러 부정하고 비틀고 조롱함으로써 프로이드의 꿈=소망 충족[2]과도 같은 효과를 만들어 내기도 한다. 개인적 소망 충족을 향하는 것일 때 말놀이는 개인적 욕망의 해방구를 만드는 작업일 수 있지만 앞서 말한 대로 자신과 사회 구성체를 억압하는 사회적 신화나 담론을 전복시키고자 하는 경우 말놀이는 매우 정치적인, 문화 비판적인 성격을 띠게 되고 한 사회의 초자아를 뒤흔드는 이드의 카니발이 되기도 한다.

상징적 억압에 대한 전복(顚覆)적인 도전의 욕망을 표현하는 언

2 프로이트는 「창조적 작가와 백일몽」에서 놀이하는 어린아이부터 공상 세계, 소설가의 주인공에 이르기까지를 '소망 충족'이라는 공통된 기능에 연관된다는 점에서 함께 묶고 있다. 그러나 놀이와 예술가의 공상은 현실과의 관련이라는 면에서 차이가 생기며 (놀이의 특성은 현실의 질서를 자기 마음에 맞게 바꾸는 것이며 놀이의 빈대말은 현실이다. 즉 현실과 대립되면서 동시에 현실과 연결되는 것이다. 그러나 공상은 그런 연결이 존재하지 않으며 시공으로부터 해방된 기억이다.) 예술가는 개인의 백일몽에 지나지 않는 것으로 보여지는 것으로부터 쾌락을 만들어낸다고 말한다. 놀이와 꿈과 예술은 소망 충족을 한다는 점에서는 보조를 같이 하며 꿈작업에서 억압된 무의식이 표현될 수 있는 전략으로 압축과 전치를 드는데 특히 두 번째 방법인 전치(라캉에 와서 프로이트의 전치는 환유라는 수사학적 개념으로 바뀐다)는 맥락을 바꾸어버림으로써 검열을 피할 수 있기에 '꿈 검열의 가장 강력한 도구'라고 말한다. 그러한 자리바꿈, 즉 전치는 맥락을 바꾸어 버림으로써 말장난이 가능해지기에 농담과 많은 공통점을 가진다고 한다. 엘리자베드 라이트, 『정신 분석 비평』, 권택영 역, 문예출판사, 1989, 41~43쪽 참조.

어유희의 범주는 철자 바꾸기(ideogram), 역설이나 아이러니, 상이한 뜻을 가진 말들에 운(韻) 맞추기, 말 뒤집기 등과 같은 수사학적 범주에 속하는 것이 있고 농담[3]이나 욕설, 모순 어법 등이 많이 사용된다. 본고는 말놀이의 욕망을 폭력적 서열구조에 대한 전복의 욕망, 가짜 담론들을 뒤엎고 중심을 탈구축하기, 억눌리고 소외된 타자들의 카니발(이드의 대항 담론)이라는 세 가지로 구분하고 시인들의 작품을 통해 살펴보고자 한다.

2. 김삿갓-가짜 담론과 폭력적 서열 구조를 해체하는 전복의 욕망

조선 최고의 아웃사이더, 재치와 해학, 풍자와 비판, 한자의 음을 사용한 통렬한 시니피앙들의 유희, 비속한 욕설을 자유로이 구사했

[3] 「농담과 무의식이 맺는 관계」에서 프로이트는 농담의 발전 과정을 다음 세 가지로 구분하면서 말장난의 성격에 주목한다. "첫째는 언어유희의 단계로서 어린아이가 인식의 게임에서 즐거움을 느끼는 것인데 언어유희에서 잘 나타난다. 두 번째로 농담은 재담(jest)의 차원으로 이동하는데 그것은 부조리한 언어의 울림에 만족하지 않고 점차적으로 증가되는 이성의 요구에 부응한다. 그것은 무의도적이며 오직 기쁨을 준다. 세 번째 단계는 진정한 농담인 의도적인 농담으로 여기엔 분명 목적이 있으며 개인이나 온갖 종류의 사회적 금기에 도전하는 형태를 띤다. 이는 적대적인 것과 음란한 것의 두 가지가 있는데 첫 번째 것은 공격성이나 풍자 또는 방어를 표현할 수가 있고 두 번째 것은 '드러내려는 목적'에 충실하다. 언어유희는 이런 의도적 농담과 결합해서 금기를 깨고 웃음의 해방적 성격을 통해 억압을 경감시키는 작용을 한다. 농담은 이드의 자발적 분출을 웃음을 통해 드러내지만 초자아와 공모한다. 이드와 초자아는 농담 속에서 하나가 된다. 웃음은 초자아의 동의를 이드가 확인하는 것이다. 엘리자베드 라이트, 앞의 책, 186~188쪽 참조.

던 김삿갓, 김병연은 자신의 극적인 생애를 통해 생리적으로 자기 사회를 지배하고 있는 서열 구조(당대의 신분 구조)가 폭력적이며 부조리하다는 것을 알고 있었다. 북한 학자 이응수[4]의 정리에 따르면 그의 시들은 1. 인도주의 사상과 평민 사상을 표현한 작품 2. 풍자시 3. 영물(詠物)시 4. 자연 풍경시와 향토시 5. 연정(戀情)시 6. 과시(科詩)로 구분할 수 있다. 말놀이 기법은 주로 재담시, 풍자시에서 많이 보여지는데 「양반을 시비함」, 「옳고 그름의 노래」, 「원생원 등을 욕함」, 「양반의 아들을 조롱함」, 「스무 나무 아래서」, 「길주 명천」, 「만사(輓詞)」 등에서 「산촌 훈장을 조롱함」 등에서 찾을 수 있다.

그중에서도 말놀이를 통해 당대의 지엄한 서열 구조를 통렬하게 비판한 시로 「양반을 시비함」을 들 수 있다.

> 彼兩班 此兩班／班不知 班何班／朝鮮三姓基中班／駕洛一邦在上班／來天里此月客班／好八字今時富班／觀其爾班厭眞班／客班可知主人班
> (네가 양반이면 나도 양반이다／반이란 대체 무언지 모르겠는데／묻노니 무엇을 반이라 하느냐／／내가 김가이니 조선의 박, 김, 석(昔) 3성 중에서 그중 반에 속하며 일찍이 가락국에서 김씨가 왕 노릇을 하였으니 그것에서는 상반이다.／／또 지금 내가 천리길을 걸어와 이곳에 짐낀 미물렀으니 이 달에 있어서는 나그네에 속한 셈이며 지금 다소 팔자가 좋게 지내니 역시 부반에도 속했다 할 것이다／／그래 지금 너희 무리(이반)가 인간의 진짜 무리를 싫어하는 것을 보니 이 나그네반이 가히 너 주인반의 정체와 진가를 짐작할 수 있다.)

4 이응수 정리, 『정본(正本) 김삿갓 풍자시 전집』, 실천문학사, 2000. 인용되는 김병연의 시는 이 책의 역(譯)을 따른 것이다.

위 시는 양반의 '반'자를 가지고 말놀이를 벌이는 장면으로서 양반을 자랑하는 자를 조롱하기 위해서 먼저 '반'이란 것이 무언지 모르겠다고 에이런(eiron)처럼 시치미를 딱 떼고 당대의 절대적인 제도에 도전함으로써 '거만하지만 재치없는 알라존(alazon)'인 양반을 부정하며 결국 정신적 승리를 구가한다. 에이런의 권능은 상반／(하반), 중반, 상반, 이반, 진반, 주인반／나그네반 등 여러 가지 '반'을 주워대면서 양반의 중심 의미를 해체해 버리는 데 있다. 양반／상민의 패러다임을 주인반／나그네반, 상반／중반, 진반／이반 등 말놀이를 통해 맥락을 바꾸어 여러 대립으로 전치함으로써 양반／상민의 신분적 절대성을 가진 이항대립이 뒤의 희극적인 이항대립으로 바뀔 수 있음을 보인다. 그러한 언어 유희를 통하여 당대에 절대적인 신분 제도를 조롱하며 '양반／상민'이라는 그 폭력적 서열 구조를 상대화시키며 조롱, 부정하는 태도를 보인다. 그럼으로써 당대의 상징적 질서를 부정, 조롱하고 양반의 '반(班)'성 그 자체를 의문시하고 당대의 기득권층 누구나가 당연스럽게 받아들이고 있는 봉건제도 그 자체를 의문에 빠뜨림으로써 폭력적 서열구조 그 자체를 웃음으로써 해체한다. 그 웃음은 초자아를 교란시키는 이드의 저항 에너지이다. 그럼으로써 상징계의 억압으로부터 탈주하는 탈중심성을 향해 자유롭게 나아갈 수 있게 된다.

「是是非非歌」에서는"是是非非非是是／是非非是非非是／是非非是是非非／是是非非是是非"(옳은 것을 옳다 하고 그른 것을 그르다 함도 옳지 않으며／그른 것을 옳다하고 옳은 것을 그르다고 함이 옳지 않음이 아니다／도리어 그른 것을 옳다하고 옳은 것을 그르다고 함이 그른 것이 아니며／옳다는 것을 옳다하고 그른 것을 그르다고 함이 도리어 이 그른 것을 옳다함이다)라고 '시'자와 '비'자 두 자만을 가지고 옳고 그름 그 자체를 조롱하고 있다. 빙빙 도는 '시'자와 '비'자의 말놀이를 통하여 당대에 진리라고 부르는 것이

벌써 진리가 아니고 그들이 옳다고 하는 것이 도리어 그른 것이며 그들이 그르다고 하는 것이 도리어 옳다는 반어의 사상을 표현한 이 시는 '시'자와 '비'자의 연속되는 반복의 말놀이를 통해 '옳음'(진리)이라는 중심을 향해 끊임없이 질문을 던짐으로써 중심의 의미를 의문에 빠뜨리고 '옳음／옳지 않음'이라는 이항대립에 매여있지 않음을 보인다. 그리하여 봉건 시대의 가짜 담론(이것이 진리다)에게서 절대적 중심의 자리를 빼앗으며 상대화시키고 '반복의 말놀이'를 통하여 탈중심성을 이루고 현기증 나는 해방의 희열을 생산한다.

그렇게 절대 중심, 당대의 윤리와 신분체계라는 절대 질서를 해체하는 그러한 탈중심적, 탈구축적 방향의 말놀이를 통해 억압으로부터 탈주하며 자유로운 해방을 노래하는가 하면 어떤 때는 기표와 기의의 어긋남을 통해 '점잖은' '위선적인' 상징적 질서 속의 절대 의미를 비하시키고 통렬하게 조롱하기도 한다. 김삿갓이 황해도 땅 어느 서당에 들렀을 때의 일이다. 훈장은 아예 나와 볼 생각을 안 하고 꼬마들 몇 놈만이 내다보며 손님을 우습게 보자 그는 시를 한 수 지었다.

> 學生乃早知 학생은 곧 일찍 앎을 닦았는데
> 先生來不謁 선생은 와서 뵙지를 아니하도다
> 房中皆尊物 방안은 모두 귀한 것 투성인데
> 學生諸未十 학생은 모두 열 사람 못미쳤도다.

뜻만 좇아 풀면 흉할 것이 없는 버젓한 시이지만 소리만을 따라 읽으면 욕이 되는, 말놀이를 통한 통렬한 욕시를 썼다고 김열규 교수는 풀이한다.[5]

[5] 김열규, 『욕 그 카타르시스의 미학』, 사계절, 1997, 236쪽 참조.

"고지식하게 뜻만 좇아 풀면 흉할 것 하나 없는 버젓한 시이다. 그러나 乃早知, 來不謁, 皆尊物, 諸未十 따위를 소리로만 읽어보라. 내조지, 내불알, 개존물, 제미십 등이거니와 그중에서 다소 까탈스러운 것은 아무래도 '개존물'이다. 이런 게 김삿갓의 '욕 시'고 '시 욕'이다. 말장난이 일품이고 둘러대기가 오리궁둥이 짓이다."[6]

이렇게 삿갓 김병연은 말놀이를 통해 자신이 어쩔 수 없이 폭력적으로 가담되어 있는 자기 사회의 상징적 질서와 부조리한 전통, 절대 중심을 부정한다. 그리하여 끊임없는 유희를 통해 현기증 나는 해방의 희열 속에서 자유를 얻고 있다. 그는 당대의 해체주의자였고 그러한 해체의 말놀이를 통해 봉건 사회의 절대 의미의 통제권이나 권력을 웃음으로써 탈구축하여 그 효력을 무화시켰다. 탈중심화된 주체의 자유를 보여주기 위해 그는 말놀이란 전략을 누구보다도 많이 사용했던 조선조의 해체주의 문화 비평가였다고 할 수 있다. 그러한 지성의 칼날 위에서 '놀이'하는 탈구축 작업을 통하여 그는 절대 권력으로부터 소외되고 비하된 타자들을 제도의 억압으로부터 탈주시키는 웃음의 카니발을 보여주었다.

3. 이상 문학에 나타난 말놀이-탈중심의 아포리아적 텍스트 생산

현대시에서 말놀이의 시인을 찾는다면 이상을 빼놓을 수 없다. 이상은 식민지의 시인으로서 유교주의에 억압을 받고 식민지의 모더니즘 문화에 매혹되었으나 그 자신이 '나는 19세기와 20세기 사

6 김열규, 앞의 책, 236쪽.

이에 끼어 졸도하려 드는 무뢰한인 모양이오'라고 말했듯이 그 사이에서 내적 분열을 겪고 있었다. 그는 그러한 내면의 분열, 내재적 모순, 큰타자와 나의 갈등, 작은 타자와 나의 만남의 불가능, 당위의 길만을 가리키는 표지판만 있을 뿐 가야할 길을 찾을 수 없는 절망과 허무를 말놀이의 '자유로운 놀이성'을 이용하여 텍스트적 아포리아로 기호화하고 있다. 자신이 맞설 수 없는 절대 중심과 맞서기—그것은 말놀이를 통해 자신을 억압하는 절대 중심의 지배 구조를 비틀고 그것이 가진 의미 체계를 현기증 속으로 빠뜨려버림으로써 텍스트적 아포리아를 생산하여 텍스트를 결정불능으로 만들고 의미체계를 교란시킨다. 그러한 모순과 애매성을 생산하는 텍스트적 아포리아는 말놀이를 통해 중심으로부터의 자유와 해방을 획득하려는 시인의 적극적 전략으로 볼 수 있다.

그 유명한 「오감도 시제1호」와 「시제2호」 「시제3호」가 그러하다. '막다른 골목=뚫린 골목' '도로로 질주하는 것=질주하지 아니하는 것' '무서운 아해=무서워하는 아해' 등의 '반대되는 것이 같아지는' 모순성의 거리는 이성중심주의에 전복적인 모순과 역설 사이 해석할 수 없는 거리를 만들어 텍스트적 아포리아를 생산한다. 13인의 아해가 거리를 질주하는 무서움, 무서운 아해와 무서워 하는 아해만이 존재하는 도지히 해결, 해소할 수 없는 분안의 폐쇄 상황 속에서 말놀이는 해방으로서의 텍스트적 아포리아를 낳는다. 그 교란만이 그 전복만이 해방일 뿐이다.

「시제2호」에서는 말꼬리를 물고 빙빙 도는 말놀이의 전략이 유교중심주의적인 시대의 가부장제적 억압을 현기증 속으로 빠뜨려 버림으로써 웃음의 해방을 획득한다.

> 나의아버지가나의곁에서조을적에나는나의아버지가되고또
> 나의아버지의아버지가되고그런데도나의아버지는나의아버

지대로나의아버지인데어쩌자고나는자꾸나의아버지의아버지의아버지의아버지의……아버지가되니나는왜나의아버지를껑충뛰어너어야하는지나는왜드디어나와나의아버지와나의아버지의아버지와나의아버지의아버지의아버지노릇을한꺼번에하면서살아야하는것이냐

이 짧지 않은 시는 구문이 복잡한 것 같지만 사실은 한 문장으로 되어있다. 의문문 문장이다. 종결이 없이 몇 개의 문장을 복문 형식으로 결합시켜 놓은 이 시는 형식부터가 말놀이의 형식을 가지고 있다. '나／나의아버지'의 대립어의 반복과, 띄어쓰기가 배제됨으로써 숨쉴 수 없이 빠르게 진행되는 '나／나의아버지'의 여러 번의 반복에 의해 읽다보면 나／아버지 사이의 차이를 잃어버리고 빙빙 돌게 된다. 그리하여 '나'라는 존재 위에 압력으로 다가오는 아버지들의 중첩과 그 많은 아버지들과의 극적 동일시와 그 가부장적 부담에 대한 질문과 항의가 말놀이의 형식 안에서 현기증과 해방의 웃음으로 변화한다. 띄어쓰기 한 번 없이 사슬처럼 진행되는 비슷비슷한 말들의 나열은 틈새 하나 없이 촘촘하게 몇 대를 이어져 내려오는 가부장적 혈통주의의 숨막히는 연결을 보여주는 말놀이의 형식이다. 가부장적 혈통주의는 '나'에게 끊을 수 없는 속박이면서 숨막히는 그물이고 '나'는 그 그물 속에 포박된 한 희생자일 뿐이다. 그러한 혈통주의의 그물 속에 단지 하나의 기표일 뿐인 '나'의 비명과 분노의 항거는 말놀이의 빙빙 도는 현기증을 통해 씁쓸한 웃음을 생산한다. 결국 말놀이는 저항의 형식이자 해방의 형식인 것이다.

이상의 말놀이는 여러 모더니즘적 장치들을 통해 매우 다양하게 행해지지만 가장 인상적인 말놀이 장면은 소설 「날개」에 나오는 한 장면이다. 비극적일 수도 희극적일 수도 있는 이 장면을 통해 말놀이가 이상의 문학 세계에서 어떤 전략적 의미를 갖는지를 극명하게

볼 수 있다. '나'는 감기에 들어 한달 쯤을 자고 깨어난 어느 날 오랜만에 안해의 방 화장대 앞에서 화장품 냄새도 맡고 돋보기 장난도 하고 거울 장난도 하면서 잘 놀았다. 이렇게도 편안한 세월을 주신 하느님께 흠씬 자랑을 하여 주고 싶었다. "하느님도 아마 나를 칭찬할 수도 처벌할 수도 없을 것 같았다"라고 생각하는 순간 그는 최면약 아달린 갑을 발견한다. 오늘 아침 내가 아스피린인 줄 알고 먹은 똑 네 개기 비어있었다. 별안간 아뜩하더니 까무라칠 뻔하다가 그는 아달린을 주머니 속에 넣고 집을 나선다. 인간 세상에 아무 것도 보기가 싫어 벤치에 정좌하고 남은 아달린 여섯 개를 몽땅 먹고 잠을 잔다.

> 내가 잠을 깨었을 때는 날이 환히 밝은 뒤이다. 나는 거기서 일주야를 잔 것이다. 풍경이 그냥 노오랗게 보인다. 그곳에서도 나는 번개처럼 아스피린과 아달린이 생각났다. 아스피린, 아달린, 아스피린, 아달린, 맑스, 말사스, 마도로스, 아스피린, 아달린. 아내는 한 달 동안 아달린을 아스피린이라고 속이고 내게 먹였다. 무슨 목적으로 안해는 나를 재웠어야 했나? 나를 밤이나 낮이나 재워놓고 그리고 안해는 내가 자는 동안 무슨 짓을 했나? 나를 조금씩 조금씩 죽이려던 것은 아닐까?

안해의 정체가 탄로나는 순간이다. 그동안 '생명의 보육자'라고 생각했던 안해가 아달린을 먹임으로써 나를 죽이려고 했을지도 모르는 '살해자'로 드러나려는 그런 중대한 순간이다. 이런 중대한 국면에서 '아스피린, 아달린, 아스피린, 아달린, 맑스, 말사스, 마도로스, 아스피린, 아달린'이라고 말놀이를 하고 있는 '나'의 모습은 참으로 희비극적이다. 그는 안해에 대한 판결을 유보하려고 말놀이를 하고 있을 수도 있으며 '생명의 어머니/살해의 마녀'라는 이항대립으로 안해의 정체성을 결정해야 하는 순간에 그 이항대립을 파기하고 싶어 말놀이를 하고 있는지도 모른다. 진리는 알 수 없고 찾고 싶지도 않다. 근원이나 절대 의미, 중심이 있을 게 뭐냐. 단지 가능성의 자유로운 유희만이 있을 뿐이고 결국 생명을 주는 자는 또한 죽음을 주는 자가 아닌가. 이런 결정불능, 아포리아, 탈중심적 해체의 전략으로서의 말놀이의 모습을 여기서 읽을 수 있다.

4. 욕설-이드의 대항 담론, 소외된 타자들의 해방구

알튀세가 말한 '이데올로기적 국가 장치'가 개인의 자유를 억압해 왔던 1970년 후반부터 현대시는 말놀이를 저항의 형식으로 차용하여 정치, 역사, 사회 현실을 조롱하고 교란시키고 억압을 무화, 감소시키려고 노력해 왔다. 김지하의 담시들, 조태일의 대담무쌍한 욕시, 박남철, 김영승, 장정일 등의 비어, 유희, 역설들이 그러하다.

가령 황지우가 절묘한 절창 「만수산 드렁칡 1」에서 "오 망국은 아름답습니다 인간세 뒤뜰 가득히 풀과 꽃이 찾아오는데 우리는 세상을 버리고 야유회 갔습니다. 우리 세상은 국경에서 끝났고……" 라고 80년대의 역사, 정치적 비극상황을 야유할 때 '망국은 아름답습니다'라는 역설은 '국가'라는 절대 명제의 지배력을 해체해 버리려는 탈중심의 욕망을 보여주고 있다. 이성이나 질서, 논리가 그것의 담지자여야 할 지배 구조 스스로의 추악한 폭력으로 오히려 비이성, 비질서, 비논리의 광기로 변해버린 80년대적 상황 속에서 무력한 개인은 무엇을 통해 자아의 건강성을 보존할 수 있을까.

꼭, 일년생 풀의 생리같다／벼랑에 서서 어쩌다가 사는 것이, 이판사판되었는지／막 간다 막 나간다／너 죽고 나 죽자고／뒤엉켜 나자빠져／못살아 못 살아 이 웬수야／이 사지를 찢어 죽일 놈아／헝클어진 머리카랑일 붙들린채／반장집 마누라 악을 쓰는데／창문으로 몰래 내다본 나는 그만,／반장집 마당 호박넝쿨을 건드려 버렸다／흔들리는 호박잎, 綠그늘 사이로／사람들이 보인다／흔들리는 호박잎, 綠그늘 사이로

-시 「몸부림」 전문

욕설은 역사성과 사회성을 갖는다는 게 김열규 교수의 진단이다. 이 시에서 욕설은 80년대 역사의 빙하기 속에서도 호박처럼 땅 바닥을 기어가면서 무성히 살아가는 민중들의 싱싱한 푸른 생명력의 기호로 작용한다. 이판사판의 삶을 물고 늘어지는, 싱싱한 욕설로 꾸며진 민중적 삶은 정치, 경제, 사회, 문화적으로 엄숙하게 제도 안에서 살아가는 지식, 엘리트들의 순응적 현실추수주의를 강력히 비판하는 저항의 담론이며 현실을 지배하는 '초자아'를 무너뜨리려는 이드의 건강한 몸부림이다. 김열규 교수는 그것을 "욕은 언어와 그것에 딸려있는 인간 행위가 질서라든가 체계와 체제를 벗어던진 상황에서 폭발한다. 욕은 발언되는 것이 아니라 폭발한다…… 보통 언어가 아닌 제2의 언어요 또 다른 언어다. 논리라든가 이성에 매인 언어로는 더 이상 어쩔 수 없는 막다른 골목에서 분화하는, 불뿜는 언어다. …… 막간 경지가 파국이라고만 해서는 안된다. 막간 것은 돌아가지 못한다는 위기감 때문에 돌파를 지향하는 몸짓일 수 있다."라고 해석한다.[7]

박남철의 시 「광인 일지」에서는 "저런 늙은 놈 보게／저 저 저 저／가랭이를 쪽 찢어죽일／／머 어쨰, 으쩌, 별들이 요절하는 소리

[7] 김열규, 앞의 책, 10쪽.

좀 들어 보라고?//저 저 저 저 저,/저런 늙은 놈 보게//……(중략)……/쩌 저 쩌 쩌 쩌, 더 쳐라, 원 별/별 ×지 껌 씹는 소릴 다 하네//……(중략)……//얼럴럴 네기럴꺼,/형제들이여 형제들이여 형제들이여/저기 하늘에서 깨어난 큰 생육신 형님들도 몇 분 계시는구나/세월이여, 시간이여, 역사여, 광주여"라고 욕설과 비어들을 동원하여 80년대 초의 광인보다 더 광적인 정치, 사회 현상을 '광인'의 목소리로 폭로하고 있다. 욕설과 비어, 탈춤의 매김소리 같은 힘찬 리듬은 박남철 시인의 풍자정신을 형상화하는 장치로서 노망난 지배 계층과 잘못된 세태를 공격하는데 효과적임을 보여준다. 지성의 칼날 위에서 우리를 지배하는 초자아를 폭파하려는 이드의 카니발이 그의 욕설 시라고 할 수 있겠다.

「해미르 Ⅲ-2」에서는 갓 태어난 아들 해미르(물+불이라는 말)가 살아갈 세계, 상징계, 아버지들의 나라를 생각해보다가 시는 한과 역사를 만나게 되고 욕설로 치달리게 된다.

> 아흐, 저.꼴도 보기 싫은 놈의,/아아 신라와 고구려의 불화는 백제와 고구려의 연합을 낳고/백제와 고구려만의 형제애는 신라와 당나라의 간통을 낳고/아아 기억하라, 기억하라……//외세, 피흘리는 恨, 恨 반도, 오오 피흘리는 이 아기/오오 피 흘리는 이 아이, 나쁜, 닙뿐놈의 쌔께들!//(일본은 우리가 눈 똥이었다!)//아니 허리 잘린 호랑이다, 美蘇/허리 잘린 호랑이 허리 잘린 호랑이/(더럽게 커진 놈의 똥덩어리들!)/……(중략)……//분단된 발바닥, 오오 다 포기할 수는 있어도/외세, 분단된 세계/아기의 사진 보다 더 좋은 시가 어디 있을까, 외세, 분단된 세계, 속죄양,/……(중략)……으흐, 똥치들, 어이 똥치들, 한때 만주는 우리의/입김 같은 거,/오오 기억해 주소서 신이여, 신이여/기억해 주소서, 신이여//우리의 이 세계사적인 이 희생을, 우리의/세계사적인, 가족사적

인 이 치욕의 피흘림을,/이 사랑을, 이 개망신을,//(분단된 발바닥)

인간은 역사와 정치적 그물 아래에서 태어난다. 자신의 새 생명인 아기가 순결한 꿈을 가득 안고 살아갈 수 있을까를 생각했을 때 그것은 전혀 불가능하다는 인식을 이 시는 보여주고 있다. 인간은 순결하고 가능성에 충만한 채 태어나는 것이 아니라 치욕스럽고 불순하게 태어난다. 사회, 역사, 정치적 상징 질서 아래 포박된 존재이기 때문이다. 하물며 제3세계, 80년대의 분단된 한국의 남쪽 부분, 아직도 고구려와 백제와 신라의 망령들이 떠도는 곳, 일본 제국주의, 미국과 소련 제국주의, 중국 제국주의까지가 겹치는 땅에서 태어난 아기에게 미래를 말해서 무엇하겠는가. 역사 앞에서 분노는 폭발하고 억눌린 격정은 욕설의 난장을 이룬다.

이렇게 풍자, 비어, 역설, 아이러니, 욕설 등의 말놀이는 자신과 자신이 몸담고 살아야 할 상징적 질서와의 갈등을 느꼈던 그 순간부터 자신의 무의식을 표현하는 해방구(解放區)적 장치로 사용되어 왔다고 말할 수 있다. 표면적으로는 엄숙하게 보이고 결코 달아날 수 없을 것처럼 보이는 질서와 제도들이 가짜 질서와 가짜 제도로 인식되는 그 순간 그 권력의 허구적 허무맹랑함을 통찰한 순간부터 인간은 그 상징 질서의 억압을 어떻게 하면 전복시킬 수 있을까를 꿈꾸었을 것이다. 그 전복에의 욕망은 문학 속에서 아이러니나 패러독스, 모순어법, 운(韻)놀이, 패러디 등의 말놀이를 통해 풍자적 웃음을 산출하여 사회적, 혹은 문화적으로 억눌려온 심리적 피억압자들에게 잠시 웃음의 해방구를 안겨주었음을 김삿갓, 이상, 황지우, 박남철 등을 통해 살펴보았다.

앞서 말한 대로 말놀이는 지성의 칼날 위에서 춤추어지는 이드의 폭발적 춤이다. 그것은 지배 질서의 해체, 조롱, 폭파를 방향하면서 개인을 억압하고 구속하는 상징적 질서, 이성중심주의를 와해시켜 해체로서의 아포리아를 생산하기도 하고 또는 웃음의 해방구를 만들어 초자아를 뒤집는 이드의 난장을 벌이기도 한다. 이 메마르고 답답한 자본주의의 촘촘한 그물망을 빠져나가는 해방의 탈주선-그 가능성을 시인들의 말놀이가 주는 희열의 텍스트에서 본다.

3. 제국, 권력, 자유와 저항의 담론

탈식민주의로 현대시 읽기: 김수영에서 신경림까지
-어떻게 제국의 기호학을 검색하고 반언술을 만들 것인가

1. 탈식민주의적 글쓰기-제국의 지도 그리기를 인식하기, 반언술, 알레고리, 풍자 등

탈식민주의[1](Postcolonialism)적 글쓰기의 전략에 대해 많은 시사

1 탈식민주의(Postcolonialism)이란 용어도 포스트모더니즘이란 용어처럼 논쟁적이고 모호하며 의문시되고 있다. 결국 'post'를 어떻게 볼 것인가?의 문제인데 그것은 '이후(after), 또는 절반(semi), 후기(late), 탈(ex), 신(neo) 등' 여러 가지 의미를 가진 것으로 읽힌다. 시대적 구분에 회의를 느끼는 빌 에쉬크로프트는 포스트콜로니얼리즘에 대해 다음과 같이 정의내리고 있다. "이전에는 포스트콜로니얼이라는 용어를 독립 전과 독립 후로 구별하기 위해 애쓴 적도 있었다(예컨대 식민지 시대 colonial period와 식민지 이후 시대 post-colonial period). 그러나 우리는 이제 '포스트콜로니얼'이라는 용어를 식민지 시대부터 시작해서 독립을 쟁취한 후인 현재에 이르기까지 제국주의적 과정의 피해를 본 모든 문화를 지칭하기 위해 사용하고 있다." Bill Ashcroft ed., *The Post-Colonial Studies Reader*, Routledge, 1995. 2쪽
빌 에쉬크로프트와 견해를 같이 하면서 압둘 잰모하메드는 "식민주의는 두 가지로 나뉘는데 하나는 '지배적인 시기'이고 다른 하나는 '헤게모니적 시기'이다. 지배적 시기는 식민화된 시기부터 독립을 얻는 그 순간까지이고 반면 헤게모니적 시기, 신식민주의적인 시기는 전(前) 식민지인들에 대해 간접적이고 간헐적인 조종을 시행하며 후자는 가치관, 태도, 교

점을 던진 헬렌 티핀은 '지배 중심 체제와 그것들을 주변으로부터 허물어뜨리는 것'을 탈식민지적 글쓰기의 과업으로 본다. 그러한 전복적 과업이야말로 탈식민주의적 글쓰기의 특징이며 문학적 보편성(제국의 정전)의 개념에 도전하는 반언술(Counter-discourse) 행위가 된다. 또한 포스트모더니즘적 권위의 부정이나 정전 해체, 패러디, 억압된 것들의 귀환 등을 전략적으로 차용하면서 서구 제국주의와 이성중심주의로부터 온 식민주의자들의 근대적 기획과 문화적 헤게모니에 도전하고 그것을 탈중심화시키고 제국주의자들의 언술을 전복하고자 하는 것이다.[2] 스티븐 슬레만은 탈식민적 글쓰기의 주요 전략으로 알레고리를 들고 있으며 "알레고리는 탈식민주의적 글쓰기의 어떤 형태가 식민주의의 주목할만한 형상적 기술의 비유적 전략과 교전하는 재현의 장이다. 다시 말하면 알레고리는 탈식민주의 문화가 문학적(특히 반제국주의적)인 형상적 반대, 즉 텍스트의 반언술 행위의 산출을 통해 제국주의적 동화에 도전하고 그것을 전복하려는 공간이 된다"라고 언급하며 탈식민주의적 글쓰기의 전략으로 알레고리를 중심에 놓는다.[3] 호미 바바 역시 알레고리를 계속

육 제도, 관료 체제, 그리고 심지어는 생산의 양식까지도 능동적으로 받아들이게 된다. 이 때 제국의 군사적 힘은 보이지 않는 위협으로 존재하게 된다. 그러한 과정에서 전 식민지인들은 제국의 문화를 국제화시키고 자신들도 국제화되었다고 생각하게 된다는 것이다. 따라서 탈식민주의는 위에서 언급한 지배적 시기와 헤게모니적 시기(신식민주의) 둘 다를 다루고 있으며, 특히 제국의 신식민주의 세력에 대항해 싸울 수 있는 반언술(counter-discourse)을 창출해 탈식민(decolonize)을 가능하게 해주는 반제국주의적, 민족주의적, 제삼세계적 문예사조라고 할 수 있다."라고 말한다. Abdul Janmohamed, "The Economy of Manichean Allegory: The Funtion of Racial Difference in Colonialist Literature", Bill Ashcroft ed, 앞의 책, 22쪽.

2 Helen Tiffin, "Post-colonial Literatures and Counter-discourse", Bill Ashcroft ed, 앞의 책, 97~100쪽 참조.

반복되어 식민지인의 정체성을 구성하는 제국의 기호학에 대한 반언술의 전략으로 본다.[4]

그렇게 탈식민주의 텍스트들은 다양한 전략들을 가지고 텍스트 산출을 하고 있는데 응구기와 씨옹오는 앞의 책 3장 「아프리카의 소설 언어」라는 장에서 탈식민주의 텍스트에 대해 쓰면서 "자신이 「십자가 위의 악마」를 쓸 때 김지하 시인이 「오적」과 「비어」에서 사용한 전래의 구비 문학적 목소리와 풍자를 차용했으며 그것이 탈식민주의적 텍스트의 중요한 장치가 되었다"고 고백하고 있기도 하다.[5] 그 외에도 메트로폴리탄 권력과 경전적 지배 문화를 폐지하기 위한 전략으로 패러디, 알레고리, 되받아 쓰기(Write Back)가 있으며, 보르헤스나 마르께스 등의 마술적 리얼리즘, 유럽적 장르이긴 하지만 왁자지껄한 피카레스크도 지배 문화를 허물어뜨리는 전복적 힘을 가진 것으로 본다.[6]

에드워드 사이드는 탈식민적 글쓰기의 전략에 대해서 보다는 제국의 정전 속에 숨어있는 제국주의적 요소를 찾아내는 전복적 읽기의 한 형태로 탈식민주의적 비평을 수립했다. 그는 토착주의, 또는 민족주의적 국수주의에 대해 "토착주의를 받아들이는 것은 제국주의의 결과인 제국주의 자체에 의해 부과된 민족적, 종교적, 정치적 분열을 수용하는 것이기 때문이다. 흑인성, 아일랜드성, 이슬람 또는 카톨릭교와 같은 본질적인 형이상학을 위해 역사적인 세계를 버린다는 것은 인류의 서로 대립시키는 힘을 가진 본질화를 위해 역

---

3 스티븐 슬레만, 「제국의 기념비들-탈식민적 글쓰기의 알레고리와 반언술 행위」, 『외국문학』, 31호 1992 여름, 63쪽.

4 슬레만, 앞의 논문, 61쪽.

5 Ngugi wa Thiong'o, 이석호 역, 『탈식민주의와 아프리카 문학』 서울, 인간사랑, 1999, 183쪽.

6 Helen Tiffin, 앞의 논문, 98쪽.

사를 포기하는 것과 같다."라고 토착주의의 제약에 대해 비판한다. 또한 그는 탈식민화의 시인으로서의 예이츠를 높게 평가하면서 그가 사용한 아일랜드 풍의 가락, 그 적에 대한 의식으로 구체화된 상상의, 또는 이상적인 공동체에 대한 윤곽 그리기, 예언적 감수성, 계보학적 우화와 인물들을 선택한 것 등을 그 시적 전략으로 분석한다.[7]

탈식민주의적 글쓰기는 한 민족과 국가의 문화의 상황에 따라서 다양하게 드러날 수밖에 없다. 그러나 미국 위주의 세계화가 진행되면서(에드워드 사이드는 그것을 "부분적으로 제국에 의해 모든 문화가 연결되어 있다"라고 지적한다) 모든 문화가 놀랄 만큼 혼혈적이 되고 잡종적, 다층적으로 변화해 가는 다문화주의의 시점에서, 그리고 일찍이 일본 제국주의에 의한 역사의 상처를 가지고 있고 또한 해방 이후엔 미국이란 신식민주의자에 의존해 살아온 한국의 현대시 안에서 탈식민주의적 시각이 어떻게 드러나는가를 살펴보는 것은 아주 긴요하고도 흥미로운 일이라 하겠다.

2. 전(前)식민주의자의 흔적과 신식민주의적 기표로서의 면봉과 책

전후 시인인 김수영과 그의 텍스트만큼 탈식민주의적 입장에서 흥미를 끄는 텍스트는 많지 않다. 그의 생애 자체가 두 개의 제국주의 (일본, 해방 이후 신식민주의 국가인 미국) 사이에 걸쳐 있는

7 에드워드 사이드, 『문화와 제국주의』, 김성곤·정정호 역, 도서출판창, 1995, 404~414쪽 참조.

격동적 현대사의 파란만장한 드라마를 함축하고 있을 뿐만 아니라 (1921년에 출생하여 1941년 동경 유학, 동경 성북 고등예비학교 다님, 水品春樹에게서 연극을 사사받음, 만주 길림성으로 소개감, 다시 만주행, 해방 뒤 미군 통역관, 북괴군 후퇴시 징집되어 북으로 끌려갔다가 탈출, 거제도 포로 수용소 생활, 수용소에서 통역관으로 일함, 미8군 수송관의 통역관, 영어교사, 영어 번역 등을 주업으로 삼아 살았던) 생애 사체가 두 개의 제국주의적 문화에 익숙할 수밖에 없는 피식민지 지식인의 통문화적(cross-cultural) 잡종성을 보여주고 있기 때문이다.

그의 텍스트는 사이드의 용어를 빌려 말하자면 파생(filliation)[8]을 부정하고(전통 단절, 전통에 대한 냉소적 비판), 다문화 리얼리티(잡종 문화)를 경험하고 그 제휴(affiliation)의 경험으로써 자신의 파생을 생산적으로 공격함으로써 새로운 파생의 탄생을 꿈꾼 자기만의 고유한 탈식민주의적 글쓰기의 형식을 만들어냈다고 할 수 있다. 그것이 그가 모더니스트, 현실 참여시인, 민중주의자 등의 범주만으로는 다 설명될 수 없는 이유이다. 포스트모더니즘적 욕망은 지배 권력을 가진 권위나 중심 문화를 해체하고 소외되고 제외되어온 주변적인 것들에 대한 관심을 가지는 것이다. 프레드릭 제임슨은 "모

8 Edward Said, *The World, The Text, and the Critic,* Cambridge:Harvard Univ. Press, 1984. 파생이란 태어나면서 주위와 맺게 되는 관계를 말하고 제휴(affiliation)는 후천적으로 주위와 맺게 되는 관계를 의미한다. 많은 엘리트 지식인들이 지배문화에 편입되기 위해 파생을 부정하고 지배 권력과의 제휴를 택했다고 사이드는 지적한다. 탈식민주의와 민족주의의 차이는 민족주의가 문화의 순종에 집착하고 식민 잔재를 걷어내면 어떤 순결한 근원이 있을 것으로 생각한다면 탈식민주의적 글쓰기는 문화의 혼합을 경험하고 자신을 타자화시키는 제국주의를 검색, 인식, 전복한다는 데 있다. 그 제휴가 새로운 파생을 재생산하여 자기자신의 형식을 만드는 예로써 김수영의 텍스트를 들 수 있다.

더니즘은 식민주의 시대의 사조이다[9]라고 말했고 사이먼 듀링은 "포스트모더니즘은 탈식민주의 시대의 사조"라고 말하고 있다.[10] 그런 의미에서 김수영은 모더니스트이면서도 '포스트 모던'적 요소를 많이 가진 시인이며 포스트모더니즘과 겹치는 부분이 있는 포스트콜로니얼리즘과 동일한 관심을 가졌던 시인이라고 할 수 있다. 전후파 시인들 중에서도 유독 그에게서는 신식민주의적 헤게모니를 가진 세력과 그 문화에 대한 예민한 인식을 찾아볼 수 있으며, 그에 대한 '문화 저항'을 볼 수 있다.

전 식민주의 제국인 일본이 떠나고 신식민주의 문화 미국 문화가 들어올 때 그 지식=권력이 엇갈리는 현장에 대한 재미있는 관찰을 보여주는 것이 김수영의 산문 「면봉」이다. 그것을 잠깐 인용해 본다.

> 1951년 초부터 부산에 있는 대부분의 미군 기관 야전병원에는 서울서 피난하여 내려온 소위 대가 중견급 코리안 닥터가 적잖이 벼락감투가 아닌 벼락취직을 하고 있었다. 아니 벼락취직이라기보다는 일종의 굴욕취직 같은 감을 그들은 어찌할 수 없이 받고있지 않으면 안되었다. 이들 코리안 닥터들은 거의 전부 30세 이상의 기성의사였으며 그중에는 ○○대학 세균학연구소속 내과박사 같은 어마어마한 독일의학 계통의 명함을 가진 실력있는 분도 섞여있었다. ……(중략)…… 따라서 내과를 전공하던 코리안 닥터도 할 수 없이 외과환자를 취급하지 않으면 안되게 되었으며 그들이 남모르는 비애를 맛보았을 것은 말할 필

9 Frederic Jameson, "Modernism and Imperialism", *Nationalism Colonialism Literature,* Minneapolis: University of Minnesota, 1990, 43.

10 Simon During, "Postmodernism or Post-colonialism Today", Edited by. Ashcroft, Griffith and Tiffin, *The Post-colonial Studies Reader*, London: Louteridge, 1995, p. 125.

요도 없다. 외과를 전공한 의사라 하여도 그들은 모두 독일식 의학을 배워왔으며 미국의 모던 서저리와는 틀리는 분위기속에서 자라났다. 독일어는 알아도 영어는 모르는 의사가 있어 그들은 미국인 의사와 독일어로 의사를 교환하는 것이었다. 예를 들면 오스터오 염증환자의 고름이 나오는 구멍에다 미인의사는 심지를 꽂아서는 아니된다고 주장하는데 코리안 닥터들은 마이동풍으로 꼬박꼬박 심지를 넣어준다. 그들이 배워온 의학상으로는 농을 흡수하기 위하여 면봉을 넣어두어야 하는 것이 원칙인데 아메리칸 모던 서저리는 면봉을 넣어두면 새살이 나오는 것의 장애가 된다고 하여 대경실색이다. 문화가 얕은 민족의 특징인지 무엇인지 모르지만 우리 겨레는 원래 고집이 세다. 나중에는 그렇게 면봉을 넣지 말라고 역설을 하여도 들어먹지 않으니까 일일이 책임추궁을 하기 시작하고 만일 금후부터 면봉을 넣어주는 의사나 간호원은 일제히 해고하겠다고 까지 나오게 되었다. ……(중략)……그런데 차후문제는 환자편의 불평이다. 면봉을 넣어두는데 습관이 된 환자들이 별안간 요법을 변경하고 보니 도리어 의사에게 면봉을 넣어달라고 졸라댄다. 그러니까 말하기 싫은 의사들이 환자의 말에 못이겨 할수없이 환자의 요구대로 들어준다. 이러한 트러블이 상당히 오랜 기간을 두고 계속되다가 급기야 미군 의사들은 통역을 시켜서 면봉감시원의 역할을 반전문적으로 맡아보게 하였다……(중략)……1953년에 들어서선 미군 계통 병원은 거의 의과대학을 나온 전후파 의학사들로 대치되었다. 종래와 같은 모던 서저리와의 충돌도 없어졌으나 불쌍하게도 권위가 없다. ……(중략)…… 환자는 우리나라 민중이라고 할 것같으면 의사는 우리나라의 문화정책이다. '민족정기로써 사대주의를 박멸하자' 라는 삐라가 거리의 한모퉁이에 붙어있는 것을 보고 지난날의 전설 같은 면봉이 불현 듯 생각이 난다. 나도 알지 못하는 이유에서.[11]

이때의 '면봉'은 전(前)식민주의자인 일본의 영향(독일에서 공부한 의사들은 유럽중심주의를 가진 일본 제국주의 시대에 근대적 학문과 기술의 근원이 유럽에 있었음을 보여준다)과 새로운 신식민주의자로 한국의 정치, 문화, 사회에 헤게모니를 가지기 시작하던 미국의 영향의 '갈등', '충돌'을 보여주는 문화 기표가 된다. 면봉은 전(前)식민주의자들의 영향과 신식민주의자의 영향 사이에서 갈피를 잡지 못하고 있는 주변으로서의 한국을 보여주는 식민지적 기표이다. '환자가 민중이고 의사는 우리나라의 문화정책'이라면 (이글은 53년 9월에 쓰여졌음) '민족정기로써 사대주의를 박멸하자'라는 표어만 있을 뿐 일본식의 유럽중심주의로, 신식민주의자인 미국식으로 끌려 다니고 있는 민족의 타자성을 시인이 극히 냉철하게 인식하고 있음을 알 수 있다. 지식은 권력과 더불어 지배의 힘을 행사하며 이제 일본을 경유하여 이 땅에 지배권력을 행사했던 유럽중심주의 지식은 물러나고 새로운 지식과 권력이 반도에서 영향력을 행사하게 되는 것을 면봉 이야기는 잘 보여준다.

신식민주의의 기표로서의 '면봉'은 「가까이 할 수 없는 서적」에서 '책'으로 자리바꿈을 해서 드러난다. 이는 역사적 사회적으로 엄청난 변화가 일어난 해방 공간에서의 신식민주의에의 인식을 엿볼 수 있는 귀중한 텍스트이다.(1947년 작) 1945년에 「공자의 생활난」을 썼고 1947년에 「가까이 할 수 없는 서적」과 「아메리카 타임지」를 쓴 것을 보면 시인이 해방 공간에서 그동안의 지배 문화였던 중화중심주의적, 유교적인 사고가 서서히 해체되고 아메리카가 문화적 헤게모니를 가진 신세력으로 부상하는 것에 대해 민감하게 인식하고 있는 것을 알 수 있다. 「가까이 할 수 없는 서적」은 이제 새로운 제국주의는 물리적인 힘을 통해 주변부를 장악하는 것이 아니

11 『김수영 전집2 산문』, 민음사, 1981, 16~18쪽.

라 알 수 없는 신비의 헤게모니적 힘을 가진 '책'을 통해 문화적 지배로 다가온다는 것을, 그것으로 인한 문화적 긴장을 보여주고 있다.

> 가까이 할 수 없는 書籍이 있다／이것은 먼 바다를 건너온／용이하게 찾아갈 수 없는 나라에서 온 것이다／／주변 없는 사람이 만져서는 아니될 册／만지면은 죽어버릴 듯 말 듯 되는 册／가리포루니아라는 곳에서 온 것 만은／確實하지만 누가 지은 것인 줄도 모르는／第二次大戰以後의／긴긴 歷史를 갖춘 것같은／이 嚴然한 册이／지금 바람 속에 휘날리고 있다.

册은 중심에 있고 시적 화자는 주변부에 위치한다. 그 책은 시니피에는 알 수 없지만 무언가 그 자체만으로도 중심, 권위, 질서, 엄연성을 가진 절대적인 존재이다. '가까이 할 수 없는 책'－'먼 바다를 건너온 책'－'가리포루니아에서 온 책'－'2차 대전 이후의 긴긴 역사를 갖춘 책'－'엄연한 책'은 지식과 권력의 담합체이다. '책／나' 사이에는 긴장이 흐르고 있다. 어쩌면 시적 화자는 제국의 기표인 '책'이 나／피식민지인의 영토를 제국의 욕망에 맞추어 구성, 개편하고자 하는 욕망을 알고 있는 듯도 하다.

"가리포루니아에서 온 것만은 확실하지만／누가 지은 것일 줄도 모르는"이라는 시행에서 우리는 그 지배문화적인 담론의 삼중적 제국주의를 읽어낼 수 있다. 즉 2차 대전 이후 새로운 헤게모니를 가지고 반도에 등장한 '캘리포니아'로 상징되는 신식민주의적 미국과 '가리포루니아'라는 '캘리포니아'의 일본식 발음 표기를 통해서 이차 대전 이후 항복을 하고 퇴각했으나 흔적을 남기고 간 일본과 '책(册)', '서적(書籍)'을 한자로 쓰고 있는 것으로 보아 한자 지배문화로서의 문화식민주의를 보여주는 중국, 이 세 나라가 삼중의 제국주의적 흔적을 보여주고 있다. 절대의 '책'의 존재를 통해 새로운 지배자의 담론 앞에 앉아 있는 삼중적 식민지 상황에서 시인은 주변적 주체, 한없이 왜소한 소외된 타자가 되고 있다. 자리만 바꾼 식민주의자들의 다중적 권력의 지형을 볼 수 있는, 잡종적이고 이질혼성적인 문화의 흔적을 이 텍스트는 가지고 있다.[12]

> 어린 동생들과의 잡담도 마치고／오늘도 어제와 같이 괴로운 잠을／이루울 준비를 해야 할 이 시간에／괴로움도 모르고／나는 이 책을 멀리 보고 있다／그저 멀리 보고 있는 듯한 것이 妥當한 것이므로／나는 괴롭다／오오 그와 같이 이 書籍은 있다／그 册張은 번쩍이고／연해 나는 괴로움으로 어찌할 수 없이／이를 깨물고 있네!／가까이 할 수 없는 書籍이여／가까이 할 수 없는 書籍이여.

가까이할 수도 없지만 '멀리 보고' 있는 것이 '괴로움'이 되는 이 책과의 관계는 바로 책을 통해 다가오는 신식민주의자의 제국주의적 자아와 나의 관계이다. 이 텍스트는 제국의 기호인 책을 응시하고 응시의 긴장 속에서 그 모호한 정체의 지식／권력의 공모 관계를 검색하는 것을 통해 탈식민주의적 인식을 보여주고 있다.

같은 해에 쓴 「아메리카 타임지」에서도 역시 타임지라는 권위있는 제국의 책은 제국주의적 자아의 알레고리가 된다. 그러한 제국주의적 자아와 이 변방의 나라에까지 영향을 미치고 있는 헤게모니를 가진 정치가들에 대한 '응시'는 제국이 어떻게 변방에 다가와서 변방을 자신들의 의지에 맞게 조립, 구성하는가에 대한 저항의 기호가 된다.

12 김승희, 「김수영 시와 탈식민주의적 반언술」, 『현대시 텍스트 읽기』, 태학사, 2001, 165~200쪽 참조.

3. 제국의 여성의 시선과 제휴하여 자신의 원천 재발견하기

「거대한 뿌리」에서는 제국의 시선과 제휴하여 자신의 파생(원천, 전통)을 새롭게 해석하는 제휴의, 탈식민주의적 글쓰기의 전략이 드러난다. 서구의 문화와 문학과 제휴하여 자신의 파생을 부정하고 공격해온 시인으로서는 드물게도 「거대한 뿌리」에서는 영국 왕립 지리학회 회원인 이사벨 버드 비숍 여사의 이방의 시선을 통해서 옛 조선을, 즉 일본이나 미국과 같은 제국의 힘이 농락하기 이전의 활기찬 조선의 힘을 발견한다. 물론 이사벨 버드 비숍 여사의 『한국과 그 이웃나라』라는 책은 한국의 관리들이 아주 포악하고 교활하며 악독한, 살아있는 흡혈귀로 부정적으로 묘사하고 있지만 한국 민중에 대해서는 아래와 같이 아주 활기차고 똑똑하다고 긍정적으로 묘사하고 있다.

> 한국인은 참신한 인상을 주었다. 그들은 중국인과도 일본인과도 닮지 않은 반면에, 그 두 민족보다 훨씬 잘 생겼다. 한국인의 체격은 일본인보다 훨씬 좋다…… 한국인은 대단히 명민하고 똑똑하다. 한국인들은 스코틀랜드식으로 말해 '말귀를 알아듣는 총명함'를 상당히 타고 났다. 외국인 교사들은 한결 같이 입을 모아 한국인의 능숙하고 기민한 인지능력과 외국어를 빨리 습득하는 탁월한 재능, 나아가 중국인과 일본인보다 한국인들이 훨씬 좋은 억양으로 더 유창하게 말한다는 사실을 증언한다.
>
> -이자벨라 버드 비숍의 『한국과 그 이웃나라』 중에서

> 한국인들의 일상적 표현은 당혹스러움을 느끼게 할 정도로 활기차다. 얼굴 생김새는 가장 잘 생긴 사람들을 기

준으로 보아 힘이나 의지의 강인함보다는 날카로운 지성을 나타낸다. 한국인들은 확실히 잘 생긴 종족이다. 체격도 좋은 편이다. 성인 남자의 평균 신장은 163.4센티미터이다. 여자의 평균 신장은 확인할 수 없는데, 세상에서 제일 보기 흉한 옷 때문에 그 결점이 과장되는 여자들의 모습은 땅딸만하고 펑퍼짐하다. 남자들은 힘이 매우 세어서 짐꾼들에게 45킬로그램의 짐은 보통이다. 가족 생활은 대가족제이며 도덕적으로 지극히 건강하다.

–위의 책 중에서

사당에서 정상을 올려다보면 가슴이 사무치도록 아름다운 광경이 펼쳐진다. 구비구비 이어진 숲의 물결, 시냇물의 아스라한 반짝임, 구릉의 완만한 선들, 그 위로 해발 1829미터가 넘는 금강산에서 가장 높은 산봉우리가 솟아 있었다. 아, 나는 그 아름다움, 그 장관을 붓끝으로 표현할 자신이 없다. 진정 약속의 땅(A fair land of promise)인저! 진정코!

–위의 책 중에서

옛 조선 민중의 활력과 자연의 아름다움, 도덕의 건강함을 지적하고 있는 제국의 여성의 시선을 통하여 시인은 민족적 자아가 되어 자신의 파생을 근본적으로 되돌아보게 되고 거기에서 어떤 힘찬 남성적 주체성을 되찾고 있는 듯 느껴진다. 일본영사관이나 미국놈, 사회주의나 진보 이데올로기 같은 것은 그가 회복한 거대한 남성적 주체성, 제3인도교의 철근 기둥보다 훨씬 더 강력하고 거대한 남근 뿌리에 비한다면 하찮은 역사의 오점에 지나지 않게 된다. 이 때의 제3인도교의 거대한 철근 기둥은 근대적 남근의 은유이다.

버드 비숍 여사를 안 뒤부터는 썩어빠진 대한민국이／괴롭지 않다 오히려 황송하다 역사는 아무리／더러운 역사라도 좋다／진창은 아무리 더러운 진창이라도 좋다／나에게 놋주발 보다도 더 쨍쨍 울리는 추억이／있는 한 인간은 영원하고 사랑도 그렇다／／비숍 여사와 연애를 하고 있는 동안에는 진보주의자와／사회주의자는 네에미 씹이다 통일도 중립도 개좆이다／……(중략)……／동양척식회사, 일본 영사관, 대한민국 관리,／아이스크림은 미국놈 좆대강이나 빨아라 그러나／요강, 망건, 장죽, 종묘상, 장전, 구리개 약방, 신전,／피혁점, 곰보, 애꾸, 애 못낳는 여자, 무식쟁이,／이 모든 무수한 반동이 좋다／이 땅에 발을 붙이기 위해서는／－제3인도교의 물 속에 박은 철근 기둥도 내가 내 땅에／박는 거대한 뿌리에 비하면 좀벌레의 솜털／내가 내 땅에 박는 거대한 뿌리에 비하면.

제국의 여성의 상상계적 시선을 통하여 자신의 비천하지만 아름다운 원천을 발견한 시인은 현대사의 고통과 왜곡, 절단들을 뛰어넘을 수 있는 남근적 힘을, 자부심과 긍지를 회복하고 '괴기 영화의 맘모스를 연상시키는 나도 감히 상상도 못하는 거대한 거대한 뿌리'를 얻게 된다. 이국 여인의 상상계적 응시의 거울과의 제휴를 통해서 자신의 원천의 어마어마한 힘을 재발견하여 일본, 미국놈, 사회주의 이데올로기 등의 지배권력과 제국주의를 풍사, 공격하고 있는 이 시는 그러나 오히려 영국 왕립 지리학회의 제국주의적 욕망(영국 왕립 지리학회의 제국주의적 욕망과 기획에 대해서는 영화 「잉글리쉬 페이션트」를 상기해 볼 것!)과 음모에 대해 눈감게 되는 것을 보여주기도 한다. 그러나 「거대한 뿌리」는 근본적으로 외래적 지배문화에 대해 수동적 응시의 입장을 보이던 시적 화자가 이사벨 버드 비숍이라는 여성적 상상계를 만남으로써 자신의 거대한 남성성을 회복하여 풍자와 비어 발설, 공격을 통해 탈식민주의적 선언을 할 수 있는 에너지를 얻고 있다는 점에서 시사적이기도 하다.

4. '지배 권력/지식'의 기표로서의 영어 제국주의와 알레고리, 반언술

신경림의 시 「소백산의 양떼」는 알레고리 양식으로 탈식민주의적 글쓰기를 보여주는 하나의 좋은 예가 된다. 알레고리란 어떤 하나를 말하면서 동시에 어떤 다른 것을 말하는 수사법이다. 즉 좀더 직접적이고 '문자적' 의미를 나타내는 기호나 기호 체계에 의해 그 이전의 앞선 기호나 기호 체계와 이중화를 이루는 것이다.[13]

> 소백산 자락의 목장에서 양떼를 모는 개는
> 이상하게도 영어만 알아 듣는다
> 뒤로 가 하면 우두커니 섰다가도
> 고 백 하면 재빨리 천여마리 양떼 뒤로 가서고
> 몰아라 하면 딴전을 피우지만 캄 온 소리엔 들입다 온다
> 미국서 훈련받은 개들이라 날쌔고 영악하기 사람 뺨쳐
> 양치기들은 종일 시시덕거리고 장난질이나 치며
> 몇 마디 영어로 명령만 하면 된다
>
> 모르고 있었을까 정말 우리는 모르고 있었을까
> 영어만 알아듣는 개한테 쫓기는 것이
> 양떼만이 아니라는 것을
> 우리들 울부짖음에는 멀뚱거리다가도
> 캄온하는 명령에는 기겁을 해서 양떼를 몰고
> 스톱 하고 호령하고 목숨을 걸고 세우는 것이
> 개만이 아니라는 것을
> 또 개를 영어로 부리며 시시덕거리기만
> 하면 되는 것이 양치기만이 아니라는 걸

13 스티븐 슬레먼, 강규한 역, 「제국의 기념비들－탈식민지적 글쓰기의 알레고리와 반언술 행위」, 『외국문학』, 1992 여름호, 57~65쪽 참조.

마침내 영어만 알아듣는 개라야
두려워하게 된 것이 양떼만이 아니라는 걸

– 신경림의 〈소백산의 양떼〉 전문

우선 이 시에서는 '목자(牧者)/양떼'의 알레고리적 구조를 발견할 수 있다. '목자/양떼'의 알레고리적 구조는 이미 백인 선교사들이 조선에 전파시킨 진리의 책인 성서를 통해 우리의 뇌리에 각인되어 있다. "주는 나를 기르시는 목자요/나는 주님의 귀한 어린 양'이라는 사랑과 평등의 담론은 신분상의 제약에 얽매여 있었던 조선 사회의 상민층과 여성층에 강한 호소력을 가지고 접근할 수 있었으며 그리하여 '목자/양떼'의 비유는 우리의 뇌리 속에 앞서 인식되어 있는 기독교적 기호체계이기 때문에 신경림 시의 '목자/양'의 비유가 알레고리가 될 수 있는 것이다.[14]

14 알레고리는 동시성의 수사에 의한 의미론적 반복으로 구성되어 있으며 이 수사 내에서 기호는, 정의상 그것보다 앞서게 마련인 또 다른 기호 위에 세워져 있다. 알레고리에서 '저 밖에 있는' 세계의 지시어는 문화적 위치와 역사적 토대를 갖는 마스터 약호에 의미론적으로 고정된다. 즉 알레고리에서 기호는 이미 구체적 문화에 깊이 개입되어 있는 그 이전 기호들의 양식(modalities)으로 이해되며 또 그것은 부유하는 대상을 뚜렷이 확인되고 알려진 지식의 단위로 변형시킨다. 스티븐 슬레만, 앞의 논문, 60~61쪽.
많은 탈식민 문학 텍스트가 기반으로 하고 있는 형상화의 양식이 선형상적(prefigurative) 식민주의 언술 행위라는 점을 보여주고 있다. 알레고리는 탈식민적 글쓰기의 어떤 형태가 식민주의의 주목할 만한 형상적 기술인 비유적 전략과 교전하는 재현의 장이다. 다시 말하면 알레고리는 탈식민 문화가 문학적(특히 반제국주의적)인 형상적 반대, 즉 텍스트의 반언술(counter-discourse) 행위의 산출을 통해 제국주의적 동화에 도전하고 그것을 전복하려는 공간이 된다. 스티븐 슬레만, 위의 논문, 63쪽.

> 19세기 개신교의 선교는 유럽의 기독교 문명이 성장 파급되어 세계적인 영향을 미치게 되는 근대 역사와 함께 펼쳐진다. 이 시대의 변화의 새 기원은 첫째 새 땅의 지배에 의한 식민주의라는 심리학적 변화와 둘째 과학 경제적으로 속도 권력의 우위를 보여주면서 산업혁명, 공장제 공업, 동력 사용 등을 시작한 것이다.[15]

위의 지적과 같이 기독교는 식민주의와 보조를 같이 하여 변방의 국가에 들어가며 사랑과 평등의 담론으로써 원주민의 마음을 사로잡으며 구원을 설파하지만 결국은 근대적 제국주의의 지배적 욕망을 실현하는 것에 봉사해왔다. 신경림은 그러한 '목자／양떼'의 알레고리를 만들어 제국이 가지고 들어온 기독교적 담론에 대한 반언술을 생성함으로써 기독교 담론이 얻고 있던 보편성이라는 가치를 해체해 버린다.

따라서 이 시의 목자／양떼의 관계와 '영어만 말하는 양치기 개들'의 관계를 인식하는 과정 자체가 알레고리적이다. 왜냐하면 유럽 식민사회의 기본을 이루고 있는 종교적, 형이상학적, 사회적 양식과 연관된 기독교의 수사와 연관되고 있기 때문이다. 양치기 개들은 영어 제국주의에 동화된 피지배 사회의 부르조아 엘리트 계급의 알레고리일 것이며 영어라는 지식／권력의 기표를 무기로 하여 제국의 이익을 위해 식민지인을 학대하는 자의 알레고리이다. 그리하여 그러한 양치기 개들을 부리면서 시시덕거리는 양치기들은 기독교적 구원의 담론 안에서의 목자(牧者)의 이미지와 근본적 간극이 생기게 되며 그 틈새 속으로 반언술이 발생하게 되어 곧 기독교적 사랑이라는 보편성의 허구가 드러나게 된다. 즉 성스러운 구원자 목자의 이미지가 세속적인 교활한 지배자의 모습으로 변형된다. 전지구적

15 김익진, 『참빛』, 2000년 7.8월호, 제31권 4호(통권 260호) 참조.

자본주의의 시대에 '영어만 알아듣는 개'가 되기 위해 처참하게 노력해야 하는 제3 세계인의 모습을 풍자한 이 시는 알레고리와 반언술을 통하여 지배문화의 언술 체계를 교란시키고 있다.

이상과 같이 한국 현대시에 나타난 탈식민주의적 글쓰기의 전략들에 대해 간략하게 살펴 보았다. 탈식민주의 페미니즘적 글쓰기의 예로 김승희의 시 「사랑 1」「사랑 2」「사랑 3」「사랑 5」「사랑 8」「맥도날드 신촌점」 등을 살펴보고 싶었으나 본인이 자기 작품을 논한다는 것이 어려웠고 고현철 교수[16]의 비중 있는 평문이 이미 발표되었으므로 생략하기로 한다.

16 고현철, 「닫힌 무릎의 반언술」, 『현대시』, 2001. 5, 228~238쪽 참조.

현대시에 나타난 아메리카의 상상적/상징적 이미지

1. 거울 단계의 환상, 개화기 한국이 본 '미국'의 이미지/미국이 본 한국의 이미지

한미수교는 1882년 청나라의 주선으로 이루어졌고 1882년 5월 22일 고종이 '조미조약'을 체결한 그 시점에서부터라고 볼 수 있으나 진정한 의미에서의 한미관계는 2차 세계대전이 끝난 1945년으로부터 이루어진다고 볼 수 있다. 개화기 초기부터 미합중국은 '아메리카'로 불리워져 왔으며 아름다울 '미(美)'자를 넣은 미국(美國)으로 표기된다.[1] "시니피앙이 시니피에보다 우월하다"는 라캉의 말

1 아름다울 美자를 넣어 미국(美國)이라 표기한 것은 1883년 3월 9일 푸트 공사로부터 아더 대통령의 국서(신임장)를 받은 고종이 아더 대통령에게 1883년 6월 12일자(음력)에 보낸 답서에서부터 찾아볼 수 있다. "大朝鮮國大君主 復/大美國伯理 天德向接……" 이 문서를 통해서 볼 때 공식적으로 대한제국은 조미조약을 맺을 1882년 당시부터 미국(美國)으로 표기한 것으로 보인다. 이홍장은 "조선은 청나라의 속방이다"라는 말을 넣을 것을 끈질기게 요구했지만 슈펠트는 이홍장의 대한종주권 주장을 물리치고 조선을 청국의 속방으로 인정하지 않는 청국 배제론의 입장에 있었으

을 우리는 여기에서 상기할 수 있는데 미국이라는 추상적 개념(signified, concept)이 정확히 무엇인지는 헤아릴 수 없지만 일본이 쌀 미(米)자를 넣어 미국(米國)이라 표기한 것과는 다르게 한국이 개항 초기부터 공식적으로 아름다울 '미'자를 가진 미국(美國)으로 표기하고 있음은 주목할 만한 일이다.[2] 바로 그 표기, 표현 형식에서 우리는 한국인이 '미국'이라는 미지의, 거대한 타자에 대하여 거

며 따라서 조선을 자주 독립국가로 인정하고 조미조약 체결에 임했다. 그래서 조선 국왕을 비롯한 개화파는 이를 크게 환영하였고 1883년 푸트가 입경한다는 소식을 듣고 고종이 춤을 추었다고 한다. 김원모, 『한미수교사』, 철학과현실사, 1999, 18~24쪽 참조.

푸트는 미국 대통령의 국서를 대군주께 봉정한 후 "본인은 본 조약 체결을 협상함에 있어 미국 정부의 대의는 조미조약 체결로 귀국 국민의 안락과 행복이 고양될 것이라는 고상한 동기와 확신을 가지고 조약 체결에 임했다는 것을 대군주께 재확인시키라는 훈령을 받았던 것입니다…… 우리는 평등한 조약규칙과 국가 보전(National Integrity)을 보장하고 인류의 복지를 증진하는데 이바지할 것임을 확신하는 바입니다."라고 제정사를 낭독했다. 푸트 공사는 조선 왕국이 쇄국정책을 과감하게 버릴 것과 미국의 진보 사상을 받아들여 개화를 성취하고 통상증진을 통해 국가적 번영을 성취할 것을 희망했으며 또한 조선의 국가적 전영과 국가 보전을 위해 조미조약을 체결한 것이며 이를 바탕으로 개혁을 통해 문명국가가 될 것이며 미국은 조선을 위해 상비군보다도 더 막강한 '도덕적 힘'이 되어주겠다고 약속했다. 이는 막 개항을 달성한 조선 왕국으로서는 최대의 고무적인 찬사였다. 미국 공사가 국서 제정식에서 이같이 공언했다는 점에서 이후 대군주로 하여금 경미(傾美)를 부추켰고 국제적 분쟁이 발생할 때마다 이는 대미 의존심을 가지는 계기가 되었다. 김원모, 34~35쪽.

2 개화기 초기 한국에서 미국을 米國으로 표기하기도 했음을 「소학만국역사」 『한성월보』(6호, 1899)에서 확인할 수 있다. "米國에난 호트론, 아빙, 쿠퍼의 徒가 有하며……"라고 '쌀 미'자를 넣어 米國이라 쓰고있는 것을 볼 수 있는데 언제부터 '아름다울 미'자를 넣어 美國이라 일반적으로 표기하기를 시작했는지는 알 수 없다. 김학동, 『한국 개화기 시가 연구』, 시문학사, 1981, 272쪽에서 재인용.

울 단계[3]의 환상을 가지고 있었음을 읽을 수 있다.

그러한 거울 단계의 환상과 오인을 잘 보여주는 역사적 문서로는 1905년 이승만 등 하와이 한인들이 당시 미국 대통령에게 보낸 「루즈벨트 대통령에게 보내는 하와이 한인들의 탄원서」[4]를 들 수 있다.

> 호놀룰루, T.H.
> 1905년 7월 12일
>
> 미합중국 대통령 각하께,
>
> 각하, — 다음의 서명인들은 하와이 영토에 현재 거주하고 있는 8000명 한국인으로부터 1905년 7월 12일 호놀룰루 시에서 개최된 특별 LAS중회의에서 다음과 같은 탄원을 각하께 제출하도록 권위를 부여받았습니다. 우리 하와이 제도의 한국인들은, 1천 2백만 동포들의 감정을 대변하여 각하 앞에 다음과 같은 사실을 겸허하게 알려드립니다. — 러시아와 일본의 전쟁이 시작되자, 우리 정부는 곧 일본과

---

3 라캉의 용어로 '인간 주체성 형성 과정'의 한 단계를 가리키는 것이다. 생후 6개월에서부터 18개월 사이에 이르는 아이는 거울에 비친 자기의 영상을 보고 거기에서 자기 신체의 게슈탈트를 인식하며 에고를 발전시킨다. 그 거울 이미지는 자신의 이상적 자아가 된다. 그러나 그것은 허구적 구축물이기에 환상일 수밖에 없으며 아이는 거울에게서, 혹은 거울 같은 (mirror-like beings) 존재들에게서 틈새라고는 느끼지 못하고 어머니와 같은 2자 관계의 합일을 느낀다. 그러기에 거울 단계는 필연적으로 오인(誤認)을 가진 것이며 아이에게는 일종의 원초적 소외를 가진 것이 된다. 다만 이것은 역설적이게도 아이의 언어 습득과 상징계로의 진입과 함께 일어나는 보다 더 거대한 소외를 향하여 나아가는 불가피한 예비적 단계이다. 상징계 진입을 통하여 인간 주체는 필연적으로 자기 분열을 겪게 되며 성인으로서의 주체성을 획득한다. Benvenuto and Kennedy ed. & intro., *The Works of Jacque Lacan*, New York: St. Martin's Press, 1986.

4 이 탄원서의 한글 기록은 전해지지 않으며 오직 영문 기록만이 남아있는데 테레사 학경 차의 『딕테』 번역본에서 인용한다. 차학경, 김경년 역, 『딕테』, 토마토, 1997, 53~55쪽 발췌 인용.

침략과 방어를 위한 동맹조약을 맺었습니다. 이 조약으로 인하여 한국 전체가 일본인들에게 개방되었고, 정부와 국민들은 일본 통치자들의 한국 내부와 인접 지역에서의 군사 작전에 협조하게 되었습니다. 이 조약의 내용은 각하께서도 알고 계시리라 믿기 때문에 이 탄원서에 그 내용을 포함시킬 펠요는 없으리라고 생각합니다. 다만 그 조약의 목적이 한국과 일본의 자주성을 보존하기 위함이며 러시아 침략으로부터 보호하기 위함이었음을 천명하고자 합니다……(중략)……

이 조약이 체결되었을 때, 한국인들은 일본이 국가 경영에 있어서 유럽이나 미국과 같은 현대 문명의 대열에 이르는 개혁을 도입해 줄 것이라는 기대로 가득 찼었고, 일본이 우호적으로 우리 국민들에게 조언하고 상담해 줄 것으로 기대했습니다만 일본 정부는 한국인들의 상태를 증진시키는 일은 하나도 하지 않아 우리에게 실망을 주었습니다. 오히려 수천명의 거칠고 무질서한 일본 남자들을 풀어 놓아, 비공격적인 한국인들을 기가 막힌 태도로 대했습니다……(중략)……

미합중국은 우리나라에 여러 가지 이해관계가 있습니다. 미국인이 경영하고 있는 산업적, 상업적, 종교적 사업들은 굉장한 비중을 차지하고 있기 때문에 우리는 미국 정부와 국민들이 한국의 진정한 실태와 일본이 우리나라를 장악하게 된 결과에 대해서 알아야 한다고 믿습니다. 우리는 미국 국민이 공명정대함을 사랑하며 정의를 옹호한다고 알고 있습니다. 우리는 각하께서도 개인 간에나 국가 간에 공정한 관계를 열렬히 주창하시는 것으로 알고 있으며, 그러므로 각하께서 우리 민족의 생존에 있어 결정적인 이 시기에 우리나라를 도와주실 것을 희망하며 탄원서를 보내는 것입니다.

한국이 자주적 정부를 유지할 것과 다른 세력이 우리 국민을 억압하거나 잘못 대우하는 일이 없을 것을 책임져

주시기를 진심으로 바랍니다. 한미조약의 구절에는 미국에 협조를 요청할 권리가 있으며, 지금이 우리에게는 그 협조가 가장 필요한 시기인 것입니다.

존경심과 함께, 각하의 백성들,

(서명) P.K. 윤

이승만

한(조)미조약을 한없이 신뢰하면서 "겸허하게 알려드림"이나 "각하의 백성들"이라는 상대 존경과 자기 낮춤의 표현을 사용하여 쓰여진 이 글은 하와이 한인들이 미국에 대하여 얼마나 굳은 신뢰를 가지고 있는지를 알 수 있다. 미국='공명정대함을 사랑하고 정의를 옹호하는' 절대선의 이미지, '외세의 마수로부터 조선인을 지켜줄' 메시아적 보호자 내지 후견인의 이미지를 가지고 있는 것이다. 물론 조미 조약 제1조에는 "조약 체결 중 한 나라가 제3국의 경모(輕侮)를 받을 때면 일이 알려지자마자 곧 도와서 우의를 지킨다는 확약이 들어 있었다.[5] 그러나 그런 조약이 있음에도 불구하고 1905년 11월 16일 을사보호조약이 체결되었던 것을 보면 조선이 처음 수교한 첫 서양 나라인 미국이 과연 조미조약을 지킬 정치적, 도덕적 의지를 가지고 있었을까를 묻게 한다. 탄원서를 제출한 한인들은 1898년 미국이 필리핀을 자지하기 위해 스페인과 전쟁을 벌여 스페인의 식민지였던 필리핀을 독립시킨 뒤 결국 1901년 미국의 지배권을 인정하도록 만든, 아시아 지배를 꿈꾸는 제국주의자로서의 미국의 욕망에 무지했다. 아니면 미국의 입장은 일본군국주의와는 무언가 다를 것이라는 순진한 환상을 한인들이 가지고 있었음을 알 수 있다. 그 탄원서를 통해 본 한인들의 대미 시각을 통해서나 푸

[5] 1882년 5월 22일 조미조약 체결. 김원모, 『한미수교사』, 철학과현실사, 207쪽.

트가 비준 교환을 하려고 입경한 소식을 듣고 고종이 춤을 추었다는 것을 통해서 개화기 때부터 미국은 조선에게 곧 '절대적 가호자'의 이미지로 존재했음을 알 수 있다.

그러나 19세기 말과 20세기 초 미국인, 주로 선교사들의 눈에 비친 한국인 이미지는 더럽고 게으르고 부패하며 여성을 노예처럼 착취하고 남자들은 놀고먹으며 전체적으로 자기 결정을 할 수 없는 비독립성을 가지고 있다는 부정적인 것이었다. 테오도어 루즈벨트 대통령의 자문위원이었으며 한 잡지사의 극동 특파원으로 1900년 초 한국을 여행하였던 조지 캐넌은 그의 관찰과 선교사들의 이야기를 토대로 쓴 기행문에서 "한국인들은 전적으로 그들 스스로에게 맡겨놓으면 결코 지금보다 나은 수준으로 발전할 수 없을 것이다. 한국인은 마치 질병이 이미 자연적 치유의 단계를 벗어난 상태의 인체와 같이 구제불능이다라는 생각이 당시 미국인 선교사들의 일반적 믿음이었다"라고 기술하였다. 을사조약이 체결되던 당시 고종의 특사로 미국을 방문하여 조약 강요의 부당성을 호소하였고 『코리아 리뷰』의 편집인으로 활동하는 등 한국에 대해 가장 우호적인 태도를 보인 선교사로 알려져 있는 호머 헐버트도 "한국인들은 타락하였고, 경멸할 만한 민족이며, 개선될 가능성이 없고, 지적으로 열등하며, 독립된 상태보다는 외국의 지배하에서 더욱 편안해 하는 민족"[6]이라고 말했으며 "교육의 혜택을 받을 때까지는 스스로 통치할 희망이 전혀 없다"는 주장을 하였다. 아서 브라운도 『극동 아시아의 지배』라는 책에서 "게으름이 한국의 민족성이다. 따라서 주변의 강대국들이 한국인들에게 독립 정신을 가르치려고 힘써온 곳은 당연한 일이다"라고 말하고 있다. 종교인들의 시각이긴 하지만 바로 그러한 대한(對韓)관이 미국으로 하여금 한국에 대해 비하적인

6 Homer B. Hulbert, *The Passing of Korea*, 1906, 9쪽.

평가와 무책임으로 기울어지게 한 것일 수도 있다.

기본적으로 제2차 세계 대전 이전의 미국의 한국에 대한 시각은 동북아에서 일본의 안전을 보장해주는 범위 내에서 고려되었으며 1941년 일본으로부터 미국이 공격을 받기 직전까지도 그 생각에는 변함이 없어 일본이 한국을 지배하는 것은 당연하다고 생각되어 왔다. 이는 1941년 11월 3일 극동연구회에서 디넷트 위원(Tyler Dennett)이 "만주 및 한국은 계속해서 일본에 예속되어야 한다"고 말한 데에서 극단적으로 드러난다고 볼 수 있다.[7] 이렇듯 한국인이 미국에 대하여 거울 단계와 같은 2자 합일의 환상적 오인, 즉 욕망의 응시(gaze)를 통해 결국 '미국=상상계적 큰타자'로 자기가 보고 싶은 것만을 보고 있었다면 미국은 한국을 정치 경제 사회적, 즉 국제 질서의 체계 안에서 상징적인 시각(eye)으로 냉철하게 평가하고 있는 상징적 큰 타자였던 것이다. 양국 간에는 출발부터 이러한 어긋남이 있었고 '한국 현대시에 나타난 미국의 이미지'에는 그러한 '응시/봄'의 어긋남에 대한 인식의 변화가 드러나게 된다.

2. 은인/혈맹/링긴, 휘트먼의 나라로서의 미국

한국 전쟁[8] 전후(戰後) 시인들 중 미국을 소재로, 혹은 미국인을

7 강석승, 「46년간의 한미 관계, 그 회고와 전망」, 『외교』 20호, 1991. 12. 74쪽.

8 "윌리암즈란 사람의 책을 보니 1950년 6월 25일 새벽 한국에서 전쟁이 났다는 보고를 접하고 당시 미국의 국무장관 애치슨은 '코리안즈 세이브드 어스(Koreans saved us.)'라고 얘기했다는 거예요. 노스 코리아, 사우스 코리아도 아니고 한국인들이 미국을 살려줬다고 한 점이 묘해요. 왜

소재로 하여 시를 쓴 시인으로는 김광균, 박인환, 구상, 김수영 등을 들 수 있다. 김광균의 시 「미국 장병에게 주는 시—미국 독립기념의 날」은 혈맹으로서의 은인의 미국 이미지를 보여준다.

> 무거운 철책 사이로／태평양을 덮어노는 성조기의 그림자를 나는 보았다／／카달카날의 바닷가／오끼나와의 폐허에서 들려오는 대포소리에／그대들의 가까와오는 군화소리를 나는 들었다.／그리고 우리는 보았다,／죽음의 바다를 건너온 피로한 대열／전쟁 냄새와 여수에 젖은 퇴색한 군복.／어느덧 삭망한 물결 속에／허다한 청춘을 묻고 왔는가.／이토(異土)에 묻힌 형제들의 무덤 가까이／유황도의 모래밭엔 오늘도 파도가 이는가.／신세계의 철문 위에／그들의 이름 눈물로 아로새기자.／무영(無影)한 공중에 깃발을 올리고／아득—한 바다를 향하여 조상(弔喪)의 나팔을 불자.／우리 갖은 것／헐벗은 산과 들 굶주린 백성뿐이나／피에 젖은 날개 떨치며／다시 일어나는 조국 바라다 보이니／그대들의 주검 위에 새나라 세워지는 날／그대들의 처참한 싸움도 끝나리라.

나／그대, 우리／그대들의 대립 구조 위에서 씌여진 이 시는 '우리'의 조국을 위해 신세계를 건설하려고 '죽음의 바다', 태평양을 건너 달려와 준 '그대들', '이토에 묻힌 형제들'의 죽음을 조상(弔喪), 찬미하는 시이다. 미국의 환유인 성조기는 우리에게 '신세계의 문'을 열어주는 은인의 기호이며 자신의 청춘을 희생하면서도 '우리'의 새 나라를 위해 목숨을 던진 미군은 '형제들'이 된다. 거울

냐하면 그 당시에 미국의 경제가 불황에 빠져 전쟁 경제 쪽으로 옮아가야 경기를 유지할 텐데 그동안 그럴 명분이 안섰던 것이래요." 임재경, 문동환·임재경 좌담, 『우리에게 미국은 누구인가』, 1986, 36쪽.

단계의 2자 합일적 응시처럼 '나／대상' 사이에 틈새가 없는 상상적 이미지로서의 미국이라고 할 수 있다. 리차드 라잇의 소설을 번역하고 싶어했고 흑인 시를 쓰기도 했던 흑인 병사의 죽음을 애도한 아래의 시에서도 상상적 타자로서의 미국인, '나'를 위해서 이토(異土)에서 죽어간 '너'의 상상적 이미지를 볼 수 있다.

> 주인 묘지 산비탈에도 밤벌레가 우느냐／너는 죽어서 그곳에 육신이 슬고／나는 살아서 달을 치어다 보고있다／／……(중략)……／월미도 가까운 선술집이나／미국가면 하숙한다던 뉴요크 할렘에 가면／너를 만날까.／／……(중략)……／번역한다던／리차드 라잇과 원고지 옆에 끼고／덜렁대는 걸음으로 어델 갔느냐.／철쭉꽃 피면／강화섬 간다던 약속도 잊어버리고／좋아하던 존슨 부라운 테일러와／맥주를 마시며／세상에서도 흑인 시(詩)를 쓰고 있느냐.／해방 후 수없는 청년이 죽어간 인천땅 진흙밭에／너를 묻고 온지 스무날／시를 쓴다는 것이 이미 부질없구나."
>
> 김광균의 시 「시를 쓴다는 것이 이미 부질없고나」 중에서

"한잔의 술을 마시고／우리는 버지니아 울프의 생애와／목마를 타고 떠난 숙녀의 옷자락을 이야기한다……"라는 「목마와 숙녀」와 「죽은 아포롱」, "「인간의 조건」의 앙드레 말로／「아름다운 지구」의 아라공／모두들 나와 허물없는 우인"(「일곱개의 층계」 중) 등으로 유명한 모더니스트 스타 시인인 박인환은 서구적 상상력과 세련된 감각, 낭만적 센티멘탈리즘을 갖춘 시인으로 알려져 있는 것과는 달리 미국의 제국주의적 거울에 비친 소외된 타자로서의 한국인 이미지에 대해서 여러 편의 시를 썼다.

사진 잡지에서 본 향항(香港)야경을 기억하고 있다. 그리고 중일전쟁때 상해 부두를 슬퍼했다./……(중략)……/밤은 가까울수록 성조기가 퍼덕이는 숙사(宿舍)와 주둔(駐屯)소

「인천항」 중에서

사월 십일의 부활제를 위하여/포도주 한 병을 산 흑인과/빌딩의 숲속을 지나/에이브라함 링컨의 이야기를 하며/영화관의 스틸 광고를 본다./……카아멘 죤스……//미스터 몬은 트럭을 끌고/그의 아내는 쿡과 입을 맞추고/나는 「지렛」회사의 텔레비전을 본다.//한국에서 전사한 중위의 어머니는/이제 처음 보는 한국 사람이라고 내 손을 잡고/시애틀 시내를 구경시킨다.//많은 사람이 살고/많은 사람이 울어야 하는/아메리카의 하늘에 흰 구름./그것은 무엇을 의미하는가./나는 들었다 나는 보았다/모든 비애와 환희를.//아메리카는 휘트먼의 나라로 알았건만/아메리카는 링컨의 나라로 알았건만/쓴 눈물을 흘리며/브라보……코리안하고/흑인은 술을 마신다.

–박인환의 시 「어느 날」 중에서

한국이라는 거울에 비친 아메리카의 이미지가 은인의, 혈맹의, 메시아적 보호자 비슷한 것이었다면 미국이라는 거울에 비친 한국의 이미지는 "한국에서 전사한 중위의 어머니"처럼 '자신의 아들이 그 나라를 구하기 위하여 죽은' 나라이자, '손을 잡고' 거리 안내를 해주어야 할 지도와 도움이 필요한 존재로 나타난다. 한국이라는 거울에 비친 아메리카의 이미지가 평등이라는 꿈을 실현시킨 위대한 '링컨의 나라', 개인의 자유와 민주주의의 꿈과 인류에 대한 동포애를 노래했던 '휘트먼'의 나라였음을 시인은 고백하지만 그러나 그 거울 단계의 환상은 부서지고 그는 미국 하층민인 흑인과 함께 있을 뿐이다.

당신은 일본인이지요?/차이니즈? 하고 물을 때/나는 불쾌하게 웃었다./거품이 많은 술을 마시면서//……(중략)……//여우 가르보의 전기책이 놓여있고/그 옆에는 디텍티브 스토오리가 쌓여있는/서점의 쇼우 윈도우/손님이 많은 가게에 나는 들어가지 않았다.//비가 내린다./내 모자 위에 중량이 없는 억압이 있다./그래서 뒷길을 걸으며/서울로 빨리 가고 싶다고/센티멘털한 소리를 한다.

—「어느 날의 시가 되지 않는 시」 중에서

아메리카의 거울에 비친 한국인의 무력성, 타자성, 무명성을 여지없이 보여주고 있는 이 시에서 시인은 모자 위에 내리는 비를 통해 '중량이 없는 무게'를 느낀다. '모자'는 우리의 머리, 인식의 틀, 세계관의 환유이며 '중량이 없는 무게'에서 '나'의 세계관의 틀을 지배하고자 하는 제국주의적 욕망의 무게를 읽게 된다. 박인환은 포즈로서의 서구취향을 가진 겉멋 들린 경박한 모더니스트, 통속적이고도 낭만적인 센티멘털리스트라고 알려진 것과는 달리 당대 사회 문화를 지배하는 미국 문화의 정치성과 제국주의적 욕망을 진지하게 통찰한 탈식민주의적 인식 속에 있었고, 아메리카/나의 상상적 거울 단계의 허구적 환상이 깨어지는 것을 언어화했다.

3. 해방적 문화 기호/신식민주의자로서의 미국

1950년대 시인으로 미국의 이중적 이미지에 관해 많은 고심을 했던 시인으로 김수영을 들 수 있다. 그에게 미국은 서적, 뉴스위크, 보그지, 리차드 위드마크, 린드버그, 카크 다글라스, 클락 게이블, 엔 카운터지, 제임스 띵, 앨비의 아메리칸 드림 등 하나의 문화 기호의 이미지로 작용하기도 하지만 또한 정치적으로는 제국주의적 지배자인 억압자의 이미지로 작용하기도 한다.

> 가까이 할 수 없는 書籍이 있다／이것은 먼 바다를 건너온／용이하게 찾아갈 수 없는 나라에서 온 것이다／／가리포루니아라는 곳에서 온것만은／確實하지만 누가 지은 것인줄도 모르는／第二次大戰 以後의／긴긴 歷史를 갖춘 것같은／이 嚴然한 冊이／지금 바람 속에 휘날리고 있다

이렇게 2차 대전 이후 캘리포니아에서 온 '冊'은 중심에 있고 시적 화자는 주변부에 위치한다. 그 책의 시니피에는 알 수 없지만 무언가 그 자체만으로도 중심, 권위, 질서, 엄연성을 가진 절대적인 존재로서 시니피앙 그 자체로서 군림할 수 있는 힘을 가진 책이다. '가까이 할 수 없는 책'－'먼 바다를 건너온 책'－'가리포루니아에서 온 책'－'2차 대전 이후의 긴긴 역사를 갖춘 책'－'엄연한 책'은 지식과 권력의 담합체, 2차 대전 후의 신식민주의자의 '책'으로서 그것은 '나'를 타자로 만들고 있다. 신식민주의적 언술은 이제 탱크나 점령군을 통해 오는 것이 아니라 책을 통해 온다는 것을 인식하면서 '책'으로 통해 침범해 들어오는 새로운 제국주의 문화에 대해서 답변(응전)을 하지 못하고 경계선에 처한 '주변적 주체'로서 괴로움에 차서 바라보고 있다.[9] 이렇듯 서적으로 환유되는 미국은 시인에게 상상계적 동일시의 대상이 아니며 권력과 권위와 거세 위협을 동반하고 있는 상징적 큰타자로 작용한다. 「아메리카 타임지」(1947)라는 시에서도 '아메리카 타임지'의 활자는 단지 한 개 새로

9 Gayatri Spivak, *In Other Words: Essays in Cultural Politics,* New York: Methuen, 1987, p. 179.

운 이방의 언어만인 것이 아니라 주체를 변두리의 타자로 밀어 내는 지배적인 권력의 문화를 가진 권위적 존재로 인식되고 있고 '활자처럼 고운' 정치가는 '와사'(가스)의 은유를 통해 실재하지 않는 무실체성을 가진, 즉 만질 수도 없고 보이지도 않는 정체성이 없는 존재이면서 그렇기에 더 큰 권력을 가진 남근적 존재로 군림하게 되는 것을 보여준다. 김수영의 이 텍스트는 아메리카 타임지로 표상되는 큰타자의 남근적 권력, 지배 언술 행위(지식=권력)에 대한 해독과 그것을 폭로하는 반언술을 보여준다. 47년의 해방 공간에서 시인은 벌써 헤게모니를 가진 미국문화가 이미 반도적 정치와 문화 속에서 남근을 가진 기표로, 신식민주의의 독재의 기표로 군림하기 시작함을 인식하고 있는 것이다.

> 이유는 없다－／나가다오 너희들 다 나가다오／너희들 미국인과 소련인은 하루바삐 나가다오／말갛게 행주질한 비어홀의 카운터에／돈을 거둬들인 카운터 위에／적막이 오듯이……(중략)……／이유는 없다－／가다오 너희들의 고장으로 소박하게 가다오／너희들 미국인과 소련인은 하루바삐 나가다오／미국인과 소련인은 「나가다오」와 「가다오」의 차이가 있을 뿐／말갛게 개인 글 모르는 백성들의 마음에는／「미국인」과 「소련인」도 똑같은 놈들／4월 혁명이 끝나고 또 시작되고／끝나고 또 시작되고 끝나고 또 시작되는 것은／잿님이 할아버지가 상추씨, 아욱씨, 근대씨를 뿌린 다음에／호박씨, 배추씨, 무씨를 또 뿌리고／시금치씨, 파씨를 또 뿌리는／석양에 비쳐 눈부신 일년 열두달 쉬는 법이 없는／걸찍한 강변밭 같기도 할 것이니……(중략)……／서푼어치 값도 안되는 미·소인은／초콜렛, 커피, 페치코오트, 군복, 수류탄／따발총을 가지고／적막이 오듯이／적막이 오듯이／소리없이 가다오 나가다오!
>
> －김수영의 시 「나가다오」 중에서

4·19 혁명의 반독재적, 반권력적 에너지는 시인을 에워 싸고 있던 남과 북을 분할해서 지배하고 있는 미소 양국의 제국주의적 권력에 대한 대항으로 확산된다. 4·19라는 주체적, 민중적, 자유주의적 거울에 비친 미국의 이미지는 은인도 혈맹도 원조자도 아닌, 단지 소련인과 똑같은 외세일 뿐이며 '카운터에서 돈을 거두어들이는' 탐욕의 손처럼 한국에서 이익을 거두어 가는 욕망이자 자본의 주인으로 나타난다. 그러한 반외세의 목소리는 동족, 그 중에서도 권력의 반대편에 있는 억압된 자들, 민중―명수할버이, 잿님이할아버지, 경복이할아버지, 두붓집할아버지―들에 자기 동일시를 한다. 4·19의 타오르는 에너지 속에서 미국에 대한 상상계적 동일시의 환상은 깨어지고 상징 질서 안에서 미국과 소련이라는 큰타자의 지배에 반대하며 민중들에게서 이상적 자아를 발견하고 민중으로 다가간다.

또한 동시의 형식으로 쓴 「나는 아리조나 카우보이야」에서 미국의 이미지는 '독재자를 도와주는 외세'라고 할 수 있는데 텍스트는 그 결탁을 비판하기 위한 전략으로 미국의 하부 문화인 다임 소설의 형식을 빌어온다. 다임 소설(십전 소설)이라 부르는 서부 개척 시절의 소설은 총을 다루는데 능숙한 보안관이나 카우보이가 원주민이나 범법자들을 물리친다는 내용을 가진 영웅적이고 통속적 멜로물로서 주로 어린이들을 위한 오락이나 신화로 간주되어온 하급 장르이다.[10] 김수영은 그런 다임 소설 장르를 빌려와 서부 개척 영화 속의 카우보이와 보안관을 뒤섞은 듯한 시적 화자를 내세워 이승만 정권 붕괴 이후에도 독재정권을 비호하는 미국의 악당성을 풍자, 조롱한다.

'야 손들어 나는 아리조나 카우보이야／빵! 빵! 빵!／카크야! 너는 저놈을 쏘아라／빵! 빵! 빵! 빵!／짜키야! 너는 빨리 말을 달려／

10 김욱동, 『모더니즘과 포스트모더니즘』, 현암사, 1992, 227쪽.

저기 돈보따리를 들고 달아나는 놈을 잡아라／쫀! 너는 저 산위에 올라가 망을 보아라／메리야 너는 내 뒤를 따라와'라고 마치 서부 활극을 펼치듯 총을 쏘며 미국인의 이름 중 대중적인 이름들을 다 불러 모아 자신의 부하로 삼아 명령을 내린다. '쨈보야 너는 이성망이 놈을 빨리 잡아 오너라', '여기 떡갈나무 잎이 있는데 이것을 하와이 영사한테 보여라', '구름운전수 제퍼슨 선생한테 말해놨으니까' 등의 구절을 통해 미국이 한국 민중의 편이며 미국 헌법의 아버지인 토마스 제퍼슨도 한국의 민주화를 위해 도움을 주리라는 오인을 잠시 토로하지만, 4연에서 그런 거울 단계의 동일시, 혹은 오인은 깨어지고 "쨈보야 태평양 밑의 개미 길에／미국 사람들이 세워 놓은 자동차란 자동차는／싹 없애 버려라／저놈들이 타고 가면 안된다"라고 미국이 한국의 민중을 위한 후원자, 은인이 아니라 한국 독재 정권과 그 하수인들을 보호해주는 세력이라는 탈식민주의적 인식을 토로한다.

"탈식민주의 문학이란 곧 민족문학이 되는 것이지만 단순한 반외세 국수주의적 성향을 초월해, 보다 더 포괄적이고 복합적인 형태의 민족주의를 지향하고 있다는 것이다. 예를 들면 탈식민주의는 외국의 영향을 전면적으로 부정하고 다시 순수한 자국문화만의 세계를 추구하는 것의 불가능성을 인정하고…… 차라리 교묘하게 섞여들어와 우리 문화를 파괴하고 있는 제국주의적 외래문화의 검색과 해체가 더 현실적이며 절박한 문제라고 주장한다"[11]라는 시각에서 본다면 김수영 문학은 탈식민주의적 문학의 좋은 전범이 된다.

그의 후기 시 「풀의 영상」에서 그러한 탈식민주의적 인식은 제국주의에서 독립된 뒤 다시 신식민주의를 겪고 있는 후진국들, 즉 제삼세계인들로, 미국의 신식민주의 세력에 억압받는 월남인들에게로

11 김성곤, 「탈식민주의 시대의 문학」, 『미국 현대문학』, 민음사, 1999, 326쪽.

확산된다.

봄이 오기 전에 속옷을 벗고 너무 시원해서 설워지듯이 /성급한 우리들은 이 발견과 실감 앞에 서럽기까지도 하다/전아시아의 후진국/그 섬조각 반도조각 대륙조각이 /이 발견의 봄이 오기 전에 옷을 벗으려고/뚜껑이 열렸다 닫히는 소리.[12]

"봄이 오기 전에 옷을 벗으려고/뚜껑이 열렸다가 다시 닫히는 소리"들은 이차대전을 전후해서 독립을 했으나 독립 이후 자신의 정체성을 지키지 못하고 혼돈과 시련을 겪는, 다시 식민주의의 지배 아래 억압받는 후진국 민중들의 신음이다. 이차대전 전에는 지구의 85%가 유럽 열강의 식민지였다가 이차 대전 이후 독립을 하였으나 신식민주의자들은 가난과 미개발, 불안정한 정치 경제 문화적 조건들을 식민지에 드리우고 피식민 국가들을 제삼세계적 현실 안에 남기고 떠났다. 그러나 잠시 떠나는 것처럼 보였지만 결국 그들은 다시 경제적 문화적 헤게모니를 가지고 다시 피식민 국가들로 돌아온 것이다.[13]

나는 옷을 벗는다 엉클 쌤을 위해서/아시아와 아프리카의 무거운 겨울옷을 벗는다/겨울옷의 영상도 충분하다 누더기 누빈 옷/가죽옷 융옷 솜이 몰린 솜옷....../그러다가 드디어 나는 월남인이 되기까지도 했다/엉클 쌤에

12 칼 포퍼는 "우리들 유럽국가들은 제3세계 국가들을 너무 일찍, 그리고 너무 원시적인 상태에서 해방시켜 주었다. 이들은 아직도 법치국가가 되어 있지 못하다. 마치 유치원을 어린이들에게 내맡긴 꼴이다."라고 말했다. 칼 포퍼와 『슈피겔』 지와의 대담. 김성곤, 위의 책, 민음사, 1997, 325쪽.

13 김성곤, 앞의 논문.

게 학살당한／월남인이 되기도 했다

엉클 샘은 새로운 제국인 미국의 신식민주의자의 자아, 새로운 제국의 상징이다. 이때 아시아의 거울에 비친 미국은 신식민주의자, 학살자, 수탈자의 이미지가 되며 그러한 상징 질서 안에서 한국인은 학살당하는 월남인이나, 아프리카인과 동일한 타자로 시인에게 인식된다.

4. 양공주의 남자／전쟁 고아의 후원자／혼혈아의 아버지로서의 미국

한국 전쟁이 끝난 뒤 미국 군인과 미국 문화의 무질서한 진입으로 인하여 한국 문화와 한국 사회, 혈통이 잡종적으로 변화한 것을 잘 보여주는 시로 구상의 「초토의 시」 연작과 장영수의 「메이비」, 김명인의 「동두천」을 들 수 있다. 특히 구상의 「초토의 시 3, 4」는 50년대적 한국 사회의 잡종적 세태를 잘 보여준다.

> 말라빠져 엉켜 뒹구는 잡조의 밭／쓰레기 구넝이엔／입 벌린 깡통, 밑나간 레이션 박스,／찢어진 성조지(星條紙), 목떨어진 유리병.／또 한구석엔 총맞아 죽은 삽살개 시체, ／전차의 이빨자국이 난 밭고랑엔／말라빼드러진 괭이의 잔해,／저기 비닐 온상같은 천막앞／피묻은 바지가랑이가 걸린／철망 안을 오가며／양키 병정이 휙휙 휘파람을 불면／김치움같은 땅속에서／노랗고 빨갛고 파란／원색의 스카프를 걸친 계집애들이／청개구리들처럼 고개를 내민다.
>
> 「초토의 시 3」 중

반도는 깡통과 밑빠진 레이션 박스, 유리병 등 날카로운 금속성과 광물질들이 뒹구는 황무의 땅이 되고 '찢어진 성조지(星條紙)'가 뒹구는 '우리' 땅은 이제 우리의 땅만일 수는 없다. '성조지(星條紙)'는 지시적 의미로 '성조 잡지'일 수 있겠으나 '그들의 언어'가 아닌, 우리 모국어의 음성 차원에서 읽으면 외설의 기호가 된다. 즉 강대국이자 주둔군인 성스러운 '미국'의 책을 '성스러운 x x'라고 비하, 희화, 풍자하고 있는 것으로 읽힌다. '김치움'은 한국의 환유다. 그러나 전통 한국의 소중한 음식인 김치를 저장하는 그 땅 구멍은 이제 '양키'에게 몸을 팔려고 기다리는 '양갈보'들의 장소가 된다. 바야흐로 김치움이었던 반도의 땅은 이제 '양키'와 '양갈보'의 땅으로 화(化)한 것이다.

「초토의 시 4」의 '제1, 2, 3경'은 양키와 자본주의가 함께 만든 초토에서 일그러져 가는 인간 군상의 변화를 그리고 있다. 「第一景」을 보자. "행길 위에 머슴애들이 우 몰려가 수상한 차림의 여인 하나를 에워싼다. 돌팔매를 하는 놈, 쇠똥, 말똥을 꿰매달아 막대질을 하는 놈,／<양갈보> <양가ㄹ－보> <양갈보>／더럽혀진 모성을 향하여 이들은 저들의 율법으로 다스리려는 것이다.／<내가 늬들 에미란 말이냐, 양갈보면 어때? 어때!>／거품까지 물어 발악하던 여인을 지나치던 미군 짚이 싣고 바람같이 흘러간다. 아우성 소리만 남고."에서처럼 반도에는 미군이 들어오고 '양갈보'라는 새로운 직업여성이 생겨났다. 유교문화권에서 자라난 아이들에게 '양갈보'는 '더럽혀진 모성'으로 죄악시된다. 가부장 남성중심주의 유교 이데올로기에서는 남성의 순수 혈통을 더럽히는 '여성'은 그 자체가 범죄자시 되며 결국 양갈보는 '단일 민족'이라는 조국의 혈통을 오염시키는 죄인으로 용서할 수 없는 것이 된다. 이런 때 국가로서의 한국은 '가문'과 동일한 것이 된다.

'第二景'의 "양장한 여인의 뒷잔등에다／<일금삼천원야>라는 꼬리표를 재치있게 달아 붙인다./<와하> <와하하> <와하하하>/자신들의 항거로서는 어쩔수없음을 깨달은 꼬마들이 자학을 겹친 모멸의 홍소를 터뜨린다."는 구절도 흥미롭다. 양키에 의해 돈으로 팔리는 여인을 놀려먹는 아이들의 조소와 경멸은 결국 기지촌의 현실이라는 국가적 상황에 대한 조소와 경멸이라고 볼 수 있다. 이를 통해 '양갈보'는 결국 '자기자신'의 동의어라는 것을 피점령지의 사람들이 인식하기 시작함을 보여준다. 양키들이 지배하는 기지촌적 사회 현실에 저항할 수 없다는 근본적 패배주의가 가장 약자인 '양갈보'에 대한 모멸로 나타나며 그 조소와 모멸은 결국 자학의 다른 이름인 것이다.

'第三景'의 "이러한 짓궂은 장난도 얼마 안가 뜸하여지고 판자막 어두컴컴한 골목길에는 군데군데 꼬마들이 누구를 기다리고 서있다./흑백의 모주 병정들이 어른거릴 양이면 그 고사리 같은 손으로 억센 팔들을 잡아끄는 것이다./<헬로 OK> <마담 나이스> <나이스 OK>/지폐 맛을 본 꼬마들은 이 참혹한 현실을 그들대로 활용하게끔 되었다."에서 보듯 이제 양키의 성과 돈은 여성 뿐만이 아니라 기지촌적 국가 현실 안에 살고 있는 한국의 모든 사람들을 타락시키고 자본주의적 물신숭배를 퍼뜨린다. 그 양키적 구조 안에서 생존하기 위하여 사람들은 변화한다. 가부장제적 남성중심주의 유교 이데올로기에서 숭배했던 '혈통 순결주의자'에서부터 기지촌 자본주의 안에서 엉터리 영어나마 지껄이며 자기의 여성을, 자기의 어머니를 팔아넘기기 위해 흥정을 붙이는 '성(性) 거간꾼'으로 말이다.

장영수의 「메이비」(1977)는 전후의 아이들이 천막 교실에서 공부를 하고 고무신으로 찝차를 만들어 놀던 그런 시대에 미군이 주워다 맡긴 한 아이가 어떻게 자기 정체성을 잃고 미국을 닮은 폭력을 휘두르는지를 보여줌으로써 전후 한국의 정체성의 혼란과 상실을 드러낸다. 그리고 미국과의 관계가 사회 계급이 되어가고 있는 한국 사회의 신식민지적 상황을 보여준다.

> <천막 교실, 가마니 위에 비는/내리고>//우리는 고무신으로 찦차를 만들었다. 미군 찝차가/달려왔다 네가/내리고//미군들이 쑤왈거리다가 메이비,/하고 떠나고./그리하여 너는/메이비가 되었다./미제껌을 씹는 메이비.//흑판에 밀감을 냅다 던지는/메이비. 으깨진 조각을 주우려고/아이들은 밀려 닥치고./그뒤에, 허리에 손을 얹고섰는/미군 같은 메이비.//남자보다 뚝심센 여자애보다/뚝심센 메이비. 여자애를 발길로/걷어차는 메이비.//지금은 비내리고 어느틈엔지 미군들을 따라/떠나버린 메이비.//바다 건너가 소식도 모를/제이름도 모르던 메이비. 어차피/어른이 되어서는 누구나 고아였다./다시는 너를/메이비라고 부르지 않을 메이비.
>
> –「메이비」 전문

'메이비'는 그리하여 전후 상황, 신식민주의적 미국의 새롭고 막강한 문명과 군사력 앞에 처하게 되는 한국인의 기표이다. 그 기표는 자기 고유의 기의를 상실한 채 미군의 병력(찝차)과 부(밀감, 껌)와 폭력(허리에 손을 얹고) 앞에서 '채워지기를 기다리는 텅빈 기표'인, '한국'의 다른 이름이고 은유이다. 미군은 성(性)을 초월한 존재로서 남자애보다도 여자애보다도 더욱 강력한 힘을 가진 존재이며 '메이비'는 그러한 강력한 미군의 힘을 나누어 가진, 여자애들의 폭행자로 행동한다. 미군은 자기 고향도 이름도 정체성도 모르는 많은 '메이비'들을 거두어 기르기도 했으며 어떤 메이비들은 미군의 시혜에 의해 아메리칸 드림을 품고 미국으로 건너가 성공하기도 했다. 이때의 미국의 이미지는 이상적 자아를 반영해주는 상상적 큰 타자이며 어떤 메이비들은 아버지 아메리카로부터 버림받고 이 땅에 버려져 혼혈아라는 슬픈 타자가 된다. 그리하여 그렇게 잉태된 양공주의 혼혈 아이들은 1970년대 후반에 김명인의 「동두천」(1979)에서 그려지게 된다.

> 내가 국어를 가르쳤던 그 아이 혼혈아인／엄마를 닮아 얼굴만 희었던／그 아이는 지금 대전 어디서／다방 레지를 하고 있는지 몰라 연애를 하고／퇴학을 맞아 고아원을 뛰쳐나가더니／지금도 기억할까 그때 교내 웅변대회에서／우리 모두를 울게 하던 그 한마디 말／하늘 아래 나를 버린 엄마보다는／나는 돈많은 나라 아메리카로 가야한대요／／……(중략)……／그래 너는 아메리카로 갔어야 했다／국어로는 아름다운 나라 미국 네 모습이 주눅들리 없는 합중국이고／우리들은 제 상처 어디에도 아플 줄 모르는 단일민족／이 피가름 억센 단군의 한핏줄 바보같이／가시같이 어째서 너는 남아 우리들의 상처를／함부로 쑤시느냐 몸을 팔면서
>
> －김명인의 「동두천 Ⅳ」 중에서

혼혈아들은 미군／한국 사이의 부끄러운 관계의 거울이고 그리하여 혼혈의 아이들은 '단일민족'이라는 허구적 미신(迷信)의 경계선 밖으로 추방되어야 한다. '단일민족'이라는 허구적 상상계는 이 혼혈아이들을 가장 비천하고 더러운 악마적인 것으로 추방해야만 성립할 수 있는 배제적인 것이며 가부장 남근중심주의적 '단일국가'라는 허위의식의 범주 안에 그들의 장소는 없다. 김명인의 '혼혈아'가 육체적, 생물학적 미군／한국의 혼혈이라면 장영수의 '메이비'는 정신적, 주체성의 측면에서 잡종적 혼혈의 기표가 된다.

고광헌은 시 「이태원(異胎院)」에서 "혹시 밤 두시나 세시경 이태원[14]에 가보았나／불야성이 어떤 곳인지／치외법권이 어떤 곳인지

14 이태원은 원래 '梨泰院'이지만 '異胎院'이란 다른 이름도 있었다고 한다.

／산발한 반토막 꿈 어지럽게 흩어지고／이 지상 가장 점잖은 척 음흉한 나라／희고 검은 씨앗, 누워 받는 곳／異胎院／식민지 일번지 혹시 가보았나"라고 노래한다. 단일민족이라는 '상상적 공동체'는 그야말로 상상적인 것일 뿐 식민지 일번지, 이태원은 혼혈을 만드는 희고 검은 씨앗들이 난무하는 치외법권적, 잡종의 공간인 것이다.

5. 거울이 깨어진 뒤 : 거세위협을 하는 상징적 큰타자로서의 미국 이미지

1980년 광주 항쟁기[15]를 거치면서 한국인의 미국에 대한 시각에

異胎院이란 이름은 임진왜란 당시 침입한 왜병들이 그 마을에 있던 운종사에 머물면서 비구니들을 겁탈하여 잉태케 한데서 유래했다고 한다. 유성하, 『한미관계의 발자취』, 대동, 1991, 172쪽에서 인용.

15 광주 항쟁 당시 광주 시민들은 미국의 항공 모함이 부산항에 입항한다는 소식이 전해지자 "미국이 아마 우리를 도우려고 오는가 보다. 우리가 이렇게 학살당한 것을 안다면 ○○○일당을 용서치 않을 것이다"라고 순진한 기대를 걸었지만 당시 필리핀의 수빅 만에 정박 중이던 미국 항공모함 코럴시 호를 한국 근해에 긴급 출동시킨 것은 그것과는 상관없는 일임이 밝혀졌다. 그리고 1980년 5월 23일 『동아일보』는 "미국은 5.17조치의 배경과 불가피성에 대해 긍정적으로 이해하고 있다…… 국민이 다소 '잘못된 길'을 걷더라도 정치인은 설득을 해야 한다."라는 주한 미 대사 글라이스틴의 발언을 보도했다. 결국 미국은 광주 시민 항쟁을 '잘못된 길'로 보았고 코랄시 호의 출동을 자신들을 도와주려고 오는 것으로 생각했던 시민들의 생각은 '거울 단계'에서의 오인임이 밝혀졌다. '거울 단계'의 오인에서부터 깨어나 미국의 실체를 파악했다고 생각한 그 시점 이후부터 반미사상은 확산되었고 1985년 서울 미문화원을 점거한 학생들에게서 "광주학살 책임지고 미 행정부는 공개사과하라"라는 구호가 나오게 되었다. 선우학원, 『한미관계 50년사』, 일월서

는 엄청난 변화가 왔다. 거울 단계로서의 한국의 미국에 대한 시각이 '환멸'에 의해 분쇄된 것이다. 민주주의를 구두선(口頭禪)처럼 내세우던 엉클 쌤으로서의 미국에 대한 환상은 깨어졌으며 환상이 깨어진 자리에 환멸과 분노는 더욱 확산되었다. 특히 김남주 시인은 미국에 대한 환상의 거울이 깨어진 뒤 더 이상 미국이 한국인이 꿈꾸어 오던 '상상적 큰타자'가 아님을 인식하며 정치 권력과 군사력, 경제력으로 거세 위협을 해온 '상징적 큰타자'라는 것을 직설적으로 선언하였다. 그렇게 미국/한국 사이의 틈과 분열을 인식할 때만, 인간 주체가 언어 체계를 통하여 문화와 상징 체계를 습득하여 진정한 주체성(Subjectivity)을 획득할 수 있듯이, 한국 또한 자기 주체성을 획득하여 비로소 하나의 성숙한 주체가 될 수 있다는 것을 인식하지 못한 정부나 권력자, 부르조아 문화인들에 의하여 이 시인은 오랫동안 박해받고 망각되었다. 이 시인의 목소리는 상상적 큰타자로서의 미국에 대한 한국의 허구적 환상을 깨뜨리는데 바쳐졌으며 진정한 주체가 되기 위하여 미국/한국 사이의 균열의 틈을 인식하자는 것이었다. 「발언」은 바로 그런 미국/한국 사이의 균열의 틈새를 직접적으로 나열하고 있는 텍스트이다.

> 보내준 책 잘 받았네/나만 알아볼 수 있게 점으로 몰래몰래 찍어놓은/이른바 '발언들'을 읽었네/자네의 탄식이 담안에서도 들리는 듯하고/노여움으로 부르르 떨렸을 자네의 주먹이 보이는 듯하네//—양국을 대등한 관계로서 논하는 것은 비현실적이며 양국간의 모든 관계에서 실질적인 평등은 존재할 수 없다/<1982년 6월 워싱턴에서 열린 한미수교 100주년 기념 강연에서, 글라이스틴 전 주한미대사>//—한국이 이따금 역효과를 초래할 민족적이

각, 1997, 185~190쪽 참조.

고 자기중심적인 행동패턴을 피해주기를 우리는 바란다/<1982년 9월 28일 서울에서 열린 한미 수교 100주년 기념식에서, 워커 주한 미대사>//—한국의 국민성을 들쥐와 같아서 누가 지도자가 되든 그 지도자를 따를 것이다. 한국국민에게는 민주주의가 적합치 않다 <1980년 8월 8일, 위컴 주한 미사령관>//—전두환 장군이 대통령에 취임한다면 미국은 지지한다. <1980년 8월 상순, 위컴 주한 미사령관>//—두 개의 한국이 미국의 국익에 합치하는 이유 가운데 하나는 한국에 투하한 자본이 세계에서 가장 높은 연 50%의 이윤을 가져다 주기 때문이다. <1980년 5월, 미국무성 한국담당부장 레이나드>//언제는 그러지 않았겠는가마는/이승만때 박정희때는 그러지 않았겠는가마는/이 나라의 대통령이란 자의 급선무는/이땅에서 대한민국에서 미국의 이익을 지켜주는 일이네/그것은 나라 안팎의 자본가들에게/우리네 아들딸들의 피땀을 헐값으로 팔아넘기는 것이고/허기진 농부의 배를 깔아 뭉개고 앉아/쌀이며 밀이며 콩이며/미국산 농산물을 사들이는 것이네/그것은 또한 미제 병기를 사들여/오른손의 무기로는 북을 향해 들이대는 일이고/왼손의 무기로는 남쪽의 가난뱅이들의 가슴에 들이대는 일이네/미국이 이땅을 점령하고 그동안 40년 동안/나라의 대통령이란 자가 해야할 급선무는/자유가 그 고개를 들면 그 목을 치고/민족이 그 목소리를 높이면 그 입을 틀어막고/노동이 해방의 불꽃으로 타오르면 그 불에 찬물을 끼얹는 일이네//그는 말하자면/월가의 자본가들이 급파한 소장서 대장이고/암흑가의 두목일 따름이네

—김남주의 시 「발언」 전문

김남주는 이 시에서 '인류 평등의 수호자' '기독교적 박애주의자', '민주주의의 신봉자이며 그 전파자'라는 미국의 이미지를 해체하고, 자국중심의 군사적, 경제적 이익이라는 문맥 위에서 철저하게 제3

세계를 이용하고 착취하는 팽창주의적 제국인 미국의 욕망을 해부해 보인다. 또한 한국 대통령의 모든 행동이란 사실은 자기 결정에 의해서 이루어지는 것이 아니고 '미국'이라는 거대한 초월적 시니피에에 의해 형성, 조종되고 있음을 시인은 지성적으로 통찰한다. 즉 '남근'의 지배력에 의해 단지 떠다니고 있는 종속적 기표일 뿐이다. 한국 대통령이 '월가의 소방서 대장, 암흑가의 두목'으로 은유화된 것은 개화기 초기에서부터 가지고 있던 미국에 대한 환상적 의존성, 거울 단계의 오인(誤認)을 직시하고 해체하려는 시인의 탈식민주의적 욕망의 외침이다. '미국/한국'의 통합적 환상을, 즉 허구적 반영체를 보여주는 거울을 부수고 이제 '미국/한국'의 균열의 틈새를 직시하려는 것이다. 옛 상징체계인 미국이라는 '아버지의 이름'을 부수고 상징계적 질서 속에 새로운 주체성을 확립해야 한다는 시인의 전위적 발언으로 볼 수 있다.

김남주는 또한 「삼팔선」이란 시에서 "미군이 있으면/삼팔선이 든든하지요/삼팔선이 든든하면/부자들 배가 든든하고요/미군이 없으면 삼팔선이 터지나요/삼팔선이 터지면/부자들 배도 터지고요."라고 한국에서의 미군의 역할에 대해 강력한 의문을 제시하고 있다. 반어적 어조와 병렬구문으로 '미군=한국 평화의 수호자'라는 허구적 미신의 등식을 해체하고 오히려 미군이 분단을 강화하고 부자들만을 지켜주는 역할을 하고 있는 것은 아닌지 풍자적으로 노래하고 있다.

광주 항쟁 이후 미국의 이미지는 상상적 이미지에서부터 더욱 더 상징계적 큰타자로 변화해 갔으며 거세위협을 가지고 한국에게 복종과 종속을 강요하는 냉혹하고도 교활한 권력자의 이미지로 드러나기 시작했다. 김남주의 많은 시들과 박노해의 시들에서도 그 이미지들은 반복, 증폭되어 드러났으며 또 한편으로는 무역 개방과 문화 교류가 활발해진 지구촌화의 진행에 의해 하나의 문화 기호로서의 미국이 젊은 시인들에게 작용하기도 하였다. 가령 1970년대 이후 등단한 시인들에게 미국은 청바지나 코카콜라, 비틀즈(그들은 영국 태생이지만 미국의 매니지먼트를 통하여 널리 유포되었다), 엘비스, 케네디와 재클린 케네디의 이미지, 팝송, 비트 제너레이션 시인들, 밥 딜런과 존 바에즈, 컨츄리 송, 반전(反戰) 운동, 히피이즘, 마틴 루터 킹의 인권 운동, 시민 운동과 더불어 상승 기류를 타기 시작한 여권 운동, 재즈, 록 뮤직, 맥도날드, 헐리우드, 디즈니랜드…… 등 다양한 문화 기호가 되었던 것이다. 기성 세대의 청교도적 윤리와 성공의 신화를 거부하고 억압에 대한 부정성과 부르조아 가치 체계에 반(反)을 외친 미국의 저항 문화에 또한 자기 동일시를 하며 성장해온 시인과 작가들에게 미국의 문화 기호들은 정치적으로 탈색된 채로 사용되었다고 할 수 있다.

그러나 장정일 시인의 경우 시집 『햄버거를 위한 명상』 중 「낙인(烙印)」이나 「엘비스를 듣는 미국인들」을 보면 아메리카라는 문화 기호가 자신의 정체성을 무리없이 구성하는 것에 대해 날카롭게 인식하고 있는 것을 볼 수 있다. 「엘비스를 듣는 미국인들」에서 "중동이 불타든 말든／그들은 엘비스를 듣는거지／등뒤로는 최신무기를 몰래 내어팔면서／하카하카 버닝 러브／／배고픈 젊은이들이어／영어를 못하는 무식한 제3세계／젊은이들이여／엘비스를 들으며 교양을 쌓자.／하카 하카 버닝 러브!"와 같이 장정일은 미국 대중문화와 그들의 군사 상업주의적 욕망을 연관시키고 있다.

> 티 브이를 켜니 서부극인 모양이다／모자를 삐딱하게 눌러 쓴 카우보이가／밧줄 올가미를 휘 휘 휘둘러／마구 뛰어달리던 야생마를 낚아채뜨린다／그런 다음 자신의 이름이 새겨진 뜨거운 부젓가락을／바둥대는 말엉덩이에 사정없이 눌러찍는다／양키들은 잔인하구나!／채널을 다른 방송으로 돌리자 광고가 흐르는데／말같이 튀어나온 한국

아가씨의 엉덩이에／리바이스 청바지 상표가 빨갛게 눌러
찍힌다

위의 시 「낙인(烙印)」에서는 서부 개척을 하던 양키들의 학살자／약탈자로서의 잔인함과 오늘날의 제국상업주의의 잔인함을 결합시키면서 이제 그 '양키의 군사적, 상업주의의 팽창주의적 욕망'을 빠져나갈 수가 없음을("채널을 다른 방송으로 돌리자") 고백하고 있다. 즉 한국적 현실에서 정치적으로 상업적으로 팍스 아메리카라는 체제 바깥에는 아무 것도 없다는 것을 시인은 검색하고 있는 것이다.

6. '영어로 앙떼를 모는 개'를 부리며 시시덕대는 양치기

위와 같이 한국／미국의 관계에서 과연 미국이 어떤 이미지로 드러났으며 한미관계의 변화에 따라 어떤 이미지로 변화해 왔는지를 현대 시인의 텍스트를 통해 살펴보았다. 조미조약에서 비롯된 수호신적, 후원자격의, 약소국의 독립과 민주주의의 가호자이자 전파자라는 '미국＝상상계적 큰타자'의 메시아적 등식은 해체되어 가고 그리하여 미국은 약소국가에 정치적, 군사적, 경제적으로 거세 위협을 가지고 군림하는 상징계적 큰타자로 변모해 왔다는 것을 기술했다. 거울 단계에서 미국에 대해 이상적, 나르시시즘적 통합의 환상을 가졌던 자기 오인을 깨고 그 균열의 틈새를 인식하면서 미국의 지배자적, 주둔군적, 자본가적 가해적 요소들을 인식하기 시작한 것은 상징 질서에 한국이 진입한 것을 보여준 것이요, 그리하여 자기 분열의 틈새를 가진 채로 성숙한 하나의 주체로서 자기 정립을 할 수 있는 인식의 바탕을 마련한 것으로 보인다. 모든 주체란 상징계에 진입한 이후 상상계/상징계의 틈새의 분열을 지닌 채로 자기 말과 자기 인식을 하는 단계에서 성숙을 획득하는 것이기 때문이다.

그러나 신경림의 시 「소백산의 양떼」를 읽으면 한국이 상징 질서에 진입한 이후에도 하나의 성숙한 주체성을 획득한 주체로서 살아가기란 불가능하게 보인다. 이 시는 알레고리 양식으로 탈식민주의적 글쓰기를 보여주는 하나의 좋은 예가 되는데 알레고리란 어떤 하나를 말하면서 동시에 어떤 다른 것을 말하는 수사법이다. 즉 좀 더 직접적이고 '문자적' 의미를 나타내는 기호나 기호 체계에 의해 그이전의 앞선 기호나 기호 체계와 이중화를 이루는 것이다.[16]

> 소백산 자락의 목장에서 양떼를 모는 개는/이상하게도 영어만 알아 듣는다/뒤로 가 하면 우두커니 섰다가도/고백 하면 재빨리 천여마리 양떼 뒤로 가서고/몰아라 하면 딴전을 피우지만 캄 온 소리엔 들입다 온다/미국서 훈련받은 개들이라 날쌔고 영악하기 사람 뺨쳐/양치기들은 종일 시시덕거리고 장난질이나 치며/몇 마디 영어로 명령만 하면 된다//모르고 있었을까/정말 우리는 모르고 있었을까/영어만 알아듣는 개한테 쫓기는 것이/양떼만이 아니라는 것을/우리들 울부짖음에는 멀뚱거리다가도/캄온하는 명령에는 기겁을 해서 양떼를 몰고/스톱하고 호령하고 목숨을 걸고 세우는 것이/개만이 아니라는 것을//또 개를 영어로 부리며 시시덕거리기만/하면 되는 것이 양치기만이 아니라는 걸/마침내 영어만 알아듣는 개라야/두려워하게 된 것이 양떼만이 아니라는 걸
>
> -신경림의 「소백산의 양떼」 전문

[16] 스티븐 슬레먼., 강규한 역, 「제국의 기념비들-탈식민지적 글쓰기의 알레고리와 반언술 행위」, 『외국문학』, 1992 여름호. 57~65쪽 참조.

이 시는 '목자(牧者)/양떼'의 알레고리적 구조를 통해 "주는 나를 기르시는 목자요/나는 주님의 귀한 어린 양"이라는 제국주의의 전위에 서서 들어왔던 선교사의 담론을 전유하여 영어 제국주의를 풍자한다. 양치기 개들은 영어 제국주의에 동화된 피지배 사회의 부르조아 엘리트 계급의 알레고리일 것이며 영어라는 지식/권력의 기표를 무기로 하여 제국의 이익을 위해 식민지인을 학대하는 내국 부르조아 계층의 알레고리이고 그 양치기 개들을 영어로 부리는 양치기는 아마도 팍스 아메리카나의 미국일 것이다. 그런데 그러한 양치기 개들을 부리면서 시시덕거리는 양치기들은 기독교적 구원의 담론 안에서의 목자(牧者)의 성스럽고 자비로운 이미지와 격심한 틈이 생기게 되며 그 틈새 속으로 희화화의 효과가 발생한다. 즉 성스러운 구원자 목자의 이미지가 세속적인 교활한 지배자의 모습으로 변형되는데 그 변형 속에서 솟구치는 희극적 웃음은 전복성을 가진 것이다. 전지구적 자본주의의 시대에 '영어만 알아듣는 개'가 되기 위해 처참하게 노력해야 하는 제3세계인의 모습을 풍자한 이 시는 알레고리와 반언술을 통하여 지배 문화의 언술 체계를 비하시키고 희화화시킨 탈식민주의적 알레고리 수사의 특성을 잘 보여준다.

신경림의 '소백산'은 21세기 초, 한국의 상징이며, 선교사의 담론 속에서 '나를 기르시는' 목자는 이제 "개를 영어로 부리며 시시덕거리기만 하면 되는 양치기"들의 모습으로 희화화되었다. 어느덧 "영어만 알아듣는 개라야/두려워하게 된 양떼"들의 모습은 격심한 희생을 치르고 국제 금융 관리 기구의 지배를 막 통과한, 무엇을 향해서인지도 어디를 향해서인지도 모른채 무조건 쫓기면서 제국의 언어를 배우려고 막대한 희생을 치르고 있는 황당한 한국인의 알레고리이다.

지난 100년간 한국/미국의 관계는 마치 어린아이가 거울 단계를 통고하고 언어를 통해 사회 문화적 질서를 습득하면서 분리와 분열을 겪고 자기 주체성을 획득하는 과정과 흡사하였다. 그러한 자기 분열의 금을 지닌 채로 80년대 이후 한국문학은 상징적 큰타자로서의 미국이라는 나라에 대해 탈식민주의적 인식을 하게 되었다. 그러나 신경림의 위 시가 보여주듯 팍스 아메리카나 체제가 더욱 강력하게 세계를 지배하게 된 지금, 그 우산 아래서 살 수밖에 없는 한국은 또 다시 한미수교 100년 동안 학습되었던 것들을 다 망각하고서 유아기적 거울 단계로 되돌아가 미국을 상상적 큰타자로 바라보는 것은 아닌가라는 우려가 들지 않는 것도 아니다. 그러나 한국 시인들에게 이미 미국은 상상적/상징적 이중성으로 그 균열의 틈새가 인식되었고 큰타자와 나 사이의 봉합할 수 없는 균열의 틈새가 이미 인식, 텍스트화되었기 때문에 지배 언술에 대항하는 반언술, 해방의 언술들은 더욱 성숙한 탈식민주의적 시각으로 생산될 수 있으리라고 기대해본다.

참고문헌

강석승, 「46년간의 한미 관계, 그 회고와 전망」, 『외교』 20호, 1991. 12.

김성곤, 「탈식민주의 시대의 문학」, 『미국 현대문학』, 서울: 민음사, 1999.

김원모, 『한미수교사』, 서울: 철학과현실사, 1999.

문동환 외 공저, 『한국과 미국』, 서울: 실천, 1986.

선우학원, 『한미관계 50년사』, 서울: 일월서각, 1997.

임재경·문동환·임재경 좌담, 『우리에게 미국은 누구인가』, 1986.

차학경, 김경년 역, 『딕테』, 토마토, 1997.

Bhabha, Homi, "Race, time and the Revision of Modernity", Moore-Gilbert, Stanton & Maley ed., *Postcolonial Criticism*. New York: Addison Wesley Longman, 1997.

Benvenuto and Kennedy ed. & intro., *The Works of Jacque Lacan*, New York : St. Martin's Press, 1986.

During, Simon, "Postmodernism or Post-colonialism Today", Moore-Gilbert, Stanton & Maley ed., *Postcolonial Criticism,* New York: Addison Wesley Longman, 1997.

Eagleton, Frederic Jameson and Edward Said, *Nationalism, Colonialism and Literature*, Minneapolis: University of Minnesota, 1990.

Finnstrom, Sverker, "Postcoloniality and the Postcolony: Theories of the Gloval and the Local", http://www.stg.brown.edu/project/s/hyperte...st/poldiscourse/finnstrom/finnstrom1.html

Janmohamed, Abdul, "The Economy of Manichian Allegory", Bill Ashcroft, Griffiths and Helen Tiffin ed., *The Post-colonial Reader*. London and New York: Routledge, 1995.

Said, Edward, "Orientalism Reconsidered", Moore-Gilbert, Stanton & Maley ed., *Postcolonial Criticism,* New York: Addison Wesley

Longman, 1997.

Spivak, Gayatri, *In other Worlds: Essays in Cultural Politics*, New York: Methuen, 1987.

김수영론:
젠더 시스템 속의 자유인의 한계

1. '배신을 당하는 여성 독자의 곤경'을 통하여 여성으로서 읽기

조너던 컬러는 그 자신의 저서『해체 비평』의 한 장을 '여성으로서의 독서'에다 할애하면서 여성의 눈으로 남성중심으로 만들어진 정전을 다시 읽는 것은 필연적으로 해체와 연관된다고 지적했다.

"많은 페미니즘 비평가들이 주장하고 있는 바와 같이 여성 독자는 여성적 경험 때문에 특히 여성이 만나게 되는 문제점들을 제한된 경험을 갖고 바라보는 자신의 남자 동료들과는 다르게 작품의 가치 판단을 하게 될 것이다……(중략)……첫 번째 입장으로 여성 독자라는 개념은 사회적이며 가정(家庭)적인 구조에서의 여성적 경험과 독자로서의 여성적 경험 간의 연관성을 주장하게 된다. 이러한 연관성의 가정(假定)에 기반을 두고 있는 비평은 하나의 저자, 하나의 장르나 한 시기의 작품들 속에서 여성에 대한 태도나 여성 이미지를 조사하면서 여성 인물의 상황과 심리에 상당한 관심을 갖는다. 독자의 경험과 여성적 경험 사이에 연관성이 있다는 가정 및 여성 이미지에 대한 관심에 기반을 두고 있는 비평은 문학 작품을 지배하고 있는 남근중심주의적 가설에 대한 아주 강력한 비판이 되는 경향이 있다……(중략)……첫번째 입장에서 비평은 주어진 것으로서의 경험에 호소하고 있는데 반해 두 번째 수준에서의 입장은 정확히 그동안 여성이 여성으로서의 독서를 하지 않아왔다는 것을 문제시한다. 콜로드니는 '여기서 결정적인 것은 독서가 우리 사회의 다른 많은 학습된 해석 전략과 마찬가지로 어쩔 수 없이 성(性)에 의해 규제되고 성에 의해 오염된 학습 행위'라고 지적한다. 또한 일레인 쇼왈터는 '여성이 인간적이라고 제시된 남성의 관점에 자신을 동일시하도록 기대되어 왔다'고 쓰고 있다. 이 두 번째 입장 속에서 페미니즘 비평은 여성 독자라는 가정을 통하여 여성 독자로서의 새로운 경험을 제공해주고 남성과 여성 독자로 하여금 자신의 독서가 기반을 두고 있는 문학적이며 정치적 가설들에 대해 의문을 제기하는 일에 착수하고 있다."[1]

조너던 컬러의 소개처럼 여성으로서 읽는다는 것과 인간으로서 읽는다는 것 사이에는 큰 차이가 발생한다. 그동안 여성 독자들이 김수영과 같이 자유주의적이며 현실 비판적인 시인의 텍스트를 읽을 때 무반성적으로 중립적이라고 보여지는 '인간'의 관점을 택해 왔으며 그리하여 그의 텍스트에 나타난 남근중심주의적 성격의 시적 화자에 은연 중 자신을 동일시하여 온 것은 사실이다. 가령 그러한 입장은 김수영 텍스트 중 「죄와 벌」, 「여편네의 방에 와서」, 「성」 등을 여성 독자로서 읽을 때 동일시의 곤경에 빠지게 되며 패터리가 말하고 있는 '배신을 당하는 여성 독자의 곤경'을 느끼게 된다. 그리하여 남성 시인, 비평가에 의해 '자유와 사랑, 양심의 시인'이라고 불리우는 시인의 정체성에 심각한 의문을 던지게 되는 것이다.

그리하여 "페미니즘 비평이란 그 목표가 단순히 세계를 해석하려는 것이 아니라 읽고 있는 사람들의 의식과 그들이 읽는 것과의 관계를 변경함으로써 세계를 변화시키려는 정치적 행위다. 따라서 페

1 조너던 컬러, 이만식 역, 『해체 비평』, 현대미학사, 1998, 50~57쪽 참조.

미니즘 비평가의 주요한 행위는 동의하는 독자라기보다는 거부하는 독자가 되는 것이며 이러한 동의의 거부를 통하여 우리 마음 속에 자리잡고 있는 남성적 마음이란 악령을 쫓아내는 과정을 시작하는 것이다."[2]라는 패터리의 말처럼 여성 독자의 마음 속에서 남성적(흔히 '인간적'이란 휴머니스트적 위장을 당하여온) 시선을 쫓아내고 여성의 눈으로 다시 읽기를 시작하게 되는 것이다. 여성의 눈으로 텍스트를 다시 읽는 것이 바로 '해체적 독서'가 되는 이유이기도 하다.

그러한 해체적 시각을 가지고 '정전을 다시 읽는다는 것'에는 여러 가지 도전과 모험이 따른다. 특히 김수영 시인처럼 하나의 상징으로 굳어진 경우에는 더욱 그렇다. 황동규 시인의 논문 「양심과 자유, 그리고 사랑」이나 김현 교수의 「자유와 꿈」, 김우창 교수의 「예술가의 양심과 자유」[3], 최하림 시인의 평전 『자유인의 초상』에 이르기까지 시인 김수영은 '자유, 양심, 정직, 사랑'이라는 키워드와 긴밀하게 연관되어 논의되어왔다. 그렇듯이 김수영 시인은 '인간의 자유와 해방의 담론' 생산의 맨 앞에 놓여 있는 존재로 논의되어 온 것이다.

그러나 1990년대 이후 포스트모더니즘 이론과 페미니즘 이론이 활발하게 소개되면서 정전을 페미니즘적 시각으로 읽어보려고 하는 해체주의적 독서가 본격화되었다. 그와 함께 '자유인'의 대명사인 김수영 문학의 '자유'에 대하여, 김수영 문학의 '사랑'에 대하여, '민중애'에 대하여 질문을 던지는 여성주의적 연구자들[4]이 생겨나기

2 Fetterley, Judith, *The Resisting Reader; A Feminist Approach to American Fiction*, Bloomington; Indiana University Press, 1978, p. 22.

3 황동규, 유종호, 김우창의 논문들은 황동규 편, 『김수영 전집 별권』(민음사, 1983년)에 수록되어 있음.

4 정효구, 「자유와 사랑의 어두운 저편」, 『현대시사상』, 1996 가을. 문혜

시작했다. 사랑과 양심과 자유인의 대명사라는 시인에게서 마초(macho; 사나이다운, 기백 있는. 명사는 machismo. 사나이다운 기백을 보이는 남자. 멕시코의 스페인어에서)적 기질을 발견한다는 것은 분명 여성 독자들에게 '배신을 당하는 여성 독자의 곤경'(패터리)을 경험하도록 만들었으리라. 그리하여 새로운 이론으로 단련된 여성 비평학자들의 눈은 시인의 텍스트에 대한 해체주의적 독서를 여러 가지로 시도하였다.

그 첫 번째 시도로 정효구의 「자유와 사랑의 어두운 저편」을 들 수 있다. 정효구는 '자유와 사랑의 시인'의 대명사인 시인 김수영의 「사랑」, 「죄와 벌」, 「여편네의 방에 와서」, 「성」 등을 분석하면서 김수영이 기본적으로 우월적인 남성주의, 혹은 남근중심주의적 사고에 반성 없이 사로잡혀 있는 것을 볼 수 있다고 판단한다.[5] 김용희는 김수영의 시를 "문명과 도구를 특징으로 하는 근대성 속에서 전토의 계승자로서 남성의 균열을 보여준다. 김수영이 보여주는 의

원, 『흔들리는 말 떠오르는 몸』, 나남출판, 1999. 김용희, 「김수영 시에 나타난 분열된 남성 의식」, 『한국 시학 연구』 제4호, 한국시학회, 2001. 조영복, 「김수영 시에 나타난 여성성」, 『한국여성문학학회 제6회 전국학술대회 발표집』, 예림기획, 2001.

5 1. 현실과 생활이 제거된 자리에서 김수영이 여성에 느끼는 감정은 연정, 혹은 그리움이지만 현실과 생활이 엄연히 존재하는 자리에서 여성에게서 느끼는 감정은 욕정, 혹은 정복욕이라는 점. 2. '여편네'로 부르는 아내를 대하는데서 우월적인 남근중심자이며 그가 '창녀' 혹은 '갈보년'이라고 부르는 여성에 대하여는 (열등감의 역설적 표현일지 모르는) 우월감을 드러내고 있으며 그가 '여자'라고 일반적으로 부르는 일반 여성에게조차 왜곡된 우월적, 남성중심주의 정신이 깔려있다는 점. 3. 김수영이 자유인의 정신, 혹은 자유의 정신이라고 부를 만한 것을 시정신의 핵심으로 삼고있지만 자신의 자유만을 소중히 여길 뿐 여성들의 자유에 대하여는 생각지 않았다는 점을 정효구는 지적하면서 김수영의 남근중심주의를 지적했다. 따라서 그의 여성관은 너무나 전근대적이라고 부를 수 있다. 정효구, 앞의 논문 참조.

식의 가열찬 저항들은 근대와 대면하면서 치르는 '남성성 혼란'의 과정과 맞닿아 있다. 이러한 남성성 혼란이 공격 충동의 양상을 띠게 되는데 그것이 남을 향할 때는 독설이 되고 자신을 향할 때는 자학이 된다. 그의 시는 '당위성으로서의 남성성에 의해 위축되고 불구화된 남성 언어'라고 진단하면서 근대적 남성성과 대면한 남성적 대결과정과 남성성의 이분법이 해체되어 가는 과정을 젠더 이론에서 규명한다.[6]

문혜원은 시인은 "아내와 가족을 '내 안의 적들'로 상정하고 있으며 후기시에서 김수영이 저항의 대상으로 설정하고 있는 것은 일상성이며……(중략)……그의 시에서 아내／여자는 일상을 대표하는 가장 세속적이고 때묻은 존재이며……(중략)……아내／가족을 부정적으로 묘사하는 것은 자신을 일상성에서 구출하기 위한 수단적인 것으로 해석되어야 할 것이라고 본다."라고 온건하게 평함으로써[7]

6 김용희, 「김수영 시에 나타난 분열된 남성 의식」, 앞의 책, 62~63쪽 참조. '떨어지다'라는 능동적 동사, 명령하고 이분법을 고정시키는 규정성의 언어, 전투 용어들, 한자어이거나 관념적인 남성 언어들, 곡선이나 우회적 사선보다 직선이나 대각선에 대한 관심, 공격적인 남근의 욕망을 표상하는 칼 등, 책에 대한 관심, 아내로 대변되는 여성을 물질성으로 치환하기 등을 김수영 텍스트의 '남성성'의 표상으로 지적한다. 「풀」에서 시인은 남성성의 허위에서 벗어나 잃어버린 여성성의 몸을 체험하면서 초기시의 직선성과 대별되는 유연성과 이타심을 발견하고 있으며 폭포의 수직과 반대되는 눕는 자세, 세계 표면 위로의 수평적 존재 확산을 이룬다고 본다. 또한 마지막 연 '땅 속에 눕는 풀뿌리'와 풀은 '합리성의 권위에 압살된 내면성의 복원과 연관되며……(중략)……양성성의 획득이며 사랑과 웃음의 성취'라고 지적한다. 결국 「풀」에서 "자아와 세계의 부조리한 관계의 고통을 거쳐 「풀」에 도달하면서 얻은 자유로움"이라는 지금까지의 해석은 '남성 대결 끝에 이룬 남성적 해결 방식 속에서 얻은 자유로움'이라고 김용희는 해석한다.

7 문혜원, 「아내와 가족, 내 안의 적과의 싸움」, 『흔들리는 말, 떠오르는 몸』, 나남출판사, 1999, 332~341쪽 참조.

시인의 '아내와 가족, 여성 비하'를 일상성에의 저항과 동일시하며 여성 비하를 정신 해방의 한 수단으로 규정한다. 이런 독해는 보편성을 획득할 수 있다는 장점과 여성을 '순수한 정신의 반대편에 있는 일상, 물질, 현실, 육체와 동일시하는' 남근이성중심주의의 입장을 그대로 수용하게 한다는 위험성을 동시에 내포하고 있다. 시인의 정신이 일상성에서 구출되고 해방되어 순수한 자유 공간으로 도약하기 위하여 부정해야만 할 '일상성의 표상이 곧 아내와 가족'이라는 독해는 여성주의적 관점이라기보다는 인간주의적 관점이라고 해야 할 것이다.

또한 조영복은 '여편네'라는 시어에서 반여성주의와 남근중심주의적 의식을 읽어내는 정효구의 해석을 반대하면서 "여성과 아내에 대한 조롱과 경멸은 자기 내면의 부끄러움의 다른 이름이며 이는 결국 자신의 내면적 속물성에 대한 부끄러움과 분리될 수 없고…… 그의 아내에 대한 조롱은 사실은 자기를 향한 것이라는 점에서 매저키즘의 양상을 띤다."라고 해석한다.

"김수영의 매저키즘은 생활과 현실에 굴복당한 한 개인의 자기 방어이며 김수영은 극단화된 자기 무력감을 아내에 대한 공격성으로 치환하거나 위장한다. 김수영의 아내는 시인에 의해 재구성된 여성이다. 자본주의적 권력과 세속성을 훼손하거나 드러내는데 시인의 욕망이 뻗어있지는 않다. 오히려 자신의 모욕, 부끄러움, 무기력을 솔직하게 드러내고자 한다."라고 조영복은 주장하며 정효구가 읽어낸 김수영 문학의 반여성주의와 남성우월주의적 입장에 대해 반대 의견을 드러낸다. "김수영 텍스트 안에 드러난 아내는 '시인에 의해 재구성된 아내'일 뿐 현실의 아내로 곧바로 치환할 수 없으며 아내에 대한 공격성은 자신의 속물성에 대한 공격성이며 시인은 자신의 여성성을 공격하고 억압하기도 하지만 그러나 그 여성성이 가장 많이 발현될 때 가장 좋은 텍스트를 만들게 되었다"라는 입장은 상당히 보편적인 말처럼 들리지만 크게 보면 여성주의적 입장이라기보다는 인간주의적 입장일 뿐이다.

'정전을 다시 읽는다는 것'은 새로운 시각과 이론을 가지고 그동안 알려지지 않았던 정전의 그늘을 파헤친다는 것일 뿐 정전의 '본질을 훼손'[8]하려 하거나 '또 다른 허구적 신화를 만들려고' 하는 것은 아닐 것이다. 이렇게 여성주의적 비평 안에서도 여러 가지 차이를 볼 수 있다는 것은 곱시 흥미로운 일이다.

2. 남성중심주의적, 젠더화된 섹슈얼리티와 남근적 아내 사이의 분열

김수영의 텍스트 중 여성에 관한, 혹은 아내에 관한 작품들은 그의 주요 작품군에 속하는 것은 아니다. 오히려 그의 시 세계 중 변두리에 속하는 타작이라고 할 수 있다. 그러나 젠더에 관한 그의 생각을 알기 위하여 변두리적 타작에 속하는 작품들이지만 한번 읽어볼 필요는 있다고 생각한다. 여성에 관한 그의 작품들을 크게 대별하면 '아내'에 대한 시편, '누이동생'에 대한 시편, '미인'에 대한 시편들로 나눌 수 있다.

아내에 대한 그의 시각의 원형은 「사치」와 「거미잡이」가 잘 보여준다.

「사치」가 보여주는 것은 시인의 젠더화된 섹슈얼리티다.

8 조영복, 「김수영 시에 나타난 여성성」, 『한국 여성 문학학회 제6차 전국 학술대회 발표집-여성의 눈으로 정전 다시 읽기』, 24쪽.

어둠 속에 비치는 해바라기와……주전자와……흰 벽과……/불을 등지고 있는 성황당이 보이는/그 산에는 겨울을 가리키는 바람이 읽기 시작하네//나들이를 갔다온 씻은듯한 마음에 오늘밤은 아내를 껴안아도 좋으리……(중략)……//문명된 아내에게 <실력을 보이자면> 무엇보다도 먼저/발이라도 씻고보자/냉수도 마시자/맑은 공기도 마시어두자//……(중략)……//의지의 저쪽에서 영위하는 아내여/길고긴 오늘밤에 나의 사치를 받기 위하여/어서 어서 불을 끄자/불을 끄자.

시골 여행을 다녀온 뒤 씻은 듯한 마음이 된 시적 화자는 아내와의 성을 즐길 마음이 된다. 해바라기와 흰 벽과 성황당이 있는 산을 갔다온 자연 체험이 그에게 '문명화된 아내'에게 '실력'을 보이고 '나의 사치'를 건네주고 싶은 욕망을 갖게 한 것이다. 이 텍스트에서 아내/나의 대립은 문명/자연, 무의지/의지, 성을 주는 사람/성을 받는 사람으로 구체화된다. 여성=수동적 성, 남성=능동적 성이라는 젠더화된 섹슈얼리티의 도식을 고스란히 보여주는 텍스트에서 부부의 성은 아내의 입장에서 '사치를 받는' 것이 된다.

이것은 바로 『단군신화』에서 드러나는 젠더화된 섹슈얼리티의 도식을 그대로 보여주고 있다. 신화 속에서 환웅과 웅녀의 성은 "웅녀가 아이 낳기를 소망하여 밤마다 신단수 아래 와서 기원하지만 배우자 될 사람이 없어 이를 안타까이 여긴 환웅이 몸을 바꿔 합하여……"라고 남성=하늘=주는 사람, 여성=흙=받는 사람으로 도식화되어 드러났다. 이러한 원형적 성 의식에서 성적 주체로서의 여성을 발견해내기란 쉽지 않다. 가장 개인적이고 은밀한 성마저도 남근중심주의적 토대에서 출발한 국가장치나 보이지 않는 거대한 손에 의한 이데올로기로 구성된다는 것을 알 수 있다. 김수영 시인처럼 자유롭기를 꿈꾸고 근대화된 개인 주체이기를 소망하고 범속한 사고나 가치 체계에 억압되는 것을 혐오했던 시인마저도 젠더화된 섹슈얼리티의 틀을 벗어나지 못하는 것이다. 이것이 바로 자유인 김수영의 한계이자 젠더 구성이 얼마나 자연스러움을 가지고 주체를 구성하는가를 볼 수 있는 징후적 단서가 된다.

그러한 젠더화된 섹슈얼리티, 남성중심주의적 성 의식은 「성」에서 잘 드러난다.

> 그것 하고 와서 첫 번째로 여편네와／하던 날은 바로 그 이튿날 밤은／아니 바로 그 첫날 밤은 반시간도 넘어 했는데도／여편네가 만족하지 않는다／그년하고 하듯이 혓바닥이 떨어져 나가게／물어제끼지는 않았지만 그래도／어지간히 다부지게 해줬는데도／여편네가 만족하지 않는다／／이게 아무래도 내가 저의 섹스를 개관하고／있는 것을 아는 모양이다.

가부장 자본주의 안에서 성은 돈으로 살 수 있는 것이다. '그년'이라 불리우는 창녀는 돈을 위해 쾌락을 파는 사용가치와 교환가치를 지닌 존재임에도 불구하고 "그년하고 하듯이 혓바닥이 떨어져 나가게 하지는 않았지만"이라는 말을 통해 아내보다 훨씬 더 성적 쾌락을 받는 존재로 그려져 있다. 창녀의 몸을 돈으로 샀다는 부도덕성이 문제시되는 것이 아니라 아내와 창녀를 동일시할 수 있는 남성중심주의적 성 의식이 문제가 된다. 가부장제라는 사회 자체가 여성을 동일시해버리고 차이를 배제해 버리기 때문이다.

가부장제 내에서는 여성에 부과된 교환가치로서의 역할 때문에 여성은 시장에 내놓은 상품과 같아지는데 여성이 교환될 때 그 자체의 가치가 문제가 아니고 남성들 간의 교환 욕구가 그 값에 반영되게 된다. 그러나 가부장제 속의 아내란 개인의 소유물이고 교환가치라기보다는 사용 가치밖에 못 가지기 때문에 성적 가치가 더 떨어진, 성으로부터 더 소외된 존재라고 할 수 있다.

따라서 '그것', '해주다', '그년', '여편네', '저의 섹스', '쏟다', '보통 때보다 오래 끌다 쏟았다' 등 시어 자체에서 풍기는 비속성이 드러나게 되고 아내의 성을 조종, 통제하는 듯 한 마초적 야만성, '쏟다'를 중심으로 성을 생각하는 단정적 어투가 드러나며 그런 것들에서 페니스 중심주의적, 남성중심주의적 성 의식을 읽게 된다. 또는 페니스 자체가 문제가 아니라 페니스가 팔루스(Phallus)[9]로 변화해 가는 부부의 성(性) 속의 권력 과정을 볼 수 있게 된다. 여성의 성은 '하나가 아닌 성'[10]이라든가 열락(jouissance)의 성이라든가 하는 것과 상관없이 페니스에 고착된 성 중심으로 생각할 때 남성중심주의적인 일방적인 성 지배가 가능해지는 것이다.

또 다른 시 「거미잡이」에서는 생활 속에서의 남편/아내의 관계를 잘 볼 수 있다. "폴리호 태풍이 일기 시작하는 여름밤에/아내가 마루에서 거미를 잡고 있는 꼴이 우습다//하나 죽이고/둘 죽이고/넷 죽이고/……//야 고만 죽여라 고만 죽여/나는 오늘 아침에 서약한 게 있다니까/남편은 어제의 남편이 아니라니까/정말 어제의 네 남편이 아니라니까" 위에서 보듯 나/아내의 관계는 거미/거미 잡이의 관계로 은유되고 있다. 보편적 상징을 따라가 보면 거미는 집안에 나타나는 시점에 따라 길흉을 점치는 속설을 가지고 있는데 아침 거미는 길조로, 저녁 거미는 흉조로 보았다. 『

9 페니스가 생물학적 남성 성기라면 팔루스는 상징으로서의 남근, 절대 권력의 기표라고 할 수 있다.

10 이리가레이는 "남성은 페니스에 쾌락을 집중시키는 단일한 성인데 반해 여성은 리비도적 에너지가 전신에 퍼져있는 다중의 성이다. 여성은 도처에 성기관을 가졌고 복합적인 성욕을 가지고 있어서 에로틱 지대와 성격이 유동적이고 모호할 수밖에 없다"고 쓴다.

서경잡기』에도 "아침 거미는 기쁨, 저녁 거미는 도둑"이라고 기록하고 있다. 저녁 거미는 아내에 의해 흉조의 기호로 인식되기에 아내는 계속 거미를 잡아 죽이고 있다. 시인의 상상력은 3연에서 거미를 '나'와 동일시하는 데서 드러난다. 아내의 손에 죽임을 당하는 거미와 '나'가 은유의 매듭으로 묶이면서 '남편은 어제의 남편이 아니고 오늘 아침 서약한 것이 있다'고 외친다. 어제의 남편, '정말 어제의 네 남편'은 거미와 같은 속성과 생태를 지닌 동물이었다는 것을 간접적으로 고백하는 셈이 된다.

거미를 자신의 몸에서 실을 자아내는 창조 능력을 가진 동물로 해석하고 또는 동양사상에서처럼 운명의 실을 짜는 자로(우주거미의 거미줄은 천망(天網)을 상징한다) 해석해 본다면[11] '어제의 남편'은 실을 잣는 창조성을 가진 동물이면서도 요물스럽고 집안에 도움이 안되는 흉물이며 그러면서도 '운명의 실'을 짜는 지배적인 우월주의에 사로잡혀 있는 권력적 존재였음을 유추해 낼 수 있다. 또한 생활 형태로 보아 시인의 삶은 아내의 눈에 방랑성 거미, 조망성 거미 양쪽에 다 관계된다고 할 수 있다. 아내의 눈으로 본다면 시인이란 직업을 가진 남편은 정처없이 방랑하는 방랑형 거미[12]거나

11 인도나 북아메리카 및 아프리카 원주민의 신화에서는 거미가 창조신 또는 영웅신으로 등장한다. 인도에는 거미가 짠 직물로 섬이 되었다는 신화도 전해오고 있다. 뉴멕시코 인디언의 전승에서는, 인류 등 모든 생물의 시조인 거미가 만들어 낸 불을 이리가 훔쳐 인류에게 가져다주었다고 한다. 한국에서는 형태가 징그럽고 요물스러운 동물로 여기고 있어, 사람으로 환생하였다거나 천자를 탄생시켰다는 신비성과 음험한 성격을 나타내는 민화와 실을 뽑는 신기한 재주를 인식한 민요 등이 많이 전해지고 있다.

12 거미는 생활형으로 보아 정주성(定住性)·방랑성(배회성)·조망성(造網性) 등 3가지로 분류할 수 있다. 정주성 거미에는 땅거미 등이 있으나 수중생활을 하는 물거미도 있다. 방랑성 거미는 사는 곳이 일정하지 않고 둥지를 가지지 않으며 땅 위·풀뿌리 근처나 잎 위 등을 돌아다니다

하릴없이 하루 종일 앉아서 먹이가 다가오기를 기다리며 입에서 실이나 잣고있는 '공중에 거하시는' 조망성 거미일 것이기 때문이다.

이 텍스트는 '거미／거미잡이'의 관계를 남편／아내의 관계로 유추해서 보여준다는 점에서 김수영의 여성／남성 관계의 원형을 드러내주는 작품이다. 이상의 『날개』에서처럼 남편／안해의 관계가 '수동적／능동적, 피해자적／공격적, 안／밖, 어둠(陰)／햇빛(陽), 내면적／사회적'으로 나타나고 있다. 이런 관계는 유교적 젠더가 전도(顚倒)되어 있는 것이고(유교에서는 남／여=밖／안, 양／음 등등) 그는 근대적 남성 주체이면서도 「사치」가 보여주듯 유교적 젠더(남존여비)에 강하게 사로잡혀 있기도 하기에 전통적 관계의 전도성과 피해의식을 예민하게 의식하고 있는 것같다. 그러나 「거미잡이」에서 어조는 유쾌하며 "야 고만 죽여라 고만 죽여"라는 어투에서 볼 수 있듯이 '나'의 은유인 거미를 살해하는 아내에 대한 가학적 증오 보다는 여유있는 웃음을 느낄 수 있다. 그러나 이런 유형의 아내를 남근적 아내라고 불러볼 수 있을 것 같다.

「사치」와 「거미잡이」에서 우리가 읽을 수 있는 것은 시인의 의식에 들어있는 분열이다. 단군신화와 같은 젠더화된 섹슈얼리티에 대한 동일시(여성=수동적 성, 시혜를 받는 입장, 남성=능동적 성, 수혜자의 입장)가 보여주는 남존여비적 유교의 성 의식과, 또 하나는 생활과 문명의 편에서 능동적으로 생활을 꾸려나가는 남근적 아내에 대한 위축과 그로 인해 전통적 남녀관계가 전도되었다는, '전도성에 대한 피해의식' 사이에서의 분열이다.

가 먹을 것을 발견하면 잡아먹는다. 조망성 거미는 가장 종류가 많으며, 파리잡이거미나 낯표스라소니거미, 꽃 속에 숨었다가 잡아먹는 꽃거미·게거미 등 많은 거미들이 있다. 조망성 거미는 공중에 망을 치고 여기에 먹이가 걸리기를 기다렸다가 잡아먹는다.

3. 자유인의 내면에 있는 젠더 시스템의 한계

여성에 대한 비하가 강화된 것은 시인이 '하늘과 땅의 통일을 느꼈다'고 고백했던 4·19 혁명이 실패하는 조짐을 보이고 5·16 군사 혁명이 일어난 그 직후부터가 아닌가 생각한다. 그는 순수한 혁명의 이상(理想)이 속악한 현실주의자들에 의해 무너졌다고 보면서 그 무서운 현실주의자의 상징으로 아내를 내세운다. 1961년 6월 3일에 쓴 「여편네의 방에 와서」에서부터 여성은 속물적 욕망만을 가진, 집중된 동물성을 가진 계산적인 존재로 그려지는 것을 볼 수 있다.

「여편네의 방에 와서」에서 "여편네의 방에 와서 기거를 같이해도／나는 이렇듯 소년이 되었다"에서 보듯 '여편네의 방'이란 오히려 퇴행적인 공간이다. 시적 화자에 대해 '흥분해도 소년／계산해도 소년／애무해도 소년' 같이 반복을 많이 사용함으로써 장난스러운 효과를 내고 있는 이 시의 어조는 분명 아이러니라고 말해야 옳을 것 같다. 「날개」에서 매춘하는 안해의 옆방에서 아기 팬티만을 걸친 채 불장난을 하며 노는 주인공의 치매적 행복처럼 이 시도 마찬가지로 "점의 어린애／베개의 어린애／고민의 어린애／／여편네의 방에 와서 기거를 같이 해도／나는 점점 어린애"라면서 어머니의 품 안에 안겨있는 듯한 유아적, 퇴행적 행복을 노래한다. 즉 '여편네'의 방에 돌아온 소년은 성을 빼앗긴 소년이고 성적 주체로서의 남성성을 잃어버린 무성(無性)의 아기가 된다. 이 때 아내는 오히려 남근중심주의 사회가 여성에게 떠맡기고 있는 모성 신화의 담지자가 되어야 한다. 단군 신화가 웅녀에게 맡긴 단 하나의 역할, "가부장제 안에서 여성은 생식으로만, 모성으로만 인정받는다"는 신화의 잔영을 우리는 읽어낼 수 있다.

「신귀거래 7」, 「신귀거래 8」은 누이에 대한 시이다. 「신귀거래 7」은 "누이야／풍자가 아니면 해탈이다／너는 이 말의 뜻을 아느냐" 라는 구절로 유명한데 이 시의 전반적인 어투는 남성중심주의적인 권력／지식의 어조를 보여준다고 할 수 있다.

전통적 사고 체계 안에서 딸은 출가 전까지는 아버지와 오빠의 지배 아래 의존적으로 사는 존재이며 출가 이후엔 남편에 의존하고 그 이후에는 아들에 의존해야 하는 삼종지도를 가진 연약한 존재이다. 가부장제 안에서 아버지가 돌아가신 다음에는 장남이 가부장의 자리를 이어 받아 누이를 가르치고 상벌을 주는 군력의 역할을 할 수 있다. 바로 그런 가부장 의식을 '누이야 장하고나!'라는 부제를 가진 「신귀거래 7」은 잘 보여준다.

> 누이야／풍자가 아니면 해탈이다／너는 이 말의 뜻을 아느냐／너의 방에 걸어놓은 오빠의 사진／나에게는 동생의 사진을 보고도／나는 몇 번이고 그의 진혼가를 피해왔다. 그전에 돌아간 아버지의 진혼가가 우스꽝스러웠던 것을 생각하고／그래서 나는 그 사진을 10년 만에 곰곰이 정시하면서／이내 거북해서 그 방을 뛰쳐나오고 말았다.

동생이 죽은 후 진혼가 부르기를 피해온 '나'는 그의 사진을 모셔 놓고 애도하고 있는 누이 동생에게 '장하고나!'를 외치며 누이의 마음을 칭찬한다. 그러나 '풍자가 아니면 해탈이다'라는 에피그램투의 말을 통해 화자 자신이 지식／권력의 편에 서있음을 우리는 알 수 있다. '남성=지식／권력을 가진 자로서 깨우쳐 주는 자, 여성=지식／권력을 가진 남성(가부장)으로부터 자기 행동의 의미를 인정해야 하는 위치에 있는 자'라는 성차별적 도식을 이 시는 보여준다.

그러나 누이의 경우 "그를 생각할 수 있는／너까지도 다 함께 숭배하고 마는 것이/숭배할 줄 아는 것이/나의 인내이니까”를 통해 시적 화자로부터 ‘숭배’받는 위치에 있음을 느끼게 된다. 아이러니로 읽는다 해도 누이에 대한 그의 숭배는 여편네에 대한 그의 비하의식과 대립적 위치에 놓인다.

「신귀거래 8－누이의 방」에서 잘 정돈되어 있는 누이의 방에 대해 “너의 방은 언제나 잘 정돈되어 있다/입을 다문 채/흰실에 매어달려있는 여주알의 곰보/창문 앞에/안치해 놓은 당호박/평면을 사랑하는/코스모스/역시 평면을 사랑하는/킴 노박의 사진과/국내소설책들……/이런 것들이 정돈될 가치가 있는 것인가/누이야/이런 것들이 정돈될 가치가 있는 것인가”라고 반문함으로써 지식/권력을 담지한 자의 가부장적 어조와 누이에 대한 자신의 교화적 위치를 느끼게 한다. 누이 방의 정돈의 양식은 누이의 취향에 달린 것이며 누이가 개인주의적 주체라는 것을 인정한다면 질타될 수 없는 영역이 아닐까. 그러나 시인의 가부장적 의식은 누이의 여성적 취향을 비본질적인 것으로 가치가 없는 것으로 명료하게 판단한다. 지식/권력은 남성적이며 여성적 취향/미적 가치는 남성적 권위에 의해 부정된다.

누이에 대한 태도에서 시인이 보여주는 것은 가부장 중심주의와 가부장이 지식/권력을 남시하고 있다는 전통적 성 의식이다. 여성이 지식/권력을 전유할 수 있는가. 이 시의 누이가 오빠에게 남성의 지식을 전유하여 “풍자가 아니면 해탈이다”나 “이런 것들이 정돈될 가치가 있는가”라고 되받아쳐서 질문을 던질 수 있을까? 지식과 권력은 남성적인 것이어서 여성은 언제나 아래(下)의 위치에서 그것을 받아들여야 한다는 남존여비적, 가부장적 사고를 읽을 수 있는 시이다.

그러나 「파자마 바람으로」라는 시의 “파자마 바람으로 쥬우스를 마시면서/프레이서의 현대시론을 사전을 찾아가며 읽고 있으려니

／여편네가 일본에서 온 새 잡지 안의／김소운의 수필을 보라고 내던져준다"를 읽으면 아내는 지식／권력의 위치에서 멀지 않은 존재로 그려진다. 「거미잡이」에 나오는 능동적 유형의 여성이다. 남근적 아내, 남근적 여성 ("여자는 집중된 동물이다／그 이마의 힘줄이 나에게 설움을 가르쳐 준다／……(중략)……학부형회의 어떤 어머니에게서 느낀 여자의 감각／그 이마의 힘줄／그 힘줄의 집중도／이것은 죄에서 우러나온 것이다／여자의 본성은 에고이스트／뱀과 같은 에고이스트／그러니까 뱀은 선천적인 포로인지도 모른다／그런 의미에서 나는 속죄에 축복을 드렸다"－시 「여자」 중에서)에 대한 시인의 의식은 대결과 비하와 가학－피학성을 보여주며, 누이처럼 순종적이거나 미인처럼 아름다움이라는 권력을 가진 여성에게는 숭배의 마음을 보여주며 분열되기도 한다. 그러한 분열된 가치관이 바로 시인이 가부장적 남성중심주의를 내면화하고 있다는 것의 징표가 된다.

김수영처럼 개인의 자유와 정신적 자존(自尊)을 사랑했으며 근대적 개인주의 주체성을 내면화하고 개인의 정신을 식민화시키는 모든 권력에 대해 부정의 담론을 내던졌던 시인에게서 여전히 가부장제 젠더 시스템이 재생산되고 있는 것을 읽어야 한다는 것은 한 사람의 여성 독자로서 고통스러운 일이라고 하지 않을 수가 없다. 개인 주체 안에 젠더 시스템을 형성시키는 아버지의 이름, 혹은 가부장적 상징체계라는 것은 시인의 말처럼 '연탄가스'처럼 보이지도 않고 냄새 맡아지지도 않는 것이어서 오히려 그 해악을 느끼지 못한 채로 누구나 자연스럽게 그것을 수납하게 되기 때문이다.

여성시에 나타난 제국주의의 남근(Phallus) 읽기

1. 제국주의, 민족주의, 가부장제적 자본주의와 남근[1] 중심주의

한국 현대 여성시에 드러난 '여성 수난'의 문제는 제국주의라는 하나의 담론의 층위에서만 설명될 수 없다. 제국주의라는 담론의 층위는 가부장제 이데올로기와 전통적인 성별 의식, 제국주의와 근대화, 민족주의 담론 등의 복합적 층위와 불가피하게 얽혀있는 것으로서 이해되어야만 한다. 여성의 수난은 제국주의가 이 땅에 헤

1 남근(Phallus)이란 페니스와는 다른 개념으로서 남근의 표상을 뜻하는 용어이다. 팔루스는 남성의 성, 남성이 가지고 있으며 여성에게 행사하는 권위와 권력, 일반적인 권위와 권력, 개인성, 모든 종류의 통일성, 신 등과 연관되는 것으로 상징되어 왔으며 보통 남성 권력을 팔루스로 은유한다. 남근중심주의(Phallocentrism)란 자민족중심주의(Ethnocentrism)에서 유추하여 만들어낸 용어로서 남성이 여성보다 우월하다는 믿음, 보다 일반적으로는 남성적인 것이 모든 인간적인 것에 대한 정통적, 보편적인 참조점이라는 믿음에 대한 명칭이다. 이 개념을 제국/피식민지에 대입하여 '제국'이란 기호를 중심, 권력, 지배, 절대성, 보편성, 권위의 시니피에를 담지한 기호로 보고 그 제국주의 속에 깃든 지배와 착취의 권력이 남성중심적 가부장 이데올로기와 분리할 수 없다는 시각에서 '제국주의의 남근 읽기'라는 제목을 사용한다. Joseph Childers and Hentzi, ed., *The Columbia Dictionary of Modern Literary and Cultural Criticism,* Columbia University Press, New York, 1995 참조.

게모니를 장악하는 과정에서만이 아니라 제국주의와 연관된 근대화 과정 속에서, 전지구적 자본제와 민족주의 담론 안에서 함께 고찰되어야 할 사항이기 때문이다.

한국 현대 여성 시인 중에서 한국 역사와 근대화 속에 드러난 제국주의적 폭력을 가장 먼저 인식하고 제국주의 권력이 자국 내의 가부장제와 또한 근대화 프로젝트로서의 자본주의와 얽혀 여성 수난의 운명을 어떻게 구성해왔는지를 시 텍스트에서 날카롭게 고발한 시인으로 고정희를 들 수 있다. 그녀는 1987년에 출간된 『지리산의 봄』과 1990년 출간된 『여성해방출사표』에서 한국 역사와 근대화 프로젝트 안에 숨어있는 제국주의적, 남근중심주의적, 민족주의적 담론의 실상을 밝혀내고 그것들이 어떻게 여성 수난을 구성해왔는지를 노래한다.

> 정녕 장렬하구나, 어진 따님들이여
> 그대 단지 여자로 태어나
> 남자천하 약육강식의 먹이사슬이 되고
> 식민치하 망국충정의 먹이사슬이 되었건만
> 죽어도 죽지 않고 되살아나
> 금수강산 하늘로 땅으로 강물로 되살아나
> 삼대 치욕의 조선사 넓은 치마에 덮어주나니,
>
> 원나라 몽고족에 헌납된 고려의 딸들이여
> 삼천오백만 자매의 이름으로
> 사대주의 선비정신 위선을 교수형에 처하노라
>
> 왜놈제국 세계침탈 색욕에 유린당한 정신대 딸들이여
> 삼천오백만 자매의 이름으로
> 지사주의 매국충정 혈통을 참수형에 처하노라
> 매판자본 정경유착 아방궁에 바쳐진 기생관광 딸들이여

삼천오백만 자매의 이름으로
친일 친미 매국노 전통을 화형에 처하노라

–고정희 「여성 해방 투쟁을 위한 출사표」 중에서

이 텍스트에서 고정희는 '해동 조선의 딸들'의 수난적 운명을 구성하는 힘을 외세 못지 않게 '남자 독재'와 '가부장권'으로 인식하고 있으며 그러한 '남자 독재', '가부장권'이 역사적으로 여성들을 어떠한 하위 주체로 몰아세워 왔던가를 고찰하고 있다. '남자 천하 약육강식의 먹이'이자 '식민치하 망국충정의 먹이사슬'로서 살아온 여성들은 국제정치 간의 힘의 불균형으로 인한 수난마저도 그 몸으로 감당해야 했다. 가령 병자호란 이후 청나라에 끌려갔던 여성들 중에는 속환되어 조국으로 돌아왔지만 '더럽혀진 몸이 부끄러워' 고향에 돌아가지 못하고 민족과 외세 사이의 역사적 연옥 속에 끼여 방황하는 추방자 여성들이 될 수밖에 없었다. 그들은 외국 남자들에 의해 정조가 더럽혀졌기 때문에 딸들의 육체의 정절을 중요시 여기는 가문과 국가로 돌아갈 수가 없었으며 '환향녀'[2]–'화냥녀[3]'

2 병자호란 때 청나라에 끌려갔던 여성들이 돌아왔을 때 환향녀(還鄕女)라고 하여 사대부가에서는 물론, 사회 전체가 그녀들은 '흠 있는 여성'이라 하여 받아들이려 하지 않았다.

3 병자호란 이후 청나라에 끌려갔다 환향하게 된 여자를 환향녀(還鄕女)로 이름 지었다가 어의(語意) 변질을 통해 화냥년으로 바꿔 부른 것도 '한 가족'이라는 공동체적 울타리에서 이탈된 구성원을 부정적으로 표현하여 도덕적 경계를 삼고자 한 것이었다. 충・효・예를 기본 덕목으로 삼았던 조선조의 경우에는 마을 공동체나 가족이라는 '공동체'가 가지고 있는 의미는 매우 절대적인 것이었다. 국어사전에 '화냥녀'란 "화냥기가 있는 여자나 화냥질을 한 여자를 욕하여 이르는 말"로 풀이되어 있고 '화냥기'란 "제 남편 이외의 남자와 정을 통하는 바람기"라고 풀이되어 있다(야후 국어사전). 그렇다면 '고향에 돌아온 여자'라는 기의를 가진 환향(還鄕)녀라는 시니피앙이 '제 남편이 아닌 남자와 바람을 피우는 바람기 있는 여인'이라는 어의가 왜곡, 변질되는 과정에서 작용했을 것이며 여

라 불리워지는 수모 때문에 고향에 돌아와서도 추방자가 되어서 이산(diaspora)의 삶을 살아가야 했다. 환향녀-화냥년의 음의 변화와 어의의 변화 과정을 통해 이루어진 기호의 은유론적 전환을 통해 한국 여성의 수난이 단지 제국이나 외세에 의한 것만이 아니라 자국의 남성중심주의 가부장 이데올로기와 깊게 연결되어 있음을 알 수 있다. 즉 여성 수난을 구성하는 것은 제국의 가해적 권력만이 아니라 자국 민족주의 안에 들어있는 남성중심주의 담론들이었음을 볼 수 있는 것이다.

그것은 또한 "왜놈제국 세계침탈 색욕에 유린당한 정신대[4] 딸들"

기에서 가부장 이데올로기와 여성에게 사회가 요구하는 남근중심주의적 순결 이데올로기를 읽어낼 수 있다. 언어란 일차적으로 시니피앙과 시니피에로 이루어져 있지만 2차 의미작용 체계 안에서 그 함의가 구축될 때 한 사회가 가진 이데올로기가 작용하여 시니피에를 형성하는 것이기 때문에 언어는 정치적일 수 밖에 없다는 롤랑 바르트의 지적을 상기할 필요가 있다. "한 사회 안에서 신화가 만들어지는 경우 시니피앙과 시니피에, 그리고 그것으로 만들어진 생산물인 기호라는 3가지 요소에 의한 의미작용에 의해서이다. 그러나 신화가 독특한 것은 그것이 전부터 이미 존재해있는 기호적 연쇄를 바탕으로, 그 위에 구축되어진 한 단계 더 높은 기호체계로서 항상 작용한다는 것이다. 바로 그러한 한 사회에 자연스럽게 군림하는 신화를 만들어내는 2차 의미작용 안에 정치적이고 경제적, 사회적 이데올로기가 개입할 수 있다"고 바르트는 말한다. 테렌스 호옥스, 『구조주의와 기호학』, 오원교 역, 신아사 참조.

그러한 시각에서 환향녀-화냥녀로의 기표 변질과 기의 변질에서 한국 전통사회가 어떤 이유로든 '고향을 떠났다 돌아온' 여성들에 대해 순결, 정절 이데올로기와 일부종사(一夫從事) 이데올로기 등 남근중심주의를 엄격하게 작동시켜 그들을 비천한 타자, 주변부적 추방자로 내몰고 있음을 읽어낼 수 있다.

[4] 한국사회에서 대개 '정신대'라는 용어는 군대 위안부를 지칭하는 용어로 사용된다. '자발적으로 몸을 바친 군대'라는 의미의 '정신대'는 1938년 5월에 발효된 일본제국주의의 군사 총동원령에 따른 것으로 이해되고 있는데 정신대는 두 그룹, 즉 근로 정신대와 일본 군대를 위한 성적 위안부로 나누어져 있던 것으로 파악된다. 정진성·여순주, 「여자근로정신대

에게도 마찬가지였다. 그러한 여성 수난을 고정희 시인은 단지 제국주의에 의한 정치적, 군사적 힘의 불균형에 의한 여성 수난으로만 읽어내지 않고 거기에 작동하고 있는 자국의 가부장제 안에 깃든 무능한 지사주의, 남근중심적 단일혈통주의, 여성 정절과 순결 이데올로기를 읽어낸다는 점은 그녀가 단순히 여성 수난을 악마적인 제국주의의 탓으로 돌리고 제국=중심, 악, 폭력, 가해자로 등식화시키는 단순한 민족주의 페미니즘에 머무르지 않고 있다는 것을 보여준다.

다음 연에서는 "매판자본 정경유착 아방궁에 바쳐진 기생관광 딸들이여"에서 볼 수 있듯 그러한 역사의 연옥을 떠돌아야만 했던 여성 수난이 산업 발전에서 주변부였던 나라의 근대화, 산업화 과정 속에서도 여전히 계속되고 있음을 보여준다. 군사 정부가 미국 자본과 일본 자본에 기대어 시작했던 야심찬 근대화 프로젝트 과정에서도 역시 여성의 몸은 억압과 착취를 겪고 있는데 그것은 몽고족의 공녀나 정신대와는 달리 국제적인 정치, 군사적 지배체계의 산

의 실상」, 『청산하지 못한 일제 시기의 문제』, 225~273쪽 참조.

군 위안부로서의 정신대는 1930년대부터 1945년 사이 일본 제국주의 정부에 의해 강제로 동원되어 군대를 위한 성 노동을 했던 여성들을 가리킨다. 8만에서 20만명으로 추정된다.

'자발적으로 몸을 바친 군대'라는 '정신대'라는 기호 속에는 '성적 위안부'를 가리키는 아무런 시니피에가 들어 있지 않지만 앞서 말한 바르트의 2차 의미작용을 만드는 과정을 참조해 본다면 "성적 위안부들이 일본제국의 군대를 위해 애국심을 가지고 자발적으로 성적 위안을 제공했다"라는 애국과 희생 신화를 기호 생성의 2차 의미 작용 안에 생산해 넣었음을 알 수 있다. 바흐친의 말대로 우리는 기호를 발견하는 곳에서 이데올로기를 발견할 수 있다. 정신대라는 기호가 군대를 위한 성적 위안부와 동일한 것으로 의미 변질이 이루어지는 과정에 일본 군국주의의 신화 생성, 즉 성적 위안부들의 성 노동이 자발적이었으며 애국의 숭고한 한 행위였다는 허구적 이데올로기를 발견한다.

물이라기보다는 자본주의 경제 체제 안의 소외 계층으로서의 수난으로 성격이 바뀌었음을 알 수 있다. 제국주의적 자본주의 하에서 식민화되는 제3세계 여성의 몸과 착취되는 (성)노동은 시인 고정희에 의해 일찍이 담론화되었다. 그러나 이 시 텍스트에서 시인은 근대화 추진 과정 속에 깃든 자본주의 세계 경제 체제 하에서 젠더화되는 노동[5]의 성격까지를 인식하지는 못한다. '기생관광의 딸들'의 수난을 곧바로 '친일친미 매국노 전통'에 의한 것으로 규탄하고 있기 때문이다. 물론 그러한 시각은 자국보다 정치적, 경제적, 군사적으로 우월한 위치에 있는 제국을 악, 가해자, 지배자로 보는 매니키

---

[5] 젠더화된 노동이란 자본주의 가부장제 생산양식과 관련하여 그 하위층 개념을 여성에게 적용하고 여성의 몸/노동을 착취하는 것을 설명하기 위한 스피박의 용어이다. 노동개념을 주체와 연결시키는 개념이 바로 스피박의 '하위 주체'(Subaltern) 개념인데 스피박은 제3세계 여성을 하위 주체로 명명하면서 제국주의적 자본주의 하에서 자본주의 가부장제 생산양식과 여성 착취의 문제를 설명한다. 태혜숙, 「탈식민주의 페미니즘과 '몸의 유물론'」, 『탈식민주의 페미니즘』, 여이연, 154~155쪽 참조.
'하위 주체'란 말은 그람시의 용어로 지배계급의 헤게모니에 복종해야 하는 한 사회의 그룹들을 암시하는 말로 '열등한 서열'이란 의미를 갖는다. 하위주체란 농부, 노동자, 헤게모니에 접근이 불허된 다른 그룹들을 가리킨다. Bill Ashcroft, Griffith and Hellen Tiffin, *Key Concepts in Post-Colonial Studies*, Routeledge, 1998, pp. 215~219.
스피박은 그 개념을 응용하여 하위층인 농민들의 의식을 특권화하지 않기 위해 식민지의 사회적 생산에 개입되는 이질적이고 역동적인 층위들을 1. 지배적인 외국인 그룹 2. 전체 인도 수준에서 지배적인 토착그룹(1과 2는 엘리트 그룹에 속함) 3. 지역 수준에서 지배적인 토착그룹(지역 엘리트-하위층) 4. 민중과 하위 계급들(엘리트가 아닌 전체 인도 사람)로 나눈다. 민족공동체 연구에서 배제된 농민들을 역사의 주체로 기술하기 위한 연구가 하위층 연구 그룹의 목표였다면 그것을 제국주의의 계획된 에피스테메의 폭력으로 본 스피박은 인종과 계급, 젠더의 중요성을 강조하면서 하위층 여성에게 말을 걸어 최대한 그 경험을 복원하고자 한다. 태혜숙, 위의 책, 참조.

안[6]적 도식과 '민족은 하나이며 동일한 피해자'라는 통합성의 환상을 보여준다는 점에서 민족주의 페미니즘의 한계를 보여주기도 하지만 고정희는 대체로 제국주의 자본제와 자국 남근중심주의가 함께 여성 수난을 구성한다는 것과 결국 정치적, 군사적, 경제적 권력으로서의 제국주의가 남성중심 가부장제와 분리되지 않는다는 것을 인식하고 있다.

어즈버
문명국이 된 오늘날까지
방직공장과 기성복 공장
그리고 또 무슨무슨 공장에서
우리의 이쁘고 이쁘고 이쁜 딸들이
저임금과 철야, 잔업에 시달리며
생산증대 길쌈과 바느질로
돈받이 달러받이 일삼는 것 아니리까
구중궁궐 기계실과 밀실에서
성폭력과 강간폭력 노동통제 남근에 깔려

어머니 당했어요, 현모양처 되기는 다 틀렸어요, 돈이나

6 '매니키안적 알레고리'란 잰모하마드가 마니교도(3세기에 번성한 페르시아의 종교)의 이분법적 세계관에서 가져온 용어로서 고정된 대립을 물신화하는 경향을 가리킨다. 자신을 자아, 중심으로 생각하는 제국주의자의 식민주의적 텍스트 안에서 제국의 자아는 선한 것, 질서잡힌 것, 합당한 것으로 표상되고 토착적인 것, 원주민적인 것은 사악하고 어두운 악마적인 것으로 표상되는 것을 가리킨다. Abdul JanMohamed, "The Economy of Manichian Allegory", Ashcroft, Griffith and Tiffin ed, *The Post-Colonial Studies Reader*, Routledge, New York: 1995, pp. 18~23. 참조. 본 논문에서는 이러한 잰모하마드의 매니키안적 알레고리 개념을 피식민지의 텍스트에 적용시켜 피식민지 텍스트 안에서 드러나는 '제국=악, 가해자로 고정된 대립을 이분법적으로 물신화하는 경향'을 가리키는 것으로 쓴다.

벌겠어요!

기생관광 인당수에 몸던지는 것 아니리까

–고정희의 「사임당이 허난설헌에게–이야기 여성사 3」 중에서

이 시에서처럼 노동 현장에서 벌어지는 '성 폭력과 강간 폭력 남근 통제'와 같은 우리 사회를 지배하는 남성중심주의는 결국 제국의 기표로서의 자본과 똑같은 권력을 가진 것으로써 여성의 몸을 희생시키고 여성의 성 노동을 착취하며 거기에 더하여 '민족의 어머니인 여성의 몸은 순결해야 한다'는 순수혈통 가부장 중심주의 이데올로기를 가지고 오히려 피해여성들을 '숭고한 민족'의 범주 안에 들여 놓기를 거부한다. 역사의 연옥 속을 떠돌던 환향녀, 군위안부 여성이 제국/자국 민족주의/남성중심주의에 의해 삼중의 수난을 받았다면 제국의 자본에 의존된 산업화의 연옥을 떠도는 관광 기생들도 역시 삼중의 착취와 억압을 받았다고 할 수 있겠다. '기생 관광 인당수'라는 은유를 통해 그 성 노동자들이 자신의 쾌락이나 욕망을 위해서라기보다는 부모를 위해 자신의 몸을 바쳐 돈을 벌어야 했음을 알 수 있다. 제국주의적 조건 하에서 여성이 겪은 이중, 삼중화의 식민화를 위 텍스트는 잘 보여주고 있다.

고정희는 스피박의 지적처럼 스스로 자신의 말을 할 수 없는 하위 주체들의 경험 쪽으로 최대한으로 가까이 다가가면서 스스로 자기의 말을 할 수 없는 하위 주체들을 위하여 적극적으로 '말 걸기'를 시도한 한국 최초의 여성 시인이었다고 할 수 있다.

2. 동일성의 환상: 민족주의 담론, 여자의 몸/민족의 알레고리[7]

김승희는 또한 약한 나라의 딸로 태어나 제국의 군대에 자신의 성을 착취당하고 그럼에도 불구하고 단일 민족이라는 '동일성의 환상'을 지키고자 하는 '민족'의 이름으로 배척당한 여성 수난을 쓰고 있다. 그 여성들은 역사의 연옥으로 추방되어 '민족'의 바깥에 서있을 수밖에 없는 존재들이다.

어머니를 문 밖에
어머니를 문 밖에

[7] 프레드릭 제임슨은 「다국적 자본주의 시대의 제3세계 문학」이란 논문에서 "제3세계의 문학은 어쩔 수 없이 민족적 알레고리(National Allegory)로 읽혀진다"라고 말하고 있다. "모든 제3세계 문화 생산물이 보편적으로 가진 것, 그리고 제1세계의 유추적 문화적 형식으로부터 과격하게 구분되는 것은 제3세계의 텍스트들이 모두 필연적으로…… 매우 특정한 방식으로 알레고리컬하다는 것이며, 내가 민족적 알레고리라고 부르는 것으로 읽혀진다는 것이다. 특히 소설과 같이 널리 퍼져있는 재현의 서구적 기제로부터 발전된 형식에 있어서는 더욱더." 그 이유로 제임슨은 개발 도상국에서는 아직도 자본주의가 공적 영역으로부터 개인적 영역을 분열시키지 않았기 때문이라고 하며 그 결과로 개인적 운명의 이야기라 할지라도 항상 공적인 것, 문화와 사회의 전쟁터같은 구조의 알레고리가 된다는 것이다. Frederic Jameson, "Third-World Literature and the Era of Multinational Capitalism", Diana Brydon, ed., *Postcolonialism: Critical Concepts*, New York, Routelidge, 2000. pp. 541~564. 참조.
그러한 제임슨의 견해에서 제3세계 문화의 특수성을 간과하게 만들 전체주의적이고 보편화 경향을 본 아이자즈 아하마드는 그것을 강력하게 비판한다. Aijaz Ahmad, "Jameson's Rhetoric of Otherness and the National Allegory", Brydon ed., ibid. pp. 565~588. 참조. 프레드릭 제임슨의 입장에 따라 이상의 「날개」를 분석한 예로 Henry Lim의 "Yisang's Wings Read as an Anti-Colonial Allegory", *Muæ 1*, Kaya Production, New York, 1995.

그렇게 오래 세워 놓다니!

매주 열리는 일본 대사관 앞 수요 집회에
상복 입은 할머니들이 모여 서있다
비엔나 소년 합창단처럼 맑게 무엇을 지저귐 지저귐하고
있다
1942년 초등학교 5학년이었던 소녀가
어느 덧 독립 국가의 의젓한 할머니가 되었다고
기지촌 셋방에서 마이클 이병에게 맞아 죽은 윤금이는
코카콜라 병을 국부에 꽂고
우산대로 맞아서 눈알도 빠져 나온 채로 죽었다고

비닐 우산은 우산이 아니다
그 우산만도 못한 나라가 있다
산마다 봉우리 의젓한 봉분들
봉분마다 국부에 코카콜라 병이 꽂혀 있다
아메리카의 남근이여
마이클 이병이여
코카콜라여
메이드 인 저팬이여

—김승희의 시 「문밖에 계시는 어머니」 전문

'문 밖에 계시는 어머니'는 '정신대 여성의 몸/기지촌 여성의 몸/(유교에서 가장 신성시하는) 조상의 상징인 신성한 봉분'이라는 은유를 통해 의미론적으로 겹치게 하면서 여성의 몸을 훼손하는 제국의 남근적 기표들을 일본 대사관—기지촌—코카콜라 산업—메이드 인 저팬 상품들로 상징되는 자본과 연결시키고 있다. 이 시에 등장하는 여성들은 다양한 식민주의의 힘에 의해 육체가 착취되고 희생된 여성들로서 그들을 '문 밖에 세워두는' 것은 가해자 제국의 권력뿐만이 아니라 '더럽혀진 여성의 몸을 수용할 수 없는', 동일성 신화를 지키고자 하는 남성중심적 배타적 민족주의 담론이라는 것을 1연에서 환기시킨다.

케네스 마이클 이병에 의해 처참하게 살해된 기지촌 여성 윤금이는 질(膣)에 콜라 병이 찔려져 있었으며 우산대가 창자를 관통하고 있었고 입안에 성냥이 쑤셔 박혀 있었으며 온몸에 가루 세제가 뿌려져 있었다. 이 시에서 윤금이의 훼손당한 몸은 군사적, 경제적 제국주의적 남근들에 의해 훼손되고 또 한번 자국의 배타적 민족주의에 의해 재식민화된 하위 주체로서의 여성 몸의 알레고리나 민족적 자아의 알레고리로 읽힌다.

'봉분마다 국부에 코카 콜라 병이 꽂혀' 있는 것은 일본 제국주의가 한민족의 정기를 끊기 위해 전국의 산꼭대기마다 쇠말뚝을 박았다는 일제의 단맥 행위를 암시하는 양의 성을 가진 구절로서 식민주의 시기에는 일제의 쇠말뚝이, 식민 후기 시기에는 코카콜라 병으로 상징되는 거대 자본이 제국의 남근을 상징하는 환유로써 어머니의 몸을 훼손하고 있다는 이중적 언술이다. 코카콜라 병이 국부에 꽂힌 윤금이의 파손된 몸은 젠더화된 국가의, 훼손된 어머니의 몸 즉 민족의 알레고리[8]로서 이들을 제국주의의 남근으로서의

[8] 프레드릭 제임슨의 제3세계 문학의 특징으로서의 민족적 알레고리 이론을 지지하는 것은 아니다. 그는 주인으로서의 이상주의에 빠지게 된 제1세계 문학인 미국문학은 그 주제를 파편화된 주체성의 주인의 환상으로, 고립된 모나드의 빈한한 개인성 체험으로, 집단적 과거나 사회적 총체성을 붙잡을 가능성을 빼앗긴 미래가 없이 죽어가는 개인적 몸 등으로 축소시키고 있다고 말한다. 그러한 '장소 없는 개인성'은 역사의 악몽으로부터의 도피를 제공하지만 동시에 그것은 미국의 문화에 심리주의와 사적 개인성의 투사를 억지로 몰아넣는다고 말하며 그것들은 모두 상황적이고 물질주의적일 제3세계 문화에서는 부정되는 것으로 본다. 바로 그런 점이 제3세계 문화의 알레고리적 본성을 설명해주는 것으로 거기서는 개인적인 이야기와 개인적 체험들이 궁극적으로 집단성 그자체의 체험의 힘겨운 말하기를 내포하는 것이기 때문이다. Frederic Jameson, 앞의 책,

자본과 함께 남성중심의 민족주의 가부장제가 재식민화, 주변화한다는 것은 곧바로 민족 공동체의 단맥, 즉 파괴와 단절로 이어진다는 것까지를 암시하고 있다.

3. 가부장제 자본주의 시장 경제 속의 여성

글로벌 자본주의는 국적, 민족, 인종, 젠더 그리고 계급의 격차를 그 핵심에 집어넣고 있다. 이들 변수를 경제의 변수라고 불러 경제의 외부로 몰아냄으로써 경제는 겉보기에 중립성을 유지하고 있는 것처럼 보인다. 그러나 우에노 치즈코는 이러한 시장이 전혀 젠더 중립적이 아니라는 것을 『가부장제와 자본제』에서 밝히고 있다.[9] 시장 또한 노동과 마찬가지로 젠더화되어 있다는 것이다. 전지구적 자본주의의 틀 안에서 식민화되어 있는 여성들의 현실에 대해 관심을 가진 고정희는 필리핀 체류[10]와 여행 중의 경험을 통해 동남아

p. 562 참조.
기지촌이라는 특수한 공간은 군사적으로나 힘의 정치적 측면에서나 제국/자국의 문지방과도 같은 '경계선 공간'이고 기지촌이란 외국 군사의 영토에 가까운 장소는 자국이 제국 군대에게 빌려준 영토이자 자국의 통치력이 전반적으로 미치지 못하는 영토와 가까운 공간이기 때문에 기지촌 여성으로서의 윤금이의 몸은 개별 여성으로서의 개별성을 가졌다기 보다 '제국에게 빌려준 영토'의 환유로 읽혀질 수 있으며 집단적 역사와 사회적 상황으로부터 분리될 수 없다는 면에서 민족적 알레고리로 읽혀질 수 있다. 그러나 기지촌 여성과 미군 병사의 성적 관계가 반드시 민족적 자아와 제국의 자아의 문제일 필요는 없고 남성/여성이라는 개별적인 성적 관계일 뿐이기도 하다.

9 우에노, 치즈코, 『내셔널리즘과 젠더』, 위의 책, 한국어판 서문 xi 인용.

10 시인 고정희는 1990년 8월부터 이듬해 2월까지 필리핀 마닐라에 있는

시아의 글로벌 자본주의에 의해 젠더화된 현실과 성 노동으로 희생되는 여성의 몸, 그리고 착취되는 노동력에 대한 시를 쓰기도 한다.

어느 태양의 나라에서
아시아의 배고픔을 우는 아이야
슬픈 이야기가 여기 있구나
네가 태어나기 전부터 아시아엔
네 탯줄을 결정짓고
네 길을 결정짓는 힘이 따로 있었구나
네가 네 발로 걷기도 전에 아시아엔
네가 두 손으로 절하며 받아야 할
밥과 미끼가 기다리고 있구나

–고정희의 시 「밥과 자본주의–아시아의 아이에게」 중에서

문짝마다 번쩍거리는 저 미제 알파벳은
아시아를 좀먹는 하나의 음모이다
거리마다 흘러가는 저 자본의 물결은
아시아를 목조르는 합법적 강간이다
지프니 양철 지붕 밑에
알록달록 새겨놓은 저 암호문이나
모든 수퍼 마켓과 대형 백화점에 면밀하게 진열된 양키즘은
세계 인민의 기둥서방을 자처하는

아시아 종교음악연구소 초청으로 아시아의 시인 및 작곡가들이 모여 벌인 '탈식민지 시와 음악 워크샵'에 참여하여 여러 가지 다양한 문화적 체험과 글쓰기를 했다고 한다. 그곳에서 머무르는 동안 태국, 인도네시아, 쟈바, 싱가폴 등지를 혼자 여행을 했다고 한다. 그러한 동남아시아 여행 체험 속에서 유작시집 『모든 사라지는 것들은 뒤에 여백을 남긴다』 안에 게재된 「밥과 자본주의」 연작시가 태어났다. 조형 외 편, 『너의 침묵에 메마른 나의 입술』, 또하나의 문화, 47쪽.

매판자본의 매춘문화이다
……(중략)……
우기의 홍수 보다 무섭게
아시아의 넋을 점령해버린 칼,
메이드 인 유에스에이
메이드 인 저팬
메이드 인 차이나 그리고 이제는
메이드 인 코리아?

-고정희의 시 「브로드웨이를 지나며」 중에서

위의 두 시 텍스트에서 고정희는 제국의 자본에 의해 아시아 여성은 전지구적 생산 시스템 속의 하위 주체로 재식민화, 주변화되었음을 인식하면서 그러한 제국주의 자본의 구조적 지배 아래 있는 시스템 하에서 가난한 아시아 여성이 노동시장과 성 노동 시장의 피착취 계급으로 살아갈 수밖에 없는 수난을 노래한다. 전지구적 자본주의 시스템 바깥의 밥의 가능성은 아시아의 어린 소녀들에게 아예 없는 것이다. 그 시스템 안에서 하위 주체로 태어난 이상 그 미끼를 무는 수밖에 다른 생존의 방법은 없는 것이다. 이 텍스트는 강한 매니키안적 이분법을 보여주고 있다. 즉 양키즘=음모자, 강간자, 기둥서방, 매판 자본, 칼로 은유되며, 아시아 여성=배고픈 자, 피해자, 매춘녀로 은유된다. 그러나 고정희는 제국의 남근, 즉 자본가로서의 양키즘이 메이드 인 유 에스 에이, 메이드 인 저팬, 메이드 인 차이나, 메이드 인 코리아로 확대되어 간다는 것을 읽어내어 그 매니키안적 알레고리의 단순성을 극복한다. 그러한 제국주의 자본의 범주 속에 '메이드 인 코리아'도 진입하게 됨으로써 한국도 근대적 산업화에서 어느 정도 우세한 위치를 가지게 되었으며 그럼으로써 젠더화된 저개발국에 대해 자본의 남근중심적 야수성을 행사할 수도 있다는 것을 경고, 반성케 한다.

저개발 국가에 밀려드는 자본의 남근적 폭력성은 미국이나 일본과 같은 어느 강대한 국민국가의 속성이라기보다는 바로 자본주의 그 자체가 제국주의의 남근적 지배성을 가지고 있는 것이며 그런 점에서 일본이나 중국이나 한국의 가부장적 자본주의도 미국의 그것과 다를 것이 없으리라는 것을 시인은 인식한다.

제국의 자본에 의해 수동적으로 젠더화되어 있는 아시아의 여성적 현실 속으로 서구 제국의 남성들은 에이즈 혈청 보유자로 비유된다. 그러한 에이즈 혈청을 보유한 제국의 백인 남성이나 패전한 후 군대 위안부를 각지에 버리고 도망가 고향에 돌아가지도 못하고 절벽에서 떨어져 죽게 한 일본 군국주의자들은 식민주의 권력의 남성성을 상징하는 것이다. 이와 달리 "아시아 여자가 윤간을 당하고 있는 동안 희망같은 담배를 피우고 있"는 아시아의 남자들은 여성적으로 젠더화된 타자 남성을 상징한다.

> "서구 대륙의 에이즈 파도가 엄청난 부피로 하선되고 하선되는 것을 보았습니다//에이즈 혈청을 휴대한 백인 남자들,/배 위에 배 하나를 더 얹은 듯한 배불뚝이 남자들이며 백발이 성성한 늙다리 남자들이 젊고 가냘픈 아시아 여자들을 사타구니에 끼고 합법적인 윤간을 즐기는 동안, 아아 아시아의 남자들은 눈 밖에서 남배같은 희밍 혹은 희망 같은 담배를 피워대고 있었습니다 나는 문득 사이판이나 오키나와 섬으로 끌려가 수중고혼이 된 아시아 여자들이 남긴 비명소리, 아슬아슬한 절벽에 몸을 던지며 최후의 일성으로 외쳤다는 어머니~ 어머니~ 하는 울부짖음을 푸에르토 갈레라 파도 소리 속에서 들었습니다."
>
> -고정희의 시 「밥과 자본주의-푸에르토 갈레라 쪽지」 중에서

아시아 여성이라고 해도 다 같은 동일성으로 묶일 수 있는 것은 아니고 약소국의 여성이라고 해서 강대국 남성에게 다 약자의 위치에 처해진다고 볼 수도 없다. 고정희는 자본주의제적 근대화에서 상대적으로 낙후된, 그리하여 산업화에서 주변부에 위치한 아시아의 현실을 하위 주체들을 중심으로 젠더화하여 알레고리적으로 표현하고 있는 것이다.

김승희의 「신촌 맥도날드 점」에서 읽을 수 있는 것도 제국의 권력과 유색 인종 여성, 자본주의 종주국과 피식민지적 현실의 관계이다.

> 맥도날드가 신촌 로터리에까지 와있구나.
> 피흘리며 허공 중에
> 솟구쳐 매어달린 젖가슴.
> 여기까지 먹여주려고 어느 새
> 반도에까지 맥도날드가 왔구나.
> 나 보다도 더 먼저
> 도착해
> 금빛 유방을 보란 듯이
> 반도의 하늘에 걸어놓은 맥도날드여.
> ……(중략)……
> 뉴 멕시코를 달리던 어느 밤,
> 어둠을 달리고 있던 나의 허기진 얼굴 위로
> 어느 숲을 돌자 네온의 기가 와락 쏟아져 내리던
> 금칠한 네온 유방이여.
> 어머니의 피흘리는 밥상이여.
> 그날 먹은 빅맥은 하나의 성찬식, 배를
> 채운 금빛 기운으로
> 어둠을 지나고 숲 또 대평원을 달려 산타페,
> 그리운 나의 산타페에 입성하였으니.
> 그러나 그리운 산타페. 나의. 그런 것은

어디에도 없는 그런 곳.
스페인 기병대에 학살당하고 능욕된.
학살은 옛날 옛날 그 옛날에 이미 완결되었고
산타페 박물관은 학살 박물관, 5·18 기념 박물관.
용산 전쟁 박물관
이미 찢어진 홍인의 어머니와 딸들의 유방
식민지의 유령이 떠돌며
담요와 벽설이와 은세공 목걸이들을 피는 것을
보았는가.
모카신을 신고 아직도 대평원을 날아 다니는
인디언 처녀들의 유령이여. 전사여. 관광 상품이여.

식민지의 입들이여.
맥도날드여, 나는 너를 특별히 규정하려는 것은 아니다.
피식민의 유방들은
어디에서도 지금도 능욕되고 있을 것이다.
대로에서 잘려진 유방은
1980년 광주
좌유방부자창 우측흉부 관통상
열아홉살 처녀 손옥례만의 것은 아니다. 아니지만.
신촌 로터리에 서서
나의 허공에 전시된 너의 금빛 유방을 바라보면서
원주민을 말살해서는 안된다.
원주민을 먹여주어야 한다-는
먹이는 제국주의. 강간이 아닌 유혹으로
이제 정책을 바꾼.
나는 지금 좀
그런 얼떨떨한 제목으로 서서
내 식민지의 허기를 좀 바라보고 있는 것이다.

-김승희 시 「신촌 맥도날드 점」 중에서

금빛 바탕에 빨간 M자를 그려놓은 맥도날드 로고는 후기 산업화 시대 최고의 패스트푸드 산업의 상징이며 세계인의 입맛을 길들인 자본주의 체제 속의 '먹여주는' 어머니(M자는 맥도날드 가의 M자이기도 하지만 Mother의 M자로 읽을 때 '우리를 먹여주는 자' 혹은 '먹는 곳'이라는 함의가 발생한다)의 상징이다. 그러나 그것이 결국 '네온 유방'일 수밖에 없는 것처럼 그것이 아무리 토착민들의 입맛을 순수하게 잡아끌어도 그것은 결국 제국주의의 유방이자 제국의 유혹의 기표일 뿐이다. 맥도날드 로고에 그려진 M자체는 약간 변형되어 여성의 젖가슴처럼 봉긋한 관능성을 보이기도 한다.

이러한 M자에서 읽을 수 있는 여성성, 모성성은 시인의 상상력 속에서 허공 중에 떠있는 젖가슴—절단된 젖가슴—훼손당한 여성성—광주에서 젖가슴이 절단되어 죽은 손옥례—뉴멕시코에서 스페인 기병대에 의해 능욕당하고 죽은 토착 아메리칸 여성이라는 '피식민 여성들'의 수난의 연상으로 전개된다. 역사적 폭력이든 자본주의적 폭력이든 결국 남근중심주의적 폭력과 유추적인 것이라면 산타페에 있는 역사박물관은 5·18 기념관과 다를 바가 없고 광주 항쟁 때 희생당한 손옥례의 유방은 스페인 제국주의에 의해 학살된 토착 아메리칸 소녀의 피에 젖은 젖가슴과 다를 바가 없는 것이다.

4. 전지구적 자본주의 체제 하의 제국의 부름: 유혹의 식민화와 상상적 주체성[11] 형성

그러나 제국주의의 대중문화의 영향권 안에서 이미 주변부/수용자로서의 위치를 차지하고 끊임없이 제국의 문화의 상징계로부터 주체성 형성에 영향을 받고 있는 제3세계의 현실은 이제 제국=가해자, 지배자, 수탈자라는 단순한 매니키안적 비유로만 형상화하기에는 너무나 복잡하다. 세계화는 근대적 문화의 핵심에 놓여있고 또한 문화적 실천들도 세계화의 핵심에 놓여있다. 세계화의 특징은 복합적인 연결성을 가진 것으로 근대 사회의 경험적 조건 안에 너무도 복잡하게 얽혀있다. 물건들, 자본, 사람들, 지식, 이미지들, 범죄, 공해(公害), 마약들, 패션들, 종교들 등 모든 것들이 재빨리 국토의 경계를 넘고 있고 상호 연결과 복수(複數)적 연결을 그 특징으로 한다. 초국가적 네트워크들, 사회 운동과 관계는 아카데미에서부터 성적인 것에 이르기까지 모든 영역에 그 연결은 확장되어 있다.

11 라캉의 입장에서 주체성 형성이란 거울 단계를 통한 상상적 단계, 즉 2자가 합일되어 있다는 통합의 환상 단계를 거친 다음 언어를 통해 큰 타자나 아버지의 법으로 다가오는 문화적, 사회적 질서 즉 상징계로 진입하면서 이루어진다고 한다. 상징계나 아버지의 이름으로의 진입 과정을 거치지 않고 유아적으로 거울 단계에 머물러 있는 경우 나르시시즘적이고 환상적 동일시에 빠져있는 미숙한 주체라고 부르며 세계를 객관화시킬 능력을 가지지 못한다고 한다. Sullivan, *Jacques Lacan and the Philosophy of Psychoanalysis*, 1987 참조.
따라서 백인 스타들이 등장하여 최고로 환상적인 미장센을 연출하는 제국의 화려하고 자유주의적인 대중문화를 거울처럼 보고 자라난 유색 여성들이 특히 전세계의 여성들을 소비자로 최고로 우아하게 호명하고 있는 광고 스크린의 황홀한 부름과 유혹의 기표들로부터 자신을 객관화시키기가 어렵다는 것은 자명한 일이다. 그러한 거울 작용에 어릴 때부터 노출된 경우 자신의 주체성의 타자화, 소외화, 식민화 현상조차 인식하는 것이 어려워진다고 볼 수 있다.

개별 민족 국가의 틀을 종횡무진 넘나들며 움직이는 자본의 막강한 힘 속에서 민족주의, 반제국주의, 매니키안적 대립의 단순한 시각 등이 효과적이라고는 이야기할 수 없다.

또한 제국의 가장 강력한 남근으로 거대 자본과 초국적 기업이 등장하면서 제3세계의 민중, 아시아의 하위 주체들조차도 어느 정도의 경제력을 갖춘 '소비자'로 인정받게 되면서 제국과 주변부 사이의 관계 양상에 엄청난 변화가 오기 시작했다. 글로벌 자본주의 하에 제1세계의 생산품들은 전지구적 스타 시스템 안에서 만들어낸 광고를 통하여 하나의 소비재의 차원을 뛰어넘어 텔레비전 스크린의 거울 기능을 최대한 이용하여 제3세계 여성들을 호명하는 기제로까지 작용하고 있다.

> 니나리치가 부른다
> 향기로운 너를 만들어 주겠다고
> 크리스찬 디올이 부른다
> 불란서 멋쟁이로 꾸며 보겠다고
> 피에르 가르댕이 부른다
> 나이키가 부른다
> 엘리자베스 아덴이 부른다
> 환상 창조-이브 탄생
> 에스터 로데가 부른다
> 너, 너, 너를!
>
> 왜 거짓말을 하세요? 거짓말을 하지 말고
> 속이세요, 속여요, 당신의 나이를,
> 오일 어브 오레이가 너를 부른다
> 랄프 로렌이 너를 부른다
> 캘빈 클라인이 너를 부른다
> 조르지오 아르마니가 너를 부른다

조지오 알마니의 페이즐리 무늬의 메트레스를 구입하라고
랄프 로렌 침대 시츠
캘빈 클라인 포푸리
게스의 기저귀 선반
다나 캐런의 티세트
크리스챤 디오르 디너 웨어
글로리아 밴더빌트의 야외용 가구

아, 나는 너무나 특별한 사람
저렇게 많은 세계적 유명인사들이
나, 나, 나를 부른다

-김승희의 시 「제국주의가 간다」 전문

이러한 달콤한 호명 기제를 통하여 유색 인종／여성들은 점점 더 제국의 유혹의 기표의 부름을 따르는 소비적／순응적 존재가 되어 가며 그러한 거울 단계의 상상적 작용을 통하여 자신이 더욱 더 제국주의 자본주의 시스템 하에서 타자화, 주변화되어 간다는 것을 인식하지 못하게 된다. 그들은 동경, 선망, 모방의 단계를 거쳐 드디어 제국과 동일시되어 감을 인식조차 못하게 된다. 재식민화가 되어가고 있는 것이다.

고정희는 「밥과 자본주의-왜밥, 왜자, 왜교를 경고함」에서 거대 자본에 의한 재식민화 현상에 대해 경고를 퍼붓는다.

자고로 왜밥은 신민을 만든다(아시아 바람의 전언)

유사 이래 왜자는 매국을 만든다(마닐라 통신)

초지일관 왜교는 낚싯밥을 만든다(차이나 유언비어)

경고한다 경고한다
한국 전국토에 퍼져있는
코끼리 밥통 속의 왜밥
전자 공학 속의 왜자
소니음향기기 속의 왜교를 경계하라

그러한 제국 자본의 재식민화 현상을 고정희는 '악령의 통일'이라 부르며 "악령의 자본이 시대를 제패한 후/……/악령태평천국 박제수술대에 누운 어린 영혼이/새시대 주기도문을 받아 외우네/세계는 이제 악령의 통일로 가고있네/지적이고 우아하며 또 귀족적인 환상으로 사랑으로"라고 어마어마한 자본 제국주의의 우아한 식민화 현상에 체념 섞인 고통을 표하고 있으며 "지배와 권력과 행복의 근원이 영원히 자본의 식민 통치에 있사옵니다"라고 주기도문을 패러디하여 우리 시대에 신의 자리에까지 오른 자본의 식민통치를 통렬하게 풍자하고 있다.

또한 고정희는 제국주의 문화에 대해 환상적 동일시 기제에 빠져있는 유색인들의 넋을 깨우기 위해 "경보 장치가 없는 아시아에서/시장마다 번쩍거리는 저 외제 상표는/아시아 사람들의 희망이 아니다/거리마다 흘러가는 저 팝송 가락은/아시아 사람들의 신명이 아니다/칼자루를 쥔 제국의 음모가/종말처럼 가까이 다가오고 있을 뿐"이라고 경고한다. 자국 문화보다도 제국의 문화를 즐기고 자국 상품보다 제국의 상품에 열광하는 제3세계인들의 제국에의 동일시 환상을 깨고 그 배후에 들어있는 제국의 칼을 경고하는 것이다.

그러나 전지구적 자본주의 하에서 토착순종주의나 민족주의, 반-제국주의적 서사만으로 글로벌 자본주의 가부장제 하에 제국주의의 기획 자체를 무산시키거나 대항하기는 어렵다고 하겠다. 글로벌 자본주의 시대에 또한 문화적 식민 지배와의 일상적 대면 속에서 제국의 유혹의 기표들에 어떻게 반응할 것인가? 문화적 통합성을 강조하는 민족주의 이데올로기 자체도 제3세계 여성을 억압하는 상황 속에서, 이러한 제국의 다중적 압력 안에서, 어떻게 전지구적 자본주의 가부장 사회에 대항하는 탈식민주의적 페미니즘적 시각을 정립하고 대항 담론을 생산하며 정체성을 정립할 것인가? 제국주의 조건 하에서 여성들이 겪는 이중 식민화에 대한 투철한 인식과 여성 주체들을 식민화시키는 담론에 대한 인식이 필요하며, 그 전복으로서의 대항 담론 생산이 무엇보다도 긴요하다고 하겠다. 제국/남성중심/민족주의/자본주의 담론에 대해 대항 담론을 생산하고 전복적 텍스트를 만들기 위해서는 양선희의 시 「나는 그를 제국주의자라 부르련다」가 보여주는 것 같은, 텍스트 안의 '그'라는 삼인칭 대명사가 함축하고 있는 무수한 남근중심 권력들을 인식하고 일상 속에서 검색해내는 지성이 필요하다. 즉 탈식민주의적 페미니즘적 인식이 필수적으로 선행되어야 한다고 하겠다.

> 그는 나를 골라/어린 가지들은 휘고 비틀어/굵은 철사로 칭칭 감고/제 마음에 안드는 억센 가지들/무성한 잔뿌리는/싹둑싹둑 잘라내고/더이상은 헛뿌리도 뻗을 수 없는 곳에/옮겨심는다//때때로 그는 내게/성장 호르몬을 주사하고/빛을 향해 새로 돋는 싹눈은/사정없이 떼어버린다//오, 나는/접목된 남의 꿈을/꽃피우고 열매맺는다.//내 뜻과는 다른 방향으로 나를 키우는 그를/나는 제국주의자라 부르련다.

차학경의 「딕테」 읽기:
탈식민주의적, 포스트모더니즘적, 페미니즘적 독해

1. 지배문화에 대한 혁명적 언어 실천

테레사 학경 차의 「딕테」[1]는 그녀가 남긴 유일한 텍스트이면서 다양한 비평적 시각에 의해 조명되어온 아주 흥미로운 '현대의 고전 텍스트'라고 부를 수 있다. 179쪽의 작은 책이 어떻게 그렇게 다양한 비평적 탐사를 허용하는지 경이로울 정도다. 그것은 다장르적이고 다매체적이며 바흐친의 용어로 혼합 언어(헤테로글라시아[2])적 텍스트이다. 「딕테」는 서양의 이성중심주의적 근대를 명백히 거부하고 억압된 자의 시각과 목소리로 소수민족의 역사를 아방가르드적 언어로 기술하고 있다는 점에서 포스트모더니즘[3]과 궤를 같이

1 Teresa Hak Kyung Cha, *DICTEE*, Third Woman Press, Berkeley, 1995.
차학경, 김경년 역, 『딕테』, 토마토, 1997.
이 논문이 인용하는 부분은 김경년 번역의 한국어판 『딕테』에 따름을 밝혀둔다.

2 Clark & Holquist, *Mikhail Bakhtin*, The Belknap Press, Harvard Univ. Press, Cambridge, Massachusetts, and London, England, 1984, p. 5.

3 Cynthia Willett ed., *Theorizing Multicultualism*, Blackwell Publishers,

한다. 또한 피식민자의 고통으로 타오르는 혀(일제 시대에 모국어를 빼앗긴 채 일본어를 사용해야 했던 어머니의 고통과 어린 이민자로서 자신이 지배집단의 언어인 영어의 세계에 들어갔을 때의 소수민족의 고통으로 불타오르는 마비된 혀와 유추적 관계를 가진다)로 식민주의자들의 욕망을 검색하고 드러낸다는 점에서 탈식민주의적[4] 시각을 보여주며 남성중심주의적 역사 기술(記述)을 거부하면서 여성－민중(거대 서사에서 이름을 얻지 못한 사람들, 자신의 어머니나 외할머니, 또는 이름 없는 여인 등)의 목소리로 Her-story를 씀으로써 가부장 이데올로기를 받아 치고 있다는 점에서 페미니즘적 시각[5]을 보여준다.

「딕테」는 모두 열 개의 장으로 구성되어 있다. 각 부분마다 그리스 신화에 나타나는 시신들과 각개 시신들이 주관하는 학문 또는 예술의 장르가 제목처럼 앞서고 그 다음에는 역사적 여성(유관순, 저자의 어머니, 성 테레사 등)의 사진 또는 흑백의 그림 영상이 있다. 원문은 영상 다음에 시작되며 문체는 대부분 시의 형식이고 산문도 설명문이라기 보다는 산문시형으로 되어 있다.[6] 첫 번째 부분은 그리스의 여성시인 사포의 "육신보다 더 적나라하고, 뼈대보다 더 강하며, 근육보다 더 탄력있고, 신경보다 더 예민한 이야기를 쓸 수 있기를……"이라는 인용으로 시작되고 받아쓰기 형식으로 된 불어의 문단, 그리고 그것을 영역한 문단이 나온다. 이어서 '말하는

Malden, Massachusetts, 1998. p.2.

4 빌 애쉬크로프트·개레스 그리피스·헬렌 티핀, 이석호 역, 『포스콜로니얼 문학 이론』, 민음사, 1996, 140~141쪽.

5 토릴 모이 지음, 임옥희·이명호·정경심 공역, 『성과 텍스트의 정치학』, 한신문화사, 1997, 74~75쪽.

6 김경년 역, 『딕테』, 8쪽.

여자'가 나오고 불어 번역, 동사의 변형 연습 등이 뒤따른다. 둘째 부분은 '클리오－역사'로 유관순의 사진과 그에 대한 글, 하와이 한국 동포들이 루즈벨트 대통령에게 일본의 군국주의적 야욕에 의해 희생된 조선인의 비극에 관한 탄원서, 3·1운동을 묘사한 글 등이 나온다. 셋째는 칼리오페－서사시, 넷째는 우라니아－천문학, 다섯째는 멜포메네－비극, 여섯째는 에라토－여성시, 일곱째는 엘리테레－서정시, 여덟째는 탈리아－희극, 아홉째는 테르프시코레－합창 무용, 열째는 폴림니아－성시(聖詩)로 구성되어 있다.

그러나 이 열 개의 이야기, 또는 산문시가 서로 연결되어 있는 것은 아니다. 파편화된, 통합성과 유기성을 상실한, 분산된 반리얼리즘적 플롯 속에서도 자신의 정체성[7]을 탐색하기 위해 어떤 기억을 재현하려고 노력하고 있는 한 이방인, 이민자의 모습을 보여준다. 그러나 그 언어는 그녀 자신의 것이 아니기에 언어는 절룩거리고 더듬거리고 시작된 말은 중단되고 숨을 쉰 다음 다시 힘들여 이어가기도 하며 영어나 불어 단어들을 비틀고 빼고 더하기도 하는, 언어유희를 하며 문법을 일탈시키고 구두점을 언어화하는 등 모든 모더니즘 아방가르드적 장치를 동원하여 지배적이고 엄숙한 언어체계를 교란하고 있다. 그러므로 이 책에선 메시지 자체보다도 언어 자체가 더 문제가 되고 있는 것을 느낄 수 있다.

둘째 장인 '클리오 역사'에서는 DISEUSE라는 제목이 나온다. 불어의 DISEUSE(말하는 사람)는 DISEUR, 즉 화술가, 운명을 말하는 사람의 여성명사라고 하는데 그 제목은 영어의 DISUSE(폐지, 철폐)를 연상시키면서 한 단어의 단일 의미를 교란시켜 애매모호성을 증

7 Lisa lowe, "*Decolonization, Displcement, Disidentification*", Linch and Warner, ed., *Cultural Institutions of the Novel*, Duke Univ., Press, 1996, p. 108.

폭시키는 역할을 한다. 아방가르드 예술가들은 기의(시니피에)의 독재와 그 법칙의 폭력성을 드러내기 위해 단일의미를 교란시키기 위해 동음이의어 유희를 한다든가 언어 속에 이질성을 집어넣어 혼란을 시키고 방언들을 넣고 첨자, 탈자, 오자들을 고의로 도입함으로써 로고스중심주의적 단일성을 위기로 몰아넣는[8] 역할을 한다. 따라서 불어 diseuse(말하는 사람)는 불어 여성명사이면서 영어 disuse(폐지, 못쓰는 것)를 연상시킴으로써 어떤 언어의 절대적 중심성을 부정하고 언어란 절대적인 것이 아니며 단지 차이에 의해 존재하는 상대적인 것임을 보여주면서 '말하는 사람'이라는 의미와 '폐지'라는 이질적인 의미가 겹치면서 데리다가 차연(differance)[9]이라고 부르는 현상이 일어난다. 우리의 의식 속에서 의미는 차이와 유보에 의해 망설이면서 그러나 '못쓰는 것을 말하는 여자'라는 새로운 의미를 합성해 낸다.

그녀 스스로도 「예술가의 말」에서 "내 작품의 주요 부분은 그것이 혀 끝에서 태어나기 전에 언어의 뿌리를 찾고 있는, 언어와 관계되는 것이다. 늦은 나이에 좀더 의식적으로 외국어들을 배우도록 강제되면서 언어를 향한 다른 지각과 적응이 생겼다. 나의 흥미를 지속적으로 끌어 온 것은 언어의 문법적 구조들, 통사론들이었다. 어떻게 해서 언어체계 그 자체 안에서 기능과 관례에 따라 말들과 의미들이 형성되는가, 통사법을 바꾼다든지 컨텍스트를 없애서 고립시킨다든지 반복이나 최소 단위로 축소시킨다든가 하는 여러 조작을 통해 어떻게 변형을 만드는가 하는 것이었다. 이러한 관심은 책을 만드는 과정 안에서 실험되었는데 여전히 다른 구조 속에 있

---

8 Juliana de Nooey, *Derrida, Kristeva, and the Dividing Line*, Garland Publishing, Inc., New York and London, 1998, pp. 180~181.

9 김보현, 자크 데리다: 「형이상학의 해체와 해체주의」, 김욱동 편, 『포스트모더니즘과 포스트구조주의』, 현암사, 1991, 88~94쪽 참조.

는 쓰여진 텍스트와 이미지들을 합치기, 책이 가진 물질적 속성들(페이지 순서나 침묵, 쉼들, 시간, 공간)에 대한 실험이기도 했다." 고 선언하고 있다.

그러니까 「딕테」는 결국 기억의 피를 언어로써 곧장 재현하는 책이 아니라 그 기억의 여신의 피를 언어화하려는 과정에서 자신의 말과 숨을 억압하고 있는 '언어 체계 그 자체'(라캉의 상징계)를 흔들어 보고 교란, 해체시키려는 아방가르드 예술가의 언어적 실험이고 지배문화를 가지고 있는 큰타자들의 문법규칙과 상징적 질서를 전복하고자 하는 게릴라적 욕망의 책이라고 할 수 있겠다.[10]

그녀는 리얼리스트 예술가들처럼 언어가 세상을 재현해주고 예술가는 언어를 통해 세상과 자신의 기억을 그대로 재현할 수 있다는 소박한 믿음 따위는 아예 가진 적이 없는 듯하다.[11] 이런 의미에서 그녀는 제임스 조이스나 사무엘 베케트와 같은 언어실험의 대가들과 가깝다고 할 수 있다. 그녀가 늦게 강제로 배워야 했던 이방의 언어, 그 지배문화의 언어들의(문법규칙들의) 독재성을 깨닫고 그 지배적인, 로고스 중심주의적인, 보편적이라고 믿어지는 언술의 형식을 해체하여 고유한 자기만의 언어를, 여성언어를 발명하고자 하는 간절한 욕망을 보여주고 있는 텍스트가 바로 「딕테」이다.

그리하여 이 책 속에는 두 개의 '딕테'(받아쓰기)가 존재한다. 제1의 받아쓰기는 학교 교실에서 이루어지는 강제된, 명령된, 수동적 받아쓰기요, 제2의 받아쓰기는 아홉 명의 뮤즈에 접신하여 여성중심적 꿈과 기억과 상처와 사랑으로 민족적, 개인적 자아의 우주를 창조하려는 능동적 받아쓰기이다. 첫 번째 받아쓰기는 상징계 속의

---

10 Juliana de Nooey, 앞의 책, pp. 180~181.

11 Lisa Lowe, 앞의 책, p. 108.

아버지의 받아쓰기요, 두 번째 받아쓰기는 상상계 속의 어머니의 받아쓰기이다.

그리하여 그녀의 텍스트는 전심전력으로 혼신을 다해 말하기는 하지만 전혀 유창하지 않고 말하기가 계속 불편한 듯하며(영어 텍스트를 읽노라면 어떤 울먹임, 말을 찾는 울먹거림이 느껴지는 듯하다), 지금 그녀가 텍스트 안에서 사용하고 있는 말이 모국어가 아닌 외국어임을 누구에게나 금방 느낄 수 있도록 하고 있다. 이런 그녀의 영어에 대해 한국식 영어라고 말하기도 하고 늦게 배운 영어의 미숙함이라고 평자들은 지적하기도 하지만 그러나 나는 프랑스 페미니스트 이론가들의 입장을 따라 '한 여성이 글을 쓰고 말함으로써 자기 존재를 규정할 때, 개인적으로 불편할 수 있는 언어인 외국어와 같은 어떤 것으로 억지로 말하게 된다'는 견지에서 그녀의 언어적 특성을 이해해 보고 싶다. 어떻게 보면 여성 작가들은 자신의 모국어 안에서 말할 때조차도 외국어로 말하는 듯한 불편함, 소외, 고독감을 느낀다. 게다가 차학경이 책에 쓰고 있는 영어, 또는 불어는 그녀에게 모국어도 아닌 것이다. 그렇다면 그녀가 언어체계 안에서 느끼는 소외감과 억압감은 이중의 소외, 이중의 억압이 된다. 제3세계 언어를 쓰다가 늦은 나이에 남의 언어체계 안으로 들어온 이민자라는 소외감과 억압감과 영원히 타자인 여성으로서 남성중심적 언어체계 안에서 말해야 하는 이중의 소외가 그것이다. 그녀는 이중의 타자로서 중심에 있는 주체이며, '쓸데없는 것을 말해야 하는 여자'이기도 하다.

"나는 여성의 문학을 생물학 때문이 아니라 어떤 의미에서는 그것이 식민지 언어이기 때문에, 하나의 특수한 부류로 인정한다"는 크리스티엔 라치폴트의 말[12]은 차학경식의 언어 실험에 많은 시사

12 일레인 쇼왈터, 「황무지에 있는 페미니스트 비평」, 김열규 외 공역, 『페

를 던져준다고 생각한다. 차학경이 맞서 있는 언어는 본질적으로 외국어이고 그 외국어의 언어체계는 자신의 모국에 비해 지배집단, 지배문화의 언어이며,(그러기에 식민지성을 더 느낄 수 밖에 없고) 게다가 그 사회 안에서도 소외되고 결여된 자, 즉 영원히 타자에 속하는 여성의 언어인 것이다. 그러기에 그녀는 한국어를 빼앗기고 지배자, 강탈자, 제국주의자의 언어인 일본어로 말해야 했던 어머니의 식민지 시절의 고통에 처절한 공감을 가지고 자기 동일시를 한다.

그런 만큼 「딕테」 속의 언어적 실험들은 차학경의 지배문화, 남성문화에 대한 혁명적 언어 실천(크리스테바)으로 볼 수 있으며 이 지점에서 그녀의 시도는 바로 여러 가지 서구이론들-모더니즘과 포스트 모더니즘, 백인문화 중심의 식민주의를 검색해내는 탈식민주의, 페미니즘, 정신분석학적 언어학 등과 만나게 된다. 바로 그런 요인이 「딕테」를 서구 지성계에 문제작가, 아방가르드적 실험가, 포스트 모던 민족주의자의 낯설고 신비한 텍스트로 떠오르게 하는 이유가 아닐까 생각한다.

2. 받아쓰기를 거부하기-타자에서 주체로 가는 길

「딕테」의 책뚜껑을 열면 속표지에 '어머니 보고 싶어 배가 고파요 고향에 가고 싶다'라는 한글이 나온다. 그 글씨들은 일본 황실의 은신처로 연결되는 터널의 내벽에 새겨진 한국인 노동자들의 것으로 추정된다. 이 낙서 글씨는 컨텍스트를 알지 못하면 별 의미가 없는 말이다. 일본 제국주의 황족들의 안전한 도망을 위하여 아마

미니즘과 문학』, 문예출판사, 1988, 44쪽.

도 강제동원되어 어두운 땅 속에서 곡괭이로 굴을 파고 있었을 조선 식민지 노동자들의 역사적, 정치적, 피지배민족적 컨텍스트 속에서야 그 낙서의 진정한 절망은 이해된다. 그녀는 식민주의자들에 의해 강제로 동굴 속에 수용되어 노동하는 그런 굴 속에서 자기 정체성을 창조할 기억의 재현과 역사의 재현(그녀의 경우 개인사와 민족사가 병행을 이루며 함께 간다)을 시작하고자 한다. 그러나 말은 금방 나오지가 않는다. 그 다음 페이지엔 열 번째 뮤즈라고 불리웠던 여성 예술가의 대모이신 희랍의 시인 사포의 말이 나온다. "육신보다 더 벌거벗은, 뼈보다 더 강하며, 근육보다 더 탄력있고, 신경보다 더 예민한 말들을 쓸 수 있게 하소서."

그녀는 자신의 부정되고 몰수당한 말과 함께 부정되고 몰수당한 영혼을, 존재의 뿌리를 찾아내기 위해 (아니다, 찾는다는 말보다는 아마도 창조한다는 말이 옳을 것이다), 아니 창조하기 위해 사포의 기도를 뮤즈들에게 바친다. 억압당한 말을 풀어주고 얼어붙은 말들을 자유롭게 해방시킬 뮤즈들을 불러 오기 위하여, 뮤즈들을 불러와서 분리—소외—상실의 고통을 녹여 타자에서 주체가 되기 위하여.

「딕테」는 무당이 자신의 신을 부르는 간절한 기도(사포의 기도를 빌린)에서 출발하여 자신의 부름에 응답하여 등장한 아홉 명의 뮤즈들과 함께 시작된다. 그리하여 다음 페이지엔 희랍 신화에 나오는 아홉 명의 뮤즈들의 이름이 등장한다. 클리오(역사의 여신), 칼리오페(서사시의 여신), 우라니아(천문학의 여신), 멜포메네(비극의 여신), 에라토(애정시의 여신), 엘리테레(서정시의 여신), 탈리아(희극의 여신), 테르프시코레(합창무용의 여신), 폴림니아(성시의 여신)이 그들이다. 그들은 모두 제우스와 기억의 여신 므네모시네 사이의 딸들로서 처음엔 기억의 여신들이었으나 점차 시와 다른 학문을 맡은 여신들이 되었다고 한다. 차학경의 행위예술에 대한 논문을 쓴 캐더린 러셀 본드는 이 아홉 명의 뮤즈들의 숫자에서 차학경의 샤머니즘에의 경도를 찾아낸다.

> 숫자 9는 무교적 전통과 신비적 연상을 가진 것이며 차는 자신의 작품 속에서 그 숫자를 되풀이 사용하고 있다. 그녀의 전 작품은 9개의 행위예술을 포함하고 있고 유명한 작품 「딕테」 속에는 각 부분을 형성하는 아홉 명의 신화적 뮤즈가 등장하고 있으며 '역사, 과거, 말하는 여자, 9일 낮과 9일 밤을 기다리는 어머니를 찾아내도록 하라. 기억을 회생시키라. 말하는 여자, 딸로 하여금 땅 밑으로부터 나타날 때마다 샘을 회생시키도록 하라.'라는 구절들도 나오고 있다.

숫자 9에 대한 학경의 애착을 서양인의 지적처럼 꼭 샤머니즘에의 경도로 보지 않더라도 음양사상을 믿는 한민족에게 숫자 9는 9, 19, 99 할 것 없이 '양의 기운이 충만된 수'이며 '넓고 높고 깊고 많음'을 나타내는 관용적인 숫자이다. 구천, 구중, 구중궁궐, 구천구지(하늘 꼭대기에서부터 땅 속까지의 사이)등…… 숫자 9는 기운이 꽉찬 생명력이 충만한 강력한 수로 여겨져 온다. 그것뿐만이 아니라 차학경의 행위예술 「치환(Permutation)」의 비디오를 보면서 나는 그녀가 얼마나 샤머니즘적인 접신, 빙의를 갈망하고 있으며 시간과 공간을 뛰어넘어 신령에 감응하는 힘을 믿고 있었고 자신이 영매가 되고 싶어 했는지를 알 수 있었다. 그것을 캐더린 러셀 본드는 다음과 같이 지적한다.

> 무당으로서의 차학경—그녀의 행위 예술 작품에서 전의식과 무의식의 영역과 함께 효과적으로 작업하는 그녀의 능력은 아마도 한국에, 고대적 샤만의 전통에 내린 그녀의 뿌리와 관련된 듯이 보인다. 샤만, 즉 무당들은 산자와 죽은 자들의 세계 사이에 있는 대문간의 수호자이다.

그런 샤머니즘적 접신, 빙의에의 갈망으로 그녀는 뮤즈들을 부르고 있다. 그러나 접신은 금방 이루어지는 게 아니다. 신령을 만나기 위해선 피를 말리는 고통과 시련이 있어야 한다. 그런 고통과 어두운 분리-시련을 지나야만 예술가는 신을 받아 영매가 된다. 그리하여 뮤즈 여신들의 감응은 금방 오지 않고 「딕테」의 다음 장면은 불어와 영어가 튀어 나오는 본문의 첫 페이지로 이어진다.

"문단 열고 그날은 첫 날이었다 마침표 그녀는 먼 곳으로부터 왔다 마침표 오늘밤 저녁 식사 때 쉼표 가족들은 물을 것이다 쉼표 따옴표 열고 첫날을 잘 보냈지 물음표……(중략)……따옴표 열고 어떤 여자가 있어요 마침표 먼 곳에서 온 마침표 따옴표 닫고"

이민 와서 처음으로 학교에 간 첫날의 풍경을 짐작할 수 있다. 이는 서술형 문장을 스스로 쓰는 것이 아니라 문장부호조차 선생님이 불러 주고 있는 교실 안의 '받아쓰기' 시간을 암시해 주는 문장이다. 이것은 표준 서술문장에 대한 형태적 일탈을 보여준다. 그리고 이런 형태적 일탈은 외국어의 교실 속에서 이방의 언어를 받아쓰기(강제, 명령, 지시와 동의어)하는 어린 초심자 영혼의 고통과 공포와 억압을 드러내 준다. 본문 1쪽에는 불어와 영어가 있을 뿐 그녀의 모국어는 없다. 누군가가 불러주는 것을 받아쓰기하고 있는 형식을 가지고 있는 본문 첫 쪽에서 우리는 작가의 원초적 악몽을, 근원에 있는 상처와 찢어진 존재의 틈 사이로 흘러내리는 피를 볼 수 있는 듯하다.

3쪽에선 앞에서 지적한 불어 DISEUSE라는 제목이 나온다. 불어 diseuse(말하는 사람)는 불어 여성명사이면서 영어 disuse(폐지, 못쓰는 것)를 연상시킴으로써 어떤 언어의 절대적 중심성을 부정하고 언어란 절대적인 것이 아니며 단지 차이에 의해 존재하는 상대적인 것임을 보여주면서 '말하는 사람'이라는 의미와 '폐지'라는 이질적인 의미가 겹치면서 데리다가 차연(differance)[13]이라고 부르는 현상이 일어난다는 것은 앞서 말한 바와 같다. 우리의 의식 속에서 의미는 차이와 유보에 의해 망설이면서 그러나 '못쓰는 것을 말하는 여자라는 새로운 의미를 합성해 낸다. 자기 말을 하지 못하고 남의 말을 하는 사람으로서의 모호한, 다원적인 망설임 속의 유보된 자기를 노출시킨다.

"그녀는 말하기를 흉내낸다. 말과 비슷한 것을. 노출된 소음, 신음, 낱말로부터 뜯겨져 나온 편린들. 그녀는 정확성을 측정하기 위해 주저하기 때문에, 입으로 흉내내는 것을 할 수밖에 없다……"

이방의 언어를 말해야 할 때 '나'는 분열된다. '말해야 하는' 나와 '말하지 않으려는' 나가 있다. 실존감을 상실한채로 그녀는 '말 비슷한 것' 속으로 존재의 파편을 내던진다. 그녀는 이제 하나의 입으로, '발성기관으로 남아' 두 입술을 뾰죽이 내밀고 무엇을 말할 듯 말할 듯 (한 마디 단 한마디) 숨을 들이쉰다. 그러나 속에서는 "웅얼거림이 웅얼웅얼한다. 속에는 말의 고통, 말하려는 고통이 있다. 그보다 더 큰 것이 있다. 더 거대한 것은 말하지 않으려는 고통이다…… 속에서 들끓는다. 상처. 액체. 먼지. 배설해야 한다."

그러나 자신이 말하지 못하고 그녀 자신이 말하지 못하게 되자 그녀는 타인들에세 완전히 점령당히게 된다. 언어는 권력이기에 말을 못하는 자는 피지배 계층으로 전락하게 되고 점령되고 식민지로 떨어지고 만다. "이제 그녀 속에는 타자들만이 가득 차게 되고 그녀는 타인들을 허용한다. 그녀의 대치로. 타인으로 하여금 가득하도록 용납한다. 타인으로 하여금 가득 하도록 용납한다. 타인들은 각기 그녀를 점령한다. 종양의 중층, 모든 공동이 새 살이 될 때까지, 모든 잉여물을 축출한다."

---

13 김보현, 앞의 책, 89쪽.

언어란 헤게모니를 둘러싼 싸움이 된다. 타자의 말에 지배되어 타자들의 질서, 상징적 질서가 꽉 차게 된 나는 더 이상 나가 아니다. 나는 타자가 된다. 갑자기 존재는 텅빈 결여의 구멍이 되고 새 살이 돋아 나야할 불모의 구멍으로 전락하고 점령자가 와서 메꾸어 주어야할 수동적 식민지가 된다. 주체는 순간 타자가 되고 더 이상 '나'는 없는 것이다.

그녀는 빈 속에 그들의 문법과 문장부호들을 배운다. '그들의 말들의 무거움'속에 꿰어 들어 가기를 허락하면서 언어를 배우기 위한 상징계 속으로 진입해 들어간다. 오, 그리고 그녀는 5쪽에서 처음으로 '발설'을 하게 된다. '이제 그녀의 것이다. 적나라한 그녀의 것. 그, 발설.' 그러나 6쪽의 백지를 건너 7쪽에서 다시 그녀는 기도를 한다. 뮤즈의 여신들에게.

> 오 뮤즈여, 나에게 이야기 해주소서./이 모든 것들에 대하여. 오 여신이여, 제우스의 딸이여/당신이 원하는 어디에서든 시작해, 우리에게까지도/이야기해 주십시오.

그러나 아직도 뮤즈의 말, 어머니들의 말, 영매의 글쓰기는 이루어질 수 없다. 8쪽부터 9쪽은 온통 영어를 불어로, 불어를 영어로 번역하기로 이루어져 있다. 외국어 받아쓰기만큼 두 개의 외국어를 번역으로 다루어야 하는 시험지 속에서도 주체는 오므라들고 수동적이 되며 영원히 식민지 백성이 되고 드디어 자기의 타자로 주저앉게 될 것이다. 그 다음 11쪽에서 다시 필자는 뮤즈에게 기도를 바친다. '원하시는 대로 이야기해 주십시오'라고.

다음은 천주교 미사의 장면들이 펼쳐진다. 십자가에 못 박힌 예수의 육체인 빵과 그의 피인 포도주로 성찬식을 가지며 성수로 이마에 십자가를 긋고 황혼의 밤 속으로 내려선다. 또 다시 영어를 불어로 번역해야 하는 문제가 나오고 고해성사 장면이 나온다. 아마 카톨릭 재단인 성심학교 시절의 하루를 그린 듯하다. 영어를 불어로 번역해야 하는 일이나 받아쓰기를 하는 일이나 고해성사 하는 일이나 다 같이 주체를 소멸시키고 주체성을 해체하는 상징체계이다. 그녀는 마음속으로 중얼거린다.

"순순히 묵인하라. 사제의 혀가 말히는 공모에, 또 그것을 위하여 묵인하라. 그들의 것들, 그들의 언어로. 나의 반대 각본을, 나의 고해를 그들의 것으로. 그들의 언어로."

미사와 받아쓰기는 금요일 날 함께 있는 것처럼 둘은 차학경에게 자기체계를 타자에게 베끼게 하려는 거대하고 성스러운 욕망을 가진 막강한 상징체계인 것이다. 그것들은 모두 다 '나'의 주체를 무화시키고 해체하는데 그 권력을 사용한다. 드디어 나는 소실되고 20쪽에선 이민국의 서류들이 등장한다. 이제 '나'의 주체성은 완전히 소실되고 지워져서 이민국의 한 서류 속의 무명의 인간으로 던져지게 된다. 과거는 다 지워지고 무명의 인간, 이것도 저것도 아닌 인간, 어떤 마구 튀어나와 잘못 놓여진 존재, 이름 없는 어느 이름으로. 그리하여 21쪽에선 '이름으로／그 이름／이름'이라는 탄식이 나온다. 그 이름만 남고 존재는 죽었다. 나는 완전히 타자가 된 것이다.

받아쓰기와 번역작업이라는 언어적 상징계와 미사와 고해성사라는 카톨릭적 상징체계 속에서 완전히 타자로 전락해버린 '나'는 이제 이민국의 서류를 거쳐 하나의 낯선 무(無)로서 세계 속에 내던져지게 된 것이다. 그것은 죽음과도 같이 고통스런 자아의 해체이며 그러나 다시 태어나기 위해 반드시 거쳐야 하는 화형의 터널이었다. 그런 고통에 이르러서야 이제서야 그녀는 기억의 여신의 딸들인 아홉 뮤즈들에 접신하여 자신의 존재를 만들어 왔던 기억을 복원하고자 한다. 아니 복원이 아니라 재창조다. 그 기억은 개인적 기억이기도 하고 민족적 기억이기도 한데 그녀에겐 민족적 기억이 먼저 나타나는 것이 특이하다. 즉 어머니보다 유관순이 먼저 등장하고 있다. 그런 민족의 어머니들과 더불어서 그녀는 자신의 주체 형성을 탐색해 보고자 한다.

3. 남성역사(history)에서 여성역사(her-story)로

아홉 뮤즈들의 이름으로 된 아홉 개의 장(章)은 서로 병렬구조를 이루고 있는 듯 보인다. 이제 그녀는 각 뮤즈들의 힘을 빌려 자신의 주체성을 형성하는 모험의 길을 떠난다. 여기에서 잠시 라캉의 이론을 참고해 보자면 라캉은 어린아이가 주체 형성을 하기 위해서는 먼저 거울 단계를 거쳐 어머니=아이라는 상상적 동일시를 통해 자신의 이상적 자아를 세우고 그 다음 말을 배우는 과정에서 언어체계 습득과 더불어 상징적 질서, 즉 아버지의 이름의 세계, 오이디푸스적 가치체계로 진입하게 되고 그때야 비로소 하나의 주체로서 아이는 세상 속에 들어서게 된다고 한다.[14]

그러나 차학경은 「딕테」에서 오히려 반대로 가는 방향을 보여 주고 있다. 처음 '받아쓰기'와 번역시험(숙제?)과 미사장면과 고해성사 장면을 통해 아버지의 이름으로 오는 모든 상징계로의 진입의 고통을 보여준 다음 상징계 속에서의 주체의 죽음을 선언한다. 이민국의 서류 언어들 속에서도 주체는 어김없이 죽는다. 주체에게 남은 것이라고는 캄캄한 타자 뿐, 무명의 이름뿐이었다. 상징계 속에서의

14 Sullivan, *Jacques Lacan and the Philosophy of Psychoanalysis*, 1987, pp. 16~67 참조.

죽음을 겪고 나서야 뮤즈들의 접신이 시작된다. 아버지의 질서는 죽고 이제 어머니들의 상상적인 세계의 언어가 시작된다. 그래서 저자는 새로운 주체를 형성하기 위해 어머니 뮤즈들과 힘을 합쳐 상징계를 부수고 그 전단계인 상상계로 돌아간다. 거울을 건너서 여성영웅들-유관순, 자신의 어머니 허형순 여사, 잔다르크, 성 테레사들의 세계로.

「클리오 역사」의 장에서는 한국 역사에의 순교자인 유관순의 사진과 그녀의 4행 뿐인 약력이 나온다. 그리고 '그녀는 삶의 시간을 완성시킨다. 다른 사람들이 그들의 삶을 완성시켰듯이: 그들은 자신의 생애를 끊이지 않는 신화로 만들었고 역사의 재고에 따라 자신의 행적이 거짓이나 진실 중 어느 것으로 판명될지 따져볼 여유도 없이 그들의 행동을 불멸의 것으로 만들었다.'라고 유관순 이야기를 시작한다.

> 그녀는 잔다르크 이름을 세 번 부른다.
> 그녀는 안중근 이름을 다섯 번 부른다.

라고 하면서 유관순을 잔다르크와 안중근의 반열로 성화(聖化)시킨다. 유관순이 그 어린 나이에도 불구하고 민족과 나라에 대한 사랑을 완전한 자기희생으로 실천하는 모습은 식민지 통치자들인 일본의 교활성과 비열한 잔인성과 나란히 병치된다, 또한 1905년 하와이에 이민 온 한국인들이 루즈벨트 대통령에게 일본의 침략야욕과 동포들의 비참한 실정을 알리고자 하는 진지한 편지와 함께 병치되기도 한다. 그리하여 그 야만적이고 교활한 국제 질서 속에서 어린 몸을 던진 유관순의 자기희생은 더욱 성스러운 순결함으로 타오를 수 있다. 결국 루즈벨트 대통령에게 한국인은 무시당했으며 대신 그해 미국은 일본과 결탁하여 필리핀을 손에 넣었고 그 대가로 일본이 한국을 점령하는 것을 묵인해 주었다. 이렇게 제국주의자는 제국주의자와 서로 통하고 있었다는 암묵적 거래를 「딕테」는 말없이 보여준다.

「클리오」의 끝부분에는 하얀 바지, 저고리를 입은 세 명의 동학군이 제복을 입은 일본군에게 총살당하는 사진이 나온다. 외세를 등에 업고 개혁적인 민중의 소리를 학살한 왕조에 대한 처절한 고발도 말없이 그러나 함께 있다.

「칼리오페 서사시」의 장에서는 식민지 시절 용정에서 태어난 어머니의 젊은 날이 노래처럼 펼쳐진다. 젊은 어머니의 사진이 첫 쪽에 나오는데 행위예술 비디오에서 본 차학경의 모습은 어머니 허형순 여사와 많이 닮아 있었다. 조용한 달걀형의 얼굴에 검은 눈썹, 고요하게 세상을 건네다 보는 듯한 눈동자. 18살 어머니에 대한 슬픔과 애정은 글자 하나하나마다 샘솟듯이 넘쳐흐르는 것 같다. 자신의 모국어를 빼앗기고 일본말을 해야 하는 어머니의 모습은 자기와 동일시된다. 버지니아 울프도 역시 '모든 여성작가는 자기 어머니의 회고에서 시작한다'고 말하고 있듯이 차학경은 어머니의 MAH-UHM (마음)을 성스러운 설움으로 가득 찬 문체로 그려낸다. 일본 제국주의에 대한 항거로서 모국어와 일본 제국주의에 의해 금지곡이 된 봉선화 노래를 숨기고 있는 것이다. 외할머니의 사진도 끝 쪽에 나온다. 그 사진들은 침묵하고 있지만 그러나 침묵하는 민중들이 어떤 아름다운 마음으로 상실된 조국을 지켜왔는지, 무언의 저항으로 역사를 건너왔는지를 말해준다. 어머니와 할머니와 같은 이름없는 여성들을 「서사시」의 장에 등장시킴으로써 항상 남성 영웅들만 등장시켜온 남성중심주의 역사 기술을 차학경은 조용히 해체하고 있다. 지배 서사에 대항하는 대항 서사로서, 남성 영웅 중심의 History에서 Her-story로의 장르 왜곡을 통해 여성 민중의 마음이 또한 거대 서사임을 조용히 제시한다.

「우라니아 천문학」에선 인체를 천문에 비유하면서 불어와 영어로 긴 시를 쓰고 있다. 혈액채취를 하는 병원의 장면이다. 왼팔에서 흘러 나오는 피를 보며 그녀는 '체내에서 흘러나온 염료와 비슷한 잉크 같은 그 무엇'을 보다가 '방출하라. 자신을 감추지 말라. 자신을 드러내라. 혈액. 잉크. 억제된 것의 육체적 확장'이라고 단호하게 외친다. 그다음은 백조의 노래에 관한 시가 뒤따른다. 억제된 것들이 몸안에서 몸밖으로 나오는 것은 피와, 흐르는 잉크로 쓰는 글과, 몸안에서 밖으로 나오는 백조의 노래와 같은 것이 아닐까. 그녀는 '입속에 혀 그속에／목구멍 그속에／단지 폐부 하나.단하나의 기관. 모두 모여 하나. 오직 하나' '혀를 깨문다.／삼킨다.깊숙이. 더 깊숙이.／삼킨다. 다시 한층 더／더이상 신체의 기관이 남지 않을 때까지.／더 이상 기관이 아니도록／외침들.' '낱말들을 배설한다.／침묵을 비운다'라고 빗속에서 노래하는 듯한 백조의 노래 같은 것을 꿈꾼다. 곧 말=피=백조의 노래는 모두 같은 욕망을 가진 것임을 드러내고 있고 그 욕망을 좀 더 물질적으로 드러내기 위해서 성대와 폐, 발성기관, 목과 연결된 후두부와 성대 근육 등의 인체해부도를 직접 제시함으로써 보여준다. 차학경은 인간의 신체를 '존재의 우주'를 탄생시키는 말을 창조하는 (말이 없으면 우리 존재의 우주도 없으니까) 기관으로 보고 있으며 그런 의미에서 발성기관이 「천문학」의 장에서 탐구되고 있는 듯하다.

「멜포메네 비극」은 선명한 휴전선을 허리에 두른 한국 지도에서부터 시작된다. 어린 시절 경험했던 4·19와 18년 후 1979년 한국 방문에서 보았던 장면들은 너무도 달라진 것이 없이 흡사하다고 쓰고 있다. 18년 전 4·19 날 고등학생이던 오빠가 데모의 대열로 나가려고 가정교사와 싸우던 장면을 회상하며 "나의 오빠. 오빠는 남아있는 모든 사람이고 다른 모든 사람은 곧 오빠입니다"라고 쓰며

"빗물이 땅위에 떨어진 핏자욱을 지우지 못한다고 들었고…… 그 피는 아직도 얼룩져 있다고 들었습니다"라고 씀으로써 당시의 정치 상황을 우회적으로 비판한다.

> 무명의 타인들 그녀에게서 떨어져 나간 부분들이 그녀를 대체한다. 그녀에 대하여 명분이 없는 것들. 한 국가가 자국을 적대하는 것으로 충분하고 하나였던 것이 둘로 나누어진 것으로 충분하지 않은가. 인간의 목숨을 너무 빨리 감소시키기에 충분하지 않은가. 멜포메네를 충족시키고도 남음이 있다. 국가 대 국가 번식된 국가들이 그들 자신에게 대항한다.

> 적어도 모든 지도에 나와있고 적어도 그들 사이에 장벽이 쌓여지고／적어도 군대의 제복과 총들이 그들을 제지하고 있다／상상의 경계선들. 상상할 수 없는 경계선들

이렇게 분단된 조국의 상황은 비극의 여신을 만족시킬만큼 충분히 비극적이고 둘로 나누어진 자기자신이 서로를 적대하는 모습에서 그녀는 '스스로를 먹어 삼키기. 자기자신을 삼켜 버리는 것. 자기 짝을 먹어 버리는 곤충.'의 무서운 모습을 본다. "민주주의를 채택한다는 목적으로 그 누구보다도 그 자신의 것, 그녀를 계속 분산시키는 기계를 멈추어라."라고 말하며 그녀는 비극의 종결을 원한다.

「에라토 연애시」의 장은 「딕테」 중에서 가장 아름답고 모호한 장이 될 것 같다. 잔다르크로 분장한 성 테레사의 모습이 사진으로 담겨 있다. 영화 촬영을 위한 밑글처럼 보이는 글 다음엔 성 테레사의 자서전에서의 인용문인, 수녀 테레사와 아기 예수의 영혼 결혼식에의 초청장을 싣고 있다. 그 다음 마치 한국의 중매 결혼에 대한 말인 듯 "그때까지는. 타인들이 그녀의 이야기를 전한다. 그녀는 자신에게

충실하지 못한 남자와 결혼했다. 아무런 이유도 없다. 그가 남자라는 것 외에는 아무 것도 필요치 않았다. 그것만이 주어진 것이다.// '그는 남편이고 그녀는 아내이다. 그는 남자다. 그녀는 아내다. 그는 남자로서 행동한다. 그녀는 여자, 아내로서 행동한다. 그것은 당연한 것이다…… 남편과 아내 사이에는 천국과 지옥의 거리가 놓여있다……"라는 봉건적인 결혼의 부당한 생활이 보이고 다음 쪽에는 '그, 그녀의 남편과 그녀의 결혼. 그. 그녀의 남편에 대한 그녀의 사랑. 그. 그녀의 남편에 대한 그녀의 의무."라고 여성에게만 사랑과 의무를 강조하는 한국식 결혼관을 지적하기도 한다.

다음으로 영화 <거트루드>의 장면들과 이탈리아 여인들에 관한 단상, 어머니의 결혼생활이 왼쪽과 오른쪽 페이지로 나누어져 묘사된다. 종교적 사랑, 한국식 결혼(어머니 당신은 아이를 등에서 가슴으로 옮겨 아이에게 당신의 젖가슴을 내어줍니다. 당신 아이의 굶주림은 곧 당신의 굶주림, 아이는 양식과 함께 당신의 파음을 가져갑니다./어머니 당신은 남편을 등에서 가슴으로 옮겨……)의 무거운 내용들이 대조되어 드러나기도 한다. 종교적 사랑, 당위적 사랑, 남자의 소유물인 아내 등에 대한 진술이 나오고 "순교는 청소년기부터 나의 꿈이었으며 이 꿈은 까르멜 수녀원 안에서 나와 함께 성장했습니다…… 나의 사랑스런 배우자여. 당신처럼 십자가에 못박혀 수난을 당했으면 좋겠습니다…… 나의 사랑하는 자매 잔다르크처럼 화형대 위에서, 당신의 이름을 속삭였으면 좋겠습니다. 오, 주님" 하고 속삭이는 테레사 수녀의 말이 나온다.

「에라토 사랑시」에서는 사랑의 모든 가능한 형태, 에로스 아가페 등이 탐색된다. 「엘리테레 서정시」「탈리아 희극」「테르프시코레 합창 무용」「폴림니아 성시」로 나아가면서 「딕테」의 인물들은 점점 더 희미해져 가며 어렴풋한 신비 속으로 잠겨 간다. 특히 영화적 묘사들이 동원되면서 어느 덧 유관순이나 어머니, 테레사와 같이 구체적 이야기나 형상을 갖춘 인물들은 자취를 감추고 있다. 「엘리에테」에서는 "죽은 시간. 텅빈 우울이 매장된다. 소생하기에는 박약하고 기억에는 저항한다. 기다린다. Apel. Apellation. 발굴. Diseuse로 하여금 하게 하라……"라고 기억의 장애와 우울을 호소한다.

> 죽은 낱말들. 죽은 언어. 사용하지 않음으로 해서. 시간의 기억 속에 묻혀버림. 고용되지 않았다. 발설되지 않았다. 역사. 과거. 말하는 여자. 9일 낮과 9일 밤을 기다리는 어머니를 찾아내도록 하라. 기억을 회생시켜라. 말하는 여자, 딸로 하여금 땅 밑으로부터 나타날 때마다 샘을 회생시키도록 하라. 잉크는 마르기 전에, 쓰기를 전혀 마치기도 전에 가장 진하게 흐른다.

그 다음 페이지엔 나뭇잎맥을 먹으로 문질러 도드라지게 한 것 같은, 또는 바위의 살결을 찍은 것 같은 그림이 배치되어 있다.

「탈리아 희극」에서는 전화받는 여자의 내면에 대한 묘사가 두 페이지 나온다.

> 미래는 없다, 다만 시간의 몰려옴이 있을 뿐. 맹세할 수 없고, 공허한 무형의 시간, 그녀는 앞을 향해 움직이도록 기대될 뿐이다. 앞쪽으로 앞으로. 그리고 어떻게든 현재를 지나쳐 버린다. 망각의 은총으로 스스로를 구제하고 있는 그 현재…… 그녀는 죽음은 절대로 오지 않는다, 올 수 없다고 자기에게 말한다. 그녀는 죽음을 대치할 수 없다는 것을, 실제로 죽지 않고는 그것의 극복이 없다는 것을 잘 알면서도. 그녀는 글을 쓸 수만 있다면 계속 살 수 있다고 자신에게 말한다. 그치지 않고 계속 쓸 수만 있다면 하고 자신에게 말한다. 글을 씀으로써 실제의 시간을 폐기할 수만

있다면 하고 자신에게 말한다. 그녀는 살 것이다. 그녀 앞에 그것을 전시해 놓고 그것의 엿보는 자가 될 수 있다면.

다음은 전에 이 아파트에 살았던, 그러나 지금은 여기저기를 옮겨다니며 살고 있는, 행방을 모르는 Mr. Reardon에게 잘못 엽서를 보낸 사람에게 쓴 타이프라이터 활자 편지가 배열된다. 그 뒤로 기억에 대한 단상이 세 개 나열되어 있다.

「테르프시코레 합창 무용」에는 1. 太極 2. 兩儀 3. 三才 4. 四象 5. 五行 6. 六合 7. 七星 8. 八卦 9. 九子連環 10. 重圍 라고 쓴 붓글씨가 나온다. 한자로 된 문자 텍스트는 난해하여 해독이 아주 어렵다.

마지막 장인 「폴림니아-성시(聖詩)」에는 언덕 위에 서있는 잔해물 돌기둥 사진이 나온다. 그리고 우물 이야기가 나온다. 우물의 장면에서는 하얀 수건을 머리에 쓰고 하얀 저고리를 입은 어린 소녀가 우물가에서 물을 길고 있는 젊은 여인을 만난다. 두레박으로 물을 퍼올리는 그녀의 모습은 한국 전설 속에 나오는 관세음이나 선녀처럼 신비롭고도 자비롭다. 그 선녀와 같은 여인은 목마른 소녀에게 앞치마에서 그릇을 꺼내어 두레박 속에 담그었다가 물을 듬뿍 채워 소녀에게 주고 소녀가 앓는 어머니를 위해 약을 사러 갔다 오는 길이라는 말을 들어준다.

여인은 귀 기울여 들었고 아이가 이야기를 끝냈을 때 여인은 고개를 끄덕이고 아이의 머리를 부드럽게 쓰다듬었다. 그리고 나서 그녀는 바구니를 가져다가 그녀 옆에 앉았다. 바구니는 여러 개의 주머니로 가득 차 있었는데 그녀는 검은 끈으로 맨 주머니를 하나하나 꺼내기 시작하

> 였다. 그녀는 이것들은 그녀의 어머니를 위한 특별한 치료 약인데 그녀에게 가져다 드려야 한다고 말했다…… 그녀는 머리에 쓰고 있던 수건을 벗어 무릎 위에 놓았다. 그녀는 그릇을 들고 약을 꼭 그릇에 담아 드려야 된다고 했다. 설명을 마친 후 열째 주머니와 그릇을 그녀가 주는 선물로 간직하라고 했다. 그녀는 흰 그릇을 흰 헝겊 한가운데 놓았다. 빛은 흰색을 영롱하게 만들고 그릇을 보라색으로 둥글게 감싼다. 그녀는 모든 봉지를 그릇 속에 넣고 그 다음 헝겊의 대각선 모퉁이를 잡아 한가운데를 매어 조그만 보퉁이를 만들었다. 그녀는 아이에게 오른손으로 잡도록 건네주며 빨리 집으로 가라고 말했다. 멈추지 말고 그녀가 일러준 것을 모두 기억하라고.

아이가 뒤를 돌아다 보았을 때 우물가의 젊은 여인은 이미 아무데에도 없었다. 이 텍스트의 화자가 그토록 찾기를 갈망했던 시원한 샘물이 있는 돌우물 앞에서 만난 숱이 많은 검은 머리에 흰 수건을 썼고 등 뒤에 땋아서 하나로 묶은 머리를 가진 우물의 선녀는 차학경이 한국 설화 속의 여성 신비의 근원에 닿았음을 보여주고 있다. 그녀는 오래된 돌우물 안에서 방금 퍼낸 두레박 속의 차가운 물을 마시고 이가 빠진 사기그릇을 그녀로부터 얻었다. 선계의 여인처럼 자비롭고 우아하며 타인의 고통에 깊은 연민을 가진 아름다운 존재. 「숙향전」에서 자신의 정체성을 상실하고 기억을 잃어버린 숙향은 월궁항아의 명령을 받고 내려온 선녀들에 의해 구원되고 한 선녀가 주는 이슬 같은 차[15]를 마시고 한때 상실했던 자신의 전생,

---

15 정체성 상실은 곧 자신의 기억 상실과 짝을 이루고 있는데 숙향은 후토부인이 준 경액을 마시고 일시적으로 잊어버렸던 옛날-자신에 대한 기억을 되찾는다.
성현경, 『한국 옛 소설론』, 새문사, 1995, 143쪽.

천상계에 대한 기억을 되찾게 되어 자신의 정체성을 알게 되는 장면이 연상된다. 그러나 「딕테」 속에 그 이상의 구체성은 나타나지 않는다.

그러나 다음 페이지에서 음양오행 사상에서 보는 우주 인식의 체계(첫째 우주, 둘째 음과 양, 셋째 하늘, 땅, 그리고 인간, 넷째 북남동서, 다섯째, 다섯 가지 근본 쇠 목 수 화 토, 여섯째 네 방향과 천장과 친지, 일곱째, 일곱별 북두칠성, 여덟, 여덟 괘, 아홉째 아홉 점의 연결, 열째 원속의 원, 동심원의 연속)가 나오는 것을 보면 우물가 여인의 신비한 물과 그 만남에서 거대한 인식의 변화를 체험하는 패러다임의 혁명이 일어났음을 알 수 있다. 타이치에서부터 중위까지에 이르는 단계는 동양의 우주관과 천지창조관, 세계관을 암시하는 것이다.

'열째, 하나의 원 속에 하나의 원. 동심원들의 한 연속'

음양사상에서 10은 하나의 끝, 하나의 완성을 뜻한다. 이제 로고스중심주의적인 서양문화 체계의 상징계를 벗어나 그녀는 동양으로, 고향의 우주관으로 돌아온 듯하다. 아마도 우물가 여인의 샘물이 「숙향전」에서처럼 그녀에게 정체성을 일깨우는 각(覺)의 역할[16]을 한 듯 보인다. 그리하여 마지막 페이지에서는 다시 태어난 듯 어린, 키가 작은 듯한 아이의 목소리가 들려온다.

> 엄마 나를 창문으로 올려 주세요, 그의 시야로부터 너무 높이 올려다 보는 어린 아이 유리창 사이로 어떤 영상이 이제 검은 색들 회색들의 희미함. 그녀의 시야 위에 머

16 성현경, 앞의 책, 144쪽.
「숙향전」에서는 기억 상실의 화소(motif of amnesia)와 회복 화소, 정체성(identity motif) 상실의 화소와 회복 화소가 많이 드러난다. 기억 회복에는 액체(경액)가, 기억 상실에는 금분(金盆)에 심겨진 열매가 등장한다.

뭇거리는 단지 그녀의 그림자들 머리는 가능한 만큼 뒤로 젖혀졌다. 나를 창문으로 올려 주세요 하얀 창틀과 그 사이 유리, 이른 황혼 또는 여명의 빛이 어두울 때…… (중략)…… 창틀과 유리 사이에 아무도 없다. 나무들은 앞으로 다가올 전망을 기다리며 침묵을 고수한다. 만약에 일어난다면. 부동의 침묵을 들어올리기 위한 부단한 지킴 속에서. 나를 창문으로. 그 그림의 이미지로, 올려 주세요. 암석의 무게에 묶여 있는 밧줄들을 풀어 주세요……

이렇게 마지막 부분에서 화자는 이른 황혼, 또는 여명 같은 초현실적 시간 속에 검은 색, 혹은 회색의 어슴푸레함 속에 잠겨 있는 창문 밖을 내다보고자 한다. 나무들도 다가올 전망을 예감하며 침묵 속에서 기다림을 가지고 있으며 드디어 마지막 문장들이 펼쳐진다.

4. 자아의 해체와 도가(道家)적 무아

처음엔 밧줄들, 그리고 정적을 깨뜨리기 위하여 무게를 들고 있는 밧줄이 나무에 긁히는 소리를. 종들이 떨어지며 하늘에 소리를 떨친다.

이 문장을 마지막으로 거대한 기획의 다장르 텍스트인 「딕테」는 끝난다. 벙어리 입을 열어 자기 말을 하고 싶은 화자의 욕망은 이제 인간의 말 대신 태허처럼 어두운 시간을 울리는 거대한 종이 되어 하늘을 울리고 있다. 그녀가 그토록 탐색해 오던 주체성은 찾아지지 않는다. 주체성이란 아버지의 질서인 상징계 속으로 언어를 가지고 언어 체계를 습득한 다음 획득되는 것이다. 아버지의 상징계를 떠나 뮤즈 여신들의 힘을 빌어 어머니들의 나라로 떠나온 화자는 이제 상징계 속의 한 주체가 되지 않고 오히려 어머니의 몸에 가까운 상상계 속의 전(前)주체로 돌아가 버린 것이다. 태허에서 울리는 종소리가 된 그녀에게 서양적 로고스 중심주의적인 상징계 속의 주체는 이제 해산(解散)되었고 다시는 꿈꾸어지지 않을 것 같다. 그녀는 음양오행 사상을 믿는 동양의 우주관 속으로 돌아와 전(前)주체, 무아, 우주를 울리는 언어 이전의 종(鐘)의 음악으로 자신의 자아, 즉 무아를 멀리 멀리 퍼트리고 있다. 이렇게 해서 받아쓰기의 수동성, 강제성, 명령성 속에서 위축되어 고갈되었던 나의 말은 뮤즈 여신들의 힘을 빌어 멀리멀리 우주의 음악이 되는 데까지 나아간다. 거기에는 서양적 에고의 개념 해체와, '나'의 해산(解散)이 있었던 것이다. 무아의 산포가 종소리로 비유된다.

「딕테」는 기억을 통한 자기 정체성 탐색의 텍스트라고 할 수 있다. 서구적 근대, 혹은 상징적 질서의 받아쓰기를 거부하면서 뮤즈 어머니들의 영감을 빌어 개인의 기억과 민족의 역사의 복원을 통한 자기 정체성 정립을 하고자 했던 화자는 결국 문명사적 전환을 이루면서 투명한 에고가 있고 자기 정체성을 찾을 수 있다고 보았던 서구의 모더니즘에 정면으로 반기를 들고 있다.

리지 로우는 「딕테」를 인종의 반 리얼리즘 소설[17]로 보면서 그것이 어떻게 찢김(전쟁)과 분단의 한국 역사와 미적으로 반향(反響)하

---

17 리자 로우는 「딕테」를 "왜곡된 기억, 시들, 꿈 같은 인상들을 사용함으로써 미적 리얼리즘의 핵심적 가치에 저항한다. 인물과 플롯의 지속성을 가지고 통합과 대칭의 서사를 건설하기 보다는 파편화된 암송과 비정체성(non-identity)를 강조한다. 「딕테」의 리얼리즘과의 불충실한 관계는 전통 소설과 제도권적 역사에 대한 비판을 반향한다."라고 읽으면서 분단에 대한 인유인 혀, 몸, 가족, 국가의 분열과 분리가 「딕테」를 지배한다고 지적한다.
Lisa Lowe, 앞의 책, p. 108.

는지를 언급한다. 또한 서구의 근대 소설 중 성장 소설은 하나의 상상적 공동체일 뿐인 근대 국가에 적합한 정체성 확립에 문학이 기여하도록 했다고 말하면서 그러나 미국의 소수 문학의 구조적 위치는 "문학이 정전적 기능을 수행하는 것으로 나타났을 때조차도 부조화와 파편화, 망설임의 효과를 생성하는데 있었다"고 지적한다.

그런 시각으로 보자면 「딕테」는 (엄마의 몸을 통해) 식민지의 기억을 가진 한 소수 민족 이민자의 자아를 찾기 위한 탐색의 반 리얼리즘적 성격과 파편화와 끝내 미국 사회가 호명하는 시민적 주체에 부합하기를 망설이게 하는 민족적 기억의 모호한 기능을 보여준다. 자아의 정체성을 탐색하는 도정(道程)의 끝에서 무아를 찾고 기억을 통해 역사를 복원하려던 탐색에서 도가(道家)적 태허를 찾은 아이러니를 이 텍스트는 보여준다. 결국 이 텍스트는 아버지(상징계)의 받아쓰기를 거절하고 어머니 신들(뮤즈들)의 받아쓰기를 통해 남성중심의 근대와 역사의 상처를 탈출하여 여성주의적이고 도가적인 무아(無我)에 도달해 가는 아이러니의 여정을 보여준다고 하겠다.

현대시에 나타난 이산(離散, diaspora): 두만강, 현해탄, 38선을 넘어선 유민(遺民, 流民, 牖民) 의식

1. 역사의 재난과 유민(遺民), 유민(流民), 유민(牖民)들

"이산 문학이란 함께 더불어 있어야 할 가족 공동체의 구성원들이 타의에 의해 흩어져서 만날 수 없고 또 생사와 행방마저 알 수 없는 상태에 있는 것을 뜻하는 것으로 특히 그 원인이 (식민지 시기), 분단, 전쟁과 결부되어 있는 것을 말한다. 따라서 '이산 문학' 이란 명칭이 가능하다면 그것은 (식민지 시기와) 전쟁과 분단에 의한 가족들의 대대적인 수평 이동의 변화에서 일어난 헤어짐과 행방불명 상태와 결부된 실향과 가족 유리의 문학이라고 할 수 있다." 라고 이재선 교수[1]는 한국 문학사 안에서의 이산 문학을 규정한다. 그의 지적대로 한국의 이산 문학은 일본 제국주의의 침탈에서 벌어진 식민지 상황[2]과 한국 전쟁 이후 미국이나 소련 등, 강대국들에

1 이재선, 『현대 한국 소설사』, 민음사, 1991.

2 시는 아니지만 한국 현대사에 가장 강렬한 '디아스포라' 텍스트로 기억될만한 것으로 차학경의 『딕테』 속표지에 사진으로 사용된, 일본 천황궁 아래 유사시에 대비하여 천황이 도망갈 수 있도록 지하 통로를 파는데 강제 동원되었던 조선인 노동자가 동굴 벽에 한글로 써 놓았다는 "어머니 보고 싶어", "배가 고파요", "고향에 가고 싶다"라는 조각글이 있다. 이것은 원시적 형태이긴 하지만 모든 디아스포라 텍스트에 담겨있는 이

의한 분단과 냉전이라는 역사적 비극에서 파생된 것으로 한국 현대 문학사의 중요한 주제를 차지하고 있다.

한국 현대 문학에 나타난 이산을 시대별로 크게 나누어 본다면 1차 이산과 2차 이산으로 구분할 수 있다. 1차 이산은 다음과 같은 성격을 지닌다.

> 1910년 한일합방 이후, 일제의 조직적 수탈에 의해 서서히 진행된 한민족의 분산은 정치, 경제, 사회, 문화적인 면에서 볼 때 한민족의 뿌리 뽑힘을 현실적으로 보여주는 현상이다. 그 분산 지역은 만주 간도, 시베리아, 중국, 일본, 남양, 하와이 등에 이르는데 특히 일본(200만 상회), 만주(백만 상회) 등이 집중적이다. 민족 이동의 핵심은 소수의 망명객, 독립군을 제외하면 대부분이 지반(地盤)을 잃은 농민들이었는데, 여기에는 1940년대 징용 및 강제 징병에 의해 동원된 인구가 포함된다.[3]

2차 이산, 즉 해방 이후의 민족 분산, 즉 엑소더스적 현상은 6·25전쟁을 전후하여 이데올로기적 선택[4]이든 생활상의 이유이든 북에서 남으로, 혹은 남에서 북으로 이동한 후 갑작스런 전쟁 발발과

산의 고통과 그리움과 귀향의 꿈을 강력하게 보여주는 원형질을 담은 것이라 볼 수 있다.

[3] 김현·김윤식, 『한국문학사』, 민음사, 1973, 231쪽. 미군정이 조사한 1946년도 인구통계를 참고로 할 수 있다. "외무부의 기록에 의하면 외국으로부터 남조선에 귀환한 동포와 북조선인의 이동은 1946년 10월 2일 현재로 합계 18,877,679명에 달한다고 한다.

[4] 이데올로기 선택에 의한 민족 이동에 관해서는 특히 문학사 기술에서 조심성스럽게 자료에 접근하지 않으면 안된다. 1) 월북작가: 홍명희, 이태준, 임화, 지하련, 오장환, 박세영, 박팔양 등(6·25이전). 이용악, 박태원(6·25이후) 2) 월남작가: 안수길, 황순원, 구상, 최태응(6·25이전). 박남수, 양명문 등(6·25 이후)

분단으로 인해 남한에 혹은 북한에 고착되어 실향의 삶을 살아가게 된 현상을 일컫는다.

"1950년의 6·25 동란은 민족 이동 및 그 재편성을 불가피하게 만든다. 첫째 수백만의 이북인을 월남케 한다. 6·25는 동시에 이광수, 김억, 김기림, 정지용 등을 납북케 하였고 김동인, 김영랑 등을 잃게 한다. 그러나 6·25의 민족적 엑소더스는 이러한 소수의 문사들의 손실보다 훨씬 더 중요한 문제점을 갖는다. 월남 인구의 남한에서의 뿌리박기는 6·25 이후의 사상적, 지적 노력의 중요한 대목을 이루는데 LST 의식(피난민 의식)이라고 말할 수 있는 것이다. 피난민 의식이 생활의 차원으로 밀착되면서 추상화되는 관점은 해방 이후 문학사의 한 특징을 이룬다."[5]

그렇게 1차 이산과 2차 이산이라 불리울 수 있는 민족의 탈향, 실향 현상은 한국 현대 문학의 주요 주제가 되었다. 1차 이산의 문제는 소설에서는 최서해의 「탈출기」(1925), 「홍염(紅焰)」(1931), 안수길의 「북간도」, 선우휘의 「진혼」, 임철우의 「아버지의 땅」 등에 잘 드러나 있으며 시에서는 김동환의 「국경의 밤」(1925), 임화의 『현해탄』, 이용악의 「북쪽」, 「두만강 너 우리의 강아」, 백석의 「남신의주 유동 박시봉방」 「두보나 이백같이」, 해방 이전 만주 지역 시인들과 그 중 심연수의 시에 잘 드러나 있다.

2차 이산의 문제는 이데올로기 문제로 1948년 북한을 선택하여 가족과 헤어져 북으로 간 임화가 6·25 전쟁 중에 쓴 「너 지금 어디에 있느냐」 와 같은 전쟁 시편이나 구상, 김종삼, 전봉건, 박남수 등 월남(越南) 시인들의 실향 시편에서 잘 드러난다. "이데올로기의 상이성 때문에 어쩔 수 없이 월남하여 생활의 뿌리를 잃어버린 월남 작가들"[6]로 불리우는 이들은 '낯선 땅에서의 뿌리박기'를 평생의

5 김현·김윤식, 앞의 책, 234쪽.

주제로 천착하며 시 작업을 해 나간다.

2. 두만강[7]변의 유민(遺民), 유민(流民) 의식

식민지 시대에 일본의 제국주의적 수탈을 피해 고향을 떠나거나 아예 한반도를 떠난 유민들의 숫자는 이루 헤아릴 수가 없을 정도이다. 3·1 운동 이후 일본은 무단(武斷) 정책에서 문화 정책으로 식민지 정책을 변화시켰고, 『동아일보』, 『조선일보』 등의 신문이 창간되고 『폐허』 (1920) 『백조』 (1921)와 같은 시동인지나 문예지들도 창간되어 언론의 자유가 어느 정도 확보된 듯 보였다. 그러나 그것은 한민족의 가열 찬 항일의식을 잠재우기 위한 유화 정책에 불과한 것으로 이미 토지 수용령(1911) 등을 통해 농지 수탈을 했고 동양척식주식회사를 통해 일본인들에게 농지를 배분하여 조선인은 거의 자기 토지를 빼앗기고 소작농으로 전락하게 되었다. 또한 소작농들의 75%에 이르는 농민이 일본 은행의 산업자금인 고리대금에 시달려 도망을 치듯 땅을 버리고 만주 등으로 떠나게 된다[8]. 바로 그러한 사회적 현상으로 '이농'과 '유민' 현상이 발생하였다.

김동환의 장편 서사시 『국경의 밤』(1925)은 죽음의 땅 식민지를 휩쓰는 무시무시한 궁핍, 목숨을 걸고 강 건너 국경을 넘어 간도 땅에 가서 먹을 것을 구해 와야 하는 두만강변 유민들의 무서운 삶

6 김현·김윤식, 앞의 책, 235쪽.

7 한반도의 북동부, 중국의 둥베이(東北) 및 러시아의 연해주(沿海州)와의 국경을 흐르는 강. 두만강 철교는 함경 서부선의 남양역에서 중국 간도의 투먼으로 이어지는 국제철도이기도 하다.

8 김현·김윤식, 앞의 책, 136~138쪽 참조.

을 그리고 있다. 남편을 떠나보낸 아내를 일인칭 화자로 삼고 있는 이 시는 국경선을 지키는 수비대에 대한 공포, 강 건너에 있는 마적 떼에 대한 공포로 '소금실이 밀수출 마차'를 타고 간 남편의 생사에 대한 두려움을 끝없이 극화한다.

> 아하, 무사히 건넜을까,/이 한밤에 남편은/ 두만강을 탈없이 건넜을까?//저리 국경 강안을 경비하는/외투 쓴 검은 순사가/왔다-갔다-/오르명내리명 분주히 하는데/발각도 안되고 무사히 건넜을까?//소금실이 밀수출 마차를 띄워놓고/ 밤새가며 속태우는 젊은 아낙네/물레 젓는 손도 맥이 풀어져/파! 하고 붙는 어유(魚油) 등잔만 바라본다,/북극의 겨울밤은 차차 깊어가는데.

이 시의 시적 공간은 두만강 가까운 곳에 있는 북극의 국경선 마을이요, 시간은 겨울밤이다. 이러한 극한적인 시공간 속에서 소금 밀수출을 하러 간도로 떠난 남편의 생사를 걱정하는 아내의 귀에는 모든 소리들이 죽음의 기호일 뿐이다.

> 어디에 불시에 땅밑으로 울려 나오는 듯/「어-이」 하는 날카로운 소리 들린다./저 서쪽으로 무엇이 오는 군호라고/촌민들이 넋을 잃고 우두두 떨 적에/처녀(妻女)만은 잡히우는 남편의 소리라고/가슴 뜯으며 긴 한숨을 쉰다-/눈보라에 늦게 내리는/영림창 산림실이 화부(화(火夫) 떼 소리언만/마지막 가는 병자의 부르짖음 같은/애처로운 바람소리에 싸이어/어디서 「땅」 하는 소리 밤하늘을 짼다./뒤이어 요란한 발자취 소리에/백성들은 또 무슨 변이 났다고 실색하여 숨죽일 때,/이 처녀만은 강도 채 못 건넌 채 얻어맞은 사내 일이라고/문 비탈을 쓸어안고 흑흑 느껴가며 운다-/겨울에도 삼동, 별빛에 따라/고기잡이 얼음장 긋는 소리언만

이러한 극한적인 시공간 안에서 오늘따라 유민들의 행렬조차 보이지 않는다.

> 전선이 운다. 잉－잉－하고／국교(國交)하러 가는 전신줄이 몹시도 운다.／집도 백양도 산곡도 외양간 「당나귀」도 따라서 운다,／이렇게 춥길래 오늘따라 간도 이사꾼도 별로 없지.／얼음장 깔린 강바닥으로／바가지 달아매고 건너는／밤마다 밤마다 외로이 건너는／함경도 이사꾼도 별로 없지

'바가지 달아매고 얼음장 깔린 강바닥을 건너는 간도 이사꾼'의 모습은 바로 일본 제국주의 아래 도저히 살 수가 없어 고향을 버리고 두만강을 넘어 간도로 떠나는 유민들의 참혹한 모습이다.

> 처녀는 하들하들 떠는 손으로 가리운 헝겊을 벗겼다,／거기에는 선지피에 어리운 송장 하나 누웠다.／「앗!」 하고 처녀는 그만 쓰러진다,／「옳소, 마적에게 쏘였소, 건넛마을에서 에그」 하면서 차부도 주먹으로 눈을 씻는다.／백금 같은 달빛이 삼십 장남인／마적에게 총맞은 순이 사내 송장을 비췄다.／천지는 다 죽은 듯 고요하였다.//아까 총소리, 그 마적놈, 에그 하나님 맙소서!／강녘에선 또 얼음장이 갈린다.／밤새 길게 우는 세 사람의 눈물을 얼리며－／이튿날 아침－／해는 재듯이 떠 뵈고 들이고 초가고 깡그리 기어오를 때／멀리 바람은／간도 이사꾼의 옷자락을 날렸다.

결국 일인칭 화자인 아내의 남편은 마적들의 총에 맞아 차디찬 시체로 돌아오게 되고 그의 초라한 장례(굵은 칡베 장삼에 묶인 송장)가 치러지는 동안에도 간도 이사꾼들은 유민이라도 되고자 그 얼음장 갈라지는 소리가 들리는 강을 넘어 간다.

"쫓겨가는 자의 마지막을 보여준 송장"을 묻으면서도 슬픔도 잊은 채 마을 사람들은 "흥, 언제 우리도 이 꼴이 된담!" 하고 '조금 먼저 간' 식민지인의 비참한 운명을 냉소한다. 새로운 땅을 찾아 떠나는 간도 이사꾼들이라고 해서 유복한 땅과 따스한 미래를 약속받는 것이 아닌 참담한 현실 속에서 식민지인의 삶이란 목숨을 걸고 두만강을 넘어는 간도 유민이 되느냐, 아니면 식민의 땅에서 기아와 궁핍에 의한 죽음을 맞이하느냐의 두 기로에 처해 있음을 이 시는 잘 보여준다.

나라를 빼앗긴 채 떠도는 유민(遺民), 유민(流民)들의 이야기는 함북 경성 출신인 이용악의 시에도 잘 드러난다. 유민들에게 '두만강'은 그리운 조국, 한반도의 경계선이다. 또한 항일 유격대가 있고 임시정부 요원들이 있다는 소문이 들려오는 중국이라는 땅, 그리고 개척지가 있다는 간도 땅으로 들어서는 경계선이기도 하다. 그리하여 일제 하의 디아스포라 작품에서 '두만강'은 '고향／탈향'이라는 이중적 의미를 갖는다.

> 나는 죄인처럼 숙으리고／나는 코끼리처럼 말이 없다／두만강 너 우리의 강아／너의 언덕을 달리는 찻간에／조그마한 자랑도 자유도 없이 앉았다／／아무 것도 바라볼 수 없다만／너의 가슴은 얼었으리라／그러나 나는 안다／다른 한 줄 너의 흐름이 쉬지 않고／바다로 가야할 곳으로 흘러내리고 있음을／／지금 차는 차대로 달리고／바람이 이리처럼 날뛰는 강 건너 벌판엔／나의 젊은 넋이／무엇인가 기대리는 듯 얼어붙은 듯 섰으니／욕된 운명은 밤위에 밤을 마련할 뿐／／잠들지 말라 우리의 강아／오늘 밤도 너의 가슴을 밟는 듯 슬픔이 목마르고／얼음길은 거칠다 길은 멀다／기리 마음의 눈을 덮어줄／검은 날개는 없느냐／두만강 너 우리의 강아／북간도로 간다 강원도치와 마주 앉은／나는 울 줄을 몰라 외롭다
>
> —이용악의 「두만강 너 우리의 강아」 전문

이용악에게 '두만강'은 한민족의 슬픔을 가슴에 안고 흐르는 강이다. 설령 북간도로 간다 해도 자유와 지복(至福)이 기다리는 것은 아니기에 '강 이쪽/강 저쪽'의 어두운 운명에 명암의 차이는 없다. 그래서 식민지인의 길은 '얼음길'이오, 식민지인의 삶은 '얼어붙은 욕된 운명'일 따름이다. 그러한 식민지인들에게 두만강은 '울 줄을 모르는 나 대신 나의 울음을 울어주는' 울음 덩어리이자 '욕된 식민지 땅을 떠나 또 다른 외로운 땅으로 가는' 얼어붙은 절망의 경계선이다.

3. 현해탄[9]을 넘어가는 유민(遺民), 유민(流民), 근대를 향한 유민(牖民) 의식

북방 출신인 김동환, 이용악, 백석 시인의 '두만강'은 임화에게는 '현해탄'으로 나타난다. 한국 최고의 경향파 사회주의 시인 임화에게 '현해탄'이란 공간은 매우 중요한 상징성을 띤 것이다. 「현해탄」을

9 겐카이[玄海]라고도 하며, 한국에서는 현해탄(玄海灘)이라고 한다. 동쪽의 오시마섬[大島]에서 서쪽 이키섬[壹岐島]에 이르는 수심 50~60m의 얕은 바다로, 많은 섬과 암초가 산재한다. 일본의 대륙 왕래의 요로가 되어왔고, 13세기 말에는 원(元)의 대 일본 침입로가 되었다. 또 8·15광복 전에는 부산~시모노세끼(下關) 간 연락선이 이 해역을 왕래하면서 한민족이 품었던 애환을 말없이 지켜본 역사의 현장이기도 하다. 임화의 시집으로 『현해탄』이 있고 염상섭의 「만세전」에 등장하기도 하며, 연극인 김우진과 「사의 찬미」의 가수 윤심덕이 투신 정사한 곳으로도 유명하고 전쟁 중에 학병으로 끌려간 한국 청년과 일본 여인의 사랑 이야기를 그린 한운사 원작, 김기영 감독의 「현해탄은 알고 있다」라는 영화도 있다. 김윤식 교수가 식민지 시대의 문인들, 특히 임화나 김기림의 '현해탄 콤플렉스'를 지적하기도 할 만치 '현해탄'은 한국 문학, 문화에서 중요한 모티브로 등장한다고 할 수 있다.

소재로 한 여러 시가 있을 뿐만 아니라 두 번째 시집 제목 자체가 『현해탄』이다. '두만강'이 기아와 궁핍에서의 탈출을 위해 건너는 생존의 강이라면 '현해탄'은 그러한 생존의 차원과 더불어 신학문의 바다라는 이중적 의미를 지닌다. 일용직 노동자, 광부, 지게꾼 등 먹고 살 길을 찾아 민중들은 현해탄을 건넜고 더불어 이광수, 나혜석, 주요한, 김동인, 이상화, 김소월, 임화, 정지용, 김기림, 이상, 윤동주 등 식민지 시대의 뛰어난 지식인, 문사들이 새로운 것을 배우고자 하는 지적 호기심으로 현해탄을 건너 일본 제국으로 갔다. 그렇게 '현해탄'은 민중들이 일자리를 찾아 제국으로 건너가는 생존의 바다이면서 동시에 당대 지식인과 신여성들이 새로운 지식과 제국의 문화를 배우고자 건넜던, 전근대에서 근대로 나아가는 '문화적 바다'라는 성격을 가진다. "영원히 현해탄은 청년들의 해협이다"라는 임화의 명제에서 '현해탄'의 근대적 상징성을 읽을 수 있다.

> 예술, 학문, 움직일 수 없는 진리……
> 그의 꿈꾸는 사상이 높다랗게 굽이치는 동경,
> 모든 것을 배워 모든 것을 익혀
> 다시 이 바다 물결위에 올랐을 때,
> 나는 슬픈 고향의 한 밤,
> 홰보다도 밝게 타는 별이 되리라.
> 청년의 가슴은 바다보다 더 설레었다.

시집 『현해탄』 중에 실려 있는 시 「해협의 로맨티시즘」에서 '현해탄'의 상징성은 '일본 열도의 긴 그림자를 바라보는 가슴의 로맨티시즘'으로 요약된다. 시적 화자인 청년 '나'에게 고향은 어두운 '한 밤'일 뿐이고 자신은 그것을 태우고 밝혀줄 계몽적 이성과 열정의 담지자인 '홰보다도 밝게 타는 별'로 드러난다. 현해탄은 '예술, 학문, 진리를 배워서 돌아오는 희망의 바다'로, 해협의 낭만주의로 비유된다.

그러나 시집 『현해탄』 속의 다른 시 「눈물의 해협」에서의 '현해탄'은 '해협의 낭만주의'와는 정반대로 피식민지인의 역사와 고통, 이산의 운명과 죽음, 그리고 '눈물'이 들어있는 '새 운명이 까마귀처럼 소리치는 바다'이다. "아가야, 해협의 밤은 너무나 두려웁다. //우리들이 탄 큰 배를 잡아끄는 것은 과연 바람이냐? 물결이냐? /아! 그것은 현해탄이란 바다의 이상한 운명이 아니냐?. 너와 나는 한 줄에 묶여 나무토막처럼 이 바다 위를 떠가고 있다."에서처럼 '현해탄'은 한민족이 '한 줄로 묶인 나무토막처럼' 비정하게 떠돌아다니는 죽음의 장소이자 '외방 욕설'이 지배하는 제국의 권력의 바다이기도 하다.

시 「현해탄」에서는 제국과 식민지 사이의 바다인 '현해탄'의 '이상한 운명'이 복합적으로 드러난다.

> 이 바다 물결은/예부터 높다.//……(중략)……//그러나 인제/낯선 물과 바람과 빗발에/흰 얼굴은 찌들고/무거운 임무는 고든 잔등을 농군처럼 굽혔다.//나는 이 바다 위/꽃잎처럼 흩어진/몇 사람의 가여운 이름을 안다.//어떤 사람은 건너간 채 돌아오지 않았다./어떤 사람은 돌아오자 죽어갔다./어떤 사람은 영영 생사도 모른다./어떤 사람은 패배에 울었다./-그중엔 희망과 결의와 자랑을 욕되게도 내어판 이가 있다면/나는 그것을 지금 기억코 싶지는 않다.

이렇게 '현해탄'은 조선 청년들에게 새로운 근대와 마주치게 하는 '희망의 바다'이지만 그러나 가서 돌아오지 않는 사람들을 만드는 재난의 바다이다. "영원히 현해탄은 우리들의 해협이다"라고 낭만적인 희망을 외쳐보기도 하지만 그러나 현해탄을 오가는 배 위에서부터 식민지인들의 고통과 좌절은 시작된다.

> 산등 선실 밑 깊은 속／찌든 침상에도 어머니들 눈물이 배었고／흐린 불빛에도 아버지들 한숨이 어리었다.／어버이를 잃은 어린 아이들의／아프고 쓰린 울음에／대체 어떤 죄가 있었는가?／나는 울음소리를 무찌른／외방 말을 역력히 기억하고 있다.

이렇게 현해탄을 오가는 선실은 이산의 고통스러운 현장이며 '식민주의자／피식민지인'의 심리적 갈등과 지배／굴종의 권력관계가 드러나는 억압／피압박의 공간이다. 가족을 잃고 우는 아이들의 울음소리를 냉혹한 일본말이 날아와서 진압하는 제국의 말이 지배하는 공간이기도 한 것이다.

> 오오! 어느 날／먼먼 앞의 어느 날,／우리들의 괴로운 역사와 더불어／그대들의 불행한 생애와 숨은 이름이／커다랗게 기록될 것을 나는 안다.／1890년대의／1920년대의／1930년대의／1940년대의／19××년대의／……／모든 것이 과거로 돌아간／폐허의 거칠고 큰 비석 위／새벽별이 그대들의 이름을 비칠 때,／현해탄의 물결은／우리들이 어려서／고기떼를 좇던 실내처럼／그대들의 일생을／아름다운 전설 가운데 속삭이리라.／／그러나 우리는 아직도／이 바다 높은 물결 위에 있다.

'현해탄'은 이렇듯 이별과 고생이라는 불행을 겪으면서도 돈과 신학문과 근대와 희망을 구하러 제국으로 향하는 조선 청년들의 희망찬 공간이며 디아스포라의 바다이다.

"임화의 이런 현해탄 의식은 '현해탄' 콤플렉스라고 불릴 수 있는 것으로 식민지 지식인의 의식 구조 안에 있는, 일본을 통한 왜곡된 서구 편향을 보여준다"고 지적되기도 한다.[10] 현해탄 콤플렉스는 임화만이 아니라 김기림, 정지용, 이상에게서도 발견된다. 남쪽의 '현해탄'이나 북쪽의 '두만강'은 둘 다 한민족의 디아스포라가 발생하는 경계선이면서도 한민족에게는 지극히 상반된 의미를 가진 공간이라고 하겠다.

그 외에도 1차 이산의 궁핍과 처절한 수탈 현실을 보여주는 작품으로 해방 이전 암흑기의 만주 지역 조선인들의 시문학을 들 수 있겠다. 일제의 수탈과 강제 동원을 피해 윤동주 일가처럼 간도 지역에 정착했던 민족의식이 강한 많은 조선인들이 있었고 그들이 한글로 창작한 많은 시편들이 있고 그것들은 거의 다 실향의 고통과 억압받는 민족의 참상을 노래하고 있는 '이산 문학'이라고 할 수 있다. 송철리, 이욱, 함형수, 조학래, 김조규 등의 작품이 그것이다. 특히 김조규의 「북행열차」, 「대토천역에서」, 「3등 대합실에서」 등은 일제 강점기의 수탈로 인해 조국을 버리고 '춥고 배고프고 낯선' 만주

10 김윤식, 『임화 연구』, 문학사상사, 1989, "두 나비(이상과 임화)의 공통점은 현해탄 건너기에 관련되며, 그것은 모더니즘에 관련되며 또 그것은 근대성에 관련된 것이다. 근대성이란 자본주의와 관련된 현상 일반을 가리킴이며 따라서 모더니즘이 그 이데올로기의 한 기둥이고 이를 비판, 극복하고자 하는 공산주의 이데올로기라든가 계급 혁명사상도 근대성의 직접적 현상이어서 그 이데올로기라 할 수 있는 리얼리즘과는 이복형제가 아닐 수 없다……(중략)…… 그는(이상) 유토피아를 향해 다만 나아가는 길 뿐이었는데, 그 길의 공허함을 깨닫기에는 많은 시간이 걸렸다. 제국의 수도 동경 바닥에서 번데기로 변한 영혼이 찬란히 날개를 펴고 소생하여 현해탄 이쪽으로 날아오기까지는 사후 반세기가 필요하였고, 정치적 죽음의 계절에 「내 딸 혜란아, 너 어디 있느냐」를 외치다 돌연 번데기로 변해버린 나비가 다시 날개를 펴고 소생하기까지에는 36년의 세월이 걸렸다. 이 두 마리 번데기의 비극이 실존적이든, 정치적이든 '현해탄'과 관련되어 있음을 빠뜨리면 공허해지기 쉽다. 이를 두고 근대성, 또는 현해탄 콤플렉스라 부르기로 한다." 20~21쪽 인용.

땅을 떠도는 이산의 고통을 잘 보여주고 있다.[11] 그들은 주로 『만선일보』를 중심으로 문필 활동을 했는데 특히 심연수의 「만주」라는 시는 당시의 만주 지역 조선인들의 의지할 곳 없는 비참한 고통을 잘 보여주고 있다.

> 잘 살려고 고향 떠나／못 사는게 타향살이／간 곳마다 펼친 심히(心荷)／뜰 때마다 허실됐다／／흐뭇한 품을 아／들뜬 마음잡으려고／동해를 둘려서 어선에 실려／대인 곳은／막막한 벌판이었다／／싸늘한 북풍받이 허넓은 곳／떼 장막을 치고 누어／떠돌던 몸 쉬이려던 심사／불쌍한 유랑만이 꿈이었다. 서글퍼 가엾던 부모형제／헐벗고 주림을 참는 일／지금도 뼈아픈 눈물의 기록／잊지 못할 척사(拓史)의 혈흔이었다.

유민(遺民), 유민(流民)들의 삶을 상징적으로 보여주는 것이 '척박한 만주 벌판에 친 떼 장막'의 이미지이다.

5. 이데올로기에 의한 조국 선택: 전쟁, 분단, 월남(越南) 시인들의 새의 상상력

전쟁과 분단으로 인해 헤아릴 수 없이 많은 이산과 민족 이동이 발생하였다. 북에서 남으로 무수한 엑소더스의 행렬이 펼쳐졌으며 또한 이데올로기의 선택으로 남에서 북으로 간 문인들도 있었다. 그중에서도 전쟁이 일어나기 전, 47년 자의적인 이데올로기 선택에

11 이에 관해서는 조규익의 『해방전 만주 지역의 우리 시인들과 시문학』이라는 소중한 연구 업적이 있으니 참고 바람.

입각하여 사회주의 조국 건설을 위해 북으로 갔으나 북쪽 정권에 의해 철저하게 이용당한 뒤 비참한 죽음을 맞이한 임화가 동족 전쟁의 역사적 비극과 이산의 고통을 보여주는 대표적인 경우라고 할 수 있다.

'현해탄' 너머의 제국을 '신학문' '근대'의 상징으로 보았던 임화는 귀국[12] 후 KAPF 문예 운동의 기수가 되었고 「네거리의 순이」, 「우리 오빠와 화로」 같은 사회주의 이데올로기를 담은 시들을 발표하면서 명성을 쌓는다. 그러다 1931년 사회주의 문인들의 단체인 카프를 해체하고자 일본 경찰이 벌인 카프 1차 검거 사건에 체포되어 감옥 생활을 한 그는 32년에는 카프 서기장이 되었다. 그러나 다시 34년에 카프 2차 검거 사건으로 인해 카프는 실질적으로 해체되었고 35년 카프 해산계를 종로 경찰서에 제출함으로써 공식적으로 해체된다. 그 뒤 임화는 해방이 될 때까지 『신문학사』를 썼고 영화를 만들기도 하였다. 그럼에도 해방이 될 때까지의 그의 소극적인 친일 행위가 문제가 되어 6·25 전쟁 후 그는 북한에서 친일파로 몰려 숙청되기에 이른다.

좌우의 대결이 치열했던 해방 공간에서 좌파 문인들에 대한 탄압이 심해지자 1947년 그는 서울[13]을 떠나 평양으로 갔으며 6·25 때

---

12 임화는 31년 봄에 귀국하였고 시집 『현해탄』은 그 뒤 1938년 2월 29일에 출간되었다.

13 "조선프로렐타리아 문학 동맹(1945. 9. 17)과 임화가 별개로 만든 조선 문학 건설 본부가 합동하여 조선 문학가 동맹이 탄생했으며 그 명칭은 다시 전국 문자대회(46. 2.8-9)에서 '조선 문학가 동맹'으로 확정되어 대한민국 수립 직전까지 남한에서 존속했다. 어째서 임화는 카프 재건에 나아가지 않고 별도의 단체를 만들고 그것을 기반으로 조직을 흡수하여 일층 큰 '조선문학가 동맹'을 만들어낸 것인가. 그 물음을 밝히기 위하여서는……(중략)…… 해방공간에서의 남로당의 존재를 밝히지 않고서는 일면적임을 면치 못한다. ……(중략)…… '조선문학가 동맹'의 지도

는 남침을 하는 인민군을 따라 서울에 다시 돌아왔고 낙동강 전선까지 갔다가 유엔군의 반격으로 인민군이 다시 패주하자 인민군 대열을 따라 다시 38선을 넘어갔다. 이 때 평양을 거쳐 멀리 한만(韓滿)국경까지 내쫓기게 된 그가 남한에 남기고 온 딸, 열아홉 살이 된 혜란이를 그리워하면서 쓴 것이 「너 어느 곳에 있느냐」[14]다.

> 아직도 이마를 가려/귀밑머리를 땋기/수집이 얼굴을 붉히던/너는 지금 이/바람 찬 눈보라 속에/무엇을 생각하며/어느 곳에 있느냐//머리가 절반 흰/아버지를 생각하여/바람부는 산정에 있느냐/가슴이 종이처럼 얇아/항상 마음 아프던/엄마를 생각하여/해 저무는 들길에 섰느냐//……(중략)……//아버지는 지금 /물소리 맑던 락동강가에서/악독한 원쑤들의 손으로/불타고 허무러진/숱한 마을과 도시를 지나/우리들이 사랑하던/서울과 평양을 거쳐/절벽으로 첩첩한 산과/천리 장강이 여울마다 우는/자강도 깊은 산골에 와서/어디메에 있는가 모를/너를 생각하여 이 노래를 부른다/사랑하는 나의 아이야//……(중략)……//네가 죽지 않고 살아서/다시금 나와 만날 수 있다면/나부끼는 조국의 깃발 아래/승리의 기쁨과 더부러/우리의 만냄을/눈물로 즐길 것이고,/불행히도 만일,/네가 이미 이 세상에 없어/불러도

자이자 남로당 문화 담당 총책이며 마침내 1947년 가을 월북한 임화는 해주 제일인쇄소를 본부로 하여 남로당 문화 정책을 총지휘하고 있었다. 북조선기지론을 표방한 북로당의 정책에 순응하면서 근본적으로는 당파성이 아니고 인민성에 바탕을 둔 민족문학을 겨냥하고 있었다. 서울이란 무엇인가. 임화에 있어 그것은 고향이고 낙산 밑 오두막이고 무엇보다도 종로 네거리였다. 거기는 순이가 울부짖는 곳이고 눈보라가 도락꾸처럼 몰아치는 곳이요 감옥이 있는 곳이요 사나이가 죽어간 곳이기도 하다." 김윤식, 『임화 연구』, 문학사상사, 1989.

14 1950년 12월 문화 전선사.

> 불러도 돌아오지 않고／목메어 부르는 나의 소리를／영영 듣지 못한다면／아버지의 뜨거운 손이／엄마의 떨리는 손이／동생의 조그만 손이／동무들의 굳은 손이／외딴 먼곳에서／／……(중략)……／／한밤중 어느 먼 하늘에 바람이 울어／새도록 잦지 않거든／머리가 절반 흰 아버지와／가슴이 종이처럼 엷아／항상 마음이 아프던／너의 엄마와／어린 동생이／너를 생각하여／잠못 이루는 줄 알아라／사랑하는 나의 아이야／너 지금／어느 곳에 있느냐
>
> －「너 어느 곳에 있느냐」 중에서

이 시는 이데올로기에 의해 북한을 선택한 한 사회주의 시인이 전쟁 중에 남쪽에 두고 온 딸을 그리워하는 시로 이데올로기로 인하여 발생한 가족간의 이산[15]에 관한 고통을 담고 있다. 이 시는 전선에 있는 군인들에게 배포되어 눈물로 읽히기도 하였지만 1952년, 문학예술검열 지도원인 엄호석에 의해 사회주의적 사실주의 원칙에 의한 창작 방법을 제대로 살리지 못한 감상적인 시로 몹시 비판을 받았다. 그것은 전쟁의 실패를 남로당 계열에 전가시키고 남로당 계열을 숙청시키고자 하는 북한 정치권의 음모의 시작이었고 결국 임화는 1953년 체포, 구속되어 인민공화국 전복 음모와 미국의 스파이라는 죄목으로 8월 6일 처형되었다. 그의 시체는 묻어주는 사람조차 없이 방치되었다고 한다. 서울 출신인 임화는 그리운 가족

---

15 임화의 가족은 그야말로 디아스포라의 전형을 보여준다고 할 수 있다. 첫 번째 처 이귀례(사회주의자 이북만의 누이)와의 사이에 낳은 딸 혜란이는 남한에 있지만 생사도 몰랐고 두 번째 처, 작가 지하연(본명, 이현욱)은 임화가 총살당할 당시에 북한에 있지 않았고 피난지 만주에 머물러 있었으며 지하연과의 소생이 하나 더 있었음을 위의 시에서 볼 수 있으나 그 아이에 대해서는 현재 자세히 전해지지 않는다. 임화 일가의 비극이야말로 식민지 시대와 전쟁과 분단 시대를 통과해 온 비극적 가족사이다.

이 있는 남한을 버리고 이데올로기를 따라 사회주의 조국이라고 동경을 했던 북한으로 갔으나 정치적 음모에 희생되어 비참한 죽음을 맞이하였으니 임화의 운명이야말로 한국 근대사의 비극적 디아스포라의 처절한 상징이라고 하겠다.

또한 자유주의 체제를 선택하여 전쟁 전 북에서 남으로 월남한 시인으로 구상, 전봉건, 김종삼, 김종문 등이 있다. 월남 시인들의 가슴 속에는 김종삼이 시 「민간인」에서 "1947년 봄／심야／황해도 해주의 바다／이남과 이북의 경계선 용담포／／사공은 조심조심 노를 저어가고 있었다／울음을 터뜨린 한 영아를 삼킨 곳.／스무 몇 해나 지나서도 누구나 그 수심을 모른다."라고 노래한 것과 같은 절망과 죄의식과 두려움의 심연으로서의 '용담포'가 트라우마로서 자리하고 있었을 것이다. 가족을 적지에 버려두고 왔거나 전쟁 중 누구나 한번쯤은 인간으로서 차마 저지를 수 없는, 휴머니즘을 포기했던 그 잔인한 현장을 본 기억이 있을 것이기 때문이다. '용담포'는 디아스포라의 끔찍한 장소로서 월남 시인들의 영원한 트라우마의 현장이라고 하겠다.

구상은 1946년 원산에서 동인지 『응향(凝香)』을 주재하고 서정시 「길」, 「여명도」, 「밤」을 발표하여 문단에 등단하였으나 이 작품으로 인하여 북조선 문학예술 총동맹 중앙위원회로부터 반동 작가로 낙인찍혀 1946년 월남하였다. 1947년부터 1950년까지 연합신문 문화부장을 지냈고 6·25 전쟁 중에는 국방부 정훈국의 서울 지구 보도대장으로서 누구보다도 전쟁의 정면에서 활동했고 종군 작가단을 만들기도 했다.

누구보다도 전쟁을 최일선에서 경험했던 그는 전쟁이 끝난 후 1956년 출간한 시집 『초토의 시』에 실린 「초토의 시 8」에서 "저기 모두 세기의 백정들／도마 위에 오른 고기마냥 너는 난도질하려는데／하늘은 왜 이다지도 무심하기만 하더냐"와 같이 휴전협정에 대한 절망을 노래하면서 이데올로기로 인한 분단과 제국들의 지배욕망에 의해 심청이처럼 희생당한 '민족'의 분열을 노래한다. 특히 그의 시 「초토의 시 7－적군(敵軍)묘지 앞에서」는 휴전 협정으로 인해 북의 고향으로 돌아갈 길이 막혀버린 이산자로서의 참혹한 절규를 보여준다.

> 오호, 여기 줄지어 누웠는 넋들은／눈도 감지 못하였겠구나.／／어제까지 너희의 목숨을 겨눠／방아쇠를 당기던 우리의 그 손으로／썩어문드러진 살덩이와 뼈를 추려／그래도 양지 바른 두메를 골라／고이 파묻어 떼마저 입혔거니／죽음은 이렇듯 미움보다도 사랑보다도／더욱 신비스러운 것이로다.／／이곳서 나와 너희의 넋들이／돌아가야 할 고향땅은 30리면／가로막히고／무주공산의 적막만이／천만근 나의 가슴을 억누르는데／살아서는 너희가 나와／미움으로 맺혔건만／이제는 오히려 너희의／풀지 못한 원한이／나의 바램 속에 깃들어 있도다.／／손에 닿을 듯한 봄 하늘에／구름은 무심히도 북으로 흘러가고／어디서 울려오는 포성 몇 발／나는 그만 이 은원의 무덤 앞에／목 놓아 울어버린다.
>
> * 여기서 적군은 북한 공산군을 가리킴

이렇듯 몇 십리 밖에 고향을 두고 남한에 묻혀 무덤이 된 북한군 역시도 강대국 중심의 이데올로기 전쟁으로 인해 가족과 헤어지게 된 이산의 상징이고 '북으로 가는 구름을 보며' 고향을 그리워하는 시적 화자도 이산의 한 상징이다. '구름'이나 '새'는 월남 시인들의 작품에 자주 드러나는 이미지이며 또한 중요한 모티브로 읽히기도 한다. 50~60년대의 냉전 이데올로기 속에서 군사 분계선 너머 북에 있는 고향땅이란 수평적으로는 도달할 수 없는 금지의 공간이요 그런 수평적 분단을 뛰어넘을 수 있는 길은 오직 수직적 상상력을 통해서이기 때문이다. 그리하여 구상 텍스트의 '새' 이미지는 수평적으로 해결할 수 없는 역사적, 분단의 벽을 수직적으로 뛰어넘고자 하는 해방에의 꿈의 한 변형이다.

가을 하늘에
기러기 떼 날아간다.
내 앓는 가슴 위에다
긴 그림자를 지으며
북으로 날아간다.
한 마리 한 마리 꼬리를 물듯이
一直線을 그으며
날아간다.
팔락
팔락
팔락
팔락
팔락
팔락
팔락
팔락
내 가슴 空洞에 내려앉는다.
도
레
미
파
솔
라
시
마지막 한 마리는
내가 붙잡았다.

팔딱
팔딱
팔딱
내 가슴이 뛴다.
끼럭
끼럭
끼럭
내 가슴이 운다.
끼럭
끼럭
끼럭
하늘이 운다.
끼럭
끼럭
나는 놓아보낸다.
혼자 떨어져 나는 뒷모습이
나 같다.
가을 하늘에
기러기 떼 날아간다.
나의 가슴에 평행선을 그으며 날아간다.

–구상의 「가을 병실」 전문

분단의 고착은 결코 치유할 수 없는 가슴의 질병으로 드러난다. 북으로 날아가는 철새 '기러기'에 고향을 그리워하는 시인의 마음은 동일시되며 기러기의 날갯짓은 시각적으로 그려진다. 그 두 날개의 가운데 기러기의 몸통이 되는 부분은 '내 가슴 공동(空洞)에 내려앉는다'라는 언술이다. 즉 '팔락팔락'과 '도레미파솔라시'로 움직이는 좌우 양 날개는 '내 가슴 공동'으로만 연결되어 날 수 있다. 수평적으로 극복할 수 없는 역사의 벽을 수직적으로 초월하고자 하는 꿈을 새의 이미지에 의탁하고 있는데 그 양 날개의 중심이 되는 것은 어찌해도 치유할 수 없는 '내 가슴 공동'. 즉 텅빈 구멍의 병이다. 그렇듯 월남 시인의 가슴에 깊이 자리한 실향의 공동, 그것이 좌우 날개를 이어주는 중심이 되는 것이며 그 역사적 이산의 공동(空洞)이 있는 한 펄펄 펄럭 끼룩끼룩 날아가는 기러기의 복행은 자기 자신의 질병의 발작이자 꿈의 이행이다. 가슴에 구멍 뚫린 이산자의 꿈은 '날개'라는 것을 보여준다.

1945년 공산 치하를 벗어나 남으로 온, 그리고 전쟁 중에 군에 입대하여 "51년 이른 봄 중동부 전선에서 부상을 입고 대구 피난민 수용소 판자집에 웅크린 가족을 찾아가" 남쪽 생활을 시작한 월남 시인 전봉건의 시에서도 '새'의 이미지는 역시 고향에 대한 그리움의 상징이 된다.

> 155 <마일>의 철조망 속에서도/새들의 노래와 꽃송이의 중심이/바라는 하늘
>
> -「강물이 흐르는 너의 곁에서」 중에서

> 꿈처럼 은하처럼 하나 핀 진달래로/하여 더 가까이 태양을 느낀/새처럼
>
> -「은하를 주제로 한 〈봐리바시옹〉」 중에서

이렇게 실향의 시인에게 '새'의 이미지는 자주 나타난다.

"나는 20년 전에 평안도를 버렸습니다. 그 후로 나는 내가 버린 평안도의 어둠에 갇혀 살았습니다. 그 얼마 뒤의 일이지요. 나는 눈덮힌 강원도의 산비탈에서 총을 쏘다가 피를 흘렸습니다. 피는 피를 불러 강원도 덮힌 눈을 피로 덮었습니다. 피는 붉은 것이 아니고 검은빛이더군요. 그 후로 나는 피의 어둠에도 갇혀 살았습니다."

「여섯 개의 바다 5」에서 그는 월남 시인이 숙명으로 가지고 살아가는 디아스포라의 비극을 '피의 어둠'으로 노래했으며 분단의 고

통과 그리움을 현재진행형으로 앓고 있으면서도 강인한 인내로 참고 견뎌가야만 하는 월남(越南)인의 실향의 비극을 '돌'의 형상에 비유하기도 한다.

> 비바람 33년/눈보라 33년/오 눈동자 찾아 헤매기 33년/간저린 그리움은 굳어/돌이 되었습니다/나는 돌입니다
>
> -「돌 25」 중에서

특이한 것은 월남 시인 전봉건의 시세계에 나타나는 '돌 속에 들어있는 새'의 이미지이다. 개인의 힘으로 변화시킬 수 없는 전쟁이라는 역사적 재난과 거대 현실인 분단이라는 장벽 앞에서 그는 돌과 새의 이미지를 동시에 형상화한다.

> 이월 하순/산간을 흐르는/강나루에서/배를 기다리다가/문득 거기가/1951년 봄 어느 날/도강 작전에서 전우 K가 죽은/바로 그 자리인 것을 되살려냈다/해질 무렵에야/돌아온 배에 오르려다가/나는 봄눈 녹는/나루터 찬물 속에서/삭은 뼈처럼 하얀/돌 하나를 건져냈다/날개뼈 같은 그런 모양이었다/벌써 어둡기 시작하는 여울 쪽에 이름 모를/새 한 마리가/날고 있었다
>
> -「돌 1」 중에서

'돌'이 전쟁의 고통과 전우의 죽음을 안으로 삭이며 시간의 풍화 속에서 인고하는 전쟁 희생자의 메마른 삶의 상징이라면 '새'는 죽어서라도 자유를 획득하고 싶어 하는 그 희생자의 해방의 꿈이라는 상징성을 지닌다.

> 모래밭에 묻혀있는／하나의 돌은 말이 없습니다／／한 마리 큰 새가 되어／모래밭의 모래 속을 날아가면서／말이 없습니다.

그리하여 '돌 속의 새' 이미지는 역사적 삶의 수평적 고통의 인고와 그것을 수직적으로 초월하고자 하는 꿈과 해방의 이중적 의미를 내포한다.

박남수 시인의 작품에서 '새'의 이미지는 더욱 중요하다. 전봉건 시인과 같은 평안남도 출신인 박남수는 1·4 후퇴 때 월남했으며 그 뒤 『적치 6년의 북한 문단』이라는 저서를 간행하였다. 그 뒤 1975년 미국 플로리다로 이민하여 20년이나 미국의 이민자로 살아갔던 박남수 시인의 시는 한국 현대사의 비극적 디아스포라 체험을 내면에 원형질로 가지고 있다고 하겠다. 그도 새의 이미지를 많이 보여주고 있는데 「갈매기 소묘」(제2시집, 『갈매기 소묘』), 「새 1, 2, 3」, 제3시집, 『새의 암장』 1, 2, 3, 재미3인시선 『새소리』 등이 그것이다. 초기 박남수 시인은 모더니스트적인 세계를 가지고 있는 시인으로서 '새'가 곧 역사적, 사회적인 디아스포라의 불안을 상징하는 것으로 환치되지는 않는다 할지라도 미국으로의 이주 후의 시집들에서는 개인사적 이야기가 서술적으로 드러나면서 '새'는 곧 실향과 정주할 곳이 없는 실향민의 실존적 모습을 상징하는 것으로 나타난다. 『서쪽, 그 실은 동쪽』(1992)은 거의 다 이산의 현실을 담담하게 서술하는 작품들이라고 할 수 있고 '새' 또한 정주할 곳을 잃은 세계적 유랑민, 실향민으로서의 상징이다. "결국 산다는 것은 발판을 잃고／하늘을 맴도는 방황에 지나지 않는다"(「꿈의 흔적」 중)라는 명제가 바로 디아스포라적 삶의 시적 요약이다.

낯설은 나라, 낯설은 사람들 속에서／다만 혼자가 되리라, 그리고／다시는 옛 벗들과 명동이나／광화문 언저리에서 만나는 일도, 아마／다시는 없으리라. 내가／고향에서 어머니 품을 떠난 뒤／어쩔 수 없이, 다시는／어머니께로 돌아갈 수 없었던 것처럼／한번 떠나면 다시는 되돌아가지 못하는／서러운, 서러운 운명을.

－「서울에서」 중에서

날아오르는 것이 날개라면, 지금／나는 하나의 날개다. ／상공에서 굽어본 서울은／점점 작아져서, 지금은／한 알의 모래알. 저기서／오랫동안 울고 웃고 싸우고, 정말／진한 사람의 냄새를 풍기고 살았구나.／……(2행 생략)……／D.C. 10은 날개를 기울며／작별의 선회를 한다. 지금／나도 날개를 기울며／기우뚱 삶의 서러운 선회를 한다.

－「이수(離愁)」 중에서

이렇듯 1·4 후퇴 때 어머니와 헤어져 남쪽에 정착하면서 가족들을 잃고 또 미국 이주를 통해 남쪽의 벗들까지를 상실한 시인에게 삶이란 그 자체가 '새'의 이미지로 그려진다.

산타 모니카 해안에 앉아／멀리 서역을 바라보면서／동방의 사람, 나 박남수는／여기서는 서쪽, 그 실은 해뜨는 동쪽／조국을 생각한다.／／조국의 사람들을, 그 가슴에／물결치는 애련의 갈매기를, 그 울음을.／그 서러운 몸놀림을.／아, 피맺힌 분단을.

－「서쪽, 그 실은 동쪽」 중에서

분단의 상황 안에 살고 있는 한민족의 삶 자체가 '갈매기'이며 아니 난세의 삶 그 자체가 모두 갈매기인 것이다.

고층 건물 사이를 길 잘못 들은/갈매기. 부산 포구에서 끼룩끼룩, 서럽게/서럽게 울던 갈매기여./눈물 참을 것 없이, 두보처럼/두보처럼 난세를 울자./슬픈 비중의 세월을 끼룩끼룩 울며/남포면 어떻고 다대포면 어떻고/핫슨 강변이면 어떠냐.

–「맨하탄의 갈매기」 중에서

이렇듯 '새'는 2차 이산 시기, 월남 시인들의 시에서 디아스포라의 고통과 꿈을 상징하고 있으며 또한 '난세'에 어쩔 수 없이 부여받은 삶의 한 양식으로 비유되기도 한다. 그리고 살아서는 못 돌아가는 고향으로 가는 방법적 변신으로 꿈꾸어진다. 같은 평안도 출신이자 월남 시인인 전봉건의 죽음에 부친 시 「진혼가」에서 그는 "옳거니, 나도/가서 고향 땅에 물이 되고/새가 되고 나무가 되리//그냥은 못가는 오백리 길/이제 너는 넘나드는 자유를 가졌거니/그 높은 장벽을 뛰었도다.//남북으로 도도히 흐르라. 넘나들라./이루지 못한 반세기의 꿈길을."에서처럼 분단으로 막혀 '반세기 동안 이루지 못한 꿈'을 성취하는 기제로서의 죽음과 '새'의 자유로움이 변형되어 노래되기도 한다. 수평적으로 해결할 수 없는 역사, 정치라는 거대 담론에 대해 그 장벽을 초월하는 방법으로서의 수직적 상승의 이미지가 죽음이나 새의 이미지로 많이 드러나게 되는데, 이를 '디아스포라 시 텍스트에 나타난 상상력의 특징'이라 부를 만하다.

6. 결 론

한국 현대시에 나타난 이산의 문제는 국권이 상실된 일제 식민지 통치와 해방, 좌우익 이데올로기 갈등으로 인한 해방 공간의 혼란, 6·25 전쟁, 그리고 분단에 이르는 현대사의 재난에서 발생한 비극적 주제이다. 이는 한국 현대문학사에 있어서 정주할 곳을 잃어버린 '유민(遺民)과 유민(流民)과 유민(牖民)'의 세계관과 '새'와 같은 수직적 상상력을 보여주는 것을 그 특징으로 하고 있다. 필자는 일제 강점기로부터 해방, '분단 고착기'와 냉전과 분단 시대에 이르는 이산의 문제를 1차 이산과 2차 이산으로 나누어 살펴보았다.

1차 이산은 일제 강점기에 만주 간도 지역이나 일본 등지로 생존을 위해서든 신학문을 배우기 위해서든 고향을 떠나 실향의 삶을 살게 된 것을 일컫는데 김동환, 임화, 이용악, 간도 지역의 심연수 등의 시에서 나타난다. 김동환이나 이용악, 심연수는 생존을 위해 두만강을 건너 만주 북간도 지역을 중심으로 살아가는 유민(遺民), 유민(流民)들을 노래하고 있고 임화는 현해탄을 횡단하는 근대를 향해 가는 청년 유민(牖民)들이나 돈을 벌러 일본으로 흘러 들어가는 궁핍한 유민(遺民), 유민(流民)들의 세계를 노래하고 있다. 1차 이산을 보여주는 텍스트들은 이산의 경계가 되는 '두만강'과 '현해탄'의 역사적, 지정학적 성격에 따라서 서로 다른 함의를 가지고 형상화되어 있다. 둘 다 수탈과 궁핍으로부터 탈하고자 하는 생존 차원의 이유를 공통점으로 가지고 있으면서도 두만강 너머의 이산은 민족의식을 지키고자 하는 이유를 더 가지고 있으며 현해탄 너머의 이산은 근대성과 제국의 문화에 대한 열망이라는 청년의식을 더 보여준다.

2차 이산은 해방 이후 이데올로기에 의한 선택에 의해서 남쪽에서 북쪽으로 이동했거나 북쪽에서 남쪽으로 이동한 후 분단으로 인해 귀향하지 못하고 계속 실향의 삶을 살아왔거나 또는 전쟁 중에 체제를 선택하여 이동한 경우를 일컫는다. 임화, 구상, 김종삼, 박남수, 전봉건 등의 시인들의 탈향, 실향이 바로 그것이다. 임화는 전쟁이 발발하기 전 이데올로기 선택에 의해 북으로 가서 사회주의 조국 건설에 열정적으로 참여했지만 전후 김일성 체제 만들기의 희생양이 되어 총살당하게 된다. 전쟁 중에 서울에 돌아온 그는 자신의 딸을 찾아보려 했지만 만날 수 없었고 인민군을 따라 북으로 후퇴하면서 딸 혜란의 생사를 알고 싶어서 그는 「너 어디에 있느냐」를 절규하듯이 쓰게 된다. 그 시는 역사와 전쟁에 의해 사지로 내몰려서 가족의 생사를 알 수 없는 처지에 있는 모든 탈향인, 실향인, 전투 군인들의 절규를 대표적으로 보여주고 있는 디아스포라 텍스트의 전형이다. 결국 이 시를 기화로 임화의 몰락이 시작된다는 점에서는 참으로 비극적인 디아스포라 텍스트라고 할 수 있겠다.

월남 시인들의 시에서는 역사와 이데올로기라는 거대 담론에 의해 수평적으로 가로 막힌 분단이라는 금기의 선을 뛰어넘어 고향이나 버려둔 어머니에게로 돌아가고 싶은 귀향의 상상력과 또는 남에서도 정주처를 찾지 못하고 영원히 이방인일 수밖에 없는 실향자 의식이 '새'의 이미지로 드러난다. 그리하여 정주할 곳이 없어 끊임없이 불안하지만 또한 동시에 높이 날아오를 수 있는 자유를 가진 '새' 이미지가 월남 시인들의 텍스트에서 유난히 많은 것을 디아스포라 시 텍스트의 특징으로 읽어 보았다.

참고문헌

권영민, 『한국 현대 문학사 1945－1990』, 민음사, 1993.
구상, 『구상문학선』, 성바오로출판사, 1995.
김동환, 『국경의 밤』, 미래사, 1991.
김용직, 『한국 현대시사 1, 2』, 한국문연, 1996.
김윤식, 『임화 연구』, 문학사상사, 1989.
김윤식 공저, 『한국 현대문학사』, 현대문학, 1994.
김종삼, 『스와니강이랑 요단강이랑』, 미래사, 1991.
김현·김윤식, 『한국문학사』, 민음사, 1973.
마쯔모토 세이쬬, 김병걸 역, 『북의 시인 임화』, 미래사, 1987.
박남수, 『박남수 전집 1－시』, 한양대학교 출판원, 1998.
이용악, 『이용악 시전집』, 창작과 비평사, 1988.
이재선, 『현대 한국 소설사』, 민음사, 1991.
이재선, 『한국 현대 소설사』, 홍성사, 1979.
임헌영, 『분단시대의 문학』, 태학사, 1992.
임화, 『현해탄』, 풀빛, 1988.
전봉건, 『새들에게』, 고려원, 1983.
전봉건, 『돌』, 현대문학사, 1984.
조규익, 『해방전 만주 지역의 우리 시인들과 시문학』, 국학자료원, 1996.

모성 신화와 모성 해체
-어머니를 말하기와 어머니로 말하기

1. 모성 신화: 웅녀는 어머니다

몇몇 페미니스트 여성 시인이 쓴 시들을 제외하고서 한국 시에 나타난 '어머니'의 지배적인 모습은 『단군 신화』에 나타난 한국 여성의 원형상인 웅녀의 변형이다. 신화 속의 '웅녀' 이미지는 플라톤 철학에서 말하는 모든 물질의 원형상으로서의 이데아와 같다. 영원한 본질, 이데아의 보관소인 신화는 한국 여성을 태어나면서부터 '웅녀'로 호명[1]한다. 정치, 사회 체제가 가부장적 질서를 많이 띠고

1 '호명'이란 알튀세의 용어로 언어가 우리를 세상 속의 어느 한 자리인 정체성 속으로 위치시키는 방식을 묘사하기 위해 사용한 말이다. 개인이 사회적 정체성을 생산해내는 호명 과정에 종속되어 있음을 암시하기 위해 최근에는 개인보다 주체라는 말을 더 사용하게 되었는데 그러한 주체의 호명 과정은 이데올로기와 깊은 연관을 맺고 있기에 '주체란 이데올로기에 의해 호명되는 존재'라고 정식화한다. 그는 이데올로기란 존재의 현실적 조건에 관련하는 개인들 간의 상상적 관계의 표상이라고 말하면서 인간은 현실에 접근하기 위해 일정한 매개체를 필요로 하는 바 그것이 바로 이데올로기의 역할이라는 것이다. 라캉 식으로 말하면 인간과 현실 사이에는 이미 상징적 세계가 개입하고 있다고 할 수 있고 알튀세는 상징을 통해 매개되는 인간과 현실의 관계가 거울 단계처럼 오인의 판단을 생산해내는 상상적인 성질을 갖게 마련이라는 것이다. 라캉이 생

있었던 1970년대까지만 해도 여성에게 주어졌던 사교육, 공교육, 신화나 민담, 근대적 소설, 이웃 사람들의 이야기, 종교 담론 등이 모두 여성을 '웅녀'로 호명하는 성격을 지니고 있었고 그러한 유교 이데올로기적 호명 체계 안에서 여성은 웅녀적 정체성을 수납하여 온순하고 정숙한 육체를 가진 '좋은 여자'가 되거나 아니면 그러한 호명 체계를 거부하여 '나쁜 여자'가 되거나 하는 양자 택일의 길이 있었다고 보여진다. '이것이냐 저것이냐'(Either or)의 갈림길이 있었을 뿐 포스트모더니즘적인 '이것도 저것도'(Both and)라는 잡종적 퓨전의 정체성은 여성에게 거의 허락되지 않았다. 그런데 재미있는 것은 단군신화적 호명 체계 안에서 한국 여성의 정체성은 어디까지나 '어머니'라는 생식의 위치에 놓이게 될 뿐 아내나 여자로서의 위치는 강조되지 않는다.

한국 여성의 정체성을 호명하는 유교 이데올로기를 담지하고 있는 『단군 신화』 안에 나타난 그 여성 정체성 형성의 과정, 즉 호명의 과정을 읽어본다.

1. 환웅은 무리 3천명을 끌고 태백산 꼭대기에 있는 신단수에 내려왔는데 이곳을 일러 신시라 한다. 360여가지의 일을 주관하여 인간의 세계를 가르치고 교화하였다.: 환웅에 의하여 자연의 세계에서 문화적, 역사적 세계가 정립됨. 남성=하늘=초월자.

2. 이때 곰 한 마리와 호랑이 한 마리가 같은 굴 속에 살고 있었

각하는 주체가 상징적 세계, 즉 큰타자의 담론을 통한 타자의 결과물이라면 알튀세가 생각하는 주체는 대문자 주체가 만든 자아로부터 연유하는 상상적 존재다. 알튀세는 한 사회를 구성하고 있는 모든 이데올로기의 그물망을 이데올로기 국가 장치(Ideological Status Apparatuses)라고 부르는데 그것은 학교, 제도, 국가, 종교 등 상징적 질서를 만들고 구성원들의 의식과 무의식을 지배하는 이데올로기적 지배소이다. I.S.A는 주체의 정신적 지평선을 한정짓는다.

는데 항상 사람되기를 환웅에게 기원하였다.: 남성=하늘=초월자=기도받는 자/여성=땅=비천함=기도하는 자.

3. 환웅은 신령스런 쑥 한 심지와 마늘 스무개를 주며 "너희가 이것을 먹고 백일 동안 햇빛을 보지 않는다면 곧 사람이 될 것이다.": 상징적 아버지의 말에 따라 격리-시련(금기) 견디기-성취라는 입사식 구조.

4. 호랑이는 금기를 지키지 못하고 곰은 금기를 지켜 사람 여인이 되었다: 가부장제 속에 합당한 젠더 이데올로기를 웅녀가 수납하여 사회, 문화적 질서 속에서 자기 정체성을 형성.

5. "사람 여인이 된 웅녀가 아이 낳기를 소망하여 단수 아래 와서 항상 기원하지만 마땅한 배우자가 없음에 이를 안타까이 여긴 환웅이 사람으로 몸을 바꿔 합하여 아이를 낳으니 이분이 단군왕검이시다.": 모성으로서의 여성 정체성이 고착.

위와 같은 여성 정체성 형성의 과정을 정신분석학인 입장[2]에서 다시 읽어보면 2와 3에서 '곰/호랑이'의 혼거를 어떻게 해석할 것인가?가 문제가 된다. 대부분의 남성 학자들은 그동안 곰과 호랑이를 부족의 토템으로 해석하기도 했고 용맹과 투쟁의 가치(호랑이성)보다는 인내와 인(곰성)을 높게 평가한 한국인의 가치관으로 해석하기도 했다. 그러나 필자는 정신분석학적 입장에서 같은 굴 안에 살고 있었던 '곰/호랑이'는 아직 문화적 질서가 개입하기 이전의 한 '자연 여자' 속에 깃들여져 있었던 미분리의 양성성(곰성=호랑이성, 아니마+아니무스)으로 해석하며 큰타자인 아버지의 이름이 유교적 가부장제에 합당한 여성 정체성을 형성하기 위해 자연 여자 속에

2 김승희, 「웅녀 신화 다시 읽기」, 김경수 편, 『페미니즘 문학 비평』, 프레스 21, 2000, 17~38쪽 참조.

길들여진 곰성(bear-ness)과 호랑이성(Tiger-ness) 중 위험하고 공격적인 호랑이성을 추방(압젝션)하여 순박하고 인내심이 강한 젠더 아이덴티티를 웅녀에게 부여하는 과정으로 읽는다. 자연 여자(곰여인)는 상징적 질서안에서 자기 정체성을 갖기 위해 강한 호랑이성과 같은 중요한 자기 상실을 겪어야만 했던 것이다. 그리하여 웅녀라는 사회적 페르조나를 획득하기 위해 호랑이성은 무의식 아래로 좌천되고 곰성의 페르조나가 한국 여성의 육체에 입혀진 것이다.

사람 여인이 된 웅녀는 다른 것을 소망하지 않고 "아이 낳기를 소망"하였고 환웅은 웅녀에 대한 사랑이나 욕망에서가 아니라 "아이 낳기를 소망하여 항상 단수 아래 와서 기원하지만 마땅한 배우자가 없음에 이를 안타까이 여긴 환웅이……"라고 함으로써 유교적 이데올로기 안에서 여성의 위치는 단지 재생산(잉태, 생식)으로 호명된다. 그것이 웅녀가 환웅의 아내로서가 아니라 단지 단군의 어머니로서만 자기 정체성을 가지게 된 이유이다. 바로 그러한 주체 형성 과정을 거쳐 한국 여성은 의식／무의식, 곰성／호랑이성, 페르조나／섀도우로 자기 분열을 겪게 되었고 위험한 호랑이성을 무의식 안에 감춘 채 철저한 타자로서 역사의 시간 속으로 현현하게 되었다.

"인간은 자연에 뿌리를 내린다. 즉 인간은 동물이나 식물처럼 만들어졌다. 그러나 부권이 생겨난 이래로 인간의 눈에 비친 삶이란 두 가지 관점을 가지게 되었다. 삶이란 의식, 의지, 초월이며 정신이다. 그러나 또 한 삶은 재료, 수동성, 내재이기도 하며 육체인 것이다."[3]라는 시몬느 보브아르의 말은 남성이 의식, 의지, 정신 그리고 초월의 가치로써 자신을 정립하기 위해 여성은 무의식, 수동성, 육체와 같은 부정적인 함의를 타자로서 떠맡게 되었음을 지적한다.

---

3 레나 린트호프, 『페미니즘 문학 이론』, 이란표 역, 인간사랑, 1998, 32쪽.

즉 한국과 마찬가지로 유럽에서도 자연상태에 부권이 개입함으로써 여성을 타자화시키는 과정에서 여성은 재료, 육체, 재생산의 지위로 격하됨을 볼 수 있다.

우리 시에 나타난 어머니의 모습은 웅녀라는 원형이 암시하듯 어두운 결핍, 지극히 모성적 존재, 곰의 가치를 내면화한 인내와 덕성의 담지자, 부권적 상징 질서 안에서 지극히 주변적인 벙어리 존재이다. 이는 아들을 잘 키우는 것이 최고의 미덕이 되는 모성 신화 안의 모습이다. 남성 시인의 텍스트에서는 그러한 곰성의 담지자인 타자로서의 어머니의 모습이 고통스러운 사랑의 목소리로 노래되며 여성 시인의 경우도 그러한 목소리는 자주 나타난다.

그러나 최근 타자로서의 자기 정체성을 발견한 여성 시인들의 경우 유교적 가부장 사회의 상징 질서 안의 한 타자인 어머니의 삶을 다르게 발견해낸다. 김선우, 김혜순의 경우가 그러하다. 끝으로 자신이 어머니로서 어머니라는 모성 역할이 가부장적 이데올로기가 자신에게 호명한 하나의 역할이라는 것을 발견한 여성 시인들의 목소리가 있다. 모성 신화, 모성 역할을 의심하며 모성 신화, 역할을 해체하는 포스트모던적 시각에 의해 가부장적 상징 질서가 자기를 호명한 그 위치를 전복시키는 텍스트로는 김혜순, 김승희의 텍스트를 들 수 있다.

2. 먹이는 어머니, 일하는 어머니, 벙어리 타자로서의 어머니

먼저 남성 시인의 텍스트를 살펴보자. 격동의 한국 근현대사를 살아오면서 역사, 정치에 상처를 입은 어머니의 모습은 시 속에 자주 드러났지만 가장 전형적인 어머니의 모습을 보여주는 아름다운 시로 이성부의 「어머니」를 들 수 있다.

> "오랫만에 하나뿐인 이 아들 만나도／말씀 못하시네, 도무지 말씀 못하시네／모진 하늘이 또 어머니의 가슴에／들어와 박힌 것일까? 허물어진 흙담 너머로／주먹밥을 건네 주시는／손길은 뜨겁지만,／그 손길은 걱정스레 말을 품었지만,／어머니의 입 어둠처럼 닫혀져서／말씀을 못하시네"
>
> －이성부의 시 「어머니」 중 1연

이 텍스트에 나타난 어머니의 특징을 살펴보면 첫째 어머니는 말을 못한다, 즉 자신의 언어를 가지고 있지 못한 벙어리 존재이다. 둘째 '모진 하늘이 또 가슴에 박힌' 타자로서의 어머니다. '또'라는 시간의 반복을 표시하는 부사의 사용으로 인해서 주변부 타자로서의 상처의 비극성이 증폭된다. '모진 하늘'은 남성=하늘의 은유로 읽을 수도 있고 이 시 전체의 컨텍스트로 보아 역사나 정치, 사회적 권력의 은유로, 즉 위협적인 남성 권력(남근중심적 초월적 힘)의 은유로 확대해서 읽을 수도 있다. 즉 어머니는 주체로서 역사나 사회, 정치적인 영역에서 자신의 목소리를 내어본 적이 없을뿐더러 자주 (또) 남성적인 역사, 정치의 폭력에 의한 상처를 가슴에 안고 살아가는 주변적 타자이다. 셋째 주먹밥을 건네주는 어머니의 손길이 바로 그녀의 언어다. 그러므로 어머니의 말은 아들에게 건네지는 사랑의 음식(역사적, 사회적 긴급 사태 안에서 비상식량으로서의 주먹밥) 안에 담겨진 벙어리 언어이며 주먹밥은 어머니의 환유다. 어머니는 자신의 목소리로 말을 할 수 없는 존재이며 환유를 통해서만 사랑을 드러낼 수 있다.

그러한 어머니는 시의 3에서 "아직도 따스한 이 주먹밥엔／반쯤 목맺힘이 섞여있다／이십년전에도 삼십년 전에도／눈물로 밥을 뭉쳐 급할 때마다 만드시던 주먹밥을 나는 기억한다//어머니는 하나뿐인 아들에게마저/또 이것을 만들어 주시었다/거리에서 피투성이로 끌려갔다는 삼촌과/흰 상자로 돌아온 아버지를 나는 끝내 뵈일 수가 없었다"에서처럼 역사의 구비구비에 주먹밥을 만들었고 자신의 중요한 남성들을 잃었으며 아들에게마저도 주먹밥을 몰래 건네주어야 하는 고난의 어머니이다. 어머니의 주먹밥은 어머니의 사랑을 대체하는 사랑의 환유이기에 "내가 비로소/어머니의 주먹밥 꺼내어/그 아픔 입 맞추었을 때/내 창자 속 어머니가 가꾸던/세월 스며들었을 때/젖과 꿀이 나를 채운다고 생각했을 때,/내가 다른 힘으로 태어났을 때"처럼 '주먹밥 → 어머니의 아픔 → 아픔의 세월 → 젖과 꿀 → 다른 힘'으로 변형되어 결국 나를 새로 태어나게 하는 힘이 된다. 위대한 어머니, 먹이는 어머니다.

위의 시는 아주 아름답고 한국 남성 시인들의 텍스트에 나타난 위대한 어머니의 전형적인 '먹이는' 모습과 연관을 맺고 있음을 우리는 쉽게 알 수 있다. 일레인 식수의 "남성의 경제는 고유성(property)의 경제인 반면 여성의 경제는 허여성(gift)의 경제다. 그녀는 자신이 소비한 것을 되돌려 받으려고 애쓰지 않는다. 여성은 그녀 자신에게로 돌아갈 수도 없다. 어느 한 곳에 정착하지 못한 채 늘 타자가 있는 곳이면 어니든시 그곳으로 흘러갈 뿐이다…… 만약 여성만이 가질 수 있는 고유한 자아가 있다면 그것은 역설적으로 아무런 이익도 추구하지 않고 스스로를 탈고유화시킬 수 있는 능력일 것이다. 이는 경계를 갖지 않은 육체이며 그런 의미에서 목적이나 종말이 없는 것이다."라는 지적처럼 위 텍스트의 '어머니'는 허여성의 주는 사랑, 타자에게 흘러가는 육체, 탈고유화시킬 수 있는 능력을 가진 자아로 나타남을 볼 수 있다.

어머니는 역사의 폭력 앞에 아슬아슬하게 생존하는 '남편/삼촌/나'라는 가부장제 안의 남성을 근심, 먹이는(먹였던) 존재이며 그러한 주는 사랑을 통해서 "어머니의 마음은 참 많이 있구나/……/두려움 무릅쓰고 내 어찌 돌아가지 않으리/어둠을 뚫어 사슬을 끊어/……/피끓는 사람들의 곁으로"에서처럼 아들에게 어둠을 뚫고 일어서는 빛의 원천으로 작용한다. 아들에게 빛의 원천으로 작용하는 영원한 여성이면서도 그자신은 벙어리 존재, 주변화된 타자의 존재, 개별 정체성이 없는 탈고유화된 자아임을 알 수 있다.

주변화된 타자의 존재이면서도 힘의 원천으로 작용하는 위대한 어머니의 모습은 신경림의 시 「어머니와 할머니의 실루엣」에서도 드러난다.

어려서 나는 램프불 밑에서 자랐다.
밤중에 눈을 뜨고 내가 보는 것은
재봉틀을 돌리는 젊은 어머니와
실을 감는 주름진 할머니 뿐이었다.
나는 그것이 세상의 전부라고 믿었다.
조금 자라서는 칸델라불 밑에서 놀았다.
……(중략)……
가설극장의 화려한 간판과
가겟방의 휘황한 불빛을 보면서
나는 세상이 넓다고 알았다. 그리고

나는 대처로 나왔다.
이곳저곳 떠도는 즐거움도 알았다.
바다를 건너 먼 세상으로 날아도 갔다.
많은 것을 보고 많은 것을 들었다.
허지만 멀리 다닐수록, 많이 보고 들을수록
이상하게도 내 시야는 차츰 좁아져
내 망막에는 마침내
재봉틀을 돌리는 젊은 어머니와

실을 감는 주름진 할머니의
실루엣만 남았다.

내게는 다시 이것이
세상의 전부가 되었다.

어두운 방안. 밤중에 재봉틀을 돌리는 젊은 어머니와 실을 감는 할머니의 어두운 실루엣은 침묵 속에 일하는 두 여인의 모습이다. 외할머니가 아니라 그냥 할머니라는 것은 어머니가 가부장의 혈육의 세계 안에 위치해 있음을 추측케 한다. 또한 아버지의 어머니일 할머니도 역시 나의 어머니와 마찬가지로 침묵과 일의 세계가 자기의 전부인 그런 여인이다. 세계를 해석하거나 세상의 담론을 이해하는, 또는 그것들을 자신의 혀로 발화하는 언어를 갖지 못한 침묵의 여성들. 그녀들의 언어는 바로 묵묵한 노동 그 자체다. 아들이 성장함에 따라 더욱 화려한 불빛을 보고 더욱 크고 흥미로운 세계를 다녀보아도 시인에게는 결국 어두운 밤중에 재봉틀을 돌리는 젊은 어머니의 고통과 인내, 헌신적 사랑이 세계의 전부로, 세계에서 가장 가치 있는 숭고함으로 남는다.

동굴처럼 어두운 시공 속에서 가족을 위해 일하는 웅녀와 같은 어머니는 고통과 인내의 담지자이며 그 시련과 이타성의 사랑을 통해 절대적 고향, 구원의 원천으로 승화된다. 재봉틀은 일하는 어머니의 환유이며 사랑의 환유이며 재생산의 몫을 맡은 육체의 윤회의 기호가 된다. 이성부의 '주먹밥'과 신경림의 '재봉틀'은 먹이는 어머니, 일하는 어머니라는 모성 신화를 살아온 웅녀들의 환유라고 할 수 있다. 두 어머니들이 속해 있는 공간은 탈사회화, 탈정치화라는 의미에서 어떤 동굴 속에 있는 존재라고 말해도 좋을 것이다.

3. 가부장제를 가로질러-위대한 어머니 혹은 섹슈얼리티의 복원

여성 시인의 경우에는 어머니를 노래하는 입장이 우선 복합적이다. "여성 작가는 자신의 어머니로부터 생각하고 쓰지 않으면 안 된다"라고 버지니아 울프가 말한 것처럼 여성 시인들은 어머니에 대해 쓸 때조차도 '어머니 안에서' 쓰게 된다. '어머니에 대해' 쓰는 남성 시인 텍스트에서 우리는 거세된 채로 남근중심주의인 세계에서 살아가야 하는 타자로서의 자신의 충동을 표현하는 분노의 어머니, 히스테리의 어머니라든가 노이로제의 어머니, 남성중심사회에 대한 전복적인 어머니 등을 읽을 수는 없었다. 남성 시인들이 그리는 어머니는 자신의 호랑이성을 표출하지 않는, 탈사회화, 탈정치화된, 즉 자기 발언을 가지지 못한 벙어리로서의 고난과 사랑의 담지자로서의 어머니가 주로 드러나기 때문이다. 그러나 여성 시인의 텍스트에 오면 타자화된 어머니의 타자성을 인식하는 모습과 그것을 살짝 뛰어넘는 전복의 쾌감이 드러나기도 한다.

딸의 시선을 가지고 어머니를 노래한다는 것은 엄마와 내가 같은 질료로 되어 있다는 육체성에 대한 긍정으로부터 출발한다.

> 아홉 자식의 어머니는 연중 아홉 달 사리돈을 씹는다 형상 기억합금 소재의 브래지어를 빨다가 나도 문득 아랫도리가 아팠던 적이 있다 비틀어 짜 말려도 원상태로 돌아오는 둥근 가슴에 대한 기억……유산의 겨울 이후 파드득, 나의 그곳을 헤치며 날아가는 새는 어디에 머물다 해마다 다시 깃들여 오는 걸까

김선우 시인의 「둥근 기억들의 저녁」 중 일부다. 아홉 자식을 생산한 어머니는 그 출산의 고통으로 연중 아홉 달을 진통제를 복용하고 있다. 출산의 고통은 일회적인 것이 아니고 순환적인 것으로

일 년에 아홉 번을 되돌아오고 있다. 남성이 찬미하는 재생산으로서의 모성 신화는 고통의 현실로 직시되며 시적 화자도 역시 아랫도리가 아팠던 기억을 포개어 놓는다. 여성 시인에게 어머니는 몸과 몸으로 이어지는 동질성의 육체이며 몸이 겹쳐질 때 고통도 겹쳐진다. '기억합금 소재의 브래지어'는 비틀어짜 말려도 원상태인 둥근 가슴으로 돌아오고 출산으로 훼손된 어머니의 자궁도 그렇게 원형으로 돌아오고 그리하여 낳고 또 낳을 수 있었듯이 비틀러 짜인 고통의 가슴은 언제나 둥글어진다. 그리하여 어머니의 사랑은 둥글고 어머니의 자궁도 둥글고 유산으로 훼손된 나의 자궁도 둥글어지겠지만 유산으로 낙태된 아이의 영혼은 해마다 순환적으로 나의 그곳으로 돌아온다. 가슴이 자궁이 사랑이 둥글어지는 것처럼 고통도 해마다 다시 찾아오는 것이다. 김선우는 어머니의 육체와 자신의 육체가 같은 질료로 되어있다는 것을 인식하며 그 운명과 상처를 사랑한다.

가부장중심주의적 유교 문화의 억압 안에서 살아온 어머니의 인생을 새로운 눈으로 읽어내며 웅녀의 고통을 뛰어넘어 우주적 어머니로 변화하는 어머니의 모습을 그녀의 「엄마의 뼈와 찹쌀 석되」에서 읽을 수 있다.

> 저 여자는 죽었다
> 죽은 여자의 얼굴에 生生히 살아있는 검버섯
> 죽은 여자는 흰꽃무당버섯의 훌륭한 정원이 된다
>
> 죽은 여자, 딱딱하게 닫혀있던
> 음부와 젖가슴이 활짝 열리며
> 희고 고운 가루가 흰 나비 분처럼
> 바람을 타고 날아간다 반짝거리는 알들

내 죽은 담에는 늬들 선산에 묻히지 않을란다
깨끗이 화장해서 찹쌀 석되 곱게 빻아
뼛가루에 섞어 달라시는 엄마 바람 좋은 날
시루봉 너럭바위 위에 흩뿌려 달라시는

들짐승 날짐승들 꺼려할지 몰라
찹쌀 가루 섞어주면 그네들 적당히 잡순 후에
나머진 바람에 실려 천.지.사.방.훨.훨
가볍게 날으고 싶다는
찹쌀 석되라니! 도대체 언제부터
엄마는 이 괴상한 소망을 품게 된걸까

저 여자, 흰꽃무당버섯의 정원이 되어가는
버석거리는 몸을 뒤척여
가벼운 흰알들을 낳고있는 엄마는
아기 하나 낳을 때마다 서말 피를 쏟는다는
세상의 모든 엄마들처럼
수의 한벌과 찹쌀 석되
벽장 속에 모셔놓고 기다리고 있는 것이다
기다려온 것이다

한평생 식구들을 '먹이는' 존재였던 한 여자가 자신의 죽음을 통해 이제 들짐승, 날짐승들까지, 천지사방에 있는 자연계의 동식물들까지 '먹여주는' 거대한 어머니로 변신을 이루려는 우주적 욕망을 보여주는 텍스트다. 그 욕망을 이루기 위하여 먼저 어머니의 육체는 인간의 형상을 서서히 해체해 가며 '검버섯' '흰꽃 무당버섯'의 정원이 되어간다. 2연에서 경계선을 잃고 해체되어 가는 육체는 음부와 젖가슴을 열어 반짝거리는 알들을 바람에 풀어놓는 자기 확산을 보여준다. 죽음이란 한평생 육체 속에 딱딱하게 닫혀있던 것들을 바람 속에 방생하는 자기 확대의 통과의례다. 그러한 자기확산의 욕망은 3연에서 한평생 가부장제 아래 웅녀로 호명된 주체, 즉 타자로 살아왔을 어머니의 입을 통해 "내 죽은 담에는 늬들 선산에 묻히지 않을란다"라는 반가부장제적인 발언으로 나타난다. '늬들 선산'이란 곧 자식의 아버지, 곧 남편의 조상들이 계시는 가부장적인 공간일 것이고 철저하게 남성중심적인 계보를 가진 공간이다. 그렇다면 죽음조차도 갇힌 것이 될 것이기에 자신의 죽음마저 가부장제적 공간에 유폐되는 것을 원치 않는다. 반가부장제적 선언이고 웅녀로서의 자기 정체성을 해체하는 전복적 선언이다. 앞의 남성 시인들의 시에서 '말 못하는' 혹은 '말없는' 어머니가 입을 열어 죽음을 통한 가부장제로부터의 탈주를 발언한 것이다.

가부장적 공간으로부터 자기를 해방시키는 것은 그러나 자신만을 위한 개인적 자유주의 때문이 아니라 찹쌀 석 되에 버무려져 들짐승, 날짐승들을 먹이려는 위대한 먹이기의 또 다른 실천이다. 자식을 먹이는 어머니에서 들짐승, 날짐승들을 잡숫게 하려는 어머니의 자기확산의 욕망은 또 '나머진 바람에 실려 천.지.사.방.훨.훨./가볍게 날으고 싶다'는 것으로 우주적 어머니로 확대되고 싶은 꿈으로 이어진다. 그러한 '엄마'에게 죽음은 웅녀적 동굴 속의 자기 삶을 해체하여 거대한 우주적 몸으로 확대되고 싶은 해방의 탈출구와 같은 것이다. 그러면서도 먹이는 존재로서의 자기 정체성을 유지하는 데에서 먹이는 어머니의 성스러움을 읽을 수 있다. '시루봉'은 죽음을 통해 자기 몸을 우주적 음식으로 변화시키려는 그녀의 변신 욕구의 환유가 된다. 그러한 우주적 음식이 되어 넓디 넓은 우주로 확산되기 위해서는 먼저 가부장적 선산은 거부되어야 하는 것이다. 죽음을 통한 전복과 탈주의 쾌감이 느껴짐과 동시에 죽음을 통과하기 전에는 결코 끊어낼 수 없는 유교적 가부장제 안의 정체성을 음화처럼 느낄 수 있는 시다.

그녀의 또 다른 시 「봄날 오후」에서는 단군 신화가 내쫓아 버린 어머니의 섹슈얼리티를 복원한다.

늙은네만 모여앉은 오후 세시의 탑골공원
공중변소에 들어서다 클클, 연지를
새악시처럼 바르고 있는 할마시 둘
조각난 거울에 서로를 들이밀며
클클, 머리를 매만져주며
그 영감탱이 꼬리를 치잖여-징그러바서,
높은 음표로 경쾌하게
날아가는 징.그.러.바.서,
가죽이 해진 분첩을 열어
코티분을 꾹꾹 찍어바른다
……(중략)……
젊은 나도 백여시처럼 클클 웃는다
엉덩이를 까고앉아
문밖에서 도란거리는 소리 오래도록 듣는다
바람난, 어여쁜 엄마가 보고싶다

늙은 할머니들의 귀여운 관능을 장난스럽게 쓰고있는 이 텍스트는 '바람난 어여쁜 엄마가 보고싶다'라는 끝행에서 웅녀적 여성에게 주어진 '재생산으로서의 성'이 '에로티시즘(쾌락과 열락)으로서의 성'으로 바뀌어야 한다는 건강한 욕망을 보여준다. 생산의 도구로서의 성은 남성의 소유물인 성이며 여성, 즉 어머니에게 속하지 않는, 어머니를 소외시키는 성이기 때문에 그러한 생산 수단으로서의 격하된 성을 해방시켜 자신의 쾌락을 위한 성으로 전환할 때에만 여성의 성은 자기의 것으로 복원될 수 있기 때문이다.

이렇게 김선우는 페미니즘적 발언을 전면에 내세우지는 않지만 몇 가지 면에서 어머니에게 주어진 웅녀적 정체성에 구멍을 뚫고 그것들을 전복시키며 살짝 가로지르는 쾌감을 독자에게 제공한다.

그녀는 자주 '엄마'라고 부른다. 어머니와 엄마 사이. 크리스테바는 여성 작가들은 어머니, 아니 '엄마'와 긴밀하게 결속되어 있으며 지나치게 엄마에 사로잡힐 경우 여성 시인/작가는 우울증이나 정신분열적 혼돈, 광기, 죽음으로 빠져들기가 쉽다고 한다.[4] 그러나 김선우의 경우 어머니와 엄마 사이의 거리를 잘 조정하는 건강한 균형을 보여준다.

4. 상상계적 유토피아, 혹은 제도로서의 모성 해체

김혜순의 경우에도 어머니와 나의 육체가 재생산이라는 면에서 동질적인 질료로 되어있음을 알고 있다.

"거울을 열고 들어가니/거울 안에 어머니가 앉아 계시고/거울을 열고 다시 들어가니/그 거울 안에 외할머니 앉아 계시고/외할머니 앉은 거울을 열고 들어가니/거울 안에 외증조할머니 앉아계시고……"(「딸을 낳던 날의 기억」 중)처럼 여성의 몸은 출산과 죽음과 재탄생을 겪는 재생산의 공간이요 또한 그러한 공간을 통해 시적 화자는 어머니들의 고내적 몸과 자신의 몸이 하나임을 인식한다. 출산하는 몸으로서의 여성 육체의 계보는 "거울 조각들을 치우며 피묻고 눈감은/모든 내 어머니들의 어머니/조그만 어머니들을 들어올리며/말하길 손가락이 열 개 달린 공주요!"처럼 딸에게로 이어진다. 그러한 고대적 여성들의 되돌아옴이 바로 딸이며 딸을 낳음으로써 자기가 속한 여성 정체성의 고대적 기억들이 되돌아 오고 있음을 이 텍스트는 보여준다. 어조는 매우 빠르고 경쾌하며 출산

[4] 레나 린트호프, 앞의 책, 212쪽.

의 무시무시한 고통보다는 고대적 어머니들을 만나는 초현실적인 미장센이 유쾌하게 펼쳐진다.

낳는 여자로서의 어머니 외에도 '먹이는 여자'로서의 어머니도 그녀의 시에 자주 등장한다. 「엄마의 식사 준비」와 「엄마는 깃털샘인가 봐요」에서 우리는 두 가지 양상의 '먹이는 어머니'를 볼 수 있다.

> 아버지의 폭탄이 터진 뒤라고 한다
>
> 구워지고 있었다
> 전자레인지에서처럼
> 지방이 튀어오르고
> 불똥이 튀고
> 살갗이 타들어갔다
> 한쪽에선 뼈대에 살갗을 걸레처럼 걸고
> 불속에 서있었다
> 토마토처럼 으깨지고도 있었다
> 거대한 돌에 눌려서
> 두부가 되어가는 것도 있었다
> 배가 빵빵 터지며
> 구린내를 풍기는 것도 있었다
> 온마음 들판 전체가
> 먹으러 누가 오는지도 알지도 못한 채
> 전신에 눈물을 칠하고
> 튀겨지고 있었다
>
> 어머니가 눈물을 삼키며 식사를 준비하고 있었다

아버지의 폭탄이 터진 뒤에 식사 준비를 하는 '엄마'는 2연에서 전개되는 '구워지고－튀어오르고－타들어가고－으깨지고－눌리고－

터지고-튀겨지고'라는 요리 장면을 거쳐 '어머니가 눈물을 삼키며 식사를 준비하고 계셨다'라고 '어머니'로 변형된다. 아버지의 폭탄과 어머니의 눈물 사이 엄마의 식사는 준비된다. '엄마'에서 '어머니'로까지의 변모 과정은 바로 웅녀적 인내의 과정이며 자신의 몸 자체를 '굽고-튀기고-태우고-으깨고-누르고-터뜨리고'하는 뜨거운 가학적, 혹은 피학적 과정이다. 곧 '엄마의 식사 준비'는 아버지의 폭탄과 자신의 눈물 사이 걸쳐져 있는 자기 육체의 소신 공양과 같은 것이다. 요리가 된 음식은 엄마의 몸이다. 엄마는 결국 아버지의 분노의 불로 굽고 지지고 튀기고 태운 자기의 몸을 요리로 내놓을 것이다. 자신의 몸을 지지고 볶는 사이 '엄마'는 자신의 충동과 분노를 억압/배제시키면서 가부장제 안에서 온당한 얼굴인 웅녀의 페르조나를 되찾아 '어머니'로 변모해간다.

그러나 「엄마는 깃털 샘인가 봐요」에서는 요리를 먹이는 어머니가 아니라 깃털을 먹이는 어머니가 등장한다. 이때의 엄마는 상상계적 유토피아처럼 꿈을 주는 어머니이면서 환상적인 힘을 가진 어머니이기도 하다.

> 엄마네 집은 방바닥도 엄마, 방안에 떠도는 먼지도 엄마, 엄마네 집 대문을 열면 나는 아직 부화되지 않은 알처럼 엄마의 깃털 밑에 있게 되지요. 엄마네 집에서 꾸는 꿈은 모두 엄마네 샘에서 나오는 것, 엄마네 집 샘은 마를 날이 없지요. 엄마는 그 샘에서 길어온 깃털로 꿈둥우리를 잘도 짜주지요……

엄마는 딸의 날개를 짤 깃털을 샘솟듯이 제공하는 힘의 원천이면서 빛의 원천인 아름다운 엄마로 그려진다. 상상계적인 유토피아로서의 엄마를 그리기 위해 동화적 어조가 흘러나온다.

마루 밑에서도 하얗게 깃털 함박눈이 내리고/다락방에서 쏟아지는 깃털 무지개/나는 그 무지개에 내 잠옷을 걸쳐 두었어요. 우리 엄마는 정말 꿈둥우리를 잘도 짜지만/나는 아직 잠을 부화시키지 못했어요/아까부터 우리 엄마가 자꾸만 나보고 빨리 일어나라 그러고/깃털 아침 식사 같이 먹자 그러니까요

"주일날 아침 얼음을 깨고 앉아 이불 호청 두드려 빠는 엄마/손등이 갈라진" 힘든 현실을 가진 결핍의 존재이면서도 '엄마'는 딸에게 깃털 아침 식사를 주는 환상적인 힘을 가지는 상상계적인 존재로 그려진다. 눈물을 삼키며 식사 준비를 하는 엄마는 상징적 아버지의 파괴적인 지배 아래 있는 존재였지만 깃털 아침 식사를 먹자고 하는 '깃털새'으로서의 엄마는 상징적 아버지의 지배로부터 멀어진, 아름다운 자연적 생명이 솟구치는, 크리스테바의 표현을 따르자면 상징계 이전의 기호계[5]로서의 행복한 공간, 즉 코라적 몸으로서의 어머니라고 할 수 있을 것이다.

제도 이전 혹은 제도 이후의 어머니는 김혜순에게 행복한 꿈과 합일을 주는 엄마가 될 수 있지만 그러나 김혜순은 제도로서의 모성에 대해서는 전복적인 인식을 가지고 있다.

나는 엄마다/딸이 나를 엄마라고 부르고/내가 또 새끼를 근엄하게 훈계하고/먹여서 기르니/나는 엄마다……/그래서 나는 엄마가 될 수밖에 없다/어린 자식의 시야에 칸을 지르고/널푸른 영혼에 금을 긋고/우물을 파는/자못 교훈적인 엄마가 되었다.

5 Kristeva, *Revolution in Poetic Language*, Columbia University, 1984, pp. 25~30.

이 텍스트는 I.S.A, 즉 이데올로기 국가 장치에 의해 형성된 여성 정체성으로서의 모성, 즉 제도로서의 모성에 대해서 조롱을 하고 있다. 모성 신화라는 것이 허구임을 인식하며 모성의 연기를 하는 자신을 인식하는 순간 시인은 가부장제를 가로지르는 전복을 해하는 것이 된다. 모성이란 '모성 신화'로 불리워질 만큼 절대적인 것이 아니라 제도 속에서 형성된 것이며 사실은 '어머니노릇'이란 것도 가부장제가 여성에게 맡긴 역할일 뿐이며 모든 어머니들은 그것을 단지 연기(Perform)할 뿐이라고 주디스 버틀러가 말할 때 모성 신화는 그 절대성을 상실하고 상대적인 가치로 격하되었다.

김혜순의 "나는 엄마다／딸이 나를 엄마라고 부르고…… 먹여서 기르니／나는 엄마다" 라는 구절은 어머니로서의 자기 정체성이 단지 관계(딸)의 호명 체계 안에서 이루어진 것이고 '교훈하고 먹이고 기르는' 도구적 기능 안에서만 주어진 것일 뿐 운명이나 본능은 아니라고 말한다. 김승희의 시 「제도」도 모성이 사실은 하나의 제도이며 어머니와 자식에게도 구속이 되는 상징적 질서라는 것을 노래한다.

> 아이는 하루 종일 색칠 공부 책을 칠한다／나비도 있고 꽃도 있고 구름도 있고／강물도 있다／아이는 금밖으로 자신의 색칠이 나갈까봐 두려워 한다／／누가 그 두려움을 가르쳤을까?／금밖으로 나가서는 안된다는 것을／그는 어떻게 알았을까?／나비도 구름도 꽃도 강물도／모두 색칠하는 선에 갇혀있다／／……(중략)……／／내가 엄마만 아니라면／나, 이렇게 말해버리겠어／금을 뭉개버려라. 랄라. 선밖으로 북북 칠해라.／나비도 강물도 구름도 꽃도 모두 폭발하는 것이다.／살아있는 것이다. 랄라／선밖으로 꿈틀꿈틀 뭉게뭉게 피어나는 것이다／위반하는 것이다. 범하는 것이다. 랄라／／나 그토록 제도를 증오했건만／엄마

는 제도다／나를 묶었던 것으로 너를 묶다니!／내가 그 여자이고 총독부다.／엄마를 죽여라. 랄라.

개인적으로 자유롭고자 하는 여성도 어머니가 되면서 모성이라는 제도를 통해 아이들에게 마치 가부장제의 총독부처럼 유교 이데올로기를 확대 재생산하는 기능을 하지 않을 수 없는 것을 통렬하게 조롱하고 있다. 김혜순의 「나는 엄마다」와 김승희의 「제도」 두 텍스트는 모두 어머니로서 어머니에 대해 쓴 텍스트라고 불러야 할 것이다. 모성이라는 제도에 대해 급진적인 회의를 던지며 조롱하는 전복적인 텍스트라고 할 수 있다.

논의가 너무 멀리 온 감이 있지만 위와 같이 남성 시인들(이성부, 신경림)이 어머니에 대해 쓴 텍스트와 여성 시인(김선우, 김혜순)이 어머니에 대해 쓴 텍스트, 어머니로서 어머니에 대해 쓴 텍스트들(김혜순, 김승희)을 살펴보았다. 웅녀로 호명을 받아 모성 신화 속에서 타자로서의 동굴 속 삶을 살았던 말없는 어머니의 모습에서부터 자신을 어머니로 호명하는 가부장 이데올로기에 틈을 내고 조롱할 수 있는 말을 던지는 어머니의 모습으로까지 참으로 많은 변화가 '우리 시의 어머니'에 펼쳐진 것을 볼 수 있었다. '좋은 여자냐 나쁜 여자냐'라는 '이것이냐 저것이냐' 식의 양자택일적 사고에서 이제는 '이것도 저것도'라는 포스트모던적 사고가 '어머니'라는 대상을 노래할 때도 많이 영향을 미치고 있음을 볼 수 있었다고 생각한다.

'은유'와 '환유'로 본 시 텍스트

1. 은유와 환유의 범주

20세기 시학자를 가장 괴롭히는 문제 중에 은유와 환유라는 시적 의장만한 것도 없으리라고 본다. 아리스토텔레스 이후 은유에 관한 이론은 계속 진화, 발전해 왔으며 리챠즈(I. A. Richards)나 휠라이트(Philip Wheelright) 같은 신비평가는 물론이거니와 막스 블랙이나 야콥슨과 같은 언어학자, 리쾨르와 같은 해석학자, 데리다와 같은 철학자, 프로이드, 라캉, 크리스테바와 같은 정신분석학자에 이르기까지 은유와 환유 이론은 진화에 변화를 거듭해 오면서 복잡한 지형도를 그리게 되었다. 아리스토텔레스는 은유를 치환 이론으로 보면서 그것은 문체에 있어서 가장 중요한 요소이며 천재의 징표라고 말했다.[1] 또한 오르테가 이 가세트는 "은유는 아마도 인간의 가장 다산적인 잠재력일 것이다. 그것의 효력은 마술에 접해 있고, 그것은 이 인간을 만들었을 때 그의 피조물의 하나 안에다 깜박 잊어버리고 놓아둔 창조의 도구처럼 보인다"고 말하면서 은유를 풍부한 언어의 천재적 창조성과 연결시켰다.[2]

1 Robert Rogers, *Metaphor-A Psychological View*, University of California Press, Berkeley, 1978, p. 5.

아리스토텔레스는 "은유는 어떤 사물에 다른 어떤 사물에 속하는 이름을 붙여주는 것이다. 그런데 그 이름의 전이는 유에서 종으로, 종에서 유로, 종에서 종으로 이루어지거나 또는 유추를 근거로 이루어진다"[3]라고 말함으로써 서로 이질적인 것 속에서 직관적으로 유사성을 찾아내는 능력에서 은유의 성격을 찾았다.[4] 그러므로 은유는 본질적으로 한 대상이나 개념을 다른 대상이나 개념의 관점에서 이해하고 경험하는 비유법이다. 영어 '메타포'의 어원을 거슬러 올라가면 '메타페레인'이라는 그리스어와 만나게 되는데 '메타'는 '위로' '너머로'라는 뜻이고 '페레인'이란 '옮기다', '나르다'라는 말 뜻이다, 그러니까 메타포는 한 말에서 다른 말로 그 뜻을 실어 옮기는 것을 말한다. 은유란 곧 의미의 전이가 일어나는 언어 현상이라고 부를 수 있다.[5]

그 뒤 은유 이론은 리챠즈의, '원관념(tenor)과 보조관념(vehecle)이 서로 작용하여 은유가 발생하는' 상호작용 이론[6]으로 나아가고 그 상호작용 이론은 언어학자 막스 블랙의 상호 작용 이론에서 좀 더 발전한다. 막스 블랙은 은유에 대한 대치나 비교론이 가지고 있는 주요한 결함으로부터 벗어나고자 한다고 말한다. 원관념과 매체(보조)관념이라는 말 대신에 '초점'과 '틀'이라는 용어를 사용하면서 초점은 은유적 표현을 가리키고 틀이란 은유적 표현이 쓰이는 맥락, 즉 문장을 가리키는 것으로 주장한다.[7]

---

2 위의 책, 6쪽.

3 앞의 책, 같은 쪽.

4 김욱동, 『은유와 환유』, 민음사, 1999, 104쪽.

5 김욱동, 앞의 책, 111쪽.

6 리처즈는 "은유를 쓸 때 우리는 서로 다른 사물에 대한 두 관념이 함께 작용하고 한 낱말이나 구의 지지를 받는데 그 의미는 두 관념의 상호작용의 결과다"라고 밝힌다. 김욱동, 위의 책, 105쪽.

리쾨르는 은유의 의미 혁신 기능을 중요시하면서 “은유는 낱말 차원에서 발생하는 것이 아니라 문장에서 발생한다. 술부에서 발생한다. 의미 혁신은 주부와 술부가 이어지면서 낱말이 사전에 나오는 의미를 어느 정도 떠나면서 발생한다…… 그리고 주부와 술부가 이어지면서 발생한다는 점에서 낱말이 낱말을 대체하는 환유와 다르다. 환유는 기호 차원에서 일어나는 것이고 은유는 언술(discourse) 차원에서 일어난다. 은유는 말을 통해서 하려고 하는 말이 있다. 한 번 꼬여서 간접으로 무엇을 겨냥한다. 여기서 의미의 혁신이 일어난다. 언어에 들어있는 뜻이 아니라 언어가 새로 만들어내는 뜻이다. 말이 새로운 뜻을 만들어낸다는 점에서 은유는 의미론적 사건(semantic in motion)이다.”라고 말하면서 낱말 차원의 은유가 아닌, 언술은유를 강조한다.[8]

프로이드, 라캉도 은유와 환유에 주목을 했는데 무의식이 할 수 없는 말을 하기 위하여 은유와 환유의 형식을 통하여 말하는 것으로 보면서 프로이드가 말한 꿈작업의 형식인 압축과 전치를 라캉은 은유와 환유의 형식으로 보았다. 야콥슨[9]은 은유를 선택의 원리로 환유를 결합의 원리로 보면서 메시지는 단어들을 결합시키는 수평적 운동과 이용가능한 언어 목록에서 특정 단어를 선택하는 수직적 운동의 결합으로 구성된다고 하였다. 이 선택 과정은 그 자체가 유사성을 나타내며 그 양식은 은유적이고 (음소적, 공간적, 원인-결

7 막스 블랙, 「은유」, 이정민 외 편저, 『언어과학이란 무엇인가』, 문학과지성사, 1977, 261쪽.

8 Ricouer, Paul, *The Rule of Metaphor*, University of Toronto, Toronto and Buffalo, 1977. 65~67쪽 참조.

9 Jacobson, “The Aspects of Language and Two types of Aphastic Disturbances”, P. Lodges, ed., *The Modes of Modern Writing*, Edward Arnsed, 1977, 73~79 참조.

과에 따른) 인접성의 관계를 갖는 결합은 환유적 방식이라고 보았다. 그는 은유를 상징과 동일시로, 프로이트의 압축과 전치를 환유적 양상으로 이해한다. 라캉의 경우 은유를 언어의 선택의 축과 동일시한 야콥슨을 따라서 한 기표가 다른 기표들을 치환하는 것으로 정의하며 은유는 기표가 기의로 가는 통로, 즉 새로운 기의의 창조로 본다. 기표와 기의를 가르는 막대기(장애선)를 뛰어 넘는 의미작용은 오직 은유에서만 가능하다고 보는 것이다. 반면 환유는 야콥슨의 인접성 원리를 따르며 언어의 결합축과 관계를 맺고 의미화 연쇄에서 한 기표와 다른 기표가 연결되고 결합되는 방법과 관련이 되는 것으로 본다. 라캉의 경우 무의식적 의미는 은유와 환유를 통한 의미화 사슬을 통해 드러나는 것이다. 데리다[10]도 역시 철학에 있어서의 은유의 기능을 논했는데 은유란 결국 이성중심주의의 해체와 연관될 수 있다고 지적한다. 본고는 위와 같은 은유, 환유에 대한 수사학적 관점과 정신분석학적 관점을 혼용하여 한국 90년대

10 데리다는 철학적 담론의 텍스트 안에 있는 은유를 하얀 신화, 표백된 시, 추상화의 슬레이트 위에 남아 있는 시의 흔적의 흔적이며 아직도 능동적이고 감동적인, 하얀 잉크로 각인되어 있는, 거듭 쓴 양피지 위에 휘덮고 있는 보이지 않는 그림이라고 보았다. 김상환은 은유란 "초감성적인 것에 감성의 복장과 집을 빌려주는 것"이며 은유 속에서 의미는 자기 고향이 아닌 타향에, 자기 집이 아닌 타인의 집에 있는 것이고 "철학이 로고스중심주의에 의하여 지배되는 한에서, 의미가 은유적 표현에 맡겨진다는 것은 그 의미가 임대된 집(은유)에서부터 다시 자신이 원래 속하던 집(고유 명칭, 의미의 자기 현전태)으로 돌아가기 위한 여정에 놓인다는 것을 말한다…… 의미가 은유에 내맡겨질 때부터 살게 되는 이방의 삶과 실낙원(소외)의 역사는 오히려 무한히 이어질 수 있다. 그것은 은유라는 수레, 의미를 태우고 있는 수레에는 처음부터 브레이크가 없기 때문이다"라고 데리다의 입장에서 은유를 말하며 은유를 통하여 로고스의 울타리를 논리적으로 상대화시키고 있다고 말한다. 그러므로 은유는 형이상학적 중심이나 로고스 아버지로부터 떠나가는 한없는 이방의 여행이라고 할 수 있겠다.

시 텍스트들을 읽어보고자 한다.

2. 은유적 텍스트 – 남진우의 『죽은 자를 위한 기도』

남신우의 시 텍스트는 은유적 구조가 지배적으로 나타나고 있다. 그의 텍스트의 출발점에 드러나는 말하는 주체의 모습은 언제나 상징계에서 막 탈출해 빠져 나오고자 하는, 그리하여 상상계(크리스테바 : 기호계) 속으로 되돌아가며 거울 단계를 부정하며(투명한 에고의 부정) 거울 이전 단계, 전(前)주체의 단계로 돌아가고자 하는 해체에의 충동을 가진 분열된 주체의 모습이다. 그 분열의 틈새는 마치 활짝 피어난 꽃처럼 열려 있어서 언제라도 그 상처의 입을 통과하여 무의식의 검은 심연이 흘러나올 것만 같은 모습이다. 크리스테바의 말을 빌리면 그는 언제나 에고의 가장자리에서 기호계의 검은 물결이 흘러넘치는 절벽 위에 대롱대롱 매어달려 있는 교란받는 주체다. 또한 은유는 이성중심주의를 희석화시키는, 아버지의 집으로부터 떠나가는 한없는 이방의 여행이라는 데리다의 말처럼 남진우의 시 텍스트에 들어서면 모든 것들이 합리주의의 지배를 받는 현실의 윤곽을 잃고 와해되어 있다. 은유의 사슬, 즉 라캉 식으로 의미화 연쇄를 따라서 가면 갈수록 투명한 에고의 모습과 투명한 대상들의 세계에서 멀어져서 어느새 독자는 텍스트를 따라가다가 죽음 밖에 없는 캄캄한 거울(크리스테바의 코라 공간) 앞에 서 있게 되거나 아니면 재 속에서 울부짖는 시커먼 입 속으로 삼켜지거나 하게 된다. 크리스테바의 말을 빌리면 그는 어떤 원초적 아픔, 상실로 인한 죽음 충동과 함께 창조력이라는 '검은 태양'을 앓고 있는 징후를 가장 많이 보여주는 예술가라고 할 수 있겠다.

남진우의 텍스트 「달」은 그의 텍스트의 은유적 성격을 잘 보여주는 작품이다. '달'에 대해 천재적인 비유의 상상력을 보여준 시인으로 이상(李箱)이 있다. 그의 시 「오감도 시제7호」에서 "구원적거(久遠謫居)의 一枝·一枝에피는顯花·特異한四月의 花草·三十輪"이라는 기표들의 은유적 사슬로 달을 비유하고 있다. 영원한 귀양살이의 땅, 하나의 나뭇가지, 그 한 나뭇가지에 피어난 꽃, 4월의 특이한 꽃, 30개의 수레바퀴에 '달'을 은유한(원관념이 생략되어 있는 경우) 그의 상상력은 비유하는 것과 비유되는 것 사이의 거리가 너무 멀고 유사성이 없어서 아무 의미 생산도 못하는 불모의 비유인 것 같기도 하지만 그러나 유심히 들여다 보면 막막한 하늘에 매일 매일 피었다가 지는 화초 같은 달의 새로운 성질을 발견하게 해준다. 아리스토텔레스의 "낯선 말은 단순히 우리를 당혹케 만든다. 일상어는 오직 우리가 아는 것만을 말한다. 무엇인가 새로운 것을 얻게 되는 것은 오직 은유를 통해서다"라는 말에 따르면 우리는 오직 시인들이 창조하는 새로운 은유를 통해서만 새로운 혁신의 세계를 획득하게 되는 것이다. 그런 의미에서 은유는 의미론적 사건이요 창조적 사건인 것이다. 남진우의 「달」을 본다.

밤하늘에 둥근 유골단지가 떠있다
유골단지에서 뼛가루가 쏟아져 나와 사방에 흩날린다
아우성치듯 봄밤의 거리를 떠도는 꽃가루들

박하향기 나는 달빛을 마시면
몸 속에 꽃가루가 들어찬다 숨쉬는 것조차 힘겨운 이 밤
내 죽음을 예고하는 꽃가루의 소용돌이
밤하늘 여기저기 상처처럼 입벌리고 있는 묘혈들이
저마다 푸르스름한 빛을 뿜어낸다

죽음의 힘으로
한사코 자신을 밝히는 저 목마른 존재들
달빛을 다 퍼내고 난 뒤
유골단지는 텅빈다

밤하늘에 빛나는 '달'은 '둥근 유골단지'라는 형태의 유사성에 의해 비유된다. 그러나 여기에서 발생하는 은유는 단어와 단어 사이에서만 일어나는 것이 아니라 '유골단지가 떠있다'라는 문장 차원에서도 일어나고 있다. 이 때 '유골단지'는 '떠있다'라는 술부와의 관계에서 '하늘에 떠있을 수 있는 구름'이나 '바다에 떠있을 수 있는 배'와 같은 것으로 전이된다. 따라서 실제로 '떠있을'(부유할) 수 없는 무게를 가진 유골단지는 하늘의 구름, 혹은 바다위의 배처럼 부유성을 가진 무엇으로 변화한다. 다음 행에서 '달－유골단지'의 기표의 그물망은 '뼛가루－꽃가루'의 은유로 인해 '달－유골단지－꽃'으로 더욱 기표들의 그물망은 확장되어 떠돈다. '유골 단지－뼛가루'는 그 인접적 성격으로 인해 환유로 읽을 수 있지만 '달빛－꽃가루'는 은유의 성격을 지닌다(야콥슨에 의하면 모든 환유는 약간 은유적이고 은유는 환유적 성질을 가지고 있다). 이제 3행에서 유골가루는 꽃가루처럼 거리를 떠돌고 있어 밤거리의 모습은 유골가루들이 흐터져 날아다니는 무서운 초현실의 공간으로 변모한다. 죽음의 기표가 에로스의 기표와 손을 잡는 순간이다.

2연 첫행 '박하향기 나는 달빛을 마시면'이라는 시행은 두 개의 은유를 가지고 있는 것으로 보인다. '박하향기 나는／달빛'은 형용사(구) 은유로 볼 수 있고 '달빛을 마시면'도 역시 달빛을 물이나 음료수와 같은 액체화를 시키고 있다는 점에서 한 영역에서 다른 영역으로의 이동으로 볼 수 있어 은유적 효과를 내고 있다. '달빛을 마시면／몸속에 꽃가루가 가득 찬다'에서 은유의 마술은 더욱 확장된다. 죽음의 기표인 '달빛을 마신 몸'은 '꽃가루가 가득 찬' 에로스의 몸으로 변화하며 몸은 황홀한 에로틱의 용기(容器)로 마술적으로 변화한다. 1행에서 '달-유골단지'의 죽음의 이미지는 '달빛-꽃가루'의 변용을 거쳐 이제 '몸' 안에서 '달 → 죽음 → 에로틱'으로의 놀라운 변화를 이루어 낸다. 그래서 은유는 혁명적 상상을 끌어내는 창조성이라고 부르는가 보다.

그러나 2연 2행에서 '꽃가루가 가득찬 몸'은 단순한 에로틱 이미지일 수 없다는 것이 암시된다. 같은 행에서 '숨쉬는 것조차 힘겨운 이 밤'이라는 구절에서 '몸안에 가득찬 꽃가루'는 어지러운 에로틱한 이미지와 더불어 '질식감을 가진 어떤 무게'를 환기시킨다는 점에서 에로틱 이미지와 병치되는 질식의, 죽음의, 고통의 무엇과 연결된다. 그리하여 2연 3행에서는 '꽃가루의 소용돌이'라는 은유는 '내 죽음의 예고'와 연결된다. 즉 에로스와 죽음 충동은 한 곳에서 기거하는 것이다. '꽃가루의 소용돌이'라는 환상적인 현기증은 아름답고 에로틱한 꽃가루들의 나부낌을 심연이나 흡착의 힘을 가진 소용돌이에 비유하고 있는 것에서 의미의 전이가 일어난다. 즉 에로스는 타나토스와 같은 것으로 이동되고 곧 그것은 내 죽음의 예고가 된다. 이제 밤하늘은 '묘혈들이 저마다 푸르스름한 빛을 뿜어내'고 있는 묘지로 화한다. '상처처럼 입벌리고 있는 묘혈들'은 직유로서, 휠라이트의 말에 따르면 은유보다 훨씬 더 직접적이고 활력적이라고 할 수 있다. 그러나 직유는 어디까지나 '시밀리'(simile) 즉 비슷하다 또는 닮았다는 뜻을 가진 어원 시밀리스에서 온 말이므로 한 낱말과 다른 낱말 사이의 유사성을 가리키는 것으로 볼 수 있다. 상처-묘혈의 직유는 그러므로 하나 하나의 묘혈은 결국 '입벌린 상처'와 유사하다는 것을 암시한다고 하겠다.

3연에서는 2연에서 달빛-꽃가루로 이어지던 에로틱한 힘/죽음 충동이 죽음의 쪽을 향하고 있음을 보여준다. '상처처럼 입벌리고 있는 묘혈들'은 이제 '죽음의 힘으로 자신을 밝히는 저 목마른 존재들'로 다시 한번 구체화된다. 묘혈을 목마른 존재들로 보는 것은 의인화요, '죽음의 힘으로 자신을 밝히는'은 은유다. 왜냐하면 '묘혈들이 죽음의 힘으로 자신을 밝힌다'라는 것은 묘혈을 자신을 밝힐 수 있는 전구나 등불 같은 것으로 변이시키고 있기 때문이다. 그리하여 음료수, 또는 물과 같은 액체였던 '달빛을 다 퍼내고 난 뒤/유골단지는 텅빈다'로 이 텍스트는 끝난다. '유골단지-달'은 '달빛을 다 퍼내고 난 뒤'라는 은유적 구조를 통해(퍼내다라는 동사를 통해 달-샘으로 전이) '유골단지-달-샘'으로의 은유의 망을 완성짓는다.

「간빙기의 지상에서」도 은유적 구조가 지배적인 양상을 보이고 있다.

"책을 펼치면/글자들이 한자씩 녹아내린다/페이지를 넘겨도 이내 백지가 된다"에서 볼 수 있듯 '글자'는 '녹아 흐르는 얼음'으로 은유된다. 다음 연에서 "내 망막을 스쳐지나가는 것들은 다/물이 되어 흘러내린다"에서도 '본다는 행위'에 의해 '세계-시각적 대상'들이 모두 물로 액체 은유를 이루고 있다. 3연 "내 머릿 속에 가득 찬 얼음이/내가 읽어나가는 글을 따라/조금씩 녹아내리는 걸까/지상의 모든 책을 다 읽고 나면/얼음이 다 녹아 텅비어버린 내 머리는/어떻게 될까" 에서도 머리는 얼음창고로 '읽는다는 행위'는 '얼음을 녹이는 행위'로 글은 얼음이 녹은 물로 은유되면서 4연에 가면 삶은 '간빙기의 나날들'로 은유된다. 5연 "책을 본다/영화를 본다/아무 것도 이해하지 못하면서/고개를 끄덕이고 하루해를 넘긴다"에서도 '본다는 행위'에 의해 주체의 모습은 몽롱하게 지워지는 주체가 되며 '아무것도 이해하지 못하면서/고개를 끄덕이고'처럼 해체되어 가는 자아로 단지 시간을 보낸다. '하루해를 넘긴다'는 표현도 은유다. '-넘긴다'는 동사는 '책의 페이지를 넘긴다'와 같은 용례로 쓰이는 동사이므로 '하루해를 넘긴다'는 하루해를 책의 페이지로 바꾸는 혁신의 힘을 가진 은유적 표현이 된다. 아니면 '-을 목구멍으로 넘긴다'에서처럼 하루해를 몸 속으로 들이삼켜야 할 약이나 쓰디쓴 물 같은 것으로 변용시키는 은유로 볼 수도 있다. 이 텍스트가 보여주는 '읽는다는 행위', '본다'는 시각적 행위='얼음을 녹이는 행위'라는 은유는 상당히 징후적인 것으로 상징계에 이미 정립해 있는 말하는 주체가 시각적 행위에 의해 거울 속의 영상을 자기로 오인하여 에고를 정립하는 거울 단계를 거쳐 거울 단계 이전의 전(前)주체로 돌아가려는 해체에의 탐닉, 죽음 충동을 드러내는 것으로 읽힌다. 이리가레이에 의하면 남성은 시각적이고 그리하여 이성중심주의적이라고 하는데 남진우의 은유적 상상력은 시각의 기능인 에고의 정립이라는 이성중심주의적 기능을 넘어 그 이전으로, 거울 이전의 기호계로 되돌아가려는 충동적 소멸 욕구를 보이며 시각의 기능을 공격적 해체의, 능동적 소멸의 기능으로 변모시킨다는 점에서 매우 독특하다고 하겠다. 자기 발견의 은유인 거울을 증오하는 시인은 거울과도 같은 상상계의 타자(나=나의 영상, 타자)에 대한 결합의 욕망과 공격의 욕망(거울 단계의 모순성)을 「흡혈귀」에서 "그리운 피의 샘에 입술을 처박고 오오래/결국은 내 자신의 피를 빨며"라고 적나라하게 그려내고 또한 "복도의 끝 벽에 걸린/거울을 향해 걸어가며 너는 낯선 말들을 두서없이 늘어놓는다/바로 그곳에 있는 아득한 거울 속/희미한 영상에 이르기 위해 너는 헛되이/손을 휘젓지만 아무리 걸어도 거울은 조금도 가까워지지 않는다//이윽고 멈춰선 너의/눈물에서 눈물대신/검은 머리카락이 흘러내린다/입에서도 귀에서도 검은 머리카락이 쉴새없이 흘러내린다……"처럼 신체와 에고의 기하학이 형성되는 거울 단계의 기능을 해체하고 오히려 신체가 파편화되어 흐물흐물 전(前)주체로 돌아가는 악몽에의 애호적 환각을 갖는다. "캄캄한 거울에 너는 비춰지지 않는다/네가 중얼거린 말들만 거울 표면에 어른거리며/부우연 입김으로 번져가려 애쓸 뿐/검은 머리카락으로 뒤덮인 너는/서서히 쪼그라들어 한낱 실뭉치로 변한다"처럼 거울의 기능을 해체하고 돌아간 곳에서 그는 라캉의 오믈렛과도 같은 주체 이전의, 범벅이 된 코라 즉 실뭉치로 변화한다.

이러한 자기 해체를 향한 공격적 죽음 충동의 징후들은 그의 텍스트 곳곳에 은유들을 생산하고 따라서 그의 텍스트는 결합의 축(신태그마)을 따라가는 단선형 의미화 연쇄라기 보다는 선택적 의미화 연쇄(패러디그마)를 따라가는 순환형 의미화 연쇄로 보인다. 순환형 의미화 연쇄는 목걸이의 고리에 비유되는데 이 목걸이의 고리들은 고리들로 만들어진 또 다른 목걸이의 고리이다. 즉 순환형 의미화 연쇄는 자유 연상에 의해 만들어진 은유의 고리들을 매달고 있는 고리들로 이루어진 목걸이와 같은 형태의 언술이며 그것은 선택적이며 은유의 축을 이룬다. 즉 달-유골단지-박하-꽃-묘혈-샘으로 단선적으로 진행하는 것이 아니라 달을 비유하는 유골단지는 환유에 의해 뼛가루로 비유되다가 뼛가루-꽃가루-박하향기-묘혈의 푸르스름한 빛-샘으로 은유의 고리들을 짜면서 순환형 은유를 이룬다는 것이다. 따라서 그의 텍스트는 직선형으로 신태그마의 축을 따라가는 환유적 텍스트가 아니라 선택의 패러디그마 축이 지배적인 은유적 텍스트가 된다.

3. 환유적 텍스트-이선영의 『평범에 바치다』

환유를 뜻하는 영어 미토노미의 어원을 거슬러 올라가보면 미토노미아 즉 '이름을 바꾼다'라는 그리스어와 만나게 된다. 즉 그처럼 환유는 어떤 대상이나 관념의 이름을 다른 이름으로 대치하는 수사법을 가리킨다.[11] 야콥슨은 은유가 유사성에 의존한다면 환유는 인접성에 의존하고 있고 은유가 선택의 축이라면 환유는 통합의 축이고, 은유가 초현실주의나 낭만주의, 상징주의와 손을 잡는다면 환유는 고전주의나 리얼리즘과 관계를 맺게 된다고 밝혔다. 은유가 유추 과정을 통해 유사성을 찾아내거나 만들어낸다면 환유는 특정한 맥락에서 생겨나는 연상을 기초로 의미를 만들어낸다. 가히 마술적이라고 해야 할 은유와 달리 환유는 오랜 시간을 두고 생겨난 연관관계나 관습에 따른 연상에 기댄다. 또한 은유는 가부장 담론의 특성이라면 환유는 페미니스트 담론의 특성이라고 말한 사람도 있고 여성은 아이를 자기 몸 안에 9개월 동안 담고 있고 낳은 후에도 몸 가까이에 두기 때문에 어머니—아이의 관계는 환유적이고 아버지-아이의 관계는 그런 인접적인 관계가 없기 때문에 상징적으로 아버지의 이름을 주고자 하기에 은유적이라고 말한 사람도 있다. 라캉은 '모든 은유는 부권적 은유다'라고 말하기도 하였다.

페미니스트 철학자인 루스 이리가레이는 이성남근중심주의의 특성을 시각의 지배성에서 찾으면서 이성—남근—시각중심주의로 가부장제의 특성을 지적했다. 거기에 반하여 여성은 남성의 시각 중심성에 반하여 촉각성을 중요시 여기고 (어머니와 딸의 관계처럼 서로를 만지고 접촉하는데서 느끼는 희열) 또한 이런 촉각 중심적 육체 텍스트에 기초한 여성의 글쓰기는 남성 텍스트처럼 단선적인 것이 아니라 유동적이며 시적이라고 말하면서 "여성적인 글쓰기는 가까이 있는 것과의 접촉에 의지하는 만큼 추상적인 은유보다 인접성에 의한 환유적 글쓰기가 지배적이"라고 말한다.[12]

11 김욱동, 앞의 책, 199쪽.

12 Toril Moi, *Sexual / Textual Politics*, 임옥희 외 공역, 한신문화사, 11쪽 참조.

이선영의 두 번째 시집 『평범에 바치다』는 제목 그대로 시적 화자인 여성에 '인접해 있는' 평범한 것들을 시로 쓰고 있다. 그러나 '평범에 바치다'라는 제목 그 자체는 환유이기보다는 은유이다. '바치다'라는 동사는 신과 같은 거룩한 대상, 무언가 절대적인 숭배의 대상이나 비세속적인 천상적 성격을 가진 대상을 향하는 성격을 가진 말이기 때문에 상이한 개념 영역으로의 변동이 일어난다. 그런 시각에서 이 제목은 은유적 구조를 가지며 창의력을 갖게 된다. 그리고 '-을 바치다'의 대상이 '평범'이라는 개념이 되면서 여기에서 어긋남이 발생하면서 이 언술은 아이러니의 방향을 가지게 된다.

시집의 첫 번째 시 「나에겐 그가 있다」에서부터 환유적 특성은 드러난다.

> 내가 혼자 남은 집을
> 그가 열쇠로 잠그고 나간다
> 그는 나와 함께 이 집을
> 안에서 잠그고 있던 사람이다
> 나는 열쇠에 잠긴다
> 문에 잠기고
> 내게 없는 그에게 잠긴다
> 나에겐 나를 꼼꼼이 잠가주는 그가 있다
> 나에겐 나를 꼭꼭 잠가두는 그가 있다
> 틈틈이 나를 잠가주는 것이 나날의 일과가 돼버린 그가
> 있고
> 그가 잠가주지 않으면 새나갈/것같은 내가 있다
> 그에겐 그자신과
> 나머지 한 개의 열쇠 구멍인 내가 있고
> 나에겐 그없이는 내가 잠가지지 않는 그가 있다
> 나에겐 그가 있고 오, 행복한
> 나에겐 그가 있다 행복도 사방이 닿지 않는 감방인!

이 시는 환유적이다. 한 대상을 다른 대상으로 바꾸는 온전한 대체가 아니라 그것이 가진 부분적인 속성에 의해 그 대상에 접근하려는 환유적 몸짓이 이 시에서 지배적으로 드러나기 때문이고 선택의 축(파라디그마)보다는 결합의 축(신태그마, 통사적 측면)이 강하게 나타나기 때문이다. 첫행의 '집'은 나의 환유이다. 인습적으로 여성을 '집사람'이니 '내자'니 하고 집과의 인접성에 의해 여성=집으로 비유하는 것은 환유적 표현이다. 은유가 한 사물을 다른 사물의 관점에서 말하는 방법이라면 환유란 한 개체를 그 개체와 관련 있는 다른 개체로써 말하는 방법이다. 은유가 사물이나 개념을 이해하는데 있다면 환유는 사물이나 개념을 지칭하는데 쓰이고 은유가 이해를 위한 것이라면 환유는 지칭을 위한 것이다. 레이코프는 범주의 한 구성요소나 하위 범주로 범주 전체를 나타낼 수 있는 수많은 환유 모델을 1. 사회적 고정관념 2. 전형적인 사례 3. 이상적인 것 4. 모범적인 것 5. 생성원 6. 하위 모델 7. 두드러진 사례들로 나누고 있다.[13] '여성－집－구멍'으로 이어지는 비유의 망은 환유적인 것으로 레이코프의 1번 환유 모델에 속하는 것으로 읽을 수 있다. 나／그의 관계도 인접성에 의한 환유적인 성질을 가진다. "그에겐 그자신과／나머지 한 개의 열쇠 구멍인 내가 있고／나에겐 그 없이는 내가 잠가지지 않는 그가 있다／나에겐 그가 있고 오, 행복한／나에겐 그가 있다 행복도 사방이 닿지 않는 감방인!" 에서처럼 나／그의 관계는 잠그고 잠기는 인접성에 의존한 관계일 뿐 운명의 형식으로서의 사랑 같은 것은 드러나지 않는다. "그에겐 그자신과／나머지 한 개의 열쇠구멍인 내가 있고"에서처럼 그는 두 행에 걸쳐 두 개의 소유를 가지고 있으나 "나에겐 그 없이는 내가 잠가지지 않는 그가 있다"와 같이 한 행으로 단지 그만을 가지고 있을 뿐

13 김욱동, 앞의 책, 204쪽.

이다. 남성에게 있는 '그(녀) 자신'은 어디로 갔는가? 다음 행에서 "나에겐 그가 있고 오, 행복한/나에겐 그가 있다……"에서 '행복한'은 양행 걸림으로 읽힌다. '나에겐 그가 있는' 그것이 행복한 일이라는 것인지, '오 행복한/나에겐 그가 있다'와 같이 내가 행복하다는 것인지 양행 걸림으로 읽었을 때는 그 의미가 분명하지 않으며 오히려 행복이 과용되어 반어적으로 읽힌다. 왜냐하면 나는 그에 의해 잠겨진 김방인이기 때문이다. 그러한 양행 걸림은 주체의 분열을 보여주는 형태적 요소로 읽힌다.

「헐렁한 옷」에서도 헐렁한 옷은 나의 환유이다. 텍스트의 표현방식도 주로 결합의 축을 따라 문법 규칙에 맞게 진행되는 환유적 구조를 보여준다. "헐렁한 옷 속에서 그동안 나는 속이는 일의 간편함, 세상에 나의 오목과 볼록을 드러내지 않는 일,에 젖어있었다/그러나 많이 입어 더욱 헐렁해진 옷 속에서 지금/느껴지는 어떤 움직임, 질깃하게 짜여지지 못한/내 삶의 올이 풀리고 있다!/옷을 뒤집어 본다, 내가 없다"에서 '오목과 볼록'은 개성의 특성의 은유로 읽힐 수도 있지만 육체의 인접성을 나타내는 환유로 읽히기도 한다. 그렇게 본질이나 자아의 중심이 없이 헐렁한 옷이라는 인접성으로만 자신을 파악해왔던 주체는 이제 자신을 만들어 주었던 옷의 섬유조직이 다 풀리자 자신의 부재를 발견한다. 내 존재의 환유였던 것이 사실은 내 부재의 환유로 변하는 것이다. 텅빈 주체, 중심이나 근원이 없이 오직 인접한 것들에만 자신을 의존해온 현대인의 자기 부재를 환유적 양식으로 처절하게 표현한 텍스트라고 할 수 있다. 나의 본질은 본 바도 없고 물을 수도 없다. 단지 나의 정체성은 내 옆에 인접해 있는 것들에게 계속 탐문할 수밖에 없다. 그래서 존재를 찾기 위한 욕망은 달려간다. 계속 옆에 있는 것을 집는 욕망의 탐색이다. "선영아 언니 엄마 당신 은지에미야 형님/각각의 호칭으로 나를 부르는 가족들이 나를 뿔뿔이 나눠갖는다"에서처럼, 나를 부르는 기표들이 나를 규정하고 나의 차이를 관계에 따라 만들어낼 뿐 진정한 '나'의 본질은 항상 유보, 지연된다. 아니 과연 '나'라는 실체는 존재하기나 할 것인가.

"나는 우연이라는 구두를 신고 다닌다／대량 할인판매하는 구두 매장에서／그 많기도 많은 구두들 사이를 돌아다니다／나의 눈에 들어온 구두 하나를 골랐다／고르고 나서 보니 그 구두는 우연 WOO YEAN이 만들어낸 구두였다"에서 '우연'이란 말의 동음이의어를 사용해서 구두와 우연성에 지배로 존재의 사슬을 이어가는 실존의 조건을 발견해낸다. "나는 우연이라는 구두를 신고 다닌다"도 환유이다. 「우연」이라는 '상표의' 구두라고 해야 맞기 때문이다. 여기에서 생략된 것이 있다. '우연'이라는 환유를 통해 "하지만 구두를 신고 다니면서부터는／우연이라는 생각이 들지 않았다／이미 바꿀 수 없는 나의 일부가 되었기 때문에"에서도 환유가 나타남을 볼 수 있는데, "나의 (몸의) 일부가 되었기 때문에"에서 생략된 부분을 읽어낼 수 있기 때문이다. 그렇듯 초월적 본질이 부재하며 인접한 것에 기대어 찾아질 수밖에 없는 것이 나이며 "고작 우연이 우연을 불러내며 쌓아진 모래성은 아니었을까"라고 화자는 자신의 삶의 범주를 이해한다.

그렇듯 이선영은 환유로 대상을 표현하는 기법을 즐겨 쓴다. 「집」이라는 시에서도 아버지는 '스물 일곱평짜리 집'으로 환유되고 있다. 자본주의적 세계에서 큰집／권력::작은 집／무력이라는 도식은 레이코프의 환유적 양식의 1번, 사회적 고정관념을 보여주는 것으로서의 환유적 양식이 된다고 할 수 있다. 스물 일곱 평짜리 집으로 환유된 아버지는 너무 무력하고 서글프게 느껴지는데 그렇게 자본주의적 계산으로만 규정되는 아버지에 대한 환유적 정의를 거부하고자 하는 화자의 부정성은 "지상에 빽빽이 들어선 이 많은 집들 사이에 아버지 새집을 짓기엔／아버진 어느새 늙었／늦었……"이라고 문장의 종결을 방해하면서 결합의 축(신태그마)을 훼방한다. 그러한 결합의 축을 훼방하는 무의식의 전복적 에너지는 자본주의적 논리에 대한 주체의 부정의 욕망을 보여주는 징표로 읽힌다. 「내 육신과 영혼은」에서는 '육신=집, 영혼=집밖'이라는 사회적으로 널리 유포된 비유들을 사용하고 있는데 이선영의 텍스트는 그러한 환유적인, 일상적이고 관념적으로도 비교적 낯익은 세계를 다루고 있다는 점에서 전복성이 없는 텍스트로 읽히기도 한다. 이리가레이의 말처럼 인접성에 의존하고 있느니만치 남성중심적인 추상의 은유보다는 일상에 대한 촉각적인 (헐렁한, 질깃한, 물렁한 삶의 순살, 질기게 반죽, 더러움이 진득하게…… 등 촉각적인 형용사, 또는 부사를 즐겨 쓰고 있다) 감각으로 인접성에 의해 대상을 파악하면서 선택의 축보다는 결합의 축을 중요시하는 단선형 의미화 연쇄를 보여준다는 점에서 환유적 글쓰기의 한 양상을 보여준다고 하겠다. 이러한 환유적 양상의 글쓰기에서 말하는 주체의 모습은 은유적 양상의 글쓰기에서보다 분열의 틈새가 과격하게 드러나지 않는 모습을 보이며 통사론의 지지에 의해 에고의 안정성을 비교적 유지하고 있기에 남진우 텍스트에서와 같은 공격성, 죽음 충동, 통사론의 해체 등은 비교적 보이지 않는다.

4. 은유와 환유의 장르적 성격

야콥슨에 의하면 은유와 환유적 성격에 따라 문학 장르가 달라진다고 한다. 가령 시는 은유적 성격이 강하고 산문은 환유적 성격이 강하다. 그러므로 산문시 텍스트는 은유보다는 환유의 성격이 지배적으로 드러난다. 낭만주의나 상징주의에서는 은유적 성격이 강하게 드러나는가 하면 리얼리즘 쪽에서는 환유적 성격이 강하게 드러난다. 에고의 해체를 보여주는 모더니즘보다는 문장의 결합의 축을 따르는 고전주의나 리얼리즘쪽이 환유적 성격을 지배적으로 가질 것은 자명하다. 남진우 시는 선택이나 치환에 강한 은유적 텍스트이고 이선영 시는 외적 인접성이나 결합, 맥락에 강한 환유적 텍스트이다. 말하는 주체의 모습도 그에 따라 달라진다. 남진우의 경우 말하는 주체의 양상은 과격한 분열을 보여주는 교란 중에 있는 주체의 모습이며 공격적이며 나르시시즘적이고 에로스 충동과 죽음 충동이 강한 코라 에너지의 지배를 많이 받고 있는 기호적 텍스트이다. 은유의 과용이 에고의 안정성을 교란하기에 말하는 주체의 양상은 전(前) 주체를 향해 해체의 그로테스크한 길을 간다. 그러나 그에 비해 이선영의 텍스트는 비교적 안정된 에고의 지배를 받고 있으며 상징계에 속한 이상 누구나 가지게 되는 말하는 주체의 분열을 통사론의 지지를 통해 과감히 감춘다. 감추어 놓은 것들은 끊임없이 인접적인 것들을 통해 자기 정체성을 확인하려는 욕망을 부추기지만 시인은 '평범에 바쳐진' 자신을 인식하며 환유의 사슬을 따라 자기의 존재를, 혹은 부재를 만난다. 평범은 그녀의 지주이며 소작농이 그의 지주에게 으레 그리하듯 "그러나 나의 나이여, 평범의 지주에게 갚는 빚이여/지주의 눈을 피한 단 한줌 이 손아귀 안의 움켜쥠을 허락해주지 않으련"하고 한 움큼의 반란을 꿈꾼다.

기형도의 텍스트는 산문성과 은문성을 절묘하게 혼합하고 선택의 축인 은유와 결합의 축인 환유가 가장 잘 혼합하여 쓰여진, 잉여가 풍부한 매혹의 텍스트이다. 환유 구조가 지배적인 산문시의 경우에도 외적 맥락이 명확히 드러나지 않고, 또한 풍부한 은유의 사슬을 가지고 있어서 그의 경우 '은유와 환유의 장르적 특성'을 논하기에 아주 좋은 예가 될 수 있다. 가령 그의 대표시 격인 산문시 「위험한 가계·1969」를 보자.

> 1
> 그 해 늦봄 아버지는 유리병 속에서 알약이 쏟아지듯 힘없이 쓰러지셨다. 여름 내내 그는 죽만 먹었다. 올해엔 김장을 좀 덜해도 되겠구나. 어머니는 남폿불 아래에서 수건을 쓰시면서 말했다. 이젠 그 얘긴 그만 하세요 어머니. 쌓아둔 이불에 등을 기댄 채 큰 누이가 소리를 질렀다. 그런데 올해에는 무들마다 웬 바람이 이렇게 많이 들었을까. 나는 공책을 덮고 어머니를 바라보았다. 어머니. 잠바 하나 사주세요. 스펀지마다 숭숭 구멍이 났어요. 그래도 올 겨울은 넘길 수 있을 게다. 봄이 오면 아버지도 나으실 거구. 풍병에 좋다는 약은 다 써보았잖아요. 마늘을 까던 작은 누이가 눈을 비비며 중얼거렸지만 어머니는 잠자코 이마 위로 흘러내리는 수건을 가만히 고쳐 매셨다.

이 텍스트는 지배적으로 환유의 구조를 가지고 진행된다. 가난한 가족들의 풍경을 결합의 축을 따라가며 세심하게 묘사하고 있다. 이러한 세밀한 묘사는 삶의 실제 모습을 전달하는데 큰 관심을 기울이고, 비유의 그러한 성격은 언어유희나 새로운 개념을 혁신, 창조해내는 은유보다는 환유적 성격에 가깝다. 아버지, 어머니, 큰누이, 작은 누이가 있는 가난한 가족의 방안의 풍경을 관계적 인접성에 의해 차례차례 묘사함으로써 구체적으로 자기 가족이 현재 처해 있는 가난과 병의 맥락을 드러낸다. 단선형 담화의 연쇄다. 기표들이 문법 규칙에 따라, 그리고 시간의 흐름에 따라 전개되는 담화의 연쇄가 단선형 의미화 연쇄이다. 하나의 에세이라고 해도 전혀 비약이 없는 산문적 문장이다.

아버지가 '유리병 속에서 알약이 쓰러지듯'에서 직유가 나타났다가 그 뒤에는 계속 '죽만 먹었다' '김장을 덜해도 되겠구나' 등 인과관계에 의한 연상의 환유적 전개가 이루어진다. 그러한 평이한 결합의 축의 전개에 순환형 의미화 연쇄, 즉 선택적 관계의 은유의 사슬이 장착되어 있어 이 시는 아주 평이하면서도 독특하게 아름다운 시적 효과를 내게 된다. 텍스트 속의 아버지는 '아버지의 이름'에 속하는 상징적 아버지나 전능한 보호자로서의 아버지, 또는 무서운 박탈자로서의 아버지라는 모순성을 가진 상상적 아버지가 아니라 실재적 아버지로 보인다. 생물학적 아버지, 즉 실재적 아버지는 지금 병들어 있다. 라캉은 실재적 아버지를 지금 어머니를 차지하고 있는 위대한 성행위자로서의 아버지나 아니면 정충 한 마리로서의 아버지라고까지 언급했지만 기형도 텍스트의 아버지는 풍병을 맞아 병들어 있는 아버지다.

그러한 무력한 아버지는 '유리병에서 알약이 쏟아지듯' 힘없이 쓰러지셨다는 직유를 통해 드러나며 '바람이 든 무-숭숭 구멍이 난 잠바' 등은 모두 아버지가 앓고 있는 풍병의 은유이다. 김욱동 교수는 '풍병'을 은유라기보다는 환유로 보는데[14] 내가 생각하기에 '풍병-바람이 든 무-숭숭 스펀지마다 구멍이 난 잠바' 등은 모두 유추 과정을 통한 유사성의 관계를 가진다는 점에서 은유의 성격을 가지고 있다고도 볼 수 있다. 은환유[15]라 불러도 좋다. 그러한 연상 작용에 의한 기표들의 사슬을 매단 은유 축과 산문적인 결합의 축이 서로 조합함으로써 기형도의 텍스트는 풍부한 순환형 담화가 된다. 어머니의 '수건'도 환유다. 일하는 어머니를 비유한다.

같은 시 '6'에서도 환유적 효과와 은유적 효과는 풍부하게 조합된다.

---

14 김욱동, 앞의 책, 266쪽. 김욱동 교수는 '풍 맞았다' '바람맞았다'는 것은 실제 바람과 연관되어 있으므로 같은 의미 영역에서 의미 전이가 일어나기 때문에 은유보다는 환유로 본다고 말한다. '이 무에 바람이 들었다'라고 할 때의 바람도 그는 환유로 본다.

15 김욱동, 앞의 책, 192쪽.

> 그해 겨울 눈이 많이 내렸다. 아버지, 여전히 말씀도 못 하시고 굳은 혀. 어느 만큼 눈이 녹아야 흐르실는지. 털실 뭉치를 감으며 어머니가 말했다. 봄이 오면 아버지도 나으신다. 언제가 봄이에요. 우리가 모두 낫는 날이 봄이에요? 그러나 썰매를 타다보면 빙판 밑으로는 푸른 물이 흐르는 게 보였다. 얼음장 위에서도 종이가 다 탈 때까지 네모반듯한 불들은 꺼지지 않았다. 아주 추운 밤이면 나는 이불 속에서 해바라기 씨앗처럼 동그랗게 잠을 잤다. 어머니 아주 큰 꽃을 보여드릴까요? 열매를 위해서 이파리 몇 개쯤은 스스로 부숴뜨리는 법을 배웠어요. 아버지의 꽃모종을요. 보세요 어머니. 제일 긴밤 뒤에 비로소 찾아오는 우리들의 환한 가계를. 봐요 용수철처럼 튀어오르는 저 동지의 불빛 불빛 불빛.

이 부분에서도 산문적 형식에 세밀한 묘사와 인접성에 의한 연상을 통한 서술 방식을 택함으로써 환유적 효과가 지배적으로 드러난다. 굳은 혀, 털실뭉치는 아버지와 어머니의 환유이다. 그러나 '말씀을 못하시고 굳은 혀'는 '눈이 녹으면 흐르는 물'과 은유적 관계를 가지고 병렬되어 있다. 봄도 역시 은유다. 봄은 '우리 모두가 병이 낫는 회복의 날'을 비유한다. 아버지의 굳은 혀－병－빙판은 모두 은유다. 봄－흐름－푸른 물은 모두 회복의 은유의 사슬이다. 시적 화자는 강물 위의 빙판을 녹이기 위해 얼음장 위에서 종이장을 태운다. 네모반듯한 불－해바라기 씨앗－꽃모종－동지의 불빛은 모두 생명의 봄의 은유의 사슬들이다. 그것들은 밤이 가장 긴 동지에 '용수철처럼 튀어오르며' 빛나고 있다. 비로소 '제일 긴 밤 뒤에 찾아오는 우리들의 환한 가계'는 그렇게 얼음장과 싸우는 나에 의해 생명의 봄을 비유하는 은유의 사슬로 형성된, 덧없이 아름다운 상상적인 것일 뿐이다.

라캉에 의하면 실재적 아버지가 (또는 실재적 아버지가 부재해도 상관이 없다) 상징적 아버지의 남근적 역할(거세)을 함으로써 주체는 어머니와 2자 관계를 이루는 상상계에서부터 상징계로 이동하여 오이디푸스 콤플렉스를 극복하며 사회적 주체가 되며 만약 그것이 잘 이루어지지 않는 경우 불안에 시달리게 된다고 하는데 기형도 텍스트에 나타난 '불안'을 실재적 아버지의 기능 약화와 연관시켜 읽어볼 수도 있다. 아버지의 질병과 실재적 아버지에 대한 한없는 '연민'으로 인해 아버지는 권력적인 상징적 기능(거세)을 수행하지 못하게 되고 그러한 경우 아버지가 아이를 거울 단계에서 구해내지 못하게 되면 아이는 평생을 불안에 시달리게 되며 실재적 아버지를 대신할 상징적 대리인으로서의 공포의 대상이 필요하게 된다고 한다.

「잎 속의 검은 잎」에서의 '택시 운전사' 또는 '그'가 바로 그러한 상징적 아버지를 대신하는 공포의 대상으로 보인다. 「입 속의 검은 잎」은 산문시는 아니지만 환유적 구조와 은유적 구조가 풍부하게 조합됨으로써 사회, 역사적 맥락에 대한 암시와 더불어 시적 효과가 풍부하게 생성된 그런 텍스트이다. 모든 문장은 시간과 결합의 축을 따라 통사적으로 문법에 맞게 전개된다. 그러나 단선형 의미화 연쇄가 아닌 순환형을 이룬다. 제목부터 은유성을 강하게 암시한다. '잎 속의 검은 잎'은 혀의 은유이다. 그러나 「위험한 가계·1969」-6에서 '굳은 혀'를 풍병에 걸려 언어장애를 가진 병든 아버지의 환유로 보았으므로 은환유라고 불러도 좋다.

'그 일이 터졌을 때 나는 먼 지방에 있었다' '벌판에 자욱한 안개' '그해 여름 땅바닥은 책과 검은 잎들을 질질 끌고 다녔다' '옷가지에서 튀어나오는 연기' 등은 그 해의 정치적, 사회적 맥락을 암시하는 환유로 읽힌다. '그의 장례식은 거센 비바람으로……', '나의 혀는 천천히 굳어갔다', '망자의 혀가 거리에 넘쳐 흘렀다', '나는 저 운전사를 믿지 못한다', '어디서 그 일이 터질지 아무도 모른다'

등등은 모두 텍스트 외부의 맥락을 환기시키는 환유로 읽을 수 있지만 그러나 이 텍스트 안에서 환유는 텍스트 바깥의 역사적, 사회적, 정치적 맥락과 직접적 현실의 관계를 반영할 만큼 명시적인 것이 아니기 때문에 기형도 문학의 독특한 아름다움인 애매성과 의미의 잉여가 발생한다. 그것은 특히 이 시 안에서는 환유가 은유의 역할을 겸하는 은환유의 역할을 하고 있기 때문이 아닌가 생각해 본다. '잎', '택시 운전사', '그' 등이 그렇다. 기형도 텍스트의 경우 환유적 맥락을 따라가는 산문시일 경우에도 은유의 사슬이 풍부하게 생성되어 순환형 담론이 되기 때문에 일반 산문시와는 다른 애매성이나 다의성을 생산할 수 있다. 은유와 환유가 겹치는 은환유 현상으로 인해서 환유적 구조가 지배적인 경우의 일반적 텍스트에 비해 지시성이 약화된 반면 애매모호성이나 다의성이 풍부하게 내포됨으로써 예술성을 획득하게 되는 것이다. 그리고 실재적 아버지의 약화와 그에 대한 따스한 연민 때문에 말하는 주체에게는 엄청난 불안(안개의 이미지, 지시대상이 분명치 않은 '그날', '그곳'의 반복적 드러남)이 내장되게 되며 공포의 대상으로서의 상징적 아버지가 필요해지는데 그것이 그의 텍스트에 드러나는 '전문가', 「입 속의 검은 잎」의 '그', '택시 운전사', '주인' 등으로 나타난다고 요약할 수 있겠다.

색 인

작품순

내용순

인명순

코라 기호학과 한국시

-탈구조주의로 한국시 읽기-

초판 1쇄 인쇄 | 2008년 11월 20일
초판 1쇄 발행 | 2008년 11월 28일

지 은 이 | 김승희
발 행 인 | 손병두
편 집 인 | 우찬제
발 행 처 | 서강대학교 출판부
등록번호 | 제10-50호(1978년 9월 28일)
인 쇄 | 한컴인쇄정보(02)2274-3394

주 소 | 서울특별시 마포구 신수동 1번지
전 화 | 02) 705-8212
팩 스 | 02) 705-8612
홈페이지 | www.sogang.ac.kr/~sgpress

ISBN 978-89-7273-143-6 93800

정가 20,000원

* 잘못된 책은 구입하신 곳에서 바꿔드립니다.